SIGMUND
FREUD
OBRAS COMPLETAS

SIGMUND
FREUD

OBRAS COMPLETAS VOLUME 18

O MAL-ESTAR NA CIVILIZAÇÃO,
NOVAS CONFERÊNCIAS
INTRODUTÓRIAS À PSICANÁLISE
E OUTROS TEXTOS
(1930-1936)
TRADUÇÃO PAULO CÉSAR DE SOUZA

14ª reimpressão

COMPANHIA DAS LETRAS

Copyright da tradução © 2010
by Paulo César Lima de Souza

Grafia atualizada segundo o Acordo Ortográfico da Língua Portuguesa de 1990,
que entrou em vigor no Brasil em 2009.

Os textos deste volume foram traduzidos de *Gesammelte Werke*, volumes xiv, xv e
xvi (Londres: Imago, 1948, 1940 e 1950). Os títulos originais estão na página
inicial de cada texto. A outra edição alemã referida é *Studienausgabe*, Frankfurt:
Fischer, 2000.

Capa e projeto gráfico
warrakloureiro

Imagens das pp. 3 e 4, obras da coleção pessoal de Freud:
Pássaro com cabeça de homem, Egito, Período Ptolomaico, séc. iv a.c., 5 × 14 cm
Imagem de Pataikos, Egito, Último Período (sécs., viii-iv a.c.), 3 × 9 cm
Freud Museum, Londres

Preparação
Célia Euvaldo

Índice remissivo
Luciano Marchiori

Revisão
Camila Saraiva
Márcia Moura

Dados Internacionais de Catalogação na Publicação (cip)
(Câmara Brasileira do Livro, sp, Brasil)

Freud, Sigmund, 1856-1939.
     O mal-estar na civilização, novas conferências introdutórias à
psicanálise e outros textos (1930-1936) / Sigmund Freud ; tradução Paulo
César de Souza — São Paulo: Companhia das Letras, 2010.

Título original: Gesammelte Werke.
isbn 978-85-359-1743-7

1. Freud, Sigmund, 1856-1939 2. Psicanálise 3. Psicologia 4. Psicoterapia
i. Título.
10-09250   cdd-150.1954

Índice para catálogo sistemático:
1. Sigmund, Freud: Obras completas: Psicologia analítica   150.1954

Todos os direitos desta edição reservados à
EDITORA SCHWARCZ S.A.
Rua Bandeira Paulista, 702, cj. 32
04532-002 — São Paulo — sp
Telefone: (11) 3707-3500
www.companhiadasletras.com.br
www.blogdacompanhia.com.br
facebook.com/companhiadasletras
instagram.com/companhiadasletras
twitter.com/cialetras

SUMÁRIO

ESTA EDIÇÃO 9

O MAL-ESTAR NA CIVILIZAÇÃO (1930) 13

NOVAS CONFERÊNCIAS INTRODUTÓRIAS À PSICANÁLISE (1933)
PREFÁCIO 124
29. REVISÃO DA TEORIA DO SONHO 126
30. SONHOS E OCULTISMO 157
31. A DISSECÇÃO DA PERSONALIDADE PSÍQUICA 192
32. ANGÚSTIA E INSTINTOS 224
33. A FEMINILIDADE 263
34. ESCLARECIMENTOS, EXPLICAÇÕES, ORIENTAÇÕES 294
35. ACERCA DE UMA VISÃO DE MUNDO 321

O PRÊMIO GOETHE (1930) 355

TIPOS LIBIDINAIS (1931) 365

SOBRE A SEXUALIDADE FEMININA (1931) 371

A CONQUISTA DO FOGO (1932) 399

MEU CONTATO COM JOSEF POPPER-LYNKEUS (1932) 408

POR QUE A GUERRA? (CARTA A EINSTEIN, 1932) 417

**UM DISTÚRBIO DE MEMÓRIA NA ACRÓPOLE
(CARTA A ROMAIN ROLLAND, 1936)** 436

PREFÁCIOS E TEXTOS BREVES (1930-1936)
APRESENTAÇÃO DE *THE MEDICAL REVIEW OF REVIEWS* 452
PRÓLOGO A *DEZ ANOS DO INSTITUTO PSICANALÍTICO DE BERLIM* 454
O PARECER DA FACULDADE NO PROCESSO HALSMANN 456
APRESENTAÇÃO DE *ELEMENTI DI PSICOANALISI*, DE EDOARDO WEISS 459
EXCERTO DE UMA CARTA A GEORG FUCHS 460
CARTA AO PREFEITO DA CIDADE DE PŘÍBOR 462
APRESENTAÇÃO DE *TEORIA GERAL DAS NEUROSES
    SOBRE BASE PSICANALÍTICA*, DE HERMANN NUNBERG 463
PRÓLOGO A *DICIONÁRIO DE PSICANÁLISE*, DE RICHARD STERBA 464
SÁNDOR FERENCZI 465

PRÓLOGO A *EDGAR POE: ESTUDO PSICANALÍTICO*,
DE MARIE BONAPARTE 469
A THOMAS MANN, EM SEU 60º ANIVERSÁRIO 470
A SUTILEZA DE UM ATO FALHO 471

ÍNDICE REMISSIVO 474

ESTA EDIÇÃO

Esta edição das obras completas de Sigmund Freud pretende ser a primeira, em língua portuguesa, traduzida do original alemão e organizada na sequência cronológica em que apareceram originalmente os textos.

A afirmação de que são obras completas pede um esclarecimento. Não se incluem os textos de neurologia, isto é, não psicanalíticos, anteriores à criação da psicanálise. Isso porque o próprio autor decidiu deixá-los de fora quando se fez a primeira edição completa de suas obras, nas décadas de 1920 e 30. No entanto, vários textos pré-psicanalíticos, já psicológicos, serão incluídos nos dois primeiros volumes. A coleção inteira será composta de vinte volumes,* sendo dezenove de textos e um de índices e bibliografia.

A edição alemã que serviu de base para esta foi *Gesammelte Werke* [Obras completas], publicada em Londres entre 1940 e 1952. Agora pertence ao catálogo da editora Fischer, de Frankfurt, que também recolheu num grosso volume, intitulado *Nachtragsband* [Volume suplementar], inúmeros textos menores ou inéditos que haviam sido omitidos na edição londrina. Apenas alguns deles foram traduzidos para a presente edição, pois muitos são de caráter apenas circunstancial.

A ordem cronológica adotada pode sofrer pequenas alterações no interior de um volume. Os textos consi-

---

* O tradutor agradece o generoso auxílio de Caetano Veloso, que durante um ano lhe permitiu se dedicar exclusivamente à tradução deste volume.

derados mais importantes do período coberto pelo volume, cujos títulos aparecem na página de rosto, vêm em primeiro lugar. Em uma ou outra ocasião, são reunidos aqueles que tratam de um só tema, mas não foram publicados sucessivamente; é o caso dos artigos sobre a técnica psicanalítica, por exemplo. Por fim, os textos mais curtos são agrupados no final do volume.

Embora constituam a mais ampla reunião de textos de Freud, os dezessete volumes dos *Gesammelte Werke* foram sofrivelmente editados, talvez devido à penúria dos anos de guerra e de pós-guerra na Europa. Embora ordenados cronologicamente, não indicam sequer o ano da publicação de cada trabalho. O texto em si é geralmente confiável, mas sempre que possível foi cotejado com a *Studienausgabe* [Edição de estudos], publicada pela Fischer em 1969-75, da qual consultamos uma edição revista, lançada posteriormente. Trata-se de onze volumes organizados por temas (como a primeira coleção de obras de Freud), que não incluem vários textos secundários ou de conteúdo repetido, mas incorporam, traduzidas para o alemão, as apresentações e notas que o inglês James Strachey redigiu para a *Standard edition* (Londres, Hogarth Press, 1955-66).

O objetivo da presente edição é oferecer os textos com o máximo de fidelidade ao original, sem interpretações de comentaristas e teóricos posteriores da psicanálise, que devem ser buscadas na imensa bibliografia sobre o tema. Informações sobre a gênese de cada obra também podem ser encontradas na literatura secundária. Para questionamentos de pontos específicos e do próprio conjunto da teoria freudiana, o leitor deve recorrer à literatura crítica de M. Mcmillan, A. Esterson, F. Cioffi, Borch-Jacobsen e outros.

Após o título de cada texto há apenas a referência bibliográfica da primeira publicação, não a das edições subsequentes ou em outras línguas, que interessam tão somente a alguns especialistas. Entre parênteses se acha o ano da publicação original; havendo transcorrido mais de um ano entre a redação e a publicação, a data da redação aparece entre colchetes. As indicações bibliográficas do autor foram normalmente conservadas tais como ele as redigiu, isto é, não foram substituídas por edições mais recentes das obras citadas. Mas sempre é fornecido o ano da publicação, que, no caso de remissões do autor a seus próprios textos, permite que o leitor os localize sem maior dificuldade, tanto nesta como em outras edições das obras de Freud.

As notas do tradutor geralmente informam sobre os termos e passagens de versão problemática, para que o leitor tenha uma ideia mais precisa de seu significado e para justificar em alguma medida as soluções aqui adotadas. Nessas notas são reproduzidos os equivalentes achados em algumas versões estrangeiras dos textos, em línguas aparentadas ao português e ao alemão. Não utilizamos as duas versões das obras completas já aparecidas em português, das editoras Delta e Imago, pois não foram traduzidas do alemão, e sim do francês e do espanhol (a primeira) e do inglês (a segunda).

No tocante aos termos considerados técnicos, não existe a pretensão de impor as escolhas aqui feitas, como se fossem absolutas. Elas apenas pareceram as menos insatisfatórias para o tradutor, e os leitores e profissionais que empregam termos diferentes, conforme suas diferentes abordagens e percepções da psicanálise, devem sentir-se à vontade para conservar suas opções; que cada qual "seja feliz à sua maneira", como disse aquele famoso rei da Prússia, citado por Freud.

P.C.S.

O MAL-ESTAR NA CIVILIZAÇÃO (1930)

TÍTULO ORIGINAL: *DAS UNBEHAGEN IN DER KULTUR*. PUBLICADO PRIMEIRAMENTE EM VOLUME AUTÔNOMO: VIENA: INTERNATIONALER PSYCHOANALYTISCHER VERLAG [EDITORA PSICANALÍTICA INTERNACIONAL], 1930, 136 PP. TRADUZIDO DE *GESAMMELTE WERKE XIV*, PP. 421-506; TAMBÉM SE ACHA EM *STUDIENAUSGABE IX*, PP. 191-270.

I

É difícil escapar à impressão de que em geral as pessoas usam medidas falsas, de que buscam poder, sucesso e riqueza para si mesmas e admiram aqueles que os têm, subestimando os autênticos valores da vida. E no entanto corremos o risco, num julgamento assim genérico, de esquecer a variedade do mundo humano e de sua vida psíquica. Existem homens que não deixam de ser venerados pelos contemporâneos, embora sua grandeza repouse em qualidades e realizações inteiramente alheias aos objetivos e ideais da multidão. Provavelmente se há de supor que apenas uma minoria reconhece esses grandes homens, enquanto a maioria os ignora. Mas a coisa pode não ser tão simples, devido à incongruência entre as ideias e os atos das pessoas e à diversidade dos seus desejos.

Um desses homens excepcionais se declara meu amigo, em cartas que me escreveu. Eu lhe enviara a pequena obra em que trato a religião como ilusão, e ele respondeu que estava de acordo com o meu juízo sobre a religião, mas lamentava que eu não tivesse apreciado corretamente a fonte da religiosidade. Esta seria um sentimento peculiar, que a ele próprio jamais abandona, que ele viu confirmado por muitas pessoas e pode supor existente em milhões de outras. Um sentimento que ele gostaria de denominar sensação de "eternidade", um sentimento de algo ilimitado, sem barreiras, como que "oceânico". Seria um fato puramente subjetivo, não um artigo de fé; não traz qualquer garantia de sobrevida pessoal, mas seria a fonte da energia religiosa de que as diferentes Igrejas e sistemas de religião se apoderam, conduzem por determinados canais e também dissipam, sem dúvida. Com base apenas nesse sentimento oceânico alguém poderia considerar-se religioso, ainda que rejeitasse toda fé e toda ilusão.

Tal manifestação de um amigo que reverencio, e que já apreciou ele mesmo poeticamente a magia da ilusão, trouxe-me dificuldades de alguma monta.[1] Eu próprio não consigo divisar em mim esse "sentimento oceânico". Não é fácil trabalhar cientificamente os sentimentos. Pode-se tentar descrever os seus sinais fisiológicos. Quando isso não ocorre — e receio que também o sentimento oceânico se furte a uma caracterização assim —, nada resta senão ater-se ao conteúdo ideativo que primeiro se junta associativamente ao sentimento. Se compreendi bem o meu amigo, ele quer dizer o mesmo que um dramaturgo original e um tanto excêntrico, ao brindar com este consolo o herói que vai se matar: "Para fora deste mundo não podemos cair".[2] Um sentimento de vinculação indissolúvel, de comunhão com todo o mundo exterior. Devo dizer que para mim isso tem antes o caráter de uma percepção intelectual, certamente com uma tonalidade afetiva, mas, tal como ela, não fal-

---

1 *Liluli*, 1923 [1919]. Desde a publicação dos livros *La vie de Ramakrishna* e *La vie de Vivekananda* (1930), não preciso mais esconder que o amigo de que falo no texto é Romain Rolland. [Nota acrescentada em 1931.]

2 Christian Dietrich Grabbe, *Hannibal*: *"Ja, aus der Welt werden wir nicht fallen. Wir sind einmal darin"* ["Sim, para fora do mundo não cairemos. Simplesmente estamos nele"].

taria em outros atos de pensamento de envergadura semelhante. Por experiência própria não pude me convencer da natureza primária de tal sentimento. Mas isso não me autoriza a questionar sua ocorrência em outros. Perguntamos apenas se ela é interpretada de modo correto e se deve ser admitida como *fons et origo* [fonte e origem] de todas as necessidades religiosas.

Nada tenho a apresentar que possa influir decisivamente na solução desse problema. A ideia de que o homem adquire noção de seu vínculo com o mundo por um sentimento imediato, desde o início orientado para isso, é tão estranha, ajusta-se tão mal à trama de nossa psicologia, que podemos tentar uma explicação psicanalítica, isto é, genética, para esse sentimento. A seguinte linha de pensamento se oferece. Normalmente nada nos é mais seguro do que o sentimento de nós mesmos, de nosso Eu. Este Eu nos aparece como autônomo, unitário, bem demarcado de tudo o mais. Que esta aparência é enganosa, que o Eu na verdade se prolonga para dentro, sem fronteira nítida, numa entidade psíquica inconsciente a que denominamos Id, à qual ele serve como uma espécie de fachada — isto aprendemos somente com a pesquisa psicanalítica, que ainda nos deve informar muita coisa sobre a relação entre o Eu e o Id. Mas ao menos para fora o Eu parece manter limites claros e precisos. Só é diferente num estado — por certo extraordinário, mas que não pode ser condenado como patológico. No auge do enamoramento, a fronteira entre Eu e objeto ameaça desaparecer. Contrariando o testemunho dos sentidos, o enamorado afirma que Eu e Tu são um, e está preparado para agir como se assim fosse. Algo que pode ser temporariamente abolido por uma função fisiológica também poderá ser transtornado por processos mórbidos. A patologia nos apresenta um grande número de estados em que a delimitação do Eu ante o mundo externo se torna problemática, ou os limites são traçados incorretamente; casos em que partes do próprio corpo, e componentes da própria vida psíquica, percepções, pensamentos, afetos, nos surgem como alheios e não pertencentes ao Eu; outros, em que se atribui ao mundo externo o que evidentemente surgiu no Eu e deveria ser reconhecido por ele. Logo, também o sentimento do Eu está sujeito a transtornos, e as fronteiras do Eu não são permanentes.

Prosseguindo na reflexão, vemos que esse sentimento do Eu que tem o adulto não pode ter sido o mesmo desde o princípio. Deve ter passado por uma evolução que compreensivelmente não pode ser demonstrada, mas que podemos construir* com certo grau de proba-

---

* Tradução literal do verbo *konstruieren*, aqui empregado no sentido figurado de "traçar, esboçar, conceber"; o substantivo correspondente aparece no título de um dos últimos textos de Freud, "Konstruktionen in der Analyse" (1937) e na citação que ele faz do romancista Theodor Fontane, algumas páginas adiante. Das versões estrangeiras consultadas, três adotam essa mesma solução (a argentina, a italiana e a *Standard* inglesa), enquanto duas preferem "reconstruir" (a espanhola de Rey Ardid, Biblioteca Nueva, e a inglesa de Joan Riviere, no vol. 54 de *Great Books of the Western World*) e a francesa de Odier traz *reconstituer*. [As notas chamadas por asterisco e as interpolações às notas do autor, entre colchetes, são de autoria do tradutor. As notas do autor são sempre numeradas.]

O MAL-ESTAR NA CIVILIZAÇÃO

bilidade.[3] O bebê lactante ainda não separa seu Eu de um mundo exterior, como fonte das sensações que lhe sobrevêm. Aprende a fazê-lo aos poucos, em resposta a estímulos diversos. Deve impressioná-lo muito que várias das fontes de excitação, em que depois reconhecerá órgãos de seu corpo, possam enviar-lhe sensações a qualquer momento, enquanto outras — entre elas a mais desejada, o peito materno — furtam-se temporariamente a ele, e são trazidas apenas por um grito requisitando ajuda. É assim que ao Eu se contrapõe inicialmente um "objeto", como algo que se acha "fora" e somente através de uma ação particular é obrigado a aparecer. Um outro incentivo para que o Eu se desprenda da massa de sensações, para que reconheça um "fora", um mundo exterior, é dado pelas frequentes, variadas, inevitáveis sensações de dor e desprazer que, em sua ilimitada vigência, o princípio do prazer busca eliminar e evitar. Surge a tendência a isolar do Eu tudo o que pode se tornar fonte de tal desprazer, a jogar isso para fora, formando um puro Eu-de-prazer, ao qual se opõe um desconhecido, ameaçador "fora". As fronteiras desse primitivo Eu-de-prazer não podem escapar à retificação mediante a experiência. Algumas coisas a que não se gostaria de renunciar, por darem prazer, não são Eu, são objeto, e alguns tormentos que se pre-

3 Ver os numerosos trabalhos sobre desenvolvimento do Eu e sentimento do Eu, desde "Entwicklungsstufen des Wirklichkeitssinnes" ["Estágios no desenvolvimento do sentido da realidade", 1913] de Ferenczi, até as contribuições de Paul Federn, em 1926, 1927 e depois.

tende expulsar revelam-se como inseparáveis do Eu, de procedência interna. Chega-se ao procedimento que permite, pela orientação intencional da atividade dos sentidos e ação muscular apropriada, distinguir entre o que é interior — pertencente ao Eu — e o que é exterior — oriundo de um mundo externo —, e com isto se dá o primeiro passo para a instauração do princípio da realidade, que deve dominar a evolução posterior. Essa distinção serve, naturalmente, à intenção prática de defender-se das sensações de desprazer percebidas ou das que ameaçam. O fato de o Eu, na defesa contra determinadas excitações desprazerosas vindas do seu interior, utilizar os mesmos métodos de que se vale contra o desprazer vindo de fora, torna-se o ponto de partida de significativos distúrbios patológicos.

É desse modo, então, que o Eu se desliga do mundo externo. Ou, mais corretamente: no início o Eu abarca tudo, depois separa de si um mundo externo. Nosso atual sentimento do Eu é, portanto, apenas o vestígio atrofiado de um sentimento muito mais abrangente — sim, todo-abrangente —, que correspondia a uma mais íntima ligação do Eu com o mundo em torno. Se é lícito supormos que esse primário sentimento do Eu foi conservado na vida psíquica de muitos homens — em medida maior ou menor —, então ele ficaria ao lado do mais estreito e mais nitidamente limitado sentimento do Eu da época madura, como uma espécie de contraparte dele, e os seus conteúdos ideativos seriam justamente os da ausência de limites e da ligação com o todo, os mesmos com que meu amigo ilustra o sentimento "oceânico". Mas temos o direito de supor a sobrevivência do que é original junto ao que vem depois, que se originou dele?

Sem dúvida. Algo assim não é estranho no âmbito psíquico, e tampouco em outras áreas. Com relação aos animais mantemos a hipótese de que as espécies mais evoluídas procederam das mais baixas. No entanto, ainda hoje todas as formas simples de vida se acham presentes. Os grandes sáurios se extinguiram e deram lugar aos mamíferos, mas um autêntico representante daquela família, o crocodilo, ainda vive entre nós. A analogia pode parecer remota, e padece também do fato de as espécies inferiores sobreviventes não serem as verdadeiras ancestrais das mais evoluídas de hoje. Em geral os elos intermediários se extinguiram, ou são conhecidos apenas em reconstituição. Já no âmbito psíquico é tão frequente a conservação do primitivo junto àquilo transformado que dele nasceu, que não é preciso demonstrá-lo mediante exemplos. Via de regra, isso ocorre em consequência de uma cisão no desenvolvimento. Parte de uma atitude, de um impulso instintual, permaneceu inalterada, enquanto outra continuou se desenvolvendo.

Com isso tocamos no problema mais geral da conservação no psíquico, que quase não foi trabalhado, mas é tão importante e atraente que nos é permitido lhe conceder um momento de atenção, embora a ocasião não pareça justificá-lo. Desde que superamos o erro de achar que nosso habitual esquecimento significa uma destruição do traço mnemônico, tendemos à suposição contrária de que na vida psíquica nada que uma vez se formou pode acabar, de que tudo é preservado de

O MAL-ESTAR NA CIVILIZAÇÃO I

alguma maneira e pode ser trazido novamente à luz em circunstâncias adequadas, mediante uma regressão de largo alcance, por exemplo. Vamos tentar apreender o que esta suposição envolve, por meio de um símile de outra área. Tomemos como exemplo a evolução da Cidade Eterna.[4] Os historiadores ensinam que a mais antiga Roma foi a *Roma quadrata*, um povoamento rodeado de cerca no monte Palatino. Seguiu-se então a fase do *Septimontium*, uma federação das colônias sobre os respectivos montes, depois a cidade que foi cercada pelo muro de Sérvio Túlio, e ainda mais tarde, após todas as transformações do tempo da república e dos primeiros césares, a cidade que o imperador Aureliano encerrou com seus muros. Não acompanharemos mais as mudanças sofridas pela cidade. Perguntemo-nos agora o que um visitante da Roma atual, munido dos mais completos conhecimentos históricos e topográficos, ainda encontraria desses velhos estágios. Excetuando algumas brechas, verá o muro de Aureliano quase intacto. Em certos lugares achará trechos do muro de Sérvio, trazidos à luz por escavações. Se tiver suficiente informação — mais do que a presente arqueologia —, poderá talvez desenhar, no mapa da cidade, todo o traçado desse muro e o contorno da *Roma quadrata*. Das construções que um dia ocuparam essa moldura ele achará, quando muito, vestígios, pois elas não mais existem. O melhor conhecimento da Roma republicana lhe permitiria, no

4 Segundo *The Cambridge ancient history*, v. VII, 1928, "The founding of Rome", por Hugh Last.

O MAL-ESTAR NA CIVILIZAÇÃO

máximo, indicar onde se localizavam o templo e os edifícios públicos da época. Nesses lugares há ruínas atualmente, não das construções mesmas, porém, e sim de restaurações de épocas posteriores, feitas após incêndios e destruições. Não é preciso dizer que esses resíduos todos da antiga Roma se acham dispersos no emaranhado de uma metrópole surgida nos últimos séculos, a partir da Renascença. Seguramente, ainda muita coisa antiga se acha enterrada no solo da cidade ou sob as construções modernas. É assim que para nós se preserva o passado, em sítios históricos como Roma.

Façamos agora a fantástica suposição de que Roma não seja uma morada humana, mas uma entidade psíquica com um passado igualmente longo e rico, na qual nada que veio a existir chegou a perecer, na qual, juntamente com a última fase de desenvolvimento, todas as anteriores continuam a viver. Isto significa que em Roma os palácios dos césares e o *Septizonium* de Sétimo Severo ainda se ergueriam sobre o Palatino, que o Castelo de Sant'Angelo ainda mostraria em suas ameias as belas estátuas que o adornavam até a invasão dos godos etc. Mais ainda: que no lugar do palácio Caffarelli estaria novamente, sem que fosse preciso retirar essa construção, o templo de Júpiter Capitolino, e este não apenas em seu último aspecto, tal como o viam os romanos da época imperial, mas também naqueles mais antigos, quando ainda apresentava formas etruscas e era ornado de antefixas de terracota. Onde agora está o Coliseu poderíamos admirar também a desaparecida Domus Aurea, de Nero; na Piazza della Rotonda vería-

O MAL-ESTAR NA CIVILIZAÇÃO I

mos não só o atual Panteão, como nos foi deixado por Adriano, mas também a construção original de Agripa; e o mesmo solo suportaria a igreja de Maria Sopra Minerva e o velho templo sobre o qual ela está erguida. Nisso, bastaria talvez que o observador mudasse apenas a direção do olhar ou a posição, para obter uma ou outra dessas visões.

Evidentemente não há sentido em continuar tecendo essa fantasia, que leva ao inimaginável, ao absurdo mesmo. Quando queremos representar espacialmente o suceder histórico, isso pode se dar apenas com a justaposição no espaço; um mesmo espaço não admite ser preenchido duas vezes. Nossa tentativa parece uma brincadeira ociosa; ela tem uma justificação apenas: mostra-nos como estamos longe de dominar as peculiaridades da vida psíquica por meio da representação visual.

Há uma objeção que devemos ainda levar em conta. Pode nos ser questionado por que escolhemos justamente o passado de uma cidade para fazer a comparação com o passado psíquico. Também para a vida psíquica, a hipótese da conservação de tudo o que passou vale apenas na condição de que o órgão da psique tenha permanecido intacto, de que seus tecidos não tenham sido afetados por trauma ou inflamação. Mas interferências destruidoras, que poderíamos equiparar a essas causas de doença, não faltam na história de nenhuma cidade, mesmo se ela teve um passado menos agitado que Roma, mesmo se ela, como Londres, jamais foi devastada por um inimigo. Ainda a evolução mais pacífica de uma cidade implica demolições e substituições de prédios, o que em princípio a torna inadequada para essa comparação com um organismo psíquico.

Nós nos rendemos a esta objeção e, renunciando a um formidável contraste, voltamo-nos para um objeto de comparação que em todo caso é mais afim: o corpo humano ou animal. Mas também aí deparamos com a mesma dificuldade. As fases anteriores do desenvolvimento não são conservadas em nenhum sentido; desfazem-se nas posteriores, às quais forneceram o material. Não se pode ver o embrião no adulto; a glândula do timo, que a criança possui, é substituída por tecido conjuntivo após a puberdade, deixando ela mesma de existir; no osso largo do homem adulto podemos desenhar o contorno do osso infantil, mas este desapareceu, ao se estirar e adensar até atingir sua forma final. O fato é que a conservação de todos os estágios anteriores, ao lado da configuração definitiva, é possível apenas no âmbito psíquico, e não temos como representar visualmente esse fenômeno.

Talvez levemos longe demais esta suposição. Talvez devêssemos nos contentar em afirmar que o que passou *pode* ficar conservado na vida psíquica, não tem *necessariamente* que ser destruído. De toda maneira é possível que também na psique elementos antigos sejam apagados ou consumidos — via de regra ou excepcionalmente — a tal ponto que não mais possam ser reanimados e restabelecidos, ou que em geral a conservação dependa de certas condições favoráveis. É possível, mas nada sabemos a respeito. Podemos tão só nos ater ao fato de que a conservação do passado na vida psíquica é antes a regra do que a surpreendente exceção.

O MAL-ESTAR NA CIVILIZAÇÃO I

Se estivermos assim dispostos a reconhecer que em muitos homens há um sentimento "oceânico", e inclinados a fazê-lo remontar a uma fase primitiva do sentimento do Eu, surge uma nova questão: que direito tem esse sentimento de ser visto como a fonte das necessidades religiosas?

Para mim esse direito não é seguro. Um sentimento pode ser uma fonte de energia apenas quando é ele mesmo expressão de uma forte necessidade. Quanto às necessidades religiosas, parece-me irrefutável a sua derivação do desamparo infantil e da nostalgia do pai despertada por ele, tanto mais que este sentimento não se prolonga simplesmente desde a época infantil, mas é duradouramente conservado pelo medo ante o superior poder do destino. Eu não saberia indicar uma necessidade vinda da infância que seja tão forte quanto a de proteção paterna. Desse modo, o papel do sentimento oceânico, que poderia buscar o restabelecimento do narcisismo ilimitado, é excluído do primeiro plano. Podemos rastrear a origem da atitude religiosa, em claros contornos, até o sentimento do desamparo infantil. Talvez se encontre algo mais nisso, mas atualmente está envolto em névoas.

Posso imaginar que o sentimento oceânico tenha se vinculado à religião posteriormente. Este ser-um com o universo, que é o seu conteúdo ideativo, apresenta-se-nos como uma tentativa inicial de consolação religiosa, como um outro caminho para negar o perigo que o Eu percebe a ameaçá-lo do mundo exterior. Confesso, uma vez mais, que me é bastante difícil trabalhar com tais grandezas quase inapreensíveis. Um outro amigo, ao qual um insaciável afã de saber impeliu às mais incomuns experiências, terminando por transformá-lo num sabe-tudo, assegurou-me que nas práticas da ioga, com o afastar-se do mundo exterior, o fixar a atenção nas funções do corpo, com métodos especiais de respiração, pode-se realmente despertar em si novas sensações e sentimentos de universalidade, que ele apreende como regressões a estados arcaicos da vida psíquica, há muito tempo cobertos. Enxerga neles um fundamento fisiológico, por assim dizer, de muitas sabedorias da mística. Nesse ponto se ofereceriam nexos com obscuras modificações da vida psíquica, como o transe e o êxtase. Quanto a mim, sinto-me levado a exclamar, com o mergulhador de Schiller:

> [...] *Alegre-se,*
> *Quem aí respira na luz rósea**

II

Em *O futuro de uma ilusão*, eu estava menos interessado nas fontes profundas do sentimento religioso do que naquilo que o homem comum entende como sua religião, o sistema de doutrinas e promessas que de um lado lhe esclarece os enigmas deste mundo com invejável perfei-

---

* "[...] *Es freue sich,/ Wer da atmet im rosigen Licht*", Schiller, "Der Taucher" [O mergulhador].

ção, e de outro lhe garante que uma solícita Providência velará por sua vida e compensará numa outra existência as eventuais frustrações desta. Essa Providência o homem comum só pode imaginar como um pai grandiosamente elevado. Apenas um ser assim é capaz de conhecer as necessidades da criatura humana, de ceder a seus rogos e ser apaziguado por seu arrependimento. Tudo isso é tão claramente infantil, tão alheio à realidade, que para alguém de atitude humanitária é doloroso pensar que a grande maioria dos mortais nunca se porá acima desta concepção de vida. Ainda mais vergonhoso é constatar que um bom número de contemporâneos, embora percebendo como é insustentável essa religião, procuram defendê-la palmo a palmo, numa lamentável retirada. Quase nos juntaríamos às fileiras de crentes, para lembrar a advertência: "Não invoquem o santo nome do Senhor em vão!" aos filósofos que acreditam salvar o Deus da religião, substituindo-o por um princípio impessoal, espectralmente abstrato. Se alguns dos maiores espíritos de tempos passados fizeram o mesmo, não se pode invocá-los neste ponto. Sabemos por que tinham que fazê-lo.

Voltemos ao homem comum e à sua religião, a única que deveria ter esse nome. Então nos ocorrem as conhecidas palavras de um dos nossos grandes poetas e sábios, ao se manifestar sobre os laços da religião com a arte e a ciência. Elas dizem:

Quem tem ciência e arte,
tem também religião;

Quem essas duas não tem,
esse tenha religião![5]

Por um lado, a religião é aí colocada em oposição às duas maiores realizações do ser humano; por outro lado, afirma-se que ela pode representar ou substituir ambas, no que toca ao valor para a vida. Se quisermos privar o homem comum de sua religião, tudo indica que não teremos a nosso favor a autoridade do poeta. Tentaremos um caminho particular para a apreciação do seu dito. A vida, tal como nos coube, é muito difícil para nós, traz demasiadas dores, decepções, tarefas insolúveis. Para suportá-la, não podemos dispensar paliativos. ("Sem 'construções auxiliares' não é possível", disse Theodor Fontane.)* Existem três desses recursos, talvez: poderosas diversões, que nos permitem fazer pouco de nossa miséria, gratificações substitutivas, que a diminuem, e substâncias inebriantes, que nos tornam insensíveis a ela. Algo desse gênero é imprescindível.[6] É para as distrações que aponta Voltaire, ao terminar seu *Cândido* com a sugestão de cada qual cultivar seu jardim; uma

---

5 *"Wer Wissenschaft und Kunst besitzt, / hat auch Religion; / Wer jene beiden nicht besitzt, / der habe Religion!"*, Goethe, "Zahmen Xenien" ix (*Gedichte aus dem Nachlass*).

* No original: *"Es geht nicht ohne Hilfskontruktionen"*; a frase se acha no mais célebre romance de Fontane, cujo título é o nome da protagonista: *Effi Briest* (1895).

6 Em *Die Fromme Helene*, Wilhelm Busch diz a mesma coisa de maneira mais chã: *"Wer Sorgen hat, hat auch Likör"* ["Quem tem pesares, tem também licores"].

tal distração é também a atividade científica. As gratificações substitutivas, tal como a arte as oferece, são ilusões face à realidade, nem por isso menos eficazes psiquicamente, graças ao papel que tem a fantasia na vida mental. Os entorpecentes influem sobre nosso corpo, mudam a sua química. Não é fácil ver o lugar da religião nesta série. Teremos que lançar mais longe o olhar.

A questão da finalidade da vida humana já foi posta inúmeras vezes. Jamais encontrou resposta satisfatória, e talvez não a tenha sequer. Muitos dos que a puseram acrescentaram: se a vida não tiver finalidade, perderá qualquer valor. Mas esta ameaça nada altera. Parece, isto sim, que temos o direito de rejeitar a questão. O seu pressuposto parece ser aquela humana soberba de que já conhecemos tantos exemplos. Ninguém fala sobre a finalidade da vida dos animais, a menos que ela consista em servir aos homens, talvez. Mas isso também não é sustentável, pois com muitos animais o ser humano não sabe o que fazer — exceto descrevê-los, classificá-los, estudá-los — e inúmeras espécies animais se furtaram também a este uso, ao viver e se extinguir antes que o homem as visse. Novamente, apenas a religião sabe responder à questão sobre a finalidade da vida. Dificilmente erramos, ao concluir que a ideia de uma finalidade na vida existe em função do sistema religioso.

Então passaremos à questão menos ambiciosa: o que revela a própria conduta dos homens acerca da finalidade e intenção de sua vida, o que pedem eles da vida e desejam nela alcançar? É difícil não acertar a resposta: eles buscam a felicidade, querem se tornar e permanecer

O MAL-ESTAR NA CIVILIZAÇÃO

felizes. Essa busca tem dois lados, uma meta positiva e uma negativa; quer a ausência de dor e desprazer e, por outro lado, a vivência de fortes prazeres. No sentido mais estrito da palavra, "felicidade" se refere apenas à segunda. Correspondendo a essa divisão das metas, a atividade dos homens se desdobra em duas direções, segundo procure realizar uma ou outra dessas metas — predominantemente ou mesmo exclusivamente.

Como se vê, é simplesmente o programa do princípio do prazer que estabelece a finalidade da vida. Este princípio domina o desempenho do aparelho psíquico desde o começo; não há dúvidas quanto a sua adequação,* mas seu programa está em desacordo com o mundo inteiro, tanto o macrocosmo como o microcosmo. É absolutamente inexequível, todo o arranjo do Universo o contraria; podemos dizer que a intenção de que o homem seja "feliz" não se acha no plano da "Criação". Aquilo a que chamamos "felicidade", no sentido mais estrito, vem da satisfação repentina de necessidades altamente represadas, e por sua natureza é possível ape-

---

* *Zweckdienlichkeit*, no original; trata-se de uma substantivação do adjetivo *zweckdienlich*, que significa útil ou adequado (*dienlich*) a um determinado fim (*Zweck*). Nas versões estrangeiras consultadas encontramos: *adecuación y eficiencia, carácter acorde a fines, efficacia, utilité, efficiency, efficacy*. Além daquelas normalmente utilizadas (as duas em espanhol, a italiana e a *Standard* inglesa), dispusemos de uma antiga versão francesa (*Malaise dans la civilisation*, Paris: PUF, 1971, trad. Ch. e J. Odier) e da pioneira tradução inglesa de Joan Riviere (*Civilization and its discontents*, de 1930, reproduzida em *Great books of the Western world*, vol. 54, Chicago: Encyclopaedia Britannica, 1952).

O MAL-ESTAR NA CIVILIZAÇÃO II

nas como fenômeno episódico. Quando uma situação desejada pelo princípio do prazer tem prosseguimento, isto resulta apenas em um morno bem-estar; somos feitos de modo a poder fruir intensamente só o contraste, muito pouco o estado.[7] Logo, nossas possibilidades de felicidade são restringidas por nossa constituição. É bem menos difícil experimentar a infelicidade. O sofrer nos ameaça a partir de três lados: do próprio corpo, que, fadado ao declínio e à dissolução, não pode sequer dispensar a dor e o medo, como sinais de advertência; do mundo externo, que pode se abater sobre nós com forças poderosíssimas, inexoráveis, destruidoras; e, por fim, das relações com os outros seres humanos. O sofrimento que se origina desta fonte nós experimentamos talvez mais dolorosamente que qualquer outro; tendemos a considerá-lo um acréscimo um tanto supérfluo, ainda que possa ser tão fatidicamente inevitável quanto o sofrimento de outra origem.

Não é de admirar que, sob a pressão destas possibilidades de sofrimento, os indivíduos costumem moderar suas pretensões à felicidade — assim como também o princípio do prazer se converteu no mais modesto princípio da realidade, sob a influência do mundo externo —, se alguém se dá por feliz ao escapar à desgraça e sobreviver ao tormento, se em geral a tarefa de evitar o sofrer impele para segundo plano a de conquistar o prazer. A reflexão ensina que podemos tentar a solução dessa ta-

---

7 Goethe chega a advertir: "Nada é mais difícil de suportar do que uma série de dias belos". Mas isso pode ser um exagero.

refa por caminhos bem diferentes; todos eles foram recomendados pelas escolas de sabedoria de vida e foram trilhados pelos homens. A satisfação irrestrita de todas as necessidades se apresenta como a maneira mais tentadora de conduzir a vida, mas significa pôr o gozo à frente da cautela, trazendo logo o seu próprio castigo. Os outros métodos nos quais evitar o desprazer é a intenção predominante se diferenciam conforme a fonte de desprazer a que mais dirigem a atenção. Alguns são extremos, outros, moderados, alguns são unilaterais e outros atacam vários pontos simultaneamente. O deliberado isolamento, o afastamento dos demais é a salvaguarda mais disponível contra o sofrimento que pode resultar das relações humanas. Compreende-se: a felicidade que se pode alcançar por essa via é a da quietude. Contra o temido mundo externo o indivíduo só pode se defender por algum tipo de distanciamento, querendo realizar sozinho essa tarefa. É verdade que existe outro caminho melhor: enquanto membro da comunidade humana, e com o auxílio da técnica oriunda da ciência, proceder ao ataque à natureza, submetendo-a à vontade humana. Então se trabalha com todos para a felicidade de todos. Mas os métodos mais interessantes para prevenir o sofrimento são aqueles que tentam influir no próprio organismo. Pois todo sofrimento é apenas sensação, existe somente na medida em que o sentimos, e nós o sentimos em virtude de certos arranjos de nosso organismo.

O método mais cru, mas também mais eficaz de exercer tal influência é o químico, a intoxicação. Não creio que alguém penetre inteiramente no seu mecanismo, mas é fato que há substâncias de fora do corpo que, uma vez presentes no sangue e nos tecidos, produzem em nós sensações imediatas de prazer, e também mudam de tal forma as condições de nossa sensibilidade, que nos tornamos incapazes de acolher impulsos desprazerosos. Os dois efeitos não só acontecem ao mesmo tempo, como parecem intimamente ligados. Mas deve haver, na química de nosso corpo, substâncias que realizam algo semelhante, pois conhecemos ao menos um estado patológico, a mania, em que se produz esse comportamento análogo à embriaguez, sem ter havido ingestão de estupefaciente. Além disso, nossa vida psíquica normal mostra oscilações entre uma maior ou menor dificuldade em experimentar prazer, paralelamente às quais há uma receptividade acentuada ou diminuída ao desprazer. É muito lamentável que esse lado tóxico dos processos psíquicos tenha até agora escapado à exploração científica. O serviço dos narcóticos na luta pela felicidade e no afastamento da miséria é tão valorizado como benefício, que tanto indivíduos como povos lhes reservaram um sólido lugar em sua economia libidinal. A eles se deve não só o ganho imediato de prazer, mas também uma parcela muito desejada de independência em relação ao mundo externo. Sabe-se que com ajuda do "afasta-tristeza"* podemos nos subtrair à pressão da realidade a qualquer momento e encontrar refúgio num mundo próprio que tenha melhores condições de sen-

---

* Freud utiliza, entre aspas, uma expressão coloquial para a bebida alcoólica: *Sorgenbrecher* (literalmente, "quebrador de preocupações").

sibilidade. É notório que justamente essa característica dos entorpecentes determina também o seu perigo e nocividade. Em algumas circunstâncias eles são culpados pelo desperdício de grandes quantidades de energia que poderiam ser usadas na melhoria da sorte humana.

Mas a complicada estrutura de nosso aparelho psíquico também admite um bom número de outras influências. Do mesmo modo que a satisfação de instintos é felicidade, torna-se causa de muito sofrer se o mundo exterior nos deixa à míngua, recusando-se a nos saciar as carências. Então é possível esperar que, agindo sobre esses impulsos instintuais, fiquemos livres de uma parte do sofrer. Esse tipo de defesa contra o sofrimento já não lida com o aparelho sensorial; busca dominar as fontes internas das necessidades. De modo extremo isso ocorre ao se liquidar os instintos, como prega a sabedoria do Oriente e como praticam os iogues. Tendo-se conseguido isso, também qualquer outra atividade foi abandonada (e a vida, sacrificada), e novamente se adquiriu, por outro meio, apenas a felicidade da quietude. Segue-se o mesmo caminho quando os objetivos são mais moderados, ao se procurar apenas o governo dos instintos. Então governam as instâncias psíquicas mais elevadas, que se submeteram ao princípio da realidade. Com isso o propósito da satisfação não é absolutamente abandonado; uma certa proteção contra o sofrer é alcançada, pois a não satisfação dos instintos subjugados não é sentida tão dolorosamente como a dos não inibidos. Em troca, há uma inegável diminuição das potencialidades de fruição. A sensação de felicidade ao satisfazer um impulso instintual selvagem, não domado pelo Eu, é incomparavelmente mais forte do que a obtida ao saciar um instinto domesticado.* O caráter irresistível dos impulsos perversos, talvez o fascínio mesmo do que é proibido, tem aqui uma explicação econômica.

Outra técnica de afastar o sofrimento recorre aos deslocamentos da libido que nosso aparelho psíquico permite, através dos quais sua função ganha muito em flexibilidade. A tarefa consiste em deslocar de tal forma as metas dos instintos, que eles não podem ser atingidos pela frustração a partir do mundo externo. A sublimação dos instintos empresta aqui sua ajuda. O melhor resultado é obtido quando se consegue elevar suficientemente o ganho de prazer a partir das fontes de trabalho psíquico e intelectual. Então o destino não pode fazer muito contra o indivíduo. A satisfação desse gênero, como a alegria do artista no criar, ao dar corpo a suas fantasias, a alegria do pesquisador na solução de problemas e na apreensão da verdade, tem uma qualidade especial, que um dia poderemos caracterizar metapsicologicamente. Agora podemos dizer apenas, de modo figurado, que ela nos parece "mais fina e elevada", mas a sua intensidade é amortecida, comparada à satisfação de impulsos instintuais grosseiros e primários; ela não nos abala fisicamente. A fraqueza desse método, porém, está em não ser de aplicação geral, no fato de poucos

---

* Nessa frase, os termos *Triebregung* (aqui vertido por "impulso instintual") e *Trieb* (aqui traduzido por "instinto") são claramente usados como sinônimos.

lhe terem acesso. Ele pressupõe talentos e disposições especiais, que não se acham presentes em medida eficaz. Também a esses poucos ele não pode assegurar completa proteção do sofrimento, não lhes proporciona um escudo impenetrável aos dardos do destino e costuma falhar, quando o próprio corpo é a fonte do sofrer.[8]

Se já neste procedimento é nítida a intenção de tornar-se independente do mundo exterior, buscando suas satisfações em processos internos, psíquicos, as mesmas características surgem mais fortemente no próximo. Nele o vínculo com a realidade é ainda mais frouxo, a

---

8 Não havendo uma disposição especial que prescreva imperiosamente a direção dos interesses vitais de alguém, o trabalho acessível a todos pode ocupar o lugar que lhe é proposto pelo sábio conselho de Voltaire. Não é possível, nos limites de um panorama sucinto, examinar satisfatoriamente a importância do trabalho para a economia libidinal. Nenhuma outra técnica para a condução da vida prende a pessoa tão firmemente à realidade como a ênfase no trabalho, que no mínimo a insere de modo seguro numa porção da realidade, na comunidade humana. A possibilidade que oferece de deslocar para o trabalho e os relacionamentos humanos a ele ligados uma forte medida de componentes libidinais — narcísicos, agressivos e mesmo eróticos — empresta-lhe um valor que não fica atrás de seu caráter imprescindível para a afirmação e justificação da existência na sociedade. A atividade profissional traz particular satisfação quando é escolhida livremente, isto é, quando permite tornar úteis, através da sublimação, pendores existentes, impulsos instintuais subsistentes ou constitucionalmente reforçados. E, no entanto, o trabalho não é muito apreciado como via para a felicidade. As pessoas não se lançam a ele como a outras possibilidades de gratificação. A imensa maioria dos homens trabalha apenas forçada pela necessidade, e graves problemas sociais derivam dessa natural aversão humana ao trabalho.

satisfação é obtida de ilusões que a pessoa reconhece como tais, sem que a discrepância entre elas e a realidade lhe perturbe a fruição. O âmbito de que se originam tais ilusões é aquele da vida da fantasia; quando ocorreu o desenvolvimento do sentido da realidade, ele foi expressamente poupado do teste da realidade e ficou destinado à satisfação de desejos dificilmente concretizáveis. Entre essas satisfações pela fantasia se destaca a fruição de obras de arte, que por intermédio do artista se torna acessível também aos que não são eles mesmos criadores.[9] Quem é receptivo à influência da arte nunca a estima demasiadamente como fonte de prazer e consolo para a vida. Mas a suave narcose em que nos induz a arte não consegue produzir mais que um passageiro alheamento às durezas da vida, não sendo forte o bastante para fazer esquecer a miséria real.

Mais enérgico e mais radical é um outro procedimento, que enxerga na realidade o único inimigo, a fonte de todo sofrimento, com a qual é impossível viver e com a qual, portanto, devem-se romper todos os laços, para ser feliz em algum sentido. O eremita dá as costas a este mundo, nada quer saber dele. Mas pode-se fazer mais, pode-se tentar refazê-lo, construir outro em seu lugar, no qual os aspectos mais intoleráveis sejam eliminados e substituídos por outros conformes aos próprios desejos. O indivíduo que, em desesperada revolta, encetar este caminho para a felicidade, normalmente nada

9 Cf. "Formulações sobre os dois princípios do funcionamento psíquico" (1911) e a 23ª das *Conferências introdutórias à psicanálise* (1917).

alcançará; a realidade é forte demais para ele. Torna-se um louco, que em geral não encontra quem o ajude na execução de seu delírio. Mas diz-se que cada um de nós, em algum ponto, age de modo semelhante ao paranoico, corrigindo algum traço inaceitável do mundo de acordo com seu desejo e inscrevendo esse delírio na realidade. É de particular importância o caso em que grande número de pessoas empreende conjuntamente a tentativa de assegurar a felicidade e proteger-se do sofrimento através de uma delirante modificação da realidade. Devemos caracterizar como tal delírio de massa também as religiões da humanidade. Naturalmente, quem partilha o delírio jamais o percebe.

Não acredito que seja completa essa enumeração dos métodos pelos quais os homens se esforçam em obter a felicidade e manter à distância o sofrer, e sei também que o material admite uma outra ordenação. Um desses procedimentos ainda não mencionei; não que o tenha esquecido, mas porque nos ocuparemos dele ainda em outro contexto. E como seria possível esquecer justamente essa técnica da arte de viver! Ela se distingue pela combinação muito peculiar de características diversas. Claro que também procura a independência face ao destino — o melhor nome a se usar —, e com esse propósito localiza a satisfação em processos psíquicos internos, valendo-se aí do mencionado caráter deslocável da libido, mas não se afasta do mundo exterior, agarra-se aos seus objetos, pelo contrário, e obtém felicidade de uma relação afetiva para com eles. Também não se dá por satisfeita com evitar o desprazer — uma meta, digamos, de cansada resignação —, mas ignora isto e se apega ao esforço original, apaixonado, por uma realização positiva da felicidade. Talvez ela realmente se aproxime mais dessa meta do que qualquer outro método. Estou falando, claro, daquela orientação de vida que tem o amor como centro, que espera toda satisfação do amar e ser amado. Essa atitude psíquica é familiar a todos nós; uma das formas de manifestação do amor, o amor sexual, nos proporcionou a mais forte experiência de uma sensação de prazer avassaladora, dando-nos assim o modelo para nossa busca da felicidade. Nada mais natural do que insistirmos em procurá-la no mesmo caminho em que a encontramos primeiro. O lado frágil dessa técnica de vida é patente; senão, a ninguém ocorreria abandonar esse caminho por outro. Nunca estamos mais desprotegidos ante o sofrimento do que quando amamos, nunca mais desamparadamente infelizes do que quando perdemos o objeto amado ou seu amor. Mas com isso não encerramos o tema da técnica de vida baseada no valor de felicidade do amor; haverá muito mais a dizer sobre isso.

Aqui podemos transitar para o caso interessante em que a felicidade na vida é buscada sobretudo no gozo da beleza, onde quer que ela se mostre a nossos sentidos e nosso julgamento, a beleza das formas e dos gestos humanos, de objetos naturais e de paisagens, de criações artísticas e mesmo científicas. Essa atitude estética para com o objetivo da vida não oferece muita proteção contra a ameaça do sofrer, mas compensa muitas coisas. A fruição da beleza tem uma qualidade sensorial peculiar, suavemente inebriante. Não há utilidade evidente na beleza, nem se nota uma clara necessidade cultural para ela; no entanto, a civilização não poderia dispensá-la. A ciência da estética investiga as condições em que o belo é percebido; sobre a natureza e origem da beleza ela nada pôde esclarecer; como de hábito, o insucesso é escondido numa prodigalidade de palavras altissonantes e pobres de sentido. Infelizmente, tampouco a psicanálise tem muito a dizer sobre a beleza. O que parece fora de dúvida é apenas a derivação do terreno das sensações sexuais; seria um exemplo perfeito de um impulso inibido em sua meta. A "beleza" e a "atração", originalmente, são características do objeto sexual. É digno de nota que os genitais mesmos, cuja visão tem efeito excitador, quase nunca sejam tidos como belos, enquanto a qualidade da beleza parece ligada a certas características sexuais secundárias.

Apesar dessa incompletude de nossa investigação, arrisco-me a fazer algumas observações conclusivas. O programa de ser feliz, que nos é imposto pelo princípio do prazer, é irrealizável, mas não nos é permitido — ou melhor, não somos capazes de — abandonar os esforços para de alguma maneira tornar menos distante a sua realização. Nisso há diferentes caminhos que podem ser tomados, seja dando prioridade ao conteúdo positivo da meta, a obtenção de prazer, ou ao negativo, evitar o desprazer. Em nenhum desses caminhos podemos alcançar tudo o que desejamos. No sentido moderado em que é admitida como possível, a felicidade constitui um problema da economia libidinal do indivíduo. Não há,

O MAL-ESTAR NA CIVILIZAÇÃO II

aqui, um conselho válido para todos; cada um tem que descobrir a sua maneira particular de ser feliz. Fatores os mais variados atuarão para influir em sua escolha. Depende de quanta satisfação real ele pode esperar do mundo exterior e de até que ponto é levado a fazer-se independente dele; e também, afinal, de quanta força ele se atribui para modificá-lo conforme seus desejos. Já neste ponto a constituição psíquica do indivíduo, à parte as circunstâncias externas, será decisiva. Aquele predominantemente erótico dará prioridade às relações afetivas com outras pessoas; o narcisista, inclinado à autossuficiência, buscará as satisfações principais em seus eventos psíquicos internos; o homem de ação não largará o mundo externo, no qual pode testar sua força. Para o segundo desses tipos, a natureza de seus dons e a medida de sublimação instintual que lhe é possível determinarão onde colocará seus interesses. Toda decisão extrema terá como castigo o fato de expor o indivíduo aos perigos inerentes a uma técnica de vida adotada exclusivamente e que se revele inadequada. Assim como o negociante cauteloso evita imobilizar todo o seu capital numa só coisa, também a sabedoria aconselhará talvez a não esperar toda satisfação de uma única tendência. O êxito jamais é seguro, depende da conjunção de muitos fatores, e de nenhum mais, talvez, que da capacidade da constituição psíquica para adaptar sua função ao meio e aproveitá-lo para conquistar prazer. Quem possuir uma constituição libidinal particularmente desfavorável e não tiver passado apropriadamente pela transformação e reordenação de seus componentes libidinais, im-

41

prescindível para realizações posteriores, terá problema em obter felicidade da sua situação externa, ainda mais quando for colocado frente a tarefas mais difíceis. A última técnica de vida, que ao menos lhe promete satisfações substitutivas, é a fuga para a doença neurótica, que em geral ele empreende ainda jovem. O indivíduo que numa idade posterior fracassa nos esforços pela felicidade, encontra ainda consolo no prazer obtido por meio da intoxicação crônica, ou faz a desesperada tentativa de rebelião que é a psicose.[10]

A religião estorva esse jogo de escolha e adaptação, ao impor igualmente a todos o seu caminho para conseguir felicidade e guardar-se do sofrimento. Sua técnica consiste em rebaixar o valor da vida e deformar delirantemente a imagem do mundo real, o que tem por pressuposto a intimidação da inteligência. A este preço, pela veemente fixação de um infantilismo psíquico e inserção num delírio de massa, a religião consegue poupar a muitos homens a neurose individual. Mas pouco mais que isso. Existem, como dissemos, muitos caminhos que podem levar à felicidade, tal como é acessível ao ser humano, mas nenhum que a ela conduza seguramente. Tampouco a religião pode manter sua promessa. Quando o crente se vê finalmente obrigado a falar dos "inescrutáveis desígnios" do Senhor, está admitindo que lhe

10 Sinto que devo apontar ao menos uma das lacunas da exposição acima. Uma consideração das possibilidades humanas de felicidade deveria levar em conta a relação do narcisismo com a libido objetal. Necessitamos saber o que significa para a economia libidinal depender essencialmente de si mesma.

restou, como última possibilidade de consolo e fonte de prazer no sofrimento, apenas a submissão incondicional. E, se está disposto a isso, provavelmente poderia ter se poupado o rodeio.

III

Até agora, nossa investigação sobre a felicidade não nos ensinou muita coisa que já não fosse conhecida. E se lhe dermos prosseguimento, perguntando por que é tão difícil para os homens serem felizes, a perspectiva de aprender algo novo também não parece grande. Já demos a resposta, ao indicar as três fontes de onde vem o nosso sofrer: a prepotência da natureza, a fragilidade de nosso corpo e a insuficiência das normas que regulam os vínculos humanos na família, no Estado e na sociedade. No tocante às duas primeiras, nosso julgamento não tem por que hesitar: ele nos obriga ao reconhecimento dessas fontes do sofrer e à rendição ao inevitável. Nunca dominaremos completamente a natureza, e nosso organismo, ele mesmo parte dessa natureza, será sempre uma construção transitória, limitada em adequação e desempenho. Tal conhecimento não produz um efeito paralisante; pelo contrário, ele mostra à nossa atividade a direção que deve tomar. Se não podemos abolir todo o sofrer, podemos abolir parte dele, e mitigar outra parte — uma experiência milenar nos convenceu disso. Temos outra atitude para com a terceira fonte de sofrimento, a social. Esta não queremos admitir, não podendo compreender por que as instituições por nós mesmos criadas não trariam bem-estar e proteção para todos nós. Contudo, se lembrarmos como fracassamos justamente nessa parte da prevenção do sofrimento, nasce a suspeita de que aí se esconderia um quê da natureza indomável, desta vez da nossa própria constituição psíquica.

Começando a nos ocupar dessa possibilidade, deparamos com uma afirmação tão espantosa que é preciso nos determos nela. Ela diz que boa parte da culpa por nossa miséria vem do que é chamado de nossa civilização; seríamos bem mais felizes se a abandonássemos e retrocedêssemos a condições primitivas. A asserção me parece espantosa porque é fato estabelecido — como quer que se defina o conceito de civilização — que tudo aquilo com que nos protegemos da ameaça das fontes do sofrer é parte da civilização.

Como é que tantas pessoas chegaram a partilhar esse ponto de vista de surpreendente hostilidade à civilização? Acho que uma profunda, duradoura insatisfação com o estado civilizacional existente preparou o solo no qual, em determinadas ocasiões históricas, formou-se uma condenação. Acredito reconhecer a última e a penúltima dessas ocasiões; não sou erudito o bastante para seguir o seu encadeamento muito longe na história da humanidade. Um fator assim, hostil à civilização, já devia estar presente na vitória do cristianismo sobre as religiões pagãs. Estava ligado à depreciação da vida terrena, efetuada pela doutrina cristã. A penúltima ocasião se deu quando, no esteio das viagens de descobrimento, estabelecemos contato com tribos e povos primitivos. Devido à observação insuficiente e à compreensão equivocada de seus usos e costumes, eles pareceram, aos europeus, levar uma vida simples, feliz, de parcas necessidades, inatingível para os visitantes culturalmente superiores. A experiência posterior corrigiu vários julgamentos dessa ordem; em muitos casos se atribuíra erradamente à ausência de complicadas exigências culturais uma maior facilidade no viver, que realmente se devia à generosidade da natureza e à comodidade na satisfação das grandes necessidades. A última ocasião nos é bem familiar; surgiu ao tomarmos conhecimento do mecanismo das neuroses, que ameaçam minar o pouco de felicidade que tem o homem civilizado. Descobriu-se que o homem se torna neurótico porque não pode suportar a medida de privação que a sociedade lhe impõe, em prol de seus ideais culturais, e concluiu-se então que, se estas exigências fossem abolidas ou bem atenuadas, isto significaria um retorno a possibilidades de felicidade.

Um outro fator de decepção junta-se a estes. Nas últimas gerações a humanidade fez progressos extraordinários nas ciências naturais e em sua aplicação técnica, consolidando o domínio sobre a natureza de um modo antes inimaginável. Os pormenores desses progressos são conhecidos; não é mister enumerá-los. Os homens estão orgulhosos dessas realizações, e têm direito a isso. Mas eles parecem haver notado que esta recém-adquirida disposição de espaço e de tempo, esta submissão das forças naturais, concretização de um anseio milenar, não elevou o grau de satisfação prazerosa que esperam da vida, não os fez se sentirem mais felizes. Dessa constatação deveríamos concluir apenas que o poder sobre a natureza não é a condição única da felicidade humana, assim como não é o único objetivo dos esforços culturais, e não que os progressos da técnica não tenham valor nenhum para a economia de nossa felicidade. Podemos objetar: não é um positivo ganho de prazer, um inequívoco aumento na sensação de felicidade, se sou capaz de ouvir a qualquer momento a voz do filho que mora a centenas de quilômetros de distância, se logo após o desembarque do amigo posso saber que ele suportou bem a longa e penosa viagem? Não significa nada o fato de a medicina haver conseguido reduzir extraordinariamente a mortalidade dos bebês, o perigo de infecção nas mulheres que dão à luz, e prolongar consideravelmente a duração média de vida do homem civilizado? E a esses benefícios, que devemos à tão vilipendiada era do avanço técnico e científico, pode-se ainda acrescentar toda uma série. — Mas aqui se ergue a voz da crítica pessimista, lembrando que a maioria dessas satisfações segue o modelo do "prazer barato", que é louvado numa certa anedota. Ele consiste em pôr fora da coberta uma perna despida, numa noite fria de inverno, e em seguida guardá-la novamente. Não havendo estradas de ferro para vencer as distâncias, o filho jamais deixaria a cidade natal, não seria necessário o telefone para ouvir-lhe a voz. Sem os navios transatlânticos, o amigo não empreenderia a viagem, e eu não precisaria do telégrafo para acalmar minha inquietação

O MAL-ESTAR NA CIVILIZAÇÃO III

por ele. De que nos serve a diminuição da mortalidade infantil, se justamente ela nos força a conter enormemente a procriação, de sorte que afinal não criamos mais filhos do que nos tempos anteriores ao domínio da higiene, mas por outro lado dificultamos muito a nossa vida sexual no casamento e provavelmente contrariamos a benéfica seleção natural? E, enfim, de que nos vale uma vida mais longa, se ela for penosa, pobre em alegrias e tão plena de dores que só poderemos saudar a morte como uma redenção?

Parece fora de dúvida que não nos sentimos bem em nossa atual civilização, mas é difícil julgar se, e em que medida, os homens de épocas anteriores sentiram-se mais felizes, e que papel desempenharam nisto suas condições culturais. Sempre nos inclinaremos a apreender nossa miséria objetivamente, isto é, a nos transportar para tais condições com as nossas exigências e suscetibilidades, para então examinar que ocasiões nelas veríamos para experimentar felicidade ou infelicidade. Este modo de consideração, que parece objetivo, porque abstrai das variações da sensibilidade subjetiva, é naturalmente o mais subjetivo que pode haver, ao colocar a nossa própria constituição psíquica no lugar de todas as outras que não conhecemos. Mas a felicidade é algo inteiramente subjetivo. Por mais que nos arrepiemos ante determinadas situações — a do antigo escravo nas galés, do camponês na Guerra dos Trinta Anos, da vítima da Sagrada Inquisição, do judeu à espera do pogrom —, é para nós impossível nos sentirmos na pele dessa gente, intuir as mudanças que o torpor original, o gradual

O MAL-ESTAR NA CIVILIZAÇÃO

entorpecimento, a cessação de expectativas, as maneiras mais finas e mais grosseiras de narcotização provocaram na suscetibilidade para sensações de prazer e desprazer. Na possibilidade de dor extrema também passam a agir dispositivos psíquicos especiais de proteção. Não me parece fecundo levar adiante esse aspecto do problema.

É hora de nos voltarmos para a essência desta civilização, cujo valor para a felicidade é posto em dúvida. Não vamos requerer uma fórmula que expresse tal essência em poucas palavras, antes mesmo que nossa investigação nos ensine algo. Basta-nos então repetir[11] que a palavra "civilização"* designa a inteira soma das

---

11 Ver *O futuro de uma ilusão*, 1927.

* No original, *Kultur*, termo que consta no título deste ensaio. Em alemão também existe *"Zivilisation"*, mas seria um simplismo verter automaticamente os dois termos por "cultura" e "civilização" em português, pois o campo semântico — ou conjunto de sentidos — de cada um deles não é idêntico nas duas línguas, e pode variar até mesmo no interior de uma delas, de acordo com a época. Assim, em determinado período considerava-se *Kultur* algo interior, profundo, germânico (numa concepção devedora do romantismo alemão), diferentemente de *Zivilisation*, que seria algo externo, superficial, francês. Talvez seja a essa oposição que Freud se refere, ao afirmar, em *O futuro de uma ilusão*, que se recusa a distinguir entre *Kultur* e *Zivilisation*. Para chegar ao(s) sentido(s) de um termo, é preciso verificar os contextos em que é usado — o significado se depreende do uso. Neste texto, *Kultur* é empregado muitas vezes para designar o que chamamos de "civilização", ou seja, uma cultura onde há enorme desenvolvimento das instituições, técnicas e artes, e algumas vezes para designar "cultura" num sentido mais antropológico, digamos; sendo que em várias ocasiões os termos são intercambiáveis. Portanto, o leitor também encontrará "cultura" no texto. Nas versões estrangeiras consultadas

O MAL-ESTAR NA CIVILIZAÇÃO III

realizações e instituições que afastam a nossa vida daquela de nossos antepassados animais, e que servem para dois fins: a proteção do homem contra a natureza e a regulamentação dos vínculos dos homens entre si. Para maior clareza vamos reunir os traços característicos da civilização, tal como se apresentam nas sociedades humanas. Nisso não hesitaremos em nos deixar guiar pelo uso corrente da língua — ou, como também se diz, pelo "sentimento da língua" —, confiando em que assim faremos justiça a intuições* que ainda se furtam à expressão em palavras abstratas.

---

os tradutores recorreram geralmente a "civilização" para verter o título, com exceção do sempre literal argentino, que preferiu *cultura*, e do italiano, que recorre ao singular vocábulo *civiltà*, pois *civilizzazione* designa o processo civilizador. Já o adjetivo *kulturell* é aqui normalmente vertido por "cultural", e a solução encontrada para *Kulturmensch* foi "homem civilizado". Acrescentemos que a tradução do título deste ensaio foi objeto de um pequeno debate em 1930, quando ia ser publicada a versão inglesa de Joan Riviere. O problema era achar um equivalente para *Unbehagen*, pois não havia dúvidas quanto a "civilization" para *Kultur*. Pensou-se em "unease", "malaise", "discontent" ("desgosto, insatisfação"). Freud sugeriu "Man's discomfort in civilization", mas finalmente foi adotada a solução da tradutora, *Civilization and its discontents*, título que permanece até hoje (cf. Peter Gay, *Freud: a life for our time*, Nova York: Norton, 1988, p. 552n [ed. brasileira: *Freud: uma vida para o nosso tempo*, São Paulo: Companhia das Letras, 1989, trad. Denise Bottmann]).

* No original, *innere Einsichten*; nas traduções consultadas: *intuiciones profundas, intelecciones internas, intimi convincimenti, intuitions profondes, inner attitudes, inner discernments*. Não utilizamos o adjetivo "internas" ou "interiores", porque seria redundante junto a "intuições", a versão que aqui demos a *Einsichten*.

O começo é fácil. Vemos como culturais todas as atividades e valores que são úteis para o ser humano, colocando a terra a seu serviço, protegendo-o da violência das forças naturais etc. Sobre esse aspecto do que é cultural não parece haver dúvida. Se voltamos suficientemente atrás no tempo, os primeiros atos culturais foram o uso de instrumentos, o domínio sobre o fogo, a construção de moradias. Entre eles sobressai o domínio do fogo, realização extraordinária e sem precedente;[12] com os outros o homem iniciou caminhos que desde então nunca deixou de seguir, e cujo estímulo primordial não é difícil imaginar. Com todos os seus instrumentos ele aperfeiçoa os seus órgãos — tanto motores como sensoriais — ou elimina os obstáculos para o desempenho deles. Os mo-

---

12 Algum material psicanalítico, incompleto, de interpretação não inteiramente segura, permite ao menos uma conjetura — que parece fantástica — acerca da origem dessa proeza humana. É como se o homem primitivo estivesse habituado, ao se deparar com o fogo, a satisfazer nele um prazer infantil, apagando-o com seu jato de urina. Segundo as lendas que possuímos, não há dúvida quanto à concepção fálica original da flama que se ergue para o alto em labareda. Apagar o fogo urinando — algo a que também recorrem depois os gigantes Gulliver, em Liliput, e Gargântua, de Rabelais — era então como que um ato sexual com um homem, uma fruição da potência masculina numa disputa homossexual. Quem primeiro renunciou a este prazer, poupando o fogo, pôde levá-lo consigo e colocá-lo a seu serviço. Ao amortecer o fogo de sua própria excitação sexual, havia domado a força natural do fogo. Essa grande conquista cultural seria então o prêmio por uma renúncia instintual. Além disso, é como se a mulher fosse designada a guardiã do fogo aprisionado no lar, pois a sua construção anatômica lhe proíbe ceder à tentação desse prazer. É também digna de nota a regularidade com que a experiência analítica atesta a relação entre fogo, ambição e erotismo uretral.

tores lhe colocam à disposição imensas energias, que tal como seus músculos ele pode empregar em qualquer direção; os navios e os aviões não deixam que a água e o ar lhe impeçam a movimentação. Com os óculos ele corrige as falhas da lente de seu olho, com o telescópio enxerga a enormes distâncias, com o microscópio supera as fronteiras da visibilidade, que foram demarcadas pela estrutura de sua retina. Com a câmera fotográfica ele criou um instrumento que guarda as fugidias impressões visuais, o que o disco de gramofone também faz com as igualmente transitórias impressões sonoras; no fundo, os dois são materializações da sua faculdade de lembrar, de sua memória. Com o auxílio do telefone ele ouve bem longe, de distâncias que seriam tidas por inalcançáveis até mesmo em contos de fadas; a escrita é, na sua origem, a linguagem do ausente, e a casa, um sucedâneo do útero materno, a primeira e ainda, provavelmente, a mais ansiada moradia, na qual ele estava seguro e sentia-se bem.

Não apenas parece um conto de fadas; é mesmo o cumprimento de todos os — não, da maioria dos — desejos dos contos, isso que o homem, por meio de sua ciência e técnica, realizou nesta Terra onde ele surgiu primeiramente como um fraco animal, e onde cada indivíduo de sua espécie tem que novamente entrar (*oh inch of nature!*[*]) como uma desamparada criança de peito. Todo esse patrimônio

---

[*] Literalmente, "ó, polegada da natureza!". A expressão, de sotaque shakespeareano, não se acha em Shakespeare, de acordo com Strachey, mas no romance de um contemporâneo do poeta, George Wilkins. Freud a teria lido numa citação do crítico dinamarquês Georg Brandes.

ele pode reivindicar como aquisição cultural. Há tempos ele havia formado uma concepção ideal de onipotência e onisciência, que corporificou em seus deuses. Atribuiu-lhes tudo o que parecia inatingível para seus desejos — ou que lhe era proibido. Pode-se então dizer que os deuses eram ideais culturais. Agora ele aproximou-se bastante desse ideal, tornou-se ele próprio quase um deus. Claro que apenas na medida em que os ideais, no julgamento geral dos homens, costumam ser alcançados. Não inteiramente, em alguns pontos de modo algum, em outros somente em parte. O ser humano tornou-se, por assim dizer, uma espécie de deus protético, realmente admirável quando coloca todos os seus órgãos auxiliares; mas estes não cresceram com ele, e ocasionalmente lhe dão ainda muito trabalho. Ele tem o direito de consolar-se, porém, com o fato de que essa evolução não terminará justamente no ano da graça de 1930. Épocas futuras trarão novos, inimagináveis progressos nesse âmbito da cultura, aumentarão mais ainda a semelhança com Deus. Mas não devemos esquecer, no interesse de nossa investigação, que o homem de hoje não se sente feliz com esta semelhança.

Portanto, reconhecemos o alto nível cultural de um país quando vemos que nele se cultiva e adequadamente se providencia tudo o que serve para a exploração da Terra pelo homem e para a proteção dele frente às forças da natureza; em suma, tudo o que lhe é proveitoso. Em tal país, os rios que ameaçam inundar as terras têm seus cursos regulados, e suas águas são conduzidas por canais até os lugares que delas necessitam. O solo é cuidadosamente trabalhado e plantado com a vegetação que lhe for apropriada, os tesouros minerais das profundezas são extraídos com diligência e usados na fabricação dos instrumentos e aparelhos necessitados. Os meios de transporte são abundantes, rápidos e confiáveis, os animais selvagens e perigosos se encontram exterminados, e prospera a criação daqueles domesticados. Mas nós requeremos ainda outras coisas da civilização, e é digno de nota que esperemos vê-las realizadas nos mesmos países. Como se estivéssemos negando a exigência feita em primeiro lugar, saudamos também como civilizado o fato de as pessoas se preocuparem com coisas que absolutamente não são úteis, que antes parecem inúteis; por exemplo, quando numa cidade os parques, necessários como áreas de lazer e reservatórios de ar, possuem também canteiros de flores, ou quando as janelas das casas são adornadas com vasos de flores. Logo notamos que a coisa inútil, que esperamos ver apreciada na civilização, é a beleza. Exigimos que o homem civilizado venere a beleza, onde quer que ela lhe surja na natureza, e que a produza em objetos, na medida em que for capaz de fazê-lo. Isso está longe de esgotar o que reivindicamos da civilização. Requeremos ainda ver sinais de limpeza e ordem. Não achamos que tivesse alto nível de civilização uma cidade inglesa do tempo de Shakespeare, quando lemos que diante da casa de seu pai, em Stratford, havia um monte de esterco; nós nos indignamos e tachamos de "bárbaro", que é o contrário de civilizado, quando vemos sujos de papéis os caminhos do Bosque de Viena. A sujeira de qualquer tipo nos parece inconciliável com a civilização; estendemos para o corpo humano a exigência de limpeza, ouvimos espantados que a pessoa do *Roi Soleil** exalava um cheiro péssimo, e balançamos a cabeça quando, na Isola Bella, mostram-nos a pequenina bacia que Napoleão usava na toalete matinal. Não nos surpreendemos se alguém coloca o uso do sabão como medida direta do grau de civilização. O mesmo sucede com a ordem, que, tal como a limpeza, está ligada inteiramente à obra humana. Mas, enquanto não podemos esperar que predomine a limpeza na natureza, a ordem, pelo contrário, nós copiamos dela. A observação das grandes regularidades astronômicas deu ao ser humano não apenas o modelo, mas os primeiros pontos de partida para a introdução da ordem na sua vida. A ordem é uma espécie de compulsão de repetição que, uma vez estabelecida, resolve quando, onde e como algo deve ser feito, de modo a evitar oscilações e hesitações em cada caso idêntico. O benefício da ordem é inegável; ela permite ao ser humano o melhor aproveitamento de espaço e tempo, enquanto poupa suas energias psíquicas. Seria justo esperar que se impusesse à atividade humana desde o princípio, sem dificuldades; e é de espantar que isto não aconteça, que as pessoas manifestem um pendor natural à negligência, irregularidade e frouxidão no trabalho, e a duras penas tenham de ser educadas na imitação dos modelos celestes.

Beleza, limpeza e ordem ocupam claramente um lugar especial entre as exigências culturais. Ninguém dirá que elas são importantes para a vida como o domínio das forças naturais e outros fatores que ainda veremos, mas ninguém as porá em segundo plano, como coisas

---

* "Rei Sol", isto é, Luís XIV.

acessórias. O fato de a civilização não considerar apenas o que é útil já se mostra no exemplo da beleza, que não desejamos ver excluída dos interesses da civilização. A vantagem da ordem é evidente; quanto à limpeza, devemos considerar que é também requerida pela higiene, e podemos conjecturar que esse nexo não era inteiramente desconhecido antes da época de prevenção científica das doenças. Mas a utilidade não explica de todo esse empenho; algo mais tem de estar em jogo.

Entretanto, nenhum traço nos parece caracterizar melhor a civilização do que a estima e o cultivo das atividades psíquicas mais elevadas, das realizações intelectuais, científicas e artísticas, do papel dominante que é reservado às ideias na vida das pessoas. Entre essas ideias se destacam os sistemas religiosos, cujo intrincado edifício procurei elucidar em outra obra; ao lado deles, as especulações filosóficas, e por fim o que se pode chamar de construções ideais dos homens, suas concepções de uma possível perfeição dos indivíduos particulares, do povo, de toda a humanidade, e as exigências que colocam a partir dessas concepções. O fato de essas criações não serem independentes umas das outras, mas bastante entremeadas, dificulta fazer sua exposição e também averiguar sua derivação psicológica. Se admitimos, de maneira bem geral, que o móvel* de toda atividade humana é

---

* É interessante notar que a palavra alemã aqui vertida por "móvel" é *Triebfeder*, que tem o conhecido *Trieb* entre seus componentes, e que, quando se refere a um mecanismo (relógio, por exemplo), é traduzida por "mola". Nas versões consultadas achamos: *resorte* (nas duas em espanhol), *molla, ressort, the force behind, motive force*.

o empenho visando as duas metas confluentes, utilidade e obtenção de prazer, temos que aceitar isso como válido também para as manifestações culturais aqui mencionadas, embora seja facilmente visível apenas na atividade científica e artística. Não se pode duvidar, contudo, que também as outras correspondem a fortes necessidades dos homens, talvez aquelas desenvolvidas apenas numa minoria. Tampouco é lícito nos deixarmos enganar por julgamentos de valor sobre qualquer desses sistemas religiosos e filosóficos ou desses ideais; quer sejam vistos como a realização maior do espírito humano, quer sejam deplorados como equívocos, é mister reconhecer que sua existência, em especial seu predomínio, indica um elevado grau de civilização.

Resta-nos apreciar o último dos traços característicos da civilização, que certamente não é dos menos importantes: o modo como são reguladas as relações dos homens entre si, as relações sociais, que dizem respeito ao indivíduo enquanto vizinho, enquanto colaborador, como objeto sexual de um outro, como membro de uma família e de um Estado. Aqui se torna bem difícil manter-se livre de determinadas exigências ideais e apreender o que é mesmo cultural. Talvez possamos começar afirmando que o elemento cultural se apresentaria com a primeira tentativa de regulamentar essas relações. Não havendo essa tentativa, tais relações estariam sujeitas à arbitrariedade do indivíduo, isto é, aquele fisicamente mais forte as determinaria conforme seus interesses e instintos. Nada mudaria, caso esse mais forte encontrasse alguém ainda mais forte. A vida humana em comum se torna possível apenas quando há uma maioria que é mais forte que qualquer indivíduo e se conserva diante de qualquer indivíduo. Então o poder dessa comunidade se estabelece como "Direito", em oposição ao poder do indivíduo, condenado como "força bruta". Tal substituição do poder do indivíduo pelo da comunidade é o passo cultural decisivo. Sua essência está em que os membros da comunidade se limitam quanto às possibilidades de gratificação, ao passo que o indivíduo não conhecia tal limite. Portanto, a exigência cultural seguinte é a da justiça, isto é, a garantia de que a ordem legal que uma vez se colocou não será violada em prol de um indivíduo. Não é julgado, aqui, o valor ético desse direito. O curso posterior da evolução cultural tende a tornar esse direito não mais a expressão da vontade de uma pequena comunidade — casta, camada da população, tribo —, que novamente age como um indivíduo violento face a outros grupos talvez mais numerosos desse tipo. O resultado final deve ser um direito para o qual todos — ao menos todos os capazes de viver em comunidade — contribuem com sacrifício de seus instintos, e que não permite — de novo com a mesma exceção — que ninguém se torne vítima da força bruta.

A liberdade individual não é um bem cultural. Ela era maior antes de qualquer civilização, mas geralmente era sem valor, porque o indivíduo mal tinha condição de defendê-la. Graças à evolução cultural ela experimenta restrições, e a justiça pede que ninguém escape a elas. Aquilo que numa comunidade humana se faz sentir como impulso à liberdade pode ser revolta contra uma injustiça presente, e assim tornar-se propício a uma maior evolução cultural, permanecendo compatível com a civilização. Mas também pode vir dos restos da personalidade original, não domada pela civilização, e desse modo tornar-se fundamento da hostilidade à civilização. O impulso à liberdade se dirige, portanto, contra determinadas formas e reivindicações da civilização, ou contra ela simplesmente. É pouco provável que mediante alguma influência possamos levar o homem a transformar sua natureza na de uma térmite; ele sempre defenderá sua exigência de liberdade individual contra a vontade do grupo. Boa parte da peleja da humanidade se concentra em torno da tarefa de achar um equilíbrio adequado, isto é, que traga felicidade, entre tais exigências individuais e aquelas do grupo, culturais; é um dos problemas que concernem ao seu próprio destino, a questão de se este equilíbrio é alcançável mediante uma determinada configuração cultural ou se o conflito é insolúvel.

Ao deixar a visão comum nos indicar os traços na vida do ser humano que devem ser designados como culturais, tivemos uma impressão nítida do quadro geral da civilização, embora até o momento não tenhamos aprendido nada que não seja do conhecimento geral. Nisso nos guardamos de apoiar o preconceito que diz que civilização equivaleria a aperfeiçoamento, seria o caminho traçado para o homem chegar à perfeição. Agora se nos apresenta uma concepção que talvez nos oriente de outro modo. A evolução cultural nos surge como um processo peculiar que se desenrola na humanidade, no qual muita coisa quer nos parecer familiar. Podemos caracterizar este processo pelas mudanças que ele efetua nas conhecidas disposições instintuais humanas, cuja satisfação é, afinal, a tarefa econômica de nossa vida. Alguns desses instintos são absorvidos de maneira tal, que em seu lugar aparece o que no indivíduo descrevemos como traço de caráter. O mais notável exemplo desse fato* achamos no erotismo anal da criança. Seu interesse original na função excretora, nos órgãos e produtos dela, transforma-se, durante o crescimento, no grupo de características que conhecemos como parcimônia, sentido da ordem e limpeza, que, valiosas e bem-vindas em si, podem exacerbar-se até adquirir um marcante predomínio, e resultar no que chamamos caráter anal. Como isto sucede não sabemos, mas não há dúvidas quanto à justeza dessa compreensão.[13] Ora, vimos que ordem e limpeza são exigências essenciais da civilização, embora sua necessidade para a vida não salte aos olhos, e tampouco sua adequação como fontes de prazer. Neste ponto, a semelhança entre o processo de civilização e o desenvolvimento libidinal do indivíduo tinha que fazer-se evidente para nós. Outros instintos são levados a deslocar, a situar em outras vias as condições de sua satisfação, o que na maioria

---

* *Vorgang*, no original. Cabe lembrar que o termo alemão admite os significados de "processo" e de "evento". Algumas linhas acima, foi naturalmente vertido por "processo" o termo *Prozess*, de sentido inequívoco.

13 Ver "Caráter e erotismo anal" (1908) e numerosas contribuições de Ernest Jones e outros.

dos casos coincide com a nossa familiar *sublimação* (das metas instintuais), e em outros se diferencia dela. A sublimação do instinto é um traço bastante saliente da evolução cultural, ela torna possível que atividades psíquicas mais elevadas, científicas, artísticas, ideológicas, tenham papel tão significativo na vida civilizada. Cedendo à primeira impressão, seríamos tentados a dizer que a sublimação é o destino imposto ao instinto pela civilização. É melhor refletirmos mais sobre isso, porém. Em terceiro lugar, enfim, e isto parece ser o mais importante, é impossível não ver em que medida a civilização é construída sobre a renúncia instintual, o quanto ela pressupõe justamente a não satisfação (supressão, repressão, ou o quê mais?) de instintos poderosos. Essa "frustração cultural" domina o largo âmbito dos vínculos sociais entre os homens; já sabemos que é a causa da hostilidade que todas as culturas têm de combater. Ela também colocará sérias exigências ao nosso trabalho científico; aí teremos muito o que esclarecer. Não é fácil compreender como se torna possível privar um instinto de satisfação. É algo que tem seus perigos; se não for compensado economicamente, podem-se esperar graves distúrbios.

Porém, se quisermos saber que valor pode reivindicar nossa concepção do desenvolvimento cultural como um processo peculiar, comparável à maturação normal do indivíduo, teremos de atacar um outro problema, perguntando-nos acerca das influências a que esta evolução cultural deve sua origem, como nasceu e o que determinou seu curso.

IV

Uma tarefa desmedida, ao que parece; diante dela, é natural perdermos o alento. Aqui está o pouco que pude entrever.

Após o homem primitivo descobrir que estava em suas mãos — literalmente — melhorar sua sorte na Terra mediante o trabalho, não podia lhe ser indiferente o fato de alguém trabalhar com ele ou contra ele. O outro indivíduo adquiriu a seus olhos o valor de um colaborador, com o qual era útil viver. Ainda antes, em sua pré-história antropoide, ele havia adotado o hábito de construir famílias; os membros da família foram provavelmente os seus primeiros ajudantes. É de supor que a formação da família relacionou-se ao fato de a necessidade de satisfação genital não mais se apresentar como um hóspede, que surge repentinamente e após a partida não dá notícias por muito tempo, mas sim estabelecer-se duradouramente como um inquilino. Assim o macho teve um motivo para conservar junto a si a mulher ou, de modo mais geral, os objetos sexuais; as fêmeas, que não queriam separar-se de seus filhotes desamparados, também no interesse deles tinham que ficar junto ao macho forte.[14] Nessa família primitiva falta ainda

---

14 A periodicidade orgânica do processo sexual foi mantida, mas o seu efeito na excitação psíquica reverteu no oposto. Essa mudança está ligada antes de tudo à retração dos estímulos olfativos, através dos quais o processo de menstruação atuava sobre a psique masculina. O seu papel foi assumido por excitações visuais, que, contrastando com os estímulos olfativos intermitentes, podiam ter um efeito permanente. O tabu da menstruação deriva dessa "repressão orgâni-

um traço essencial da civilização; a arbitrariedade do pai e chefe não tinha limites. Em *Totem e tabu* procurei mostrar o caminho que levou dessa família ao estágio seguinte da vida em comum, os bandos de irmãos. A vitória sobre o pai havia ensinado aos filhos que uma associação pode ser mais forte que o indivíduo. A cultura totêmica baseia-se nas restrições que eles tiveram que impor uns aos outros, a fim de preservar o novo estado de coisas. Os preceitos do tabu constituíram o primeiro "direito". A vida humana em comum teve então um duplo fundamento: a compulsão ao trabalho, criada pela

---

ca", como defesa contra uma fase de desenvolvimento superada; todas as outras motivações são provavelmente secundárias (cf. C. D. Daly, "Hindumythologie und Kastrationskomplex", *Imago*, v. 13, 1927). Este processo se repete em outro nível, quando os deuses de uma era cultural ultrapassada se tornam demônios. Mas a retração dos estímulos olfativos parece consequência do afastamento do ser humano da terra, da decisão de andar ereto, que fez os genitais até então escondidos ficarem visíveis e necessitados de proteção, despertando assim o pudor. No começo do decisivo processo de civilização estaria, portanto, a adoção da postura ereta pelo homem. O encadeamento parte daí, através da depreciação dos estímulos olfativos e do isolamento da menstruação, até a preponderância dos estímulos visuais, a visibilidade que obtêm os órgãos genitais, chegando à continuidade da excitação sexual, à fundação da família, e com isso ao limiar da cultura humana. Esta é apenas uma especulação teórica, mas de importância suficiente para justificar uma averiguação exata do modo de vida dos animais próximos ao homem.

Também é inequívoca a presença de um fator social no esforço cultural pela limpeza, que acha uma justificação posterior em considerações higiênicas, mas já se manifestava antes delas. O impulso à limpeza vem do afã para eliminar os excrementos, que se tornaram desagradáveis à percepção sensorial. Sabemos que é diferente com

necessidade externa, e o poder do amor, que no caso do homem não dispensava o objeto sexual, a mulher, e no caso da mulher não dispensava o que saíra dela mesma, a criança. Eros e Ananke tornaram-se também os pais da cultura humana. O primeiro êxito cultural consistiu em que um número grande de pessoas pôde viver em comunidade. E como os dois grandes poderes atuavam aí conjuntamente, cabia esperar que a evolução posterior ocorresse de modo suave, rumo a um domínio cada vez melhor do mundo externo e à ampliação do número de pessoas abrangido pela comunidade. Assim, não é

---

os bebês. Os excrementos não despertam neles aversão; parecem-lhes valiosos, uma parte que se desprendeu do seu próprio corpo. Nisso a educação intervém com particular energia, apressando o estágio seguinte do desenvolvimento, que deve tornar os excrementos sem valor, repugnantes, nojentos e condenáveis. Tal inversão de valor não seria possível, caso essas substâncias expelidas do corpo não fossem condenadas, por seus fortes odores, a partilhar o destino reservado aos estímulos olfativos depois que o ser humano adotou a postura ereta. Portanto, o erotismo anal sucumbe primeiramente à "repressão orgânica", que abriu o caminho para a cultura. O fator social, que cuida da posterior transformação do erotismo anal, mostra-se no fato de que, não obstante todos os progressos evolutivos do ser humano, dificilmente ele acha repulsivo o cheiro de suas próprias fezes, apenas o daquelas de outras pessoas. Quem é sujo, isto é, quem não esconde os próprios excrementos, ofende o outro, não demonstra respeito por ele, o que também é confirmado pelos mais fortes e mais usuais xingamentos. Pois seria incompreensível o fato de o homem utilizar o nome do seu mais fiel amigo no reino animal como termo de insulto, se o cachorro não provocasse o desprezo por duas características: ser um animal de olfato, que não tem horror aos excrementos, e não se envergonhar de suas funções sexuais.

fácil entender como essa cultura pode não tornar felizes os que dela participam.

Antes de investigar de onde pode vir a perturbação, o reconhecimento do amor como um fundamento da cultura nos propiciará uma digressão, a fim de preencher uma lacuna deixada anteriormente. Afirmamos que a descoberta de que o amor sexual (genital) proporciona ao indivíduo as mais fortes vivências de satisfação, dá-lhe realmente o protótipo de toda felicidade, deve tê-lo feito continuar a busca da satisfação vital no terreno das relações sexuais, colocando o erotismo genital no centro da vida. Prosseguimos dizendo que assim ele se torna dependente, de maneira preocupante, de uma parte do mundo exterior, ou seja, do objeto amoroso escolhido, e fica exposto ao sofrimento máximo, quando é por este desprezado ou o perde graças à morte ou à infidelidade. Por causa disso, os sábios de todas as épocas desaconselharam enfaticamente esse caminho; não obstante, ele jamais deixou de atrair um grande número de seres humanos.

Uma pequena minoria pode, devido à sua constituição, achar a felicidade pela via do amor, mas isso requer vastas alterações psíquicas da função amorosa. Tais pessoas se fazem independentes da concordância do objeto, ao deslocar o peso maior de ser amado para amar; elas protegem-se da perda do objeto, ao voltar seu amor igualmente para todos os indivíduos, e não para objetos isolados; e evitam as oscilações e decepções do amor genital afastando-se da meta sexual deste, transformando o instinto em um impulso *inibido na meta*. O que produzem em si mesmas desse modo, um estado de sentimento uniforme, terno, estável, já não tem muita semelhança exterior com a vida amorosa genital, tempestuosamente agitada, de que no entanto deriva. Nessa utilização do amor para o sentimento interior de felicidade, quem mais avançou foi talvez são Francisco de Assis. O que vemos como uma das técnicas de realização do princípio do prazer foi frequentemente vinculado à religião, com a qual pode estar ligado naquelas remotas regiões em que é negligenciada a distinção entre o Eu e os objetos e entre os próprios objetos. Há uma concepção ética, cujos motivos profundos ainda se farão claros para nós, que enxerga nessa disposição para o amor universal aos homens e ao mundo a mais excelsa atitude a que pode chegar o ser humano. De imediato queremos expor as nossas duas principais objeções. Um amor que não escolhe parece-nos perder uma parte do seu valor, ao cometer injustiça com o objeto. Além disso, nem todos os humanos são dignos de amor.

O amor que fundou a família continua ativo na civilização, tanto em seu cunho original, em que não renuncia à satisfação sexual direta, como em sua modificação, a ternura inibida na meta. Nas duas formas dá prosseguimento à função de unir um número considerável de pessoas, de maneira mais intensa do que a obtida pelo interesse do trabalho em comum. O desleixo com que na linguagem se usa a palavra "amor" tem uma justificação genética. Chama-se "amor" a relação entre homem e mulher, que fundam uma família tendo por base as suas necessidades genitais; mas também são amor os sentimentos positivos entre pais e filhos, entre os irmãos numa família, embora tenhamos que descrever tal relação como amor inibido em sua meta, como ternura. O amor inibido na meta foi, na origem, amor plenamente sensual, e ainda o é no inconsciente humano. Ambos, amor plenamente sensual e amor inibido na meta, vão além da família e estabelecem novas uniões com pessoas antes desconhecidas. O amor genital conduz à formação de novas famílias, aquele inibido na meta, a "amizades", que culturalmente se tornam importantes, pois escapam a várias limitações do amor genital — a exclusividade, por exemplo. No curso da evolução, porém, o vínculo entre amor e civilização deixa de ser inequívoco. Por um lado, o amor se opõe aos interesses da cultura; por outro lado, a cultura ameaça o amor com sensíveis restrições.

Essa divergência parece inevitável; sua razão não percebemos de imediato. Manifesta-se primeiramente como um conflito entre a família e a comunidade mais ampla a que pertence o indivíduo. Já notamos que um dos principais empenhos da civilização consiste em juntar os homens em grandes unidades. Mas a família não quer ceder o indivíduo. Quanto maior for a coesão dos membros da família, mais frequentemente eles tenderão a se apartar dos outros, e mais dificilmente ingressarão no círculo mais amplo da vida. O modo de vida em comum que é filogeneticamente mais antigo, o único existente na infância, defende-se da superação por aquele posteriormente adquirido, cultural. A separação da família torna-se para todo jovem uma tarefa, na solução da qual a sociedade com frequência o ajuda por meio de

O MAL-ESTAR NA CIVILIZAÇÃO IV

ritos de puberdade e iniciação. Vem-nos a impressão de que estas são dificuldades inerentes a todo desenvolvimento psíquico — e mesmo orgânico, no fundo.

Depois são as mulheres que contrariam a corrente da civilização e exercem a sua influência refreadora e retardadora, elas, que no início estabeleceram o fundamento da civilização através das exigências de seu amor. As mulheres representam os interesses da família e da vida sexual; o trabalho da cultura tornou-se cada vez mais assunto dos homens; coloca-lhes tarefas sempre mais difíceis, obriga-os a sublimações instintuais de que as mulheres não são muito capazes. Como um indivíduo não dispõe de quantidades ilimitadas de energia psíquica, tem que dar conta de suas tarefas mediante uma adequada distribuição da libido. Aquilo que gasta para fins culturais, retira na maior parte das mulheres e da vida sexual: a assídua convivência com homens, a sua dependência das relações com eles o alienam inclusive de seus deveres como marido e pai. Então a mulher se vê relegada a segundo plano pelas solicitações da cultura e adota uma atitude hostil frente a ela.

Do lado da cultura, a tendência a restringir a vida sexual não é menos clara do que a de ampliar o âmbito de cultura. A primeira fase cultural, a do totemismo, já traz consigo a proibição da escolha incestuosa de objeto, talvez a mais incisiva mutilação que a vida amorosa humana experimentou no curso do tempo. Por meio de tabus, leis e costumes, são produzidas mais restrições, que atingem tanto os homens como as mulheres. As culturas não percorrem todas a mesma distância nessa via;

O MAL-ESTAR NA CIVILIZAÇÃO

a estrutura econômica da sociedade também influi sobre a medida de liberdade sexual restante. Já sabemos que nisso a cultura segue a coação da necessidade econômica,* pois tem de subtrair à sexualidade um elevado montante da energia psíquica que despende. Nisso a cultura se comporta, em relação à sexualidade, como uma tribo ou uma camada da população que submeteu uma outra à sua exploração. O medo de uma revolta dos oprimidos leva a rigorosas medidas de precaução. Nossa cultura europeia ocidental mostra um ponto alto nessa evolução. Psicologicamente se justifica que ela comece por desaprovar as manifestações da vida sexual infantil, pois não há perspectiva de represar os desejos sexuais dos adultos sem um trabalho preparatório na infância. De modo algum se justifica, porém, que a sociedade civilizada tenha chegado ao ponto de também negar esses fenômenos facilmente comprováveis, evidentes até. A escolha de objeto do indivíduo sexualmente maduro é reduzida ao sexo oposto, a maioria das satisfações extragenitais é interditada como perversão. A exigência, expressa em tais proibições, de uma vida sexual uniforme para todos, ignora as desigualdades na constituição sexual inata e adquirida dos seres humanos, priva um núme-

---

* O adjetivo aqui empregado no original é *ökonomisch*, diferente daquele usado pouco antes e traduzido da mesma forma, *wirtschaftlich*. Este tem apenas o sentido comum da palavra em português, enquanto o primeiro pode também adquirir, em Freud, o significado técnico de algo referente à economia psíquica — como, por exemplo, no título "O problema econômico do masoquismo", de 1924; não é o que ocorre no presente contexto, porém.

ro considerável deles do prazer sexual e se torna, assim, a fonte de grave injustiça. O resultado dessas medidas restritivas poderia ser que nas pessoas normais, que nisso não se acham impedidas por sua constituição, todo o interesse sexual flui, sem perda, para os canais deixados abertos. Mas o que permanece isento de proscrição, o amor genital heterossexual, é ainda prejudicado pelas limitações da legitimidade e da monogamia. A civilização atual dá a entender que só quer permitir relações sexuais baseadas na união indissolúvel entre um homem e uma mulher, que não lhe agrada a sexualidade como fonte de prazer autônoma e que está disposta a tolerá-la somente como fonte, até agora insubstituível, de multiplicação dos seres humanos.

Isto é, naturalmente, algo extremo. Sabe-se que demonstrou ser inexequível, mesmo por breves períodos. Apenas os fracos se sujeitaram a uma interferência tão ampla na sua liberdade sexual, as naturezas mais fortes o fizeram apenas em troca de uma compensação, da qual falaremos depois. A sociedade civilizada viu-se obrigada a fechar os olhos para muitas transgressões que, segundo suas normas, deveria punir. Mas não cabe enganar-se na direção oposta e supor que tal atitude é inócua, por não atingir todos os seus propósitos. A vida sexual do homem civilizado está mesmo gravemente prejudicada, às vezes parece uma função que se acha em processo involutivo, como nossos dentes e nossos cabelos enquanto órgãos. Provavelmente é lícito supor que como fonte de sensações felizes, ou seja, no cumprimento de nossa finalidade de vida, sua importância diminuiu sensivelmente.[15] Há ocasiões em que acreditamos perceber que não somente a pressão da cultura, mas também algo da essência da própria função nos recusa a plena satisfação e nos impele por outros caminhos. Pode ser um equívoco, é difícil decidir.[16]

V

O trabalho psicanalítico nos ensinou que são justamente essas frustrações da vida sexual que os indivíduos chamados de neuróticos não suportam. Eles criam, com seus sintomas, gratificações substitutivas, que no entanto causam sofrimento ou tornam-se fonte de sofrimento, ao lhes criar dificuldades com o ambiente e a sociedade. Este segundo fato compreende-se facilmente, o primeiro

15 Entre as obras do sensível escritor inglês John Galsworthy, que atualmente goza do reconhecimento geral, há um conto que logo apreciei, intitulado "The apple-tree" (A macieira). Ele mostra, convincentemente, como na vida do homem civilizado de hoje não há mais lugar para o amor simples e natural entre duas criaturas.

16 Eis algumas observações, em apoio da conjectura acima. Também o homem é um animal de inequívoca disposição bissexual. O indivíduo corresponde à fusão de duas metades simétricas, das quais uma é puramente masculina e a outra puramente feminina, na opinião de vários pesquisadores. É igualmente possível que cada metade fosse originalmente hermafrodita. A sexualidade é um fato biológico que, embora de significação extraordinária para a vida psíquica, é psicologicamente difícil de apreender. Estamos habituados a dizer que cada pessoa mostra impulsos instintuais, necessidades, características tanto masculinas como femininas; a natureza do masculino ou feminino, porém, pode ser indicada pela anatomia, mas não pela

nos traz um novo enigma. Mas a civilização ainda requer outros sacrifícios além da satisfação sexual.

Abordamos a dificuldade da evolução cultural como uma dificuldade geral de desenvolvimento, ao fazê-la remontar à inércia da libido, à relutância desta em abandonar uma posição velha por uma nova. Dizemos aproximadamente o mesmo, ao derivar a antítese entre civilização e sexualidade do fato de que o amor sexual é uma relação entre duas pessoas, na qual uma terceira é talvez supérflua ou importuna, ao passo que a civilização repousa sobre vínculos entre muitas pessoas. No auge de uma relação amorosa não há interesse algum pelo resto do mundo; o par amoroso basta a si mesmo, não precisa sequer de um filho para ser feliz. Em nenhum outro caso Eros revela tão claramente o âmago do seu ser, o propósito de transformar vários em um,

---

psicologia. Para esta, a oposição dos sexos empalidece ante aquela entre atividade e passividade, na qual identificamos precipitadamente a atividade com a masculinidade e a passividade com a feminilidade, o que de maneira nenhuma se confirma invariavelmente no reino animal. Muita coisa ainda não é clara na teoria da bissexualidade, e na psicanálise só podemos ver como um contratempo o fato de não se ter ainda achado conexão entre ela e a teoria dos instintos. Como quer que seja, se tomamos como verdadeiro que na sua vida sexual o indivíduo quer satisfazer tanto os desejos masculinos como os femininos, estamos preparados para a possibilidade de que essas exigências não sejam cumpridas pelo mesmo objeto e que interfiram umas com as outras, quando não se consegue mantê-las separadas e conduzir cada impulso por uma trilha especial, apropriada para ele. Outra dificuldade vem de que frequentemente se junta à relação erótica, além dos seus próprios componentes sádicos, um quê de inclinação direta à agressão. O objeto amoroso nem sempre vai encarar essas

mas quando — como é proverbial — alcança isso no amor entre dois seres humanos, não admite ir além.

Até aqui podemos muito bem imaginar uma comunidade cultural que consistisse de tais indivíduos duplos, que, libidinalmente saciados consigo mesmos, acham-se ligados pelo trabalho e os interesses em comum. Neste caso, a civilização não precisaria retirar energia à sexualidade. Esse desejável estado de coisas não existe e nunca existiu, porém. A realidade mostra que a civilização não se contenta com as uniões que até o momento lhe foram permitidas, que quer unir também libidinalmente os membros da comunidade, que se vale de todos os meios, favorece qualquer caminho para estabelecer fortes identificações entre eles, e mobiliza em grau máximo libido inibida na meta, para fortalecer os vínculos comunitários através de relações de amizade. Para realizar esses propósitos, é

---

complicações com o entendimento e a tolerância da camponesa que reclamou de que seu marido não mais a amava, porque há uma semana não a espancava.

A conjectura que nos leva mais fundo, porém, é a que retoma as observações feitas na nota 14, p. 61, de que com a postura ereta do homem e a depreciação do sentido do olfato não apenas o erotismo anal, mas também toda a sexualidade ameaçou tornar-se vítima da repressão orgânica, de modo que desde então a função sexual é acompanhada de uma repugnância inexplicável de outra forma, que impede uma satisfação plena e impele para longe da meta sexual, rumo a sublimações e deslocamentos da libido. Sei que Bleuler, certa vez (em "Der Sexualwiderstand" [A resistência sexual], *Jahrbuch für psychoanalytische und psychopathologische Forschungen*, v. 5, 1913), chamou a atenção para a existência de uma atitude assim, de rejeição primária da vida sexual. Todos os neuróticos, e muitos além deles, chocam-se com o fato de que *Inter urinas et faeces nascimur*

O MAL-ESTAR NA CIVILIZAÇÃO V

inevitável a limitação da vida sexual. Mas não percebemos qual necessidade impele a civilização por esse caminho e fundamenta sua oposição à sexualidade. Deve se tratar de um fator de perturbação que ainda não descobrimos.

A pista nos pode ser fornecida por uma das chamadas exigências ideais da sociedade civilizada. "Ama teu próximo como a ti mesmo", diz ela; é conhecida universalmente, sem dúvida mais velha que o cristianismo, que a ostenta como sua mais gloriosa reivindicação, mas decerto não é muito antiga; em tempos já históricos era ainda estranha à humanidade. Vamos adotar uma atitude ingênua diante dela, como se a ouvíssemos pela primeira vez. Não poderemos então suprimir um sentimento de estranheza e surpresa. Por que deveríamos fazer isso? Em que nos ajudará? Sobretudo, como levar isso a cabo? Como nos será possível? Meu amor é algo precioso para

---

("Nascemos entre fezes e urina"). Também os genitais produzem fortes sensações olfativas, que para muitas pessoas são intoleráveis e lhes estragam as relações sexuais. Assim teríamos que a mais profunda raiz da repressão sexual que acompanha a cultura é a defesa orgânica da nova forma de vida, adquirida com a postura ereta, contra a anterior existência animal, um resultado da investigação científica que de maneira notável coincide com preconceitos banais frequentemente expressos. Todavia, por enquanto estas são apenas possibilidades incertas, não consolidadas pela ciência. Tampouco devemos esquecer que, apesar da inegável depreciação dos estímulos olfativos, mesmo na Europa existem povos que valorizam, como estimulantes da sexualidade, os odores genitais que nos repugnam, e não querem renunciar a eles. (Ver as informações folclóricas obtidas no "questionário" de Iwan Bloch, "Über den Geruchssinn in der *vita sexualis*" ("Sobre o sentido do olfato na *vita sexualis*"), em diversos volumes da *Anthroprophytea*, de Friedrich S. Krauss.)

mim, algo que não posso despender irresponsavelmente. Ele me impõe deveres, os quais tenho que me dispor a cumprir com sacrifícios. Quando amo a outrem, este deve merecê-lo de algum modo. (Não considero a vantagem que ele possa me trazer, nem a possível importância dele como objeto sexual; esses dois tipos de relacionamento não contam para o preceito do amor ao próximo.) Ele o merece, se em importantes aspectos semelha tanto a mim que posso amar a mim mesmo nele; ele o merece, se é tão mais perfeito do que eu que posso amar nele o meu ideal de mim; eu tenho que amá-lo se ele é filho de meu amigo, pois a dor do amigo, se algo lhe acontecesse ao filho, seria também minha dor, eu teria de compartilhá-la. Mas se ele me é desconhecido e não me pode atrair por nenhum valor próprio, nenhuma significação que tenha adquirido em minha vida emocional, dificilmente o amarei. E estaria sendo injusto se o fizesse, pois meu amor é estimado como um privilégio pelos meus; seria injusto para com eles equipará-los a desconhecidos. Mas se devo amá-lo com esse amor universal, apenas porque também vive nesta Terra, como um inseto, uma minhoca, uma serpente, então receio que uma parte mínima de amor lhe caberá — sem dúvida alguma menos do que, pelo julgamento da razão, estou autorizado a guardar para mim mesmo. A que vem um preceito tão solenemente enunciado, se o seu cumprimento não pode ser racionalmente indicado?

Olhando com mais vagar, encontro ainda outras dificuldades. Esse desconhecido não apenas não é digno de amor em geral; tenho de confessar, honestamente, que ele tem mais direito à minha hostilidade, até ao meu ódio.

Ele não parece ter qualquer amor a mim, não me demonstra a menor consideração. Quando lhe traz vantagem, não hesita em me prejudicar, não se perguntando mesmo se o grau de sua vantagem corresponde à magnitude do dano que me faz. Mais até, ele não precisa sequer ter vantagem nisso; quando pode satisfazer um prazer qualquer com isso, não se incomoda em zombar de mim, em me ofender, me caluniar, exibir seu poder, e quanto mais seguro ele se sentir, mais desamparado estarei eu, mais seguramente é de esperar essa sua conduta para comigo. Quando se comporta de maneira diferente, quando, sendo eu desconhecido, me poupa e me considera, acho-me disposto a retribuir-lhe na mesma moeda, sem qualquer preceito. De fato, se esse grandioso mandamento dissesse: "Ama teu próximo assim como ele te ama", eu nada teria a objetar. Há um outro mandamento que me parece ainda mais incompreensível e me desperta uma oposição ainda mais forte. Ele diz: "Ama teus inimigos". Mas, pensando bem, não é justo rejeitá-lo como uma impertinência ainda maior. No fundo é a mesma coisa.[17]

17 Um grande escritor pode se permitir expressar — de modo brincalhão, pelo menos — verdades psicológicas severamente contidas. É assim que Heinrich Heine confessa: "Tenho a mais pacífica disposição. Meus desejos são: uma modesta cabana com teto de palha, mas uma boa cama, boa comida, leite e manteiga bem frescos, flores diante da janela, em frente à porta algumas belas árvores e, se o bom Deus quiser me tornar inteiramente feliz, me concederá a alegria de ver seis ou sete de meus inimigos serem enforcados nessas árvores. De coração tocado eu lhes perdoarei, em sua morte, todo o mal que na vida me fizeram — pois devemos perdoar nossos inimigos, mas não antes de serem executados" (Heine, *Gedanken und Einfälle*).

O MAL-ESTAR NA CIVILIZAÇÃO

Agora acredito ouvir, de uma voz respeitável, a admoestação seguinte: "Justamente porque o próximo não é digno de amor, mas antes teu inimigo, é que deves amá-lo como a ti mesmo". Então, pelo que entendo, é um caso semelhante ao *Credo quia absurdum* [Creio porque é absurdo].

Ora, é bem provável que o próximo, quando solicitado a me amar tanto quanto a si mesmo, responda exatamente como eu e me repudie pelos mesmos motivos. Espero que não com a mesma razão objetiva, mas isso ele também pensará. Há diferenças na conduta humana que a ética classifica de "boas" ou "más", não considerando que foram produzidas por condições determinadas. Enquanto essas inegáveis diferenças não forem suprimidas, obedecer às elevadas exigências éticas implicará danos aos propósitos da cultura, por estabelecer prêmios para a maldade. Não podemos deixar de lembrar um evento sucedido no parlamento francês, quando se discutia a pena de morte; um orador havia advogado apaixonadamente sua abolição e colhia aplausos fervorosos, até que uma voz prorrompeu no recinto: "*Que messieurs les assassins commencent!*" ["Que os senhores assassinos comecem!"].

O quê de realidade por trás disso, que as pessoas gostam de negar, é que o ser humano não é uma criatura branda, ávida de amor, que no máximo pode se defender, quando atacado, mas sim que ele deve incluir, entre seus dotes instintuais, também um forte quinhão de agressividade. Em consequência disso, para ele o próximo não constitui apenas um possível

O MAL-ESTAR NA CIVILIZAÇÃO V

colaborador e objeto sexual, mas também uma tentação para satisfazer a tendência à agressão, para explorar seu trabalho sem recompensá-lo, para dele se utilizar sexualmente contra a sua vontade, para usurpar seu patrimônio, para humilhá-lo, para infligir-lhe dor, para torturá-lo e matá-lo. *Homo homini lupus* [O homem é o lobo do homem]; quem, depois de tudo o que aprendeu com a vida e a história, tem coragem de discutir essa frase? Via de regra, essa cruel agressividade aguarda uma provocação, ou se coloca a serviço de um propósito diferente, que poderia ser atingido por meios mais suaves. Em circunstâncias favoráveis, quando as forças psíquicas que normalmente a inibem estão ausentes, ela se expressa também de modo espontâneo, e revela o ser humano como uma besta selvagem que não poupa os de sua própria espécie. Quem chamar à lembrança os horrores da migração dos povos,* das invasões dos hunos, dos mongóis de Gêngis Khan e Tamerlão, da conquista de Jerusalém pelos piedosos cruzados, e ainda as atrocidades da recente Guerra Mundial, terá de se curvar humildemente à verdade dessa concepção.

A existência desse pendor à agressão, que podemos sentir em nós mesmos e justificadamente pressupor nos demais, é o fator que perturba nossa relação com o próximo e obriga a civilização a seus grandes dispêndios.**

---

* "Migração dos povos": *Völkerwanderung*, como os alemães designam o que os não alemães denominam "invasões dos bárbaros".

** "[...] e obriga a civilização a seus grandes dispêndios": [...] *und*

Devido a essa hostilidade primária entre os homens, a sociedade é permanentemente ameaçada de desintegração. O interesse do trabalho em comum não a manteria; paixões movidas por instintos são mais fortes que interesses ditados pela razão. A civilização tem de recorrer a tudo para pôr limites aos instintos agressivos do homem, para manter em xeque suas manifestações através de formações psíquicas reativas. Daí, portanto, o uso de métodos que devem instigar as pessoas a estabelecer identificações e relações amorosas inibidas em sua meta, daí as restrições à vida sexual e também o mandamento ideal de amar o próximo como a si mesmo, que verdadeiramente se justifica pelo fato de nada ser mais contrário à natureza humana original. Com todas as suas lidas, esse empenho da civilização não alcançou muito até agora. Ela espera prevenir os excessos mais grosseiros da violência, conferindo a si mesma o direito de praticar a violência contra os infratores, mas a lei não tem como abarcar as expressões mais cautelosas e sutis da agressividade humana. Cada um de nós vive o momento em que deixa de lado, como ilusões, as esperanças que na juventude depositava nos semelhantes, e aprende o quanto a vida lhe pode ser dificultada e atormentada por sua malevolência. Ao mesmo tempo

---

die Kultur zu ihrem Aufwand nötigt; damos aqui uma tradução literal da palavra *Aufwand*; Strachey também usa *expenditure*, mas acrescenta *of energy* entre colchetes; Etcheverry faz o mesmo, e a versão italiana diz *un grande dispendio di energia*. Algumas traduções anteriores apresentam variações, uma dela equivocada: *despliegue de preceptos* (Rey Ardid), *tant d'efforts* (Odier), *high demands* (Riviere).

seria injusto acusar a civilização de pretender excluir da atividade humana a luta e a disputa. Estas são imprescindíveis, não há dúvida; mas oposição não significa necessariamente inimizade, é apenas mal utilizada como ocasião para ela.

Os comunistas acreditam haver encontrado o caminho para a redenção do mal. O ser humano é inequivocamente bom, bem-disposto para com o próximo, mas a instituição da propriedade privada lhe corrompeu a natureza. A posse de bens privados dá poder a um indivíduo, e com isso a tentação de maltratar o próximo; o despossuído deve se rebelar contra o opressor, seu inimigo. Se a propriedade privada for abolida, todos os bens forem tornados comuns e todos os homens puderem desfrutá-los, desaparecerão a malevolência e a inimizade entre os homens. Como todas as necessidades estarão satisfeitas, ninguém terá motivo para enxergar no outro um inimigo; e todos se encarregarão espontaneamente do trabalho necessário. Não é de minha alçada a crítica econômica do sistema comunista, não tenho como investigar se a abolição da propriedade privada é pertinente e vantajosa.[18] Mas posso ver que o

18 Quem, na sua juventude, viveu as desgraças da pobreza e experimentou a indiferença e arrogância dos abastados, deveria estar a salvo da suspeita de não ter compreensão e boa vontade para com os esforços de combater a desigualdade material entre os homens e tudo o que dela deriva. No entanto, se esta luta invocar a igualdade entre os homens como exigência abstrata de justiça, é fácil objetar que a natureza, dotando os indivíduos de aptidões físicas e talentos intelectuais bastante desiguais, introduziu injustiças contra as quais não há remédio.

seu pressuposto psicológico é uma ilusão insustentável. Suprimindo a propriedade privada, subtraímos ao gosto humano pela agressão um dos seus instrumentos, sem dúvida poderoso, mas certamente não o mais poderoso. Porém nada mudamos no que toca às diferenças de poder e de influência que a agressividade usa ou abusa para os seus propósitos, e tampouco na sua natureza. Ela não foi criada pela propriedade, reinou quase sem limites no tempo pré-histórico, quando aquela ainda era escassa, já se manifesta na infância, quando a propriedade mal abandonou sua primária forma anal, constitui o sedimento de toda relação terna e amorosa entre as pessoas, talvez com a exceção única daquela entre a mãe e o filho homem. Se eliminamos o direito pessoal aos bens materiais, subsiste o privilégio no âmbito das relações sexuais, que se torna fonte do mais vivo desgosto e da mais violenta inimizade entre seres que de outro modo se acham em pé de igualdade. Suprimindo também este, mediante a completa liberação da vida sexual, ou seja, abolindo a família, célula germinal da civilização, fica impossível prever que novos caminhos a evolução cultural pode encetar, mas uma coisa é lícito esperar: que esse indestrutível traço da natureza humana também a acompanhe por onde vá.

Evidentemente não é fácil, para os homens, renunciar à gratificação de seu pendor à agressividade; não se sentem bem ao fazê-lo. Não é de menosprezar a vantagem que tem um grupamento cultural menor, de permitir ao instinto um escape, através da hostilização dos que não pertencem a ele. Sempre é possível ligar um grande número de pessoas pelo amor, desde que restem outras para que se exteriorize a agressividade. Certa vez discuti o fenômeno de justamente comunidades vizinhas, e também próximas em outros aspectos, andarem às turras e zombarem uma da outra, como os espanhóis e os portugueses, os alemães do norte e os do sul, os ingleses e os escoceses etc. Dei a isso o nome de "narcisismo das pequenas diferenças",* que não chega a contribuir muito para seu esclarecimento. Percebe-se nele uma cômoda e relativamente inócua satisfação da agressividade, através da qual é facilitada a coesão entre os membros da comunidade. O povo judeu, espalhado em toda parte, conquistou desse modo louváveis méritos junto às culturas dos povos que o hospedaram. Infelizmente, todos os massacres de judeus durante a Idade Média não bastaram para tornar a época mais pacífica e segura para seus camaradas cristãos. Depois que o apóstolo Paulo fez do amor universal aos homens o fundamento de sua congregação, a intolerância extrema do cristianismo ante os que permaneceram de fora tornou-se uma consequência inevitável. Os romanos, cuja organização estatal não se baseava no amor, desconheciam a intolerância religiosa, apesar de entre eles a religião ser assunto de Estado e o Estado ser permeado de religião. Tampouco foi um acaso incompreensível que o sonho de um domínio mundial germânico evocasse o antissemitismo para seu complemento, e podemos entender que a tentativa de instaurar na Rússia uma nova civilização comunista encontre seu

---

* Em "O tabu da virgindade" (1918), a terceira das "Contribuições à psicologia do amor".

apoio psicológico na perseguição à burguesia. Só nos perguntamos, preocupados, o que farão os sovietes após liquidarem seus burgueses.

Se a cultura impõe tais sacrifícios não apenas à sexualidade, mas também ao pendor agressivo do homem, compreendemos melhor por que para ele é difícil ser feliz nela. De fato, o homem primitivo estava em situação melhor, pois não conhecia restrições ao instinto. Em compensação, era mínima a segurança de desfrutar essa felicidade por muito tempo. O homem civilizado trocou um tanto de felicidade por um tanto de segurança. Mas não esqueçamos que na família primitiva somente o chefe gozava dessa liberdade instintual; os outros viviam em submissão escrava. Logo, a oposição entre uma minoria gozando as vantagens da cultura e uma maioria destituída dessas vantagens foi levada ao extremo naquela época primeira da civilização. Informando-nos mais cuidadosamente acerca dos primitivos que ainda hoje vivem, aprendemos que não se pode invejá-los a liberdade em sua vida instintual; esta é sujeita a limitações de outra espécie, mas talvez de maior rigor que as daquela do civilizado moderno.

Se justificadamente objetamos, em nosso estado atual de civilização, que ele não preenche nossos requisitos de um sistema de viver que faça feliz, que admite muito sofrimento que se poderia provavelmente evitar; se, de modo implacavelmente crítico, buscamos expor as raízes de sua imperfeição, sem dúvida exercemos o nosso mero direito, não nos mostramos inimigos da cultura. É lícito esperar que pouco a pouco lhe introduziremos mudanças que satisfaçam melhor as nossas necessidades e escapem a essa crítica. Mas talvez nos familiarizemos igualmente com a ideia de que há dificuldades inerentes à cultura, que não cederão a tentativas de reforma. Além das tarefas de restrição instintual, para as quais estamos preparados, surge-nos o perigo de um estado que podemos denominar "a miséria psicológica da massa". Tal perigo ameaça sobretudo quando a ligação social é estabelecida principalmente pela identificação dos membros entre si, e as individualidades que podem liderar não adquirem a importância que lhes deveria caber na formação da massa.[19] O estado de civilização na América de hoje daria uma boa oportunidade para o estudo desse dano cultural que tememos. Mas eu fujo à tentação de entrar numa crítica à civilização da América; não quero despertar a impressão de pretender eu mesmo servir-me de métodos americanos.

VI

Nenhum outro trabalho me deu a sensação, como este, de expor algo conhecido, de gastar papel e tinta e fazer trabalhar o tipógrafo, para falar de coisas evidentes. De modo que, se parecer que o reconhecimento de um instinto de agressão especial, autônomo, significa uma mudança na teoria psicanalítica dos instintos, de bom grado me ponho a discutir isso.

19 Ver *Psicologia das massas e análise do Eu*, 1921.

Veremos que não é bem assim, que se trata apenas de captar mais nitidamente uma alteração há muito efetuada e de lhe tirar as consequências. De todas as partes que gradualmente se desenvolveram na teoria psicanalítica, a teoria dos instintos foi a que tateou mais penosamente o seu caminho. E no entanto era tão indispensável ao conjunto, que alguma coisa teve que ser posta em seu lugar. No completo desnorteio inicial, uma frase do poeta-filósofo Schiller, segundo a qual "a fome e o amor" sustentam a máquina do mundo, forneceu-me o ponto de partida. A fome poderia representar os instintos que querem manter o ser individual, enquanto o amor procura pelos objetos; sua função principal, favorecida de toda maneira pela natureza, é a conservação da espécie. Assim, primeiramente se defrontaram instintos do Eu e instintos objetais. Para designar a energia destes, exclusivamente para ela, introduzi o nome de "libido"; com isso a oposição se dava entre os instintos do Eu e os instintos "libidinais" do amor no sentido lato, dirigidos para o objeto. É certo que um desses instintos objetais, o sádico, sobressaía pelo fato de sua meta não ser nada amorosa, e em vários pontos ele claramente se juntava aos instintos do Eu, não podia esconder sua estreita afinidade com instintos de dominação sem propósito libidinal; mas essas discrepâncias foram superadas. O sadismo fazia claramente parte da vida sexual, o jogo da crueldade podia suceder ao da ternura. A neurose aparecia como o desfecho de uma luta entre o interesse da autopreservação e as exigências da libido, uma luta que o Eu vencera, mas ao custo de severo sofrimento e renúncia.

Todo analista admitirá que ainda hoje isso não parece um erro há muito constatado. Mas uma mudança tornou-se imprescindível, quando nossa pesquisa avançou do que é reprimido para o que reprime, dos instintos objetais para o Eu. Foi decisiva, neste ponto, a introdução do conceito de narcisismo, isto é, a compreensão de que o próprio Eu se acha investido de libido, constitui mesmo o reduto original dela, e em certa medida permanece como o seu quartel-general. Essa libido narcísica volta-se para os objetos, torna-se então libido objetal e pode transformar-se novamente em libido narcísica. O conceito de narcisismo tornou possível apreender analiticamente a neurose traumática, assim como a psicose e muitas afecções vizinhas a esta. A interpretação das neuroses de transferência, como tentativa de o Eu defender-se da sexualidade, não precisou ser abandonada, mas o conceito de libido ficou ameaçado. Como também os instintos do Eu eram libidinais, por um momento pareceu inevitável fazer coincidirem libido e energia instintual, tal como C.G. Jung pretendeu anteriormente. Mas me restava uma quase que certeza, ainda a ser fundamentada, segundo a qual os instintos não podiam ser todos da mesma espécie. O passo seguinte foi dado em *Além do princípio do prazer* (1920), quando tive a ideia da compulsão de repetição e do caráter conservador da vida instintual. Partindo de especulações sobre o começo da vida e de paralelos biológicos, concluí que deveria haver, além do instinto para conservar a substância vivente e juntá-la em unidades cada vez maiores,[20] um outro, a ele contrário, que busca dissolver essas unidades e conduzi-las ao estado primordial inorgânico. Ou seja, ao lado de Eros, um instinto de morte. Os fenômenos da vida se esclareceriam pela atuação conjunta ou antagônica dos dois. Mas não era fácil mostrar a atividade desse suposto instinto de morte. As manifestações de Eros eram suficientemente visíveis e ruidosas; era de supor que o instinto de morte trabalhasse silenciosamente no interior do ser vivo, para a dissolução deste, mas isso não constituía prova, é claro. Levava-nos mais longe a ideia de que uma parte do instinto se volta contra o mundo externo e depois vem à luz como instinto de agressão e destruição. Assim o próprio instinto seria obrigado ao serviço de Eros, na medida em que o vivente destruiria outras coisas, animadas e inanimadas, em vez de si próprio. Inversamente, a limitação dessa agressão voltada para fora teria de aumentar a autodestruição, aliás sempre existente. Ao mesmo tempo, a partir desse exemplo podemos suspeitar que as duas espécies de instintos raramente — talvez nunca — surgem isoladas uma da outra, mas se fundem em proporções diferentes e muito variadas, tornando-se irreconhecíveis para nosso julgamento. No sadismo, há muito conhecido como instinto parcial da sexualidade, teríamos uma

---

20 A oposição que aí surge, entre a incansável tendência expansiva de Eros e a natureza em geral conservadora dos instintos, é algo que chama a atenção e que pode vir a ser ponto de partida para outras indagações.

fusão assim, particularmente forte, entre o impulso ao amor e o instinto de destruição, e na sua contraparte, o masoquismo, uma ligação da destrutividade dirigida para dentro com a sexualidade, o que faz visível e notável a tendência normalmente imperceptível.

A suposição de um instinto de morte ou de destruição encontrou resistência até mesmo nos círculos psicanalíticos. Sei que é frequente a inclinação de atribuir a uma bipolaridade original do próprio amor tudo o que nele é encontrado de perigoso e hostil. No começo expus apenas tentativamente essas concepções, mas com o tempo elas ganharam tal ascendência sobre mim, que já não posso pensar de outro modo. Acho que teoricamente são muito mais proveitosas que quaisquer outras, pois produzem aquela simplificação sem negligência ou violentação dos fatos, que buscamos no trabalho científico. Reconheço que no sadismo e no masoquismo sempre vimos as manifestações, fortemente mescladas com o erotismo, do instinto de destruição voltado para fora e para dentro, mas já não entendo que pudéssemos ignorar a onipresença da agressividade e destrutividade não erótica, deixando de lhe conceder o devido lugar na interpretação da vida. (A ânsia de destruição voltada para dentro se subtrai geralmente à percepção, é verdade, quando não é tingida eroticamente.) Recordo a minha própria atitude defensiva, quando a ideia do instinto de destruição surgiu pela primeira vez na literatura psicanalítica, e quanto tempo durou até que eu me tornasse receptivo a ela. O fato de outros haverem mostrado e ainda mostrarem a mesma rejeição não me surpreende. Pois as crianças não gostam de ouvir,* quando se fala da tendência inata do ser humano para o "mal", para a agressão, a destruição, para a crueldade, portanto. Deus as criou à imagem de sua própria perfeição; ninguém quer ser lembrado o quanto é difícil conciliar a irrefutável existência do mal — apesar das asseverações da Christian Science — com sua onipotência e infinita bondade. O Diabo seria o melhor expediente para desculpar Deus, teria a mesma função econômica de descarga que têm os judeus no mundo do ideal ariano. Mas mesmo assim pode-se pedir a Deus satisfações pela existência do Diabo, tal como pela do mal que ele personifica. Tendo em vista essas dificuldades, é aconselhável que cada um se incline bastante, nas ocasiões devidas, ante a natureza profundamente moral do ser humano; ajuda a ser benquisto e a ter muita coisa perdoada.[21]

* No original, *"Denn die Kindlein, Sie hören es nicht gerne"*. Segundo Strachey, trata-se de uma citação do poema "Die Ballade vom vertriebenen und heimgekehrten Grafen" ["Balada do conde banido que retornou"], de Goethe; citação inexplícita, pois Freud não usa aspas (Strachey acrescentou-as na edição inglesa).

21 Bastante convincente é a identificação do princípio mau com o instinto de destruição, no Mefistófeles de Goethe:

> *Denn alles, was entsteht,*
> *Ist wert, daß es zu Grunde geht.*
>
> ...
>
> *So ist denn alles, was Ihr Sünde,*
> *Zerstörung, kurz das Böse nennt,*
> *Mein eigentliches Element.*

["(...) tudo o que vem a ser/ É digno só de perecer;//(...)// Por isso, tudo a que chamais/ Pecado, destruição, o mal,/ Meu elemento é, integral."]

O nome "libido" pode mais uma vez ser aplicado às expressões de força de Eros, para diferençá-las da energia do instinto de morte.[22] Devemos admitir que nos é bem mais difícil apreender este último, que com ele atinamos, em certa medida, apenas como resíduo por trás de Eros, e que ele furta-se a nós, quando não é revelado pela fusão com Eros. É no sadismo, em que ele modifica a seu favor a meta erótica, mas não deixa de satisfazer plenamente o ímpeto sexual, que atingimos a mais clara compreensão de sua natureza e de sua relação com Eros. Mas também ali onde surge sem propósito sexual, ainda na mais cega fúria destruidora, é impossível não reconhecer que sua satisfação está ligada a um prazer narcísico extraordinariamente elevado, pois mostra ao Eu a realização de seus antigos desejos de onipotência. Domado e moderado, como que inibido em sua meta, o instinto de destruição deve, dirigido para os objetos, proporcionar

---

O próprio Diabo não designa o que é sagrado, o bom, como seu adversário, mas a energia da natureza em procriar, em multiplicar a vida — Eros, portanto.

Der Luft, dem Wasser, wie der Erden
Entwinden tausend Keime sich,
Im Trocknen, Feuchten, Warmen, Kalten!
Hätt'ich mir nicht die Flamme vorbehalten,
Ich hätte nichts Aparts für mich.

["Da terra, da água, e mais dos ares,/ Brotam os germes aos milhares,/ No seco, frio, úmido, quente!/ Se não me fosse a chama reservada,/ P'ra mim não restaria nada."] *Fausto*, Primeira Parte, cena 3, trad. Jenny Klabin Segall. São Paulo: Nacional, s.d.].

22 Nossa atual concepção pode ser expressa, de modo aproximado, dizendo que em toda manifestação instintual há libido, mas nem tudo nela é libido.

ao Eu a satisfação das suas necessidades vitais e o domínio sobre a natureza. Como a hipótese dele está baseada essencialmente em razões teóricas, é preciso admitir que também não se acha inteiramente a salvo de objeções teóricas. Mas é assim que as coisas se nos apresentam, no estado atual de nossa compreensão; a pesquisa e a reflexão futuras trarão certamente a luz decisiva.

Portanto, em tudo o que segue me atenho ao ponto de vista de que o pendor à agressão é uma disposição de instinto original e autônoma do ser humano, e retorno ao que afirmei antes, que a civilização tem aí o seu mais poderoso obstáculo. No curso desta investigação, impôs-se-nos a ideia de que a cultura é um processo especial que se desenrola na humanidade, e nós continuamos sob o influxo dessa ideia. Acrescentemos que é um processo a serviço de Eros, que pretende juntar indivíduos isolados, famílias, depois etnias, povos e nações numa grande unidade, a da humanidade. Por que isso teria de ocorrer não sabemos; é simplesmente a obra de Eros. Essas multidões humanas devem ser ligadas libidinalmente entre si; a necessidade apenas, as vantagens do trabalho em comum não as manterão juntas. Mas a esse programa da cultura se opõe o instinto natural de agressão dos seres humanos, a hostilidade de um contra todos e de todos contra um. Esse instinto de agressão é o derivado e representante maior do instinto de morte, que encontramos ao lado de Eros e que partilha com ele o domínio do mundo. Agora, acredito, o sentido da evolução cultural já não é obscuro para nós. Ela nos apresenta a luta entre Eros e morte, instinto de vida e

O MAL-ESTAR NA CIVILIZAÇÃO VII

instinto de destruição, tal como se desenrola na espécie humana. Essa luta é o conteúdo essencial da vida, e por isso a evolução cultural pode ser designada, brevemente, como a luta vital da espécie humana.[23] E é esse combate de gigantes que nossas babás querem amortecer com a "canção de ninar falando do céu"!*

VII

Por que nossos parentes, os animais, não exibem uma luta cultural semelhante? Não sabemos. Provavelmente alguns entre eles, as abelhas, formigas, térmitas, esforçaram-se durante milênios, até encontrar as instituições estatais, a divisão de funções, a limitação imposta aos indivíduos que hoje admiramos neles. É característico de nosso estado presente sentirmos que em nenhuma destas sociedades animais, em nenhum dos papéis aí destinados ao indivíduo estaríamos contentes. Em outras espécies animais pode-se ter chegado a um equilíbrio momentâneo entre as influências do meio e os instintos que nelas lutam entre si, e desse modo a uma parada no desenvolvimento. No homem primitivo, pode ser que um novo avanço da libido tenha ocasionado uma renovada oposição do instinto de destruição. Há

23 Provavelmente especificando: tal como teve de se configurar a partir de um determinado acontecimento ainda a ser descoberto.
* Referência a um verso de Heinrich Heine, em *Deutschland. Ein Wintermärchen* [Alemanha. Um conto de inverno, 1844], *Caput I.*

91

muitas questões a serem feitas aqui, para as quais ainda não há respostas.

Uma outra pergunta nos está mais próxima. De que meio se vale a cultura para inibir, tornar inofensiva, talvez eliminar a agressividade que a defronta? Alguns desses métodos já conhecemos, mas não o que parece ser mais importante. Podemos estudá-lo na evolução do indivíduo. O que sucede nele, que torna inofensivo o seu gosto em agredir? Algo bastante notável, que não teríamos adivinhado e que no entanto se acha próximo. A agressividade é introjetada, internalizada, mas é propriamente mandada de volta para o lugar de onde veio, ou seja, é dirigida contra o próprio Eu. Lá é acolhida por uma parte do Eu que se contrapõe ao resto como Super-eu, e que, como "consciência",* dispõe-se a exercer contra o Eu a mesma severa agressividade que o Eu gostaria de satisfazer em outros indivíduos. À tensão entre o rigoroso Super-eu e o Eu a ele submetido chamamos consciência de culpa; ela se manifesta como necessidade de punição. A civilização controla então o perigoso prazer em agredir que tem o indivíduo, ao enfraquecê-lo, desarmá-lo e fazer com que seja vigiado por uma instância no seu interior, como por uma guarnição numa cidade conquistada.

---

* *Gewissen*, no original. Recordemos que a palavra portuguesa pode significar duas coisas: a percepção que o indivíduo tem de seus atos e sentimentos e a capacidade de fazer distinções morais; em alemão se usa *Bewußtsein* no primeiro caso e *Gewissen* no segundo. É possível recorrer a uma paráfrase ("consciência moral") para verter *Gewissen*.

Quanto à origem do sentimento de culpa, o psicanalista pensa diferentemente dos outros psicólogos; mas também para ele não é fácil prestar contas sobre isso. Primeiro, ao se perguntar como alguém adquire sentimento de culpa, obtém-se uma resposta que não admite discussão: a pessoa se sente culpada ("pecadora", dizem os devotos) quando fez algo que é reconhecido como "mau". Em seguida, vemos como essa resposta é pouca. Após alguma hesitação, talvez se acrescente que mesmo quem não fez esse mal, e apenas reconhece em si o propósito de fazê-lo, pode se considerar culpado, e então se levantará a questão de por que, nisso, o propósito é equiparado à execução. Os dois casos, porém, pressupõem que já se reconheceu o mal como algo repreensível, cuja execução deve ser evitada. Como se chega a essa decisão? É lícito rejeitar uma capacidade original, por assim dizer "natural", para distinguir entre o bem e o mal. Com frequência o mal não é, em absoluto, uma coisa nociva ou perigosa para o Eu, mas, pelo contrário, algo que ele deseja e que lhe dá prazer. Aí se mostra, então, a influência alheia; ela determina o que será tido por bom ou mau. Como o próprio sentir não teria levado o ser humano pelo mesmo caminho, ele deve ter um motivo para se submeter a essa influência externa. Podemos enxergá-lo no desamparo e na dependência dos outros, e a melhor designação para ele seria medo*

---

* No original, *Angst*, que designa tanto "medo" como "angústia". O leitor deve ter isso presente, ao deparar com um desses dois termos em traduções do alemão.

da perda do amor. Se perde o amor do outro, do qual é dependente, deixa também de ser protegido contra perigos diversos, sobretudo expõe-se ao perigo de que esse alguém tão poderoso lhe demonstre a superioridade em forma de castigo. Portanto, inicialmente o mal é aquilo devido ao qual alguém é ameaçado com a perda do amor; por medo dessa perda é preciso evitá-lo. Também por causa disso não importa se já fizemos o mal ou se ainda o faremos; em ambos os casos, o perigo só aparece quando a autoridade descobre a coisa, e ela se comportaria do mesmo modo nos dois.

Chamamos a esse estado "má consciência", mas na realidade ele não merece esse nome, pois nesse estágio a consciência de culpa não passa claramente de medo da perda do amor, medo "social". Na criança pequena não pode ser outra coisa, mas em muitos adultos também não há diferença, exceto que o lugar do pai, ou de ambos os pais, é tomado pela grande sociedade humana. Daí eles habitualmente se permitirem realizar o mal que lhes for agradável, se tiverem certeza de que a autoridade não saberá ou nada poderá fazer contra eles; seu medo é apenas o de serem descobertos.[24] É com esse estado que a sociedade de hoje deve geralmente contar.

Uma grande mudança ocorre apenas quando a autoridade é internalizada pelo estabelecimento de um Super--eu. Com isso os fenômenos da consciência [*Gewissen*] chegam a um novo estágio; no fundo, só então se deveria

24 Recordemos o célebre mandarim de Rousseau! [Cf. "Considerações atuais sobre a guerra e a morte", 1916].

falar de consciência e sentimento de culpa.[25] Neste ponto desaparece o medo de ser descoberto, e também se desfaz por completo a diferença entre fazer o mal e desejar o mal, pois ante o Super-eu nada se pode esconder, nem os pensamentos. A seriedade real da situação já passou, é verdade, pois a nova autoridade, o Super-eu, não tem motivo, segundo cremos, para maltratar o Eu, ao qual está intimamente ligado. Mas a influência da gênese, que faz continuar a viver o passado e superado, manifesta-se no fato de que no fundo a coisa permanece como era no início. O Super-eu atormenta o Eu pecador com as mesmas sensações de angústia e fica à espreita de oportunidades para fazê-lo ser punido pelo mundo exterior.

Neste segundo estágio de desenvolvimento, a consciência mostra uma peculiaridade que não havia no primeiro e que já não é fácil de explicar. Quanto mais virtuoso o indivíduo, mais severa e desconfiadamente ela se comporta, de maneira que precisamente os que atingem maior santidade se recriminam da mais triste pecaminosidade. Nisso a virtude perde algo da recompensa que lhe foi prometida, o Eu dócil e abstinente não goza da confiança de seu mentor, esforça-se — em vão, ao que parece — para conquistá-la. Agora se poderá objetar que essas são dificuldades artificialmente com-

25 Todo espírito lúcido compreenderá e levará em conta que nessa breve exposição é separado nitidamente o que na realidade sucede em transições graduais, e que não se trata apenas da existência de um Super-eu, mas de sua relativa força e esfera de influência. Tudo o que até agora se disse sobre consciência [*Gewissen*] e culpa é de conhecimento geral e praticamente incontestado.

postas, que a consciência mais rigorosa e vigilante é justamente o traço característico do ser moral, e, quando os santos se dizem pecadores, não é sem razão que o fazem, em vista das tentações para satisfazer o instinto, a que se acham expostos em medida especialmente elevada — pois é sabido que a frustração contínua só faz crescerem as tentações, ao passo que elas diminuem ao menos temporariamente com a satisfação ocasional. Um outro fato do âmbito da ética, tão rico em problemas, é que o infortúnio, ou seja, a frustração a partir de fora, promove bastante o poder da consciência no Super-eu. Enquanto as coisas vão bem para a pessoa, também a sua consciência é branda e permite ao Eu muitas coisas; quando uma infelicidade a atinge, ela se examina, reconhece sua pecaminosidade, eleva as reivindicações da consciência, impõe-se privações e castiga a si mesma com penitências.[26] Povos inteiros se comportaram e continuam se comportando assim. Mas isso se explica facilmente pelo original estágio infantil da consciência, que portanto não é abandonado após a introjeção no Super-eu, mas subsiste junto e por trás dela. O destino é visto como substituto da instância parental; quando uma pessoa tem infortúnio, significa que não mais é amada

---

26 Esse reforço da moral através do infortúnio é tratado por Mark Twain num delicioso conto, "The first melon I ever stole" ["O primeiro melão que roubei na vida"]. Por acaso, esse primeiro melão não está maduro. Assisti ao próprio Mark Twain lendo em público esse conto. Depois de anunciar o título, ele parou e perguntou a si mesmo, como se estivesse em dúvida: *"Was it the first?"* Com isso já dizia tudo. O primeiro não foi o único.

por esse poder supremo, e, ameaçada por essa perda de amor, inclina-se novamente ante a representação dos pais no Super-eu, que no momento da fortuna tendia a negligenciar. Isso é particularmente claro quando, em sentido estritamente religioso, vemos no destino somente a expressão da vontade divina. O povo de Israel se considerava o favorito de Deus, e, quando o grande Pai fez cair um infortúnio após o outro em cima deste seu povo, ele não perdeu a confiança nessa relação nem duvidou do poder e da justiça de Deus, mas produziu os profetas, que lhe repreenderam a pecaminosidade, e a partir de sua consciência de culpa forjou os preceitos tão severos de sua religião sacerdotal. É notável como o primitivo se conduz diferentemente! Se foi vítima do infortúnio, não atribui a si a culpa, mas sim ao fetiche, que evidentemente não cumpriu suas obrigações, e bate nele, em vez de castigar a si mesmo.

Conhecemos, então, duas origens para o sentimento de culpa: o medo da autoridade e, depois, o medo ante o Super-eu. O primeiro nos obriga a renunciar a satisfações instintuais, o segundo nos leva também ao castigo, dado que não se pode ocultar ao Super-eu a continuação dos desejos proibidos. Vimos igualmente como é possível entender a severidade do Super-eu, os reclamos da consciência. Ela simplesmente dá continuidade ao rigor da autoridade externa, a que sucedeu e que em parte substitui. Agora percebemos que relação há entre a renúncia ao instinto e o sentimento de culpa. Originalmente a renúncia ao instinto é resultado do medo à autoridade externa; renuncia-se a satisfações para não perder o seu amor. Tendo feito essa renúncia, estamos quites com ela, por assim dizer; não deveria restar sentimento de culpa. É diferente no caso do medo ante o Super-eu. Aí a renúncia instintual não ajuda o bastante, pois o desejo persiste e não pode ser escondido do Super-eu. Apesar da renúncia efetuada produz-se um sentimento de culpa, portanto, e essa é uma grande desvantagem econômica na instituição do Super-eu, ou, como se pode dizer, na formação da consciência. A renúncia instintual já não tem efeito completamente liberador, a abstenção virtuosa já não é recompensada com a certeza do amor; um infortúnio que ameaça a partir de fora — perda do amor e castigo da autoridade externa — é trocado por uma permanente infelicidade interna, a tensão da consciência de culpa.

Essas relações são tão complicadas, e ao mesmo tempo tão importantes, que eu gostaria de abordá-las a partir de outro lado ainda, correndo o risco da repetição. Então a sequência temporal seria: primeiro, renúncia instintual devido ao medo à agressão da autoridade externa — pois a isso equivale o medo ante a perda do amor, o amor protegendo dessa agressão punitiva —, depois, estabelecimento da autoridade interna, renúncia instintual devido ao medo a ela, medo da consciência. No segundo caso, equiparação de ato mau e má intenção, e daí consciência de culpa, necessidade de castigo. A agressividade da consciência conserva a da autoridade. Até aqui parece estar tudo claro, mas onde cabe a influência reforçadora do infortúnio (da renúncia imposta a partir de fora) sobre a consciência, o extraordinário rigor da consciência nas pessoas melhores e mais obedientes? Já explicamos as duas peculiaridades da consciência, mas provavelmente ficou a impressão de que tais explicações não chegam ao fundo, de que deixam um resto inexplicado. E aqui surge, afinal, uma ideia inteiramente própria da psicanálise e alheia ao pensamento habitual das pessoas. Ela é de gênero tal que nos faz compreender como o objeto de estudo tinha de nos parecer tão confuso e opaco. Pois ela diz que no início a consciência (mais corretamente: o medo que depois se torna consciência) é causa da renúncia instintual, mas depois se inverte a relação. Toda renúncia instintual torna-se uma fonte dinâmica da consciência, toda nova renúncia aumenta o rigor e a intolerância desta, e, se pudéssemos harmonizar isso melhor com o que sabemos da história da origem da consciência, seríamos tentados a defender a tese paradoxal de que a consciência é resultado da renúncia instintual, ou de que esta (a nós imposta do exterior) cria a consciência, que então exige mais renúncia instintual.

Na verdade, a contradição entre essa frase e a gênese da consciência aqui oferecida não é tão grande, e divisamos um meio de reduzi-la ainda mais. A fim de facilitar a exposição, vamos tomar o exemplo do instinto de agressão, e supor que nestas relações se trata sempre da renúncia à agressão. Isto será, naturalmente, apenas uma suposição temporária. O efeito da renúncia instintual sobre a consciência se dá de maneira tal que toda parcela de agressividade que não satisfazemos é acolhida pelo Super-eu e aumenta a agressividade deste (contra o Eu). Isso não condiz com o fato de que a agressividade original da consciência é prosseguimento do rigor da autoridade externa, ou seja, nada tem a ver com a renúncia. Fazemos desaparecer essa incoerência, no entanto, se supomos uma derivação diferente para essa primeira dotação agressiva do Super-eu. Um considerável montante de agressividade deve ter se desenvolvido, na criança, contra a autoridade que lhe impede as primeiras e também mais significativas satisfações, quaisquer que sejam as privações instintuais requeridas. Ela é obrigada a renunciar à satisfação dessa agressividade vingativa. Encontra saída para essa difícil situação econômica recorrendo a mecanismos conhecidos, ao acolher dentro de si, por identificação, essa autoridade inatacável, que então se torna Super-eu e entra em posse de toda a agressividade que a criança gostaria de exercer contra ela. O Eu da criança tem de se contentar com o triste papel da autoridade assim degradada — o pai. A situação se inverte, como é frequente suceder. "Se eu fosse o pai e você o filho, eu trataria você mal." A relação entre Super-eu e Eu é o retorno, deformado pelo desejo, de relações reais entre o Eu ainda não dividido e um objeto externo. Também isso é típico. A diferença essencial, porém, está em que a severidade original do Super-eu não é — ou não é tanto — a que experimentamos de sua parte ou atribuímos a ele, mas representa nossa própria agressividade para com ele. Se isso estiver correto, pode-se mesmo afirmar que a consciência surgiu inicialmente pela supressão de uma agressão, e que depois se fortalece por novas supressões desse tipo.

O MAL-ESTAR NA CIVILIZAÇÃO VII

Qual das duas concepções está certa? A primeira, que geneticamente nos parecia inatacável, ou a mais nova, que arredonda a teoria de maneira oportuna? Claramente, e também pelo testemunho da observação direta, ambas se justificam; não se contradizem, e até mesmo concordam num ponto, pois a vingativa agressão da criança é também determinada pela medida de agressão punitiva que espera do pai. A experiência ensina, no entanto, que de modo algum a severidade do Super-eu desenvolvido pela criança reflete a severidade do tratamento que recebeu.[27] Surge independente dela; uma criança educada brandamente pode ter uma consciência bastante severa. Mas seria incorreto exagerar essa independência. Não é difícil nos convencermos de que o rigor da educação também influi grandemente na formação do Super-eu infantil. Ocorre que fatores constitucionais herdados e influências do meio real atuam conjuntamente na formação do Super-eu e gênese da consciência, e isso não é nada estranho, mas a condição etiológica geral de todos esses processos.[28]

27 Como foi corretamente destacado por Melanie Klein e outros autores, estes ingleses.

28 Os dois tipos principais de métodos patogênicos de educação, a severidade e a tolerância excessivas, foram pertinentemente avaliados por Franz Alexander em *Psychoanalyse der Gesamtpersönlichkeit* [Psicanálise da personalidade total] (1927), retomando o estudo de Aichhorn sobre a juventude abandonada. O pai "brando e indulgente além da conta" favorece na criança a formação de um Super-eu demasiado rigoroso, porque, sob a impressão do amor que recebe, esse filho não terá outra alternativa para a sua agressividade que não voltá-la para dentro. Quanto ao abandonado, o

O MAL-ESTAR NA CIVILIZAÇÃO

Pode-se também dizer que, quando a criança reage às primeiras grandes renúncias instintuais com agressividade em demasia e correspondente rigor do Super-eu, segue um modelo filogenético e vai além da reação presentemente justificada, pois o pai da pré-história era certamente terrível e capaz de extrema agressividade. As diferenças entre as duas concepções sobre a origem da consciência diminuem ainda mais, portanto, se passamos do desenvolvimento individual para o filogenético. Por outro lado, surge aqui uma nova e significativa diferença nesses dois processos. Não podemos afastar a hipótese de que o sentimento de culpa da humanidade vem do complexo de Édipo e foi adquirido quando do assassínio do pai pelo bando de irmãos. Ali a agressão não foi suprimida, mas levada a efeito; a mesma agressão cuja supressão deve ser fonte de sentimento de culpa na criança. Agora eu não me surpreenderia se um leitor exclamasse irritado: "Então não importa se alguém mata o pai ou não, de toda forma se tem sentimento de culpa! Aí podemos nos permitir algumas dúvidas. Ou é errado que o sentimento de culpa deriva de agressões suprimidas, ou toda a história do assassínio do pai é um romance, e os homens primitivos não matavam seus

---

que foi educado sem amor, nele não há tensão entre Eu e Super-eu, toda a sua agressividade pode se dirigir para fora. Então, abstraindo um fator constitucional que se supõe existir, pode-se dizer que a consciência severa tem origem na atuação conjunta de duas influências vitais: a frustração do instinto, que desencadeia a agressividade, e a experiência do amor, que volta essa agressividade para dentro e a transfere para o Super-eu.

O MAL-ESTAR NA CIVILIZAÇÃO VII

pais com mais frequência do que os de hoje. Além do mais, se isso não for um romance, mas história plausível, teremos um caso em que sucede o que todos esperam, ou seja, alguém sentir-se culpado por ter realmente feito algo que não se justifica. E para esse caso, que aliás ocorre todos os dias, a psicanálise nos deve ainda uma explicação".

Isso é verdadeiro e deve ser reparado. Também não é um segredo especial. Quando se tem sentimento de culpa após haver infringido algo, e por tê-lo feito, esse sentimento deveria antes ser denominado *arrependimento*. Refere-se apenas a um ato, e naturalmente pressupõe que uma *consciência*, a disposição de sentir-se culpado, já existia antes do ato. Tal arrependimento não pode, portanto, ajudar-nos a encontrar a origem da consciência e do sentimento de culpa. O que sucede nesses casos cotidianos é, habitualmente, que uma necessidade instintual adquiriu força para satisfazer-se não obstante a consciência, também limitada em sua força, e que em virtude do natural debilitamento da necessidade, pela sua satisfação, é restaurado o anterior equilíbrio de poder. Então a psicanálise está certa ao excluir desta discussão o caso do sentimento de culpa por arrependimento, por mais frequente que ele seja e por maior que seja a sua importância prática.

Mas se o sentimento de culpa humano remonta ao assassinato do pai primitivo, esse foi mesmo um caso de "arrependimento", e não valeria para aquele tempo o pressuposto de consciência e sentimento de culpa anteriores ao ato? De onde vinha o arrependimento

103

O MAL-ESTAR NA CIVILIZAÇÃO

nesse caso? Certamente ele deve nos aclarar o segredo do sentimento de culpa, pondo um fim a nossas dificuldades. E penso que o faz. Esse arrependimento era resultado da primordial ambivalência afetiva perante o pai, os filhos o odiavam, mas também o amavam. Depois que o ódio se satisfez com a agressão, veio à frente o amor, no arrependimento pelo ato, e instituiu o Super-eu por identificação com o pai, deu-lhe o poder do pai, como que por castigo pelo ato de agressão contra ele cometido, criou as restrições que deveriam impedir uma repetição do ato. E como o pendor agressivo contra o pai se repetiu nas gerações seguintes, também o sentimento de culpa persistiu e fortaleceu-se de novo com cada agressão suprimida e transferida para o Super-eu. Creio que agora apreendemos duas coisas muito claramente: a participação do amor na gênese da consciência e a fatídica inevitabilidade do sentimento de culpa. Não é decisivo, realmente, haver matado o pai ou deixado de fazê-lo; em ambos os casos temos de nos sentir culpados, pois o sentimento de culpa é expressão do conflito de ambivalência, da eterna luta entre Eros e o instinto de destruição ou de morte. Esse conflito é atiçado quando os seres humanos defrontam a tarefa de viver juntos; enquanto essa comunidade assume apenas a forma da família, ele tem de se manifestar no complexo de Édipo, instituir a consciência, criar o primeiro sentimento de culpa. Ao se procurar uma ampliação dessa comunidade, o mesmo conflito prossegue em formas dependentes do passado, é fortalecido e resulta numa intensificação do sentimento de culpa.

O MAL-ESTAR NA CIVILIZAÇÃO VII

Como a cultura obedece a um impulso erótico interno, que a faz unir os homens em uma massa intimamente ligada, só pode alcançar esse fim mediante um fortalecimento cada vez maior do sentimento de culpa. O que teve início com o pai se completa na massa. Se a cultura é o curso de desenvolvimento necessário da família à humanidade, então está inextricavelmente ligado a ela — como consequência do inato conflito ambivalente, da eterna disputa entre amor e busca da morte — o acréscimo do sentimento de culpa, talvez a um ponto que o indivíduo ache difícil tolerar. Lembramos da comovente denúncia contra os "poderes celestiais", feita pelo grande poeta:

> *Vocês nos trazem à existência,*
> *Deixando que o pobre se torne culpado,*
> *Depois o abandonam ao sofrimento,*
> *Pois toda culpa na terra se paga.*[29]

E bem podemos dar um suspiro, ao perceber que a alguns indivíduos é dado retirar sem maior esforço, do torvelinho dos próprios sentimentos, os conhecimentos mais profundos, aos quais temos de chegar em meio a torturante incerteza e incansável tatear.

---

29 Goethe, "Canções do harpista", em *Wilhelm Meister* [no original: *"Ihr führt ins Leben uns hinein, / Ihr lasst den Armen schuldig werden, / Dann überlässt Ihr ihn der Pein, / Denn jede Schuld rächt sich auf Erden."*].

VIII

Chegando ao fim desse caminho, o autor precisa desculpar-se com o leitor por não lhe ter sido um guia mais hábil, por não lhe haver poupado trechos monótonos e digressões penosas. Não há dúvida de que é possível fazer melhor. Tentarei, em seguida, compensar em parte esses defeitos.

Em primeiro lugar, imagino que os leitores tenham a impressão de que a discussão sobre o sentimento de culpa excedeu as balizas deste ensaio, apropriando-se de muito espaço e impelindo para a margem o conteúdo restante, com o qual nem sempre se vincula de modo íntimo.* Isso pode haver prejudicado a arquitetura do trabalho, mas corresponde bem ao propósito de situar o sentimento de culpa como o problema mais importante da evolução cultural e de mostrar que o preço do progresso cultural é a perda de felicidade, pelo acréscimo do sentimento de culpa.[30] O que ainda parecer estranho nesta frase, que é

---

* Não há espaço de uma linha vazia entre esse parágrafo e o anterior na edição alemã utilizada, *Gesammelte Werke*. Mas, considerando que faz sentido um espaço nesse ponto e que ele se acha numa edição alemã mais recente (*Studienausgabe*), resolvemos incorporá-lo, aqui e em alguns outros lugares.

30 "Assim a consciência nos torna a todos covardes [...]" [*Hamlet*, ato III, cena I]. O fato de ocultar ao jovem o papel que a sexualidade terá em sua vida não é a única recriminação que se deve fazer à educação atual. Ela também peca em não prepará-lo para a agressividade, de que ele certamente será objeto. Ao soltar os jovens na vida com uma orientação psicológica tão incorreta, a educação age como

o resultado final de nossa investigação, pode provavelmente remontar à relação especial, até agora não compreendida, entre o sentimento de culpa e nossa consciência [*Bewußtsein*]. Nos casos comuns de arrependimento, que consideramos normais, ele é bastante perceptível para a consciência; estamos inclusive acostumados a falar de "consciência de culpa" [*Schuldbewußtsein*], em vez de sentimento de culpa. O estudo das neuroses, às quais devemos as mais valiosas indicações para o entendimento do normal, revela situações contraditórias. Em uma dessas afecções, a neurose obsessiva, o sentimento de culpa se impõe de modo ostensivo à consciência, dominando o quadro patológico e a vida dos doentes, mal deixando que algo mais apareça. Na maioria dos outros casos e formas de neurose, porém, ele permanece totalmente inconsciente, sem por isso manifestar efeitos menores. Os doentes não acreditam em nós, quando lhes atribuímos um "sentimento de culpa inconsciente"; para que nos compreendam em alguma medida, nós lhes falamos de uma inconsciente necessidade de castigo, na qual se expressa o sentimento de culpa. Mas a relação com uma forma particular de neurose não deve ser su-

---

quem envia pessoas para uma expedição polar com roupas de verão e mapas dos lagos italianos. Torna-se aí evidente um certo abuso das exigências éticas. A severidade destas não prejudicaria muito, caso a educação dissesse: "Assim deveriam ser os homens, para serem felizes e tornarem os outros felizes; mas é preciso ter em conta que eles não são assim". Em vez disso, fazem o jovem acreditar que todos os demais cumprem as prescrições éticas, que são virtuosos. Nisso é fundamentada a exigência de que ele também o seja.

perestimada; também na neurose obsessiva há tipos de doentes que não percebem o seu sentimento de culpa, ou que o sentem como um doloroso mal-estar, uma espécie de angústia, apenas quando se veem impedidos de executar determinadas ações. Deveria ser possível compreender finalmente essas coisas; ainda não somos capazes disso. Talvez seja aqui bem-vinda a observação de que o sentimento de culpa nada é, no fundo, senão uma variedade topográfica da angústia, e em suas fases posteriores coincide inteiramente com o *medo ao Super-eu*. Na relação com a consciência, a angústia exibe as mesmas extraordinárias variações. De algum modo a angústia se acha por trás de todo sintoma, mas ora reivindica ruidosamente para si a consciência inteira, ora se oculta de modo tão perfeito, que nos vemos obrigados a falar de angústia inconsciente ou — se quisermos ter uma mais limpa consciência [*Gewissen*] psicológica, já que a angústia é em princípio uma sensação — de possibilidade de angústia. E por isso é fácil conceber que também a consciência de culpa produzida pela cultura não seja reconhecida como tal, permaneça inconsciente ou venha à luz como um mal-estar, uma insatisfação para a qual se busca outras motivações. Pelo menos as religiões não desconheceram jamais o papel do sentimento de culpa na cultura. Elas pretendem — algo que não considerei em outro lugar[31] — redimir a humanidade desse sentimento de culpa a que chamam pecado. A partir do modo como se atinge essa redenção no cristianismo, com a mor-

31 Refiro-me a *O futuro de uma ilusão* (1927).

O MAL-ESTAR NA CIVILIZAÇÃO VIII

te sacrificial de um indivíduo que toma a si a culpa comum a todos, inferimos qual poderia ter sido a primeira ocasião em que se adquiriu essa culpa original, com a qual também a cultura teve início.[32]

Pode não ser de muita importância, mas provavelmente não será supérfluo esclarecermos o sentido de vocábulos como "Super-eu", "consciência" [*Gewissen*], "sentimento de culpa", "necessidade de castigo" e "arrependimento", que usamos, talvez frequentemente, de maneira frouxa e intercambiável. Todos dizem respeito à mesma coisa, mas designam diferentes aspectos dela. O Super-eu é uma instância explorada por nós; a consciência, uma das funções que a ele atribuímos, a de vigiar os atos e intenções do Eu e de julgar, exercendo uma atividade censória. O sentimento de culpa, a dureza do Super-eu, é então o mesmo que a severidade da consciência, é a percepção que tem o Eu de ser vigiado assim, a apreciação da tensão entre os seus esforços e as exigências do Super-eu, e o medo ante essa instância crítica (subjacente à relação inteira), a necessidade de castigo, é uma expressão instintual do Eu, que por influência do Super-eu sádico tornou-se masoquista, ou seja, emprega uma parte do instinto para destruição interna nele presente para formar uma ligação erótica com o Super-eu. Não se deve falar de consciência moral antes de demonstrar a existência de um Super-eu; quanto à consciência de culpa, é preciso admitir que se apresenta antes do Super-eu, ou seja, também antes da consciência

32 *Totem e tabu* (1912).

moral. É então a expressão imediata do medo à autoridade externa, o reconhecimento da tensão entre o Eu e esta última, o derivado direto do conflito entre a necessidade do amor dela e o ímpeto de satisfação instintual, cuja inibição gera a tendência à agressão. A superposição dessas duas camadas do sentimento de culpa — uma vindo do medo à autoridade externa, outra do medo à interna — tornou mais difícil enxergarmos a trama da consciência moral. "Arrependimento" é um nome geral para a reação do Eu num caso de sentimento de culpa, contém, pouco transformado, o material de sensações da angústia que atua por trás, é ele mesmo um castigo e pode incluir a necessidade de castigo; também ele pode ser mais velho que a consciência moral.

Não fará nenhum mal passarmos em revista as contradições que por um momento nos confundiram em nossa investigação. O sentimento de culpa devia ser, em determinado ponto, consequência de agressões não realizadas, mas em outra ocasião, e justamente no seu início histórico, o parricídio, consequência de uma agressão levada a cabo. Achamos também a saída para essa dificuldade. O estabelecimento da autoridade interna, do Super-eu, mudou radicalmente a situação. Antes o sentimento de culpa coincidia com o arrependimento; nisso observamos que se deve reservar a designação de "arrependimento" para a reação após efetivamente haver sido realizada a agressão. Depois a diferença entre agressão intencionada e realizada perdeu sua força, devido à onisciência do Super-eu; o sentimento de culpa podia ser gerado tanto por uma violência realmente consumada — como todos sabem — quanto por uma apenas intencionada — como verificou a psicanálise. O conflito entre os dois instintos primordiais, oriundo da ambivalência, produz o mesmo efeito, com ou sem mudança na situação psicológica. Somos tentados a buscar aí a solução para o enigma da relação variável que o sentimento de culpa mantém com a consciência. O sentimento de culpa por arrependimento em virtude da má ação teria de ser sempre consciente, aquele por percepção do mau impulso poderia permanecer inconsciente. Não é tão simples, porém; a neurose obsessiva contradiz enfaticamente isso. A segunda contradição era que a energia agressiva, da qual imaginamos dotado o Super-eu, apenas dá continuidade e mantém para a vida psíquica, segundo uma concepção, a energia punitiva da autoridade externa, enquanto para outra concepção seria antes a nossa própria agressividade, que, não tendo alcançado aplicação, é dirigida contra essa autoridade inibidora. A primeira visão parecia adequar-se melhor à história, a segunda, à teoria do sentimento de culpa. Uma reflexão mais demorada apagou quase em demasia a oposição aparentemente inconciliável; restou, de essencial e comum a ambas, que se trata de uma agressão deslocada para dentro. A observação clínica, por sua vez, permite distinguir realmente duas fontes para a agressividade atribuída ao Super-eu, das quais uma ou outra exerce o efeito maior num caso particular, mas que em geral atuam conjuntamente.

Este é o lugar, creio, para defender seriamente uma concepção que antes sugeri como suposição provisória.

Na mais recente literatura psicanalítica há uma predileção pela teoria segundo a qual toda espécie de frustração, toda satisfação instintual contrariada tem ou pode ter por consequência uma elevação do sentimento de culpa.[33] Acho que reduziremos bastante as dificuldades teóricas se deixarmos isso valer apenas para os instintos agressivos, e não se achará muita coisa que vá de encontro a essa hipótese. Pois como explicar, dinâmica e economicamente, que no lugar de uma exigência erótica não cumprida surja um acréscimo do sentimento de culpa? Isso parece possível apenas por um rodeio: que o impedimento da satisfação erótica desperte um quê de pendor agressivo contra a pessoa que atrapalha a satisfação, e que essa agressividade mesma tem de ser suprimida. Mas então é somente a agressividade que se transforma em sentimento de culpa, ao ser suprimida e transmitida para o Super-eu. Estou convencido de que poderemos expor muitos processos de modo mais simples e transparente, se limitarmos aos instintos agressivos o achado da psicanálise relativo à derivação do sentimento de culpa. O exame do material clínico não fornece resposta inequívoca neste ponto, pois conforme nosso pressuposto as duas espécies de instintos quase nunca aparecem puras, isoladas uma da outra; mas a apreciação de casos extremos provavelmente apontará na direção que espero. Fico tentado a extrair uma primeira vantagem dessa concepção mais rigorosa, aplicando-a ao processo de

33 Particularmente em Ernest Jones, Susan Isaacs, Melanie Klein; mas também, segundo entendo, em Reik e Alexander.

repressão. Os sintomas das neuroses são, como vimos, essencialmente satisfações substitutivas para desejos sexuais não realizados. No curso do trabalho psicanalítico aprendemos, para nossa surpresa, que talvez toda neurose esconda um quê de sentimento de culpa inconsciente, que por sua vez fortalece os sintomas ao usá-los como castigo. Agora é plausível formular a seguinte proposição: quando uma tendência instintual sucumbe à repressão, seus elementos libidinais se transformam em sintomas, seus componentes agressivos, em sentimento de culpa. Ainda que seja apenas aproximadamente correta, esta frase merece o nosso interesse.

Alguns leitores deste trabalho podem achar que ouviram demasiadas vezes a fórmula da luta entre Eros e instinto de morte. Ela caracterizaria o processo cultural que se desenrola na humanidade, mas refere-se também ao desenvolvimento do indivíduo e desvendaria, além do mais, o próprio segredo da vida orgânica. Parece indispensável pesquisar as relações que existem entre os três processos. A repetição da mesma fórmula se justifica pela consideração de que o processo cultural da humanidade e o desenvolvimento do indivíduo são também processos vitais, e portanto participam da característica mais ampla da vida. Por outro lado, justamente por isso a constatação desse traço geral não contribui em nada para a diferenciação entre eles, enquanto certas condições particulares não vêm delimitá-lo. Só podemos nos tranquilizar, então, afirmando que o processo cultural é a modificação que o processo vital experimenta sob influência de uma tarefa colocada por Eros e instigada por Ananke, a real necessidade, e que essa tarefa consiste na união de indivíduos separados em uma comunidade ligada libidinalmente. Mas, se olharmos a relação entre o processo cultural da humanidade e o processo de desenvolvimento ou educação do indivíduo, sem muito hesitar decidiremos que ambos são de natureza muito parecida, se não forem o mesmo processo realizado em objetos diferentes. Naturalmente o processo cultural do gênero humano é uma abstração de ordem mais alta que o desenvolvimento do indivíduo, e portanto mais difícil de apreender vivamente; tampouco a busca de analogias deve ser exagerada compulsivamente. Mas, tendo em vista a semelhança dos fins — num caso, a integração de um indivíduo num grupo humano; no outro, a criação de uma unidade coletiva a partir de muitos indivíduos —, não pode nos surpreender a similaridade dos meios empregados e dos fenômenos advindos. Em virtude da sua extraordinária importância, não cabe silenciar por mais tempo a respeito de um traço diferenciador dos dois processos. No processo de desenvolvimento do indivíduo, conserva-se a principal meta do programa do princípio do prazer, achar a satisfação da felicidade, e a integração ou adaptação a uma comunidade aparece como uma condição inevitável, que se deve cumprir para alcançar a meta de felicidade. Se pudéssemos fazê--lo sem esta condição, seria talvez melhor. Em outros termos, o desenvolvimento individual nos aparece como um produto da interferência de duas tendências: a aspiração à felicidade, que habitualmente chamamos de

O MAL-ESTAR NA CIVILIZAÇÃO VIII

"egoísta", e a aspiração à união com outros na comunidade, que denominamos "altruísta". As duas designações não vão muito além da superfície. No desenvolvimento individual, como foi dito, a ênfase cai geralmente na aspiração egoísta ou à felicidade; a outra, que pode ser chamada "cultural", contenta-se, via de regra, com o papel restritivo. É diferente no processo cultural. Nele o principal é, de longe, a meta de criar uma unidade a partir dos indivíduos humanos; a meta da felicidade ainda existe, mas é impelida para segundo plano; quase parece que a criação de uma grande comunidade humana teria êxito maior se não fosse preciso preocupar-se com a felicidade do indivíduo. O processo de desenvolvimento individual pode então ter traços especiais, que não se repetem no processo cultural humano; é apenas na medida em que o primeiro desses processos tem por meta a incorporação na comunidade que ele necessariamente coincide com o segundo.

Assim como um planeta circula em volta do seu astro central, além de rodar em torno do seu próprio eixo, também um ser humano participa do curso evolutivo da humanidade, enquanto segue o seu caminho de vida. Para nossos olhos obtusos, no entanto, o jogo de forças do céu parece fixado numa ordem imutável; na vida orgânica vemos ainda como as forças lutam entre si, e os resultados do conflito mudam constantemente. Assim também as duas tendências, a de felicidade individual e a de união com outros seres, têm de lutar uma com a outra no interior de cada indivíduo; assim os dois processos, de evolução individual e cultural, precisam

O MAL-ESTAR NA CIVILIZAÇÃO

defrontar-se e disputar um ao outro o terreno. Mas essa luta entre indivíduo e sociedade não deriva da oposição provavelmente inconciliável entre os dois instintos primevos, Eros e Morte; significa uma desavença na casa da libido, comparável à briga pela distribuição da libido entre o Eu e os objetos, e admite um equilíbrio final no indivíduo — oxalá também no futuro da civilização —, apesar de atualmente dificultar-lhe tanto a vida.*

A analogia entre o processo cultural e o desenvolvimento do indivíduo pode ser ampliada num aspecto importante. Pois é lícito afirmar que também a comunidade forma um Super-eu, sob cuja influência procede a evolução cultural. Pode ser uma tarefa atraente, para um conhecedor das culturas humanas, perseguir em detalhes essa analogia. Eu me limitarei a destacar alguns pontos notáveis. O Super-eu de uma época cultural tem origem semelhante ao de um indivíduo, baseia-se na impressão que grandes personalidades-líderes deixaram, homens de avassaladora energia espiritual, ou nos quais uma das tendências humanas achou a expressão mais forte e mais pura, e por isso também, com frequência, a mais unilateral. Em muitos casos a analogia vai ainda mais longe, na medida em que essas pessoas — frequentemente, talvez sempre — foram durante a vida zombadas, maltratadas e mesmo cruelmente eliminadas pelas outras, tal como

---

* Na *Standard* inglesa há um pequeno erro nessa última oração: "[...] *however much that civilization may oppress the life of the individual to-day*", lê-se ali (SE XXI, p. 141). Mas o pronome usado por Freud nesse trecho (*er*) diz respeito a *der Kampf* ("a luta"), não a *die Kultur* ("a civilização"), como entendeu Strachey.

também o pai primevo ascendeu a divindade apenas muito depois de sua morte violenta. O mais impressionante exemplo dessa conjunção do destino é justamente a pessoa de Jesus Cristo, se porventura não pertence ao reino do mito, que a chamou à vida em obscura memória daquele evento primevo. Um outro ponto de concordância é que o Super-eu da cultura, exatamente como o do indivíduo, institui severas exigências ideais, cujo não cumprimento é punido mediante "angústia de consciência". E aqui se produz mesmo o caso curioso de os processos psíquicos em questão serem para nós mais familiares e mais acessíveis à consciência, quando vistos no grupo, do que podem sê-lo no indivíduo. Neste apenas as agressões do Super-eu, no caso de tensão, fazem-se audíveis como recriminações, enquanto as exigências mesmas com frequência ficam inconscientes no segundo plano. Se as trazemos para o conhecimento consciente, revela-se que coincidem com os preceitos do Super-eu cultural prevalecente. Nesse ponto os dois processos, o da evolução cultural da massa e o do indivíduo, estão colados um ao outro, por assim dizer. Daí que não poucas manifestações e características do Super-eu podem ser mais facilmente notadas em seu comportamento na comunidade cultural do que no indivíduo.

O Super-eu da cultura desenvolveu seus ideais e elevou suas exigências. Entre as últimas, as que concernem às relações dos seres humanos entre si são designadas por "ética". Em todos os tempos as pessoas deram enorme valor a essa ética, como se dela esperassem realizações de particular importância. De fato, a ética se dedica

O MAL-ESTAR NA CIVILIZAÇÃO

ao ponto facilmente reconhecido como o mais frágil de toda cultura. Ela há de ser vista, então, como tentativa terapêutica, como esforço de atingir, por um mandamento do Super-eu, o que antes não se atingiu com outro labor cultural. Já sabemos que aqui se coloca o problema de como afastar o maior obstáculo à cultura, o pendor constitucional dos homens para a agressão mútua, e por isso mesmo nos interessamos especialmente por aquele que é provavelmente o mais jovem dos mandamentos do Super-eu cultural, o que diz: "Ama teu próximo como a ti mesmo". A investigação e a terapia das neuroses nos levam a sustentar duas objeções contra o Super-eu individual. Pela severidade dos seus mandamentos e proibições, ele se preocupa muito pouco com a felicidade do Eu, não levando devidamente em conta as resistências ao cumprimento deles, a força instintual do Id e as dificuldades do ambiente real. Daí que, movidos pela intenção terapêutica, frequentemente somos obrigados a combater o Super-eu, e nos empenhamos em fazer baixarem suas exigências. Recriminações idênticas podem ser feitas às reivindicações éticas do Super-eu cultural. Também este não se preocupa suficientemente com os fatos da constituição psíquica do ser humano, emite uma ordem e não se pergunta se é humanamente possível cumpri-la. Supõe, isto sim, que para o Eu do ser humano é possível, psicologicamente, tudo aquilo de que o incumbem, que o Eu tem domínio irrestrito sobre o seu Id. Isto é um erro, e também nos chamados homens normais o controle sobre o Id não pode ir além de certos limites. Exigindo mais, produzimos no indivíduo rebelião ou neurose, ou o tornamos infeliz. O mandamento "Ama teu próximo como a ti mesmo" é a mais forte defesa contra a agressividade humana e um belo exemplo do procedimento antipsicológico do Super-eu cultural. O mandamento é inexequível; uma tão formidável inflação do amor só pode lhe diminuir o valor, não eliminar a necessidade. A civilização negligencia tudo isso; recorda apenas que quanto mais difícil o cumprimento do preceito, mais meritório vem a ser ele. Mas quem segue tal preceito, na civilização atual, põe-se em desvantagem diante daquele que o ignora. Que poderoso obstáculo à cultura deve ser a agressividade, se a defesa contra ela pode tornar tão infeliz quanto ela mesma! A chamada ética natural nada tem a oferecer aqui, salvo a satisfação narcísica de o indivíduo poder se considerar melhor do que os outros. A ética que se apoia na religião introduz aqui suas promessas de um além-túmulo melhor. Acho que, enquanto a virtude não compensar já nesta vida, a ética pregará em vão. Parece-me também fora de dúvida que uma real mudança nas relações das pessoas com a propriedade será de maior valia, neste ponto, que qualquer mandamento ético; mas entre os socialistas esta compreensão é turvada por um novo desconhecimento idealista da natureza humana, e assim tornada sem valor para a aplicação.

A linha de abordagem que procura estudar nos fenômenos da evolução cultural o papel de um Super-eu me parece prometer ainda outros esclarecimentos. Apresso-me a concluir. Mas de uma questão não posso me esquivar. Se a evolução cultural tem tamanha similitude com a do indivíduo e trabalha com os mesmos recursos, não seria justificado o diagnóstico de que muitas culturas — ou épocas culturais, ou possivelmente toda a humanidade — tornaram-se "neuróticas" por influência dos esforços culturais? A dissecação analítica dessas neuroses poderia ser acompanhada de sugestões terapêuticas que reivindicariam muito interesse prático. Não posso dizer que uma tentativa dessas, de transferência da psicanálise para a comunidade cultural, não teria sentido ou estaria condenada à esterilidade. Mas teríamos de ser muito prudentes, e não esquecer que se trata apenas de analogias, e que não apenas com seres humanos, também com conceitos é perigoso retirá-los da esfera em que surgiram e evoluíram. O diagnóstico das neuroses da comunidade também encontra uma dificuldade especial. Na neurose individual nos serve de referência imediata o contraste que distingue o enfermo de seu ambiente, tido como "normal". Tal pano de fundo não existe para um grupo igualmente afetado, teria que ser arranjado de outra forma. E no que diz respeito à aplicação terapêutica da compreensão, de que adiantaria a mais pertinente análise da neurose social, se ninguém possui a autoridade para impor ao grupo a terapia? Apesar de todas essas dificuldades, pode-se esperar que um dia alguém ouse empreender semelhante patologia das comunidades culturais.

Está longe de mim, pelos motivos mais diversos, fazer uma avaliação da cultura humana. Esforcei-me para manter distância do preconceito entusiasta segundo o

O MAL-ESTAR NA CIVILIZAÇÃO VIII

qual nossa civilização é o que temos ou podemos ter de mais precioso, e sua trilha nos levará necessariamente a alturas de insuspeitada perfeição. Posso ao menos escutar sem indignação o crítico que acha que, tendo em conta os fins do empenho cultural e os meios de que se utiliza, deveríamos chegar à conclusão de que o empenho todo não vale a pena e o resultado pode ser tão só uma condição intolerável para o indivíduo. Facilita a minha imparcialidade o fato de saber muito pouco sobre tudo isso — de saber apenas uma coisa com certeza: que os juízos de valor dos homens são inevitavelmente governados por seus desejos de felicidade, e que, portanto, são uma tentativa de escorar suas ilusões com argumentos. Eu entenderia muito bem quem destacasse o caráter forçoso da cultura humana e dissesse, por exemplo, que a inclinação a limitar a vida sexual, ou a impor o ideal humanitário à custa da seleção natural, é uma direção evolutiva que não pode ser desviada nem evitada, ante a qual é melhor curvar-se, como se fosse uma necessidade da natureza. Conheço também a objeção a isso, a de que tendências tidas por insuperáveis foram frequentemente, na história da humanidade, postas de lado e substituídas por outras. Assim me falta o ânimo de apresentar-me aos semelhantes como um profeta, e me curvo à sua recriminação de que não sou capaz de lhes oferecer consolo, pois no fundo é isso o que exigem todos, tanto os mais veementes revolucionários como os mais piedosos crentes, de forma igualmente apaixonada.

A meu ver, a questão decisiva para a espécie humana é saber se, e em que medida, a sua evolução cultural poderá controlar as perturbações trazidas à vida em comum pelos instintos humanos de agressão e autodestruição. Precisamente quanto a isso a época de hoje merecerá talvez um interesse especial. Atualmente os seres humanos atingiram um tal controle das forças da natureza, que não lhes é difícil recorrerem a elas para se exterminarem até o último homem. Eles sabem disso; daí, em boa parte, o seu atual desassossego, sua infelicidade, seu medo. Cabe agora esperar que a outra das duas "potências celestiais", o eterno Eros, empreenda um esforço para afirmar-se na luta contra o adversário igualmente imortal. Mas quem pode prever o sucesso e o desenlace?

NOVAS CONFERÊNCIAS INTRODUTÓRIAS À PSICANÁLISE (1933)

TÍTULO ORIGINAL: *NEUE FOLGE DER VORLESUNGEN ZUR EINFÜHRUNG IN DIE PSYCHOANALYSE*. PUBLICADO PRIMEIRAMENTE EM VOLUME AUTÔNOMO: VIENA: INTERNATIONALER PSYCHOANALYTISCHER VERLAG [EDITORA PSICANALÍTICA INTERNACIONAL], 1933, 255 PP. TRADUZIDO DE *GESAMMELTE WERKE XV*, PP. 1-197; TAMBÉM SE ACHA EM *STUDIENAUSGABE I*, PP. 447-608.

PREFÁCIO

As *Conferências introdutórias à psicanálise* foram proferidas nos semestres de inverno de 1915-16 e 1916-17, numa sala da Clínica Psiquiátrica de Viena, para uma plateia de ouvintes de todas as Faculdades. A primeira metade das conferências foi improvisada e redigida imediatamente depois; as da segunda metade foram esboçadas no verão, durante uma estação de férias em Salzburgo, e proferidas fielmente no inverno seguinte. Naquele tempo eu ainda possuía o dom de uma memória fonográfica.

À diferença daquelas, estas novas conferências não foram jamais proferidas. Nesse meio-tempo a idade me havia dispensado da obrigação de evidenciar, mediante conferências, que eu pertencia — ainda que perifericamente — à universidade, e uma operação cirúrgica havia me inutilizado como orador. Portanto, é somente por um artifício da imaginação que eu me coloco novamente num auditório, nas exposições que se seguem. Isso pode me ajudar a não perder de vista o leitor, ao aprofundar o assunto.

Estas novas conferências não pretendem, de maneira nenhuma, tomar o lugar das anteriores. Elas não constituem algo independente, que possa esperar ter um círculo próprio de leitores, sendo antes continuações e complementos, que, na relação com as anteriores, dividem-se em três grupos. Num primeiro grupo estão novas abordagens de temas que já foram tratados quinze anos atrás, mas que, devido ao aprofundamento de nossas descobertas e à mudança em nossas concepções,

PREFÁCIO

exigem agora uma apresentação diversa — são revisões críticas, portanto. Os outros dois grupos contêm as ampliações propriamente ditas, tratando de coisas que, na época das primeiras conferências, ou não existiam na psicanálise ou estavam muito pouco presentes para merecer todo um título de capítulo. Não há como evitar — nem por que lamentar — que algumas das novas conferências reúnam características desses e daquele grupo.

A dependência destas novas conferências para com as primeiras também se manifesta no fato de continuarem sua numeração. A primeira deste volume é chamada de 29ª. Como as anteriores, pouco oferecem de novo ao analista profissional, dirigindo-se ao grande número de pessoas cultas às quais atribuímos um interesse benévolo, ainda que reservado, pelas peculiaridades e as conquistas da jovem ciência. Mas também nisso a intenção que me guiou foi nada sacrificar a uma aparência de simplicidade, completude e unidade, não ocultar problemas, não negar a existência de lacunas e incertezas. Em nenhum outro campo de trabalho científico alguém poderia se gabar de propósitos assim tão sóbrios e modestos. Em toda parte são tidos como evidentes, o público não espera outra coisa. Nenhum leitor de uma obra de astronomia se sentirá decepcionado nem desdenhará a ciência, se lhe forem mostrados os limites em que nosso conhecimento do universo se desfaz em névoas. Apenas com a psicologia é diferente, nela a constitucional inaptidão humana para a busca científica se revela em plena medida. Parece que da psicologia não se exige progresso no saber, mas alguma outra satisfação;

todo problema não resolvido, toda incerteza confessa é transformada em recriminação a ela.

Quem ama a ciência da vida psíquica terá de aceitar também essas durezas.

VIENA, VERÃO DE 1932.

FREUD

29. REVISÃO DA TEORIA DO SONHO

Senhoras e senhores: Após um intervalo de mais de quinze anos, chamei-os novamente para verificarmos o que esse período trouxe de coisas novas, talvez também melhores, na psicanálise; então é justo e razoável, de mais de um ponto de vista, que voltemos nossa atenção primeiramente para a teoria dos sonhos. Ela tem lugar especial na história da psicanálise, designa um ponto de virada; com ela a psicanálise fez a passagem de procedimento psicoterapêutico a psicologia da profundidade. Desde então a teoria do sonho é o que há de mais característico e próprio na jovem ciência, algo para o qual não existe contrapartida no restante de nosso saber, um pedaço de terra nova, subtraído à crença popular e ao misticismo. A estranheza das afirmações que ela teve de fazer conferiu-lhe a função de um xibolete,* cujo emprego decidia quem se tornava um

---

* "Xibolete": "senha, pedra de toque", a partir de uma passagem da Bíblia (*Juízes*, 12, 5-6).

29. REVISÃO DA TEORIA DO SONHO

seguidor da psicanálise e quem não conseguia apreendê-
-la. Para mim mesmo ela foi um amparo seguro, naqueles
tempos difíceis em que os fatos desconhecidos da neurose
costumavam nublar meu inexperiente juízo. Sempre que
eu começava a ter dúvidas sobre a validez dos meus hesi-
tantes conhecimentos, quando tinha sucesso em transformar um sonho confuso e sem nexo num claro e inteligível
processo psíquico daquele que sonhou, renovava-se minha confiança de estar na trilha certa.

Logo, para nós há um interesse especial em acompanhar, no caso da teoria dos sonhos, as mudanças que
a psicanálise sofreu nesse intervalo, por um lado, e os
progressos havidos em sua compreensão e avaliação pelos contemporâneos, por outro lado. Já lhes digo que
ficarão decepcionados nos dois aspectos.

Vamos folhear a coleção da *Internationale Zeitschrift
für (ärztliche) Psychoanalyse* [Revista Internacional de
Psicanálise (Médica)], em que desde 1913 são reunidos
os trabalhos de ponta em nossa área de estudo. Nos primeiros volumes vocês acharão uma rubrica permanente intitulada "Sobre a interpretação dos sonhos", com
substanciais contribuições a diferentes temas da teoria
dos sonhos. Quanto mais progredirem, porém, mais raras se tornam essas contribuições, e afinal desaparece a
rubrica permanente. Os analistas se comportam como
se nada mais tivessem a dizer sobre a teoria dos sonhos,
como se ela estivesse concluída. Mas se vocês perguntarem o que foi aceito da interpretação dos sonhos por
aqueles de fora, os muitos psiquiatras e psicoterapeutas que esquentam seu guisado em nosso fogo — sem

muita gratidão por nossa hospitalidade, aliás —, as chamadas pessoas instruídas, que costumam assimilar as descobertas mais palpáveis da ciência, os literatos e o grande público, então a resposta é pouco satisfatória. Algumas fórmulas se tornaram conhecidas, entre elas umas que jamais defendemos, como a tese de que todos os sonhos são de natureza sexual, mas coisas importantes como a fundamental distinção entre conteúdo onírico manifesto e pensamentos oníricos latentes, a percepção de que os sonhos angustiantes não contrariam a função de satisfazer desejos do sonho, a impossibilidade de interpretar um sonho quando não temos as devidas associações daquele que sonha, mas sobretudo o reconhecimento de que o essencial no sonho é o processo do trabalho do sonho — tudo isso parece ainda tão alheio à consciência geral como trinta anos atrás. Posso afirmar isso porque durante esse tempo recebi um bom número de cartas cujos remetentes contavam seus sonhos para interpretação ou pediam informações sobre a natureza do sonho, que diziam haver lido a *Interpretação dos sonhos* e, no entanto, em cada sentença revelavam sua incompreensão de nossa teoria. Isso não nos impedirá de mais uma vez apresentar sinteticamente o que sabemos sobre os sonhos. Vocês se lembram que da vez anterior utilizamos várias conferências para mostrar como viemos a compreender esse fenômeno psíquico até então inexplicado.

Digamos que alguém — um paciente em análise, por exemplo — nos relata um de seus sonhos. Nós su-

29. REVISÃO DA TEORIA DO SONHO

pomos que desse modo ele faz uma das comunicações que se comprometeu a fazer iniciando um tratamento psicanalítico. Uma comunicação com meios inadequados, é certo, pois o sonho não é uma expressão social, um meio de entendimento. Não compreendemos o que ele quer dizer, e ele próprio não sabe o que é. Então temos que tomar rapidamente uma decisão: ou o sonho, como nos asseguram os médicos que não são psicanalistas, é um indício de que a pessoa dormiu mal, de que nem todas as partes do seu cérebro descansaram igualmente, de que alguns pontos quiseram continuar trabalhando, sob a influência de estímulos desconhecidos, e só puderam fazê-lo de modo bastante incompleto. Se assim for, será correto não nos ocuparmos mais do produto — psiquicamente sem valor — da perturbação noturna; pois o que tal pesquisa traria de útil para nossos propósitos? Ou então — percebemos que desde o início já decidimos de outra forma. Fizemos o pressuposto, adotamos o postulado — bem arbitrariamente, deve-se admitir — de que também esse sonho incompreensível teria de ser um ato psíquico inteiramente válido, de sentido e valor plenos, que podemos usar como qualquer outra comunicação na análise. Somente o resultado da tentativa pode mostrar se estamos certos. Se conseguirmos transformar o sonho numa expressão valiosa desse tipo, teremos a perspectiva de aprender algo novo, de obter comunicações de um tipo que para nós, de outra forma, continuaria inacessível.

Agora surgem as dificuldades de nossa tarefa e os enigmas de nosso tema. Como fazemos para transformar o sonho numa comunicação normal e como explicamos que uma parte das manifestações do paciente tenha assumido essa forma incompreensível para ele e para nós?

Como veem, senhoras e senhores, desta vez eu não tomo o caminho de uma exposição genética, mas sim dogmática. O primeiro passo é estabelecer nossa nova atitude ante o problema do sonho, introduzindo dois novos conceitos, dois novos nomes. Ao que se denominou "sonho" chamamos de "texto do sonho" ou "sonho *manifesto*", e àquilo que buscamos, conjecturamos por trás do sonho, por assim dizer, de "pensamentos oníricos *latentes*". Então podemos enunciar nossas duas tarefas da seguinte forma: temos que transformar o sonho manifesto no sonho latente e indicar como, na psique do sonhador, esse último tornou-se aquele. A primeira parte é uma tarefa prática, cabe à *interpretação do sonho*, necessita de uma técnica; a segunda é teórica, deve esclarecer o processo suposto do *trabalho onírico* e pode ser somente uma teoria. As duas, tanto a técnica da interpretação dos sonhos como a teoria do trabalho do sonho, têm de ser criadas.

Com qual parte devemos começar? Com a técnica da interpretação dos sonhos, creio; terá maior efeito e lhes fará uma impressão mais viva.

Então o paciente relatou um sonho e devemos interpretá-lo. Ouvimos calmamente, sem ativar nossa reflexão. Que fazer em seguida? Resolver nos ocupar o mínimo possível do que acabamos de ouvir, do sonho *manifesto*. Sem dúvida, este sonho manifesto exibe todo

29. REVISÃO DA TEORIA DO SONHO

tipo de característica que não é totalmente indiferente para nós. Pode ser coerente, polidamente composto feito uma criação poética, ou incompreensivelmente confuso, quase como um delírio; pode ter elementos absurdos ou gracejos e conclusões aparentemente espirituosas, pode parecer claro e bem definido para quem sonha, ou turvo e borrado; suas imagens terão a plena força sensorial das percepções ou serão vagas como uma névoa indistinta, as mais diversas características podem se achar no mesmo sonho, distribuídas em lugares diferentes; o sonho pode, enfim, apresentar um tom emocional indiferente ou ser acompanhado das sensações mais alegres ou mais dolorosas — não pensem que desdenhamos essa infinita diversidade do sonho manifesto, depois retornaremos a ela e encontraremos muita coisa útil para a interpretação, mas agora vamos ignorá-la e tomar a via principal que leva à interpretação. Ou seja, pedimos ao sonhador que também se liberte da impressão do sonho manifesto, que tire sua atenção do conjunto e a dirija para os elementos do conteúdo do sonho, e nos comunique o que lhe ocorre a respeito de cada um desses elementos, um após o outro, que associações lhe vêm quando os examina separadamente.

Uma técnica singular, não é verdade? Não é o modo tradicional de lidar com uma comunicação ou manifestação. Certamente vocês já adivinham que por trás desse procedimento se escondem premissas que ainda não foram explicitadas. Mas continuemos. Em que ordem fazemos o paciente abordar as diferentes partes de seu sonho? Há vários caminhos possíveis. Podemos simplesmente seguir a ordem cronológica, tal como ela se deu no relato do sonho. Este é, digamos, o método mais rigoroso, clássico. Ou podemos orientar o sonhador para buscar primeiro os *restos diurnos* do sonho, pois a experiência nos ensina que quase todo sonho inclui um resíduo de lembrança ou uma alusão a um evento — frequentemente a vários — do dia anterior ao sonho, e, quando seguimos tais ligações, muitas vezes damos com a passagem do mundo onírico aparentemente remoto para o mundo real do paciente. Ou lhe dizemos para iniciar com os elementos do conteúdo do sonho que mais o impressionam pela nitidez e intensidade. Sabemos que lhe será bastante fácil ter associações a partir deles. Não faz diferença por qual dessas duas formas nos aproximamos das associações buscadas.

Então obtemos as associações. Elas nos trazem as coisas mais diversas: lembranças do dia anterior, o "dia do sonho", e de épocas passadas, reflexões, discussões com prós e contras, perguntas, confissões. Algumas delas jorram do paciente, por assim dizer, e antes de algumas outras ele para um momento. A maioria mostra uma clara relação com um elemento do sonho; o que não surpreende, já que procedem desses elementos. Mas também acontece de o paciente introduzi-las com as seguintes palavras: "Isso parece não ter nada a ver com o sonho; falo porque me ocorre".

Ouvindo todas essas coisas que lhe ocorrem, logo notamos que elas têm mais em comum com o teor do sonho do que simplesmente o ponto de partida. Lançam uma luz surpreendente sobre todas as partes do sonho,

29. REVISÃO DA TEORIA DO SONHO

preenchem as lacunas entre elas, tornam compreensíveis as suas peculiares justaposições. Por fim, torna-se clara a relação entre elas e o conteúdo do sonho. Este aparece como um excerto abreviado das associações, produzido segundo regras ainda não desvendadas, seus elementos sendo como os representantes eleitos de uma multidão. Não há dúvida de que conseguimos, mediante nossa técnica, algo que é substituído pelo sonho e no qual se acha o valor psíquico do sonho, mas não mais exibe as estranhas peculiaridades do sonho, sua bizarria, sua confusão.

Mas que não haja mal-entendido! As associações relativas ao sonho ainda não são os pensamentos oníricos latentes. Estes se acham contidos nas associações como numa água-mãe — mas não inteiramente contidos. As associações, por um lado, dão muito mais do que precisamos para formular os pensamentos oníricos latentes, a saber, todos os desenvolvimentos, as transições, ligações que o intelecto do paciente teve de produzir no caminho da aproximação aos pensamentos oníricos. Por outro lado, a associação muitas vezes para antes dos pensamentos oníricos propriamente, só chega perto deles, toca neles apenas em alusões. Nesse ponto nós interferimos, completamos as insinuações, tiramos inevitáveis conclusões, explicitamos aquilo que o paciente apenas roçou com as associações. Pode parecer que fazemos nosso engenho e nosso arbítrio jogarem com o material que o sonhador coloca à nossa disposição, e que dele aproveitamos para ler em suas manifestações aquilo que nelas não se acha escrito. E também não é fácil mostrar a legitimidade de nosso procedimento numa exposição abstrata. Mas façam vocês mesmos a análise de um sonho, ou estudem um exemplo bem relatado na literatura psicanalítica, e se convencerão da força comprobatória desse trabalho de interpretação.

Se na interpretação de sonhos nós dependemos, em geral e em primeira linha, das associações do sonhador, em relação a determinados elementos do conteúdo do sonho nós agimos com inteira independência, sobretudo porque temos de fazê-lo, porque normalmente faltam as associações no caso deles. Logo notamos que isso ocorre sempre com os mesmos conteúdos. Eles não são numerosos, e a experiência acumulada nos ensinou que devem ser vistos e interpretados como *símbolos* de algo mais. À diferença dos outros elementos do sonho, pode lhes ser atribuído um significado fixo, que não precisa ser inequívoco, porém, e cuja extensão é determinada por regras especiais, com que não estamos habituados. Como sabemos traduzir esses símbolos, e o sonhador não, embora os tenha usado ele próprio, pode acontecer que o sentido de um sonho venha a ser claro para nós assim que ouvimos o seu texto, antes de qualquer esforço de interpretação, enquanto para o próprio sonhador ele permanece um enigma. Mas a respeito do simbolismo, de nosso conhecimento dele e dos problemas que nos oferece, eu já disse tanta coisa nas conferências anteriores, que não há necessidade de me repetir agora.

Então este é nosso método de interpretação de sonhos. A pergunta seguinte, inteiramente justificada, é: podem-se interpretar todos os sonhos com ele? E a res-

29. REVISÃO DA TEORIA DO SONHO

posta é: não, todos não; mas tantos, que estamos seguros da utilidade e justificação do método. Mas por que não todos? Essa resposta nos ensinará algo importante, que já nos introduz nas condições psíquicas da formação do sonho: porque o trabalho da formação do sonho se realiza contra uma resistência que varia de grandezas insignificantes até o insuperável — ao menos para nossos meios atuais. As manifestações dessa resistência não podem ser ignoradas no decorrer do trabalho. Em alguns lugares as associações se fazem sem hesitação, e já a primeira ou segunda coisa que ocorre ao paciente traz a explicação. Em outros ele para e vacila antes de apresentar uma associação, e é frequente ouvirmos uma longa série de coisas que lhe ocorrem, até obter algo de útil para a compreensão do sonho. Quanto mais longa e tortuosa a cadeia de associações, tanto mais forte é a resistência, é a nossa fundamentada opinião. Também no esquecimento de sonhos advertimos a mesma influência. Muitas vezes sucede que o paciente, apesar de todo o esforço, não mais consegue se lembrar de um sonho. Mas depois que, com algum trabalho analítico, eliminamos uma dificuldade que vinha atrapalhando sua relação com a análise, o sonho esquecido reaparece de repente. Duas outras observações também cabem aqui. Com muita frequência sucede faltar inicialmente uma parte do sonho, que depois é acrescentada como complemento. Isso deve ser visto como uma tentativa de esquecer essa parte. A experiência mostra que justamente ela é a mais significativa; supomos que havia uma maior resistência à sua comunicação do que à das outras partes. Além disso, notamos que às vezes o sonhador busca impedir o esquecimento dos sonhos, registrando-os por escrito logo depois de acordar. Podemos lhe dizer que isso é inútil, pois a resistência, à qual ele subtraiu a conservação do texto do sonho, desloca-se para a associação e torna inacessível à interpretação o sonho manifesto. Nessas circunstâncias, não devemos nos admirar de que um incremento da resistência suprima as associações e faça malograr a interpretação.

Disso tudo tiramos a conclusão de que a resistência que notamos no trabalho de interpretação também deve participar da gênese do sonho. Podemos inclusive distinguir entre sonhos que se originaram sob uma pequena ou sob uma elevada pressão da resistência. Mas também essa pressão varia de lugar para lugar no interior do mesmo sonho; ela é responsável pelas lacunas, obscuridades e confusões que podem interromper a continuidade do mais belo sonho.

Mas o que está criando resistência, e contra o quê? Ora, a resistência é, para nós, o mais seguro indício de conflito. É preciso haver uma força que quer expressar algo, e uma outra que busca impedir essa expressão. O que então se produz, como sonho manifesto, pode reunir todas as decisões em que se condensou esta luta entre as duas tendências. Num local, uma das forças pode ter conseguido impor o que queria dizer; em outros, a instância oposta logrou extinguir inteiramente a comunicação pretendida ou substituí-la por algo que não exibe traço dela. Os casos mais frequentes e mais característicos da formação de sonho são aqueles em que o

29. REVISÃO DA TEORIA DO SONHO

conflito resultou num compromisso, de modo que a instância comunicadora pôde dizer o que queria, mas não como queria, e sim de forma atenuada, distorcida, irreconhecível. Portanto, se o sonho não reproduz fielmente o pensamento onírico, se é necessário um trabalho de interpretação para cobrir o hiato entre os dois, isto é consequência da instância opositora, inibidora e limitadora que inferimos de nossa percepção da resistência ao interpretar sonhos. Enquanto estudamos o sonho como fenômeno isolado, independente das formações psíquicas a ele aparentadas, demos a essa instância o nome de *censor do sonho*.

Há muito vocês sabem que esta censura não é uma instituição peculiar à vida onírica, que o conflito entre duas instâncias psíquicas que denominamos — imprecisamente — de "reprimido inconsciente" e "o consciente" governa nossa vida psíquica em geral, e que a resistência à interpretação do sonho, o indício da censura do sonho, não é senão a resistência da repressão, mediante a qual as duas instâncias se separam. Também sabem que o conflito entre elas produz, em determinadas condições, outras formações psíquicas, que, tal como o sonho, são o resultado de compromissos, e não me solicitarão que repita agora tudo o que se acha na introdução à teoria das neuroses, a fim de lhes expor o que sabemos sobre as condições de tal formação de compromissos. Vocês entenderam que o sonho é um produto patológico, o primeiro membro da série que compreende o sintoma histérico, a obsessão, o delírio, mas que se distingue dos demais por sua fugacidade e por originar-se em circunstâncias que são parte da vida normal. Pois tenhamos presente que a vida onírica, como já disse Aristóteles, é o modo como trabalha nossa psique durante o estado de sono. Este cria um alheamento do mundo externo real e, com isso, gera-se a condição para o desenvolvimento de uma psicose. O mais cuidadoso estudo das psicoses sérias não nos revelará nenhum traço que seja mais característico dessa condição patológica. Mas na psicose o afastamento da realidade é provocado de duas maneiras: ou quando o reprimido-inconsciente se torna demasiado forte, de modo que se sobrepõe ao consciente ligado à realidade, ou porque a realidade se tornou tão insuportavelmente dolorosa que o Eu ameaçado joga-se nos braços dos instintos inconscientes, em desesperada revolta. A inócua psicose do sonho é o resultado de um consciente e intencional recolhimento ante o mundo externo, e desaparece quando são retomadas as relações com ele. Durante o isolamento do sonhador, produz-se também uma mudança na distribuição de sua energia psíquica; uma parte do dispêndio em repressão, habitualmente usada para subjugar o inconsciente, pode ser poupada, dado que, se este emprega sua relativa liberação para fins de atividade, encontra fechado o caminho para a motilidade, e livre apenas aquele para a inofensiva satisfação alucinatória. Então pode se formar um sonho; mas o fato da censura do sonho mostra que também durante o sono manteve-se suficiente resistência de repressão.

Aqui se abre para nós um caminho para responder a pergunta de se o sonho tem uma função, se lhe é con-

29. REVISÃO DA TEORIA DO SONHO

fiada uma tarefa útil. O sossego livre de estímulos, que o estado de sono pretende estabelecer, é ameaçado de três lados: de maneira mais casual, por estímulos externos durante o sono e por interesses diurnos que não puderam ser interrompidos, e, de maneira inevitável, pelos insaciados impulsos instintuais reprimidos, que espreitam por uma oportunidade de expressão. Devido à diminuição noturna das repressões, haveria o perigo de o repouso do sono ser perturbado toda vez que a incitação interna ou externa alcançasse uma ligação com uma das fontes instintuais inconscientes. O processo do sonho faz o produto de tal colaboração desembocar numa inocente vivência alucinatória, e garante assim a continuidade do sono. Não contraria essa função o fato de o sonho acordar momentaneamente o sonhador, acompanhado de angústia; é antes um sinal de que o guardião vê a situação como perigosa demais e já não acredita poder dominá-la. Não é raro ouvirmos então, ainda dormindo, a observação tranquilizadora, que busca evitar o despertar: "É só um sonho!".

Isto, senhoras e senhores, é o que queria lhes dizer sobre a interpretação dos sonhos, cuja tarefa é conduzir do sonho manifesto aos pensamentos oníricos latentes. Tendo-se alcançado isto, geralmente acaba o interesse pelo sonho na análise prática. Junta-se às demais a comunicação recebida em forma de sonho e continua-se a análise. Mas ainda queremos nos deter no sonho; temos interesse em estudar o processo pelo qual os pensamentos oníricos latentes transformaram-se no sonho manifesto. Nós o chamamos trabalho do sonho. Vocês se lembram que nas palestras anteriores eu o descrevi com algum detalhe, de modo que hoje posso me limitar a um sucinto resumo.

Portanto, o processo do trabalho do sonho é algo inteiramente novo e singular, semelhante ao qual nada se conhecia antes. Ele nos deu nosso primeiro vislumbre dos processos que ocorrem no sistema inconsciente, e nos mostrou que são inteiramente diferentes daquilo que conhecemos de nosso pensar consciente, que para esse último devem parecer inauditos e defeituosos. A importância desse achado foi depois realçada pela descoberta de que na formação dos sintomas neuróticos atuam os mesmos mecanismos — não ousamos dizer "processos de pensamento" — que transformaram os pensamentos oníricos latentes no sonho manifesto.

No que se segue não poderei evitar uma forma esquemática de exposição. Vamos supor que num determinado caso enxergamos todos os pensamentos latentes, carregados de afeto em maior ou menor grau, que substituíram o sonho manifesto depois de realizada a interpretação. Chama-nos a atenção uma diferença entre eles, diferença esta que nos levará longe. Quase todos esses pensamentos oníricos são aceitos ou reconhecidos pelo sonhador; ele admite que pensou aquilo, em tal ocasião ou em outra, ou que poderia ter pensado aquilo. Apenas um pensamento ele se recusa a aceitar; é desconhecido para ele, talvez até repugnante; possivelmente o afastará de si com apaixonada veemência. Então se torna claro para nós que os demais pensamentos

29. REVISÃO DA TEORIA DO SONHO

são fragmentos de um pensar consciente — ou melhor: pré-consciente. Eles poderiam ter sido pensados também na vida diurna, e provavelmente se formaram durante o dia. Mas esse pensamento negado — ou melhor, esse impulso — é filho da noite; pertence ao inconsciente do sonhador, por isso é por ele negado e rejeitado. Teve de esperar pelo relaxamento noturno da repressão para chegar a algum tipo de expressão. De todo modo, essa expressão é atenuada, distorcida, camuflada; sem o trabalho da interpretação não a teríamos encontrado. Esse impulso inconsciente deve à ligação com os outros pensamentos oníricos, irrepreensíveis, a oportunidade de penetrar, em discreto disfarce, a barreira da censura; por outro lado, os pensamentos oníricos pré-conscientes devem a essa mesma ligação o poder de ocupar a vida psíquica também durante o sono. Pois já não temos dúvida: este impulso inconsciente é o verdadeiro criador do sonho, ele fornece a energia psíquica para a sua formação. Como qualquer outro impulso instintual, ele pode buscar somente a própria satisfação, e nossa experiência em interpretar sonhos nos mostra também que este é o sentido da atividade de sonhar. Em todo sonho, um desejo instintual deve ser apresentado como realizado. O isolamento noturno da vida psíquica diante da realidade, a regressão a mecanismos primitivos que assim é possibilitada permitem que a desejada satisfação instintual seja vivida alucinatoriamente como presente. Devido à mesma regressão, ideias são convertidas em representações visuais nos sonhos, os pensamentos oníricos latentes são dramatizados e ilustrados.

Dessa porção do trabalho onírico obtemos informação sobre algumas das características mais distintas e peculiares do sonho. Repetirei o curso de eventos da formação do sonho. A introdução: o desejo de dormir, o intencional alheamento do mundo exterior. Duas consequências dele para o aparelho psíquico: primeiro, a possibilidade de que modos de trabalho mais antigos e primitivos surjam neste, a regressão; segundo, a diminuição da resistência de repressão, que pesa sobre o inconsciente. Como consequência desse último fator dá-se a possibilidade da formação do sonho, que é aproveitada pelos ensejos, os estímulos internos e externos que se tornaram ativos. O sonho, que se origina desse modo, já é uma formação de compromisso. Ele tem uma dupla função: é, por um lado, conforme ao Eu,* pois serve ao desejo de dormir, lidando com os estímulos que perturbam o sono; por outro lado, permite a um impulso instintual reprimido a satisfação possível nessas circunstâncias, na forma de uma realização alucinada do desejo. Mas todo o processo da formação do sonho, admitido pelo Eu que dorme, é sujeito à condição da censura, exercida pelo resto da repressão conservada. De maneira mais simples eu não consigo expor o processo; ele não é mais simples. Agora posso continuar com a descrição do trabalho do sonho.

---

* "Conforme ao Eu": *ichgerecht*, no original; as versões estrangeiras consultadas — duas em espanhol, uma italiana, três em inglês e uma em holandês — oferecem: *ego-sintónico, acorde con el yo, in sintonia con l'Io, in conformity with the ego, ego-syntonic, accordant with the* Ich, *Ik-adequaat*.

29. REVISÃO DA TEORIA DO SONHO

Vamos voltar aos pensamentos oníricos latentes. Seu mais forte elemento é o impulso instintual reprimido, que neles conquistou expressão apoiando-se na presença de estímulos casuais e em transferência para os resíduos diurnos, ainda que uma expressão atenuada e camuflada. Como todo impulso instintual, também pressiona pela satisfação através da ação, mas o caminho para a motilidade lhe é bloqueado pelos dispositivos fisiológicos do estado de sono; ele é obrigado a tomar a direção regressiva para a percepção e a contentar-se com uma satisfação alucinatória. Os pensamentos oníricos latentes são convertidos numa série de imagens sensoriais e cenas visuais. Por essa via lhes sucede o que nos aparece como algo tão novo e estranho. Todos os recursos linguísticos com que são expressas as mais sutis relações de pensamento — as conjunções e preposições, as mudanças de declinação e conjugação — desaparecem, porque faltam os meios de representá-los. Como numa linguagem primitiva sem gramática, apenas o material bruto do pensamento é expresso, as coisas abstratas são remetidas às coisas concretas que a elas subjazem. O que resta pode facilmente parecer desconexo. O fato de na representação de determinados objetos e eventos serem empregados, em larga medida, símbolos que se tornaram estranhos para o pensamento consciente, corresponde tanto à regressão arcaica no aparelho psíquico como às exigências da censura.

Mas outras modificações feitas nos elementos dos pensamentos oníricos vão muito além disso. Aqueles que permitem que se faça algum ponto de contato entre eles são *condensados* em novas unidades. Na transposição de pensamentos em imagens são inequivocamente preferidos aqueles que admitem tal reunião ou condensação; como se atuasse uma força que submetesse o material a uma compressão ou concentração. Devido à condensação, um elemento do sonho manifesto pode corresponder a numerosos elementos nos pensamentos oníricos latentes; e, de modo inverso, um elemento dos pensamentos oníricos pode ser representado por várias imagens no sonho.

Ainda mais notável é o outro processo, o *deslocamento* ou transferência de acento, que no pensamento consciente figura apenas como erro de raciocínio ou recurso humorístico. As diferentes ideias nos pensamentos oníricos não têm, de fato, o mesmo valor; são investidas de montantes de afeto variados e, correspondentemente, são julgadas como sendo mais ou menos importantes e dignas de interesse. No trabalho do sonho essas ideias são separadas dos afetos que lhes dizem respeito; e os afetos são tratados por si, podem ser deslocados para outra coisa, podem ser conservados, sofrer mudanças, ou nem aparecer no sonho. A importância das ideias despojadas de afeto retorna nos sonhos como intensidade sensorial das imagens oníricas, mas notamos que o acento passa de elementos significativos para aqueles indiferentes, de modo que nos sonhos aparece em primeiro plano, como coisa principal, o que nos pensamentos oníricos tem papel apenas secundário, e, inversamente, o essencial dos pensamentos oníricos encontra somente uma representação passageira e pouco nítida.

29. REVISÃO DA TEORIA DO SONHO

Nenhuma outra parte do trabalho do sonho contribui tanto para tornar o sonho estranho e incompreensível para o sonhador. O deslocamento é o principal recurso da *deformação onírica*, a que os pensamentos oníricos têm de submeter-se por injunção da censura.

Após essas influências nos pensamentos oníricos, o sonho está quase pronto. Há ainda um fator meio inconstante, a chamada "elaboração secundária", depois que o sonho emerge ante a consciência como objeto de percepção. Então nós lidamos com ele como estamos habituados a tratar os conteúdos de nossa percepção: buscamos preencher lacunas, introduzir nexos, com frequência incorrendo em graves mal-entendidos. Mas essa atividade como que racionalizadora, que no melhor dos casos provê o sonho de uma fachada lisa, que não pode se adequar a seu verdadeiro conteúdo, também pode ser omitida ou expressar-se num grau muito modesto, e então o sonho exibe claramente suas fissuras e rachas. Por outro lado, não se deve esquecer que o trabalho do sonho também não ocorre sempre com a mesma energia; com frequência limita-se a determinadas porções dos pensamentos oníricos, enquanto outras podem surgir inalteradas no sonho. Então se tem a impressão de haver realizado no sonho as operações intelectuais mais sutis e complicadas, de ter especulado, feito piadas, tomado decisões, resolvido problemas, quando tudo isso é produto de nossa atividade espiritual normal, podendo ter sucedido tanto no dia anterior ao sonho como durante a noite, nada tendo a ver com o trabalho do sonho e nada mostrando que seja característico do sonho.

Também não é supérfluo enfatizar o contraste que existe, nos pensamentos oníricos mesmos, entre o impulso instintual inconsciente e os resíduos diurnos. Enquanto esses demonstram toda a multiplicidade de nossos atos psíquicos, aquele, que se torna o verdadeiro motor da formação do sonho, termina regularmente numa realização de desejo.

Tudo isso eu poderia ter lhes dito quinze anos atrás; aliás, creio que cheguei a lhes dizer isso naquele tempo. Agora vamos resumir o que houve de mudanças e descobertas nesse intervalo.

Já lhes disse que receio que achem que é muito pouco e não compreendam por que lhes faço escutar duas vezes — e exponho duas vezes — a mesma coisa. Mas passaram-se quinze anos, e eu espero, dessa forma, restabelecer mais facilmente o contato com vocês. E também são coisas tão elementares, de tão decisiva importância para o entendimento da psicanálise, que bem podem ser ouvidas mais uma vez, e saber que permanecem idênticas após quinze anos é interessante em si mesmo.

Naturalmente vocês encontram, na bibliografia desse período, um grande número de confirmações e de pormenores, dos quais pretendo lhes dar apenas amostras. Ao mesmo tempo, posso abordar algumas coisas que já eram conhecidas antes. Referem-se, sobretudo, ao simbolismo e aos outros modos de representação no sonho. Saibam que há pouco tempo os professores de medicina de uma universidade americana se recusaram a atribuir à psicanálise o caráter de ciência, com o ar-

29. REVISÃO DA TEORIA DO SONHO

gumento de que ela não admite provas experimentais. Poderiam ter levantado a mesma objeção à astronomia, pois é extremamente difícil fazer experiências com os corpos celestes. Nela é preciso recorrer à observação. De todo modo, alguns pesquisadores vienenses começaram a confirmar experimentalmente o nosso simbolismo onírico. Um certo dr. Schrötter descobriu, já em 1912, que, dando a pessoas profundamente hipnotizadas a instrução de sonhar com experiências sexuais, no sonho dali resultante o tema sexual aparece substituído por símbolos que conhecemos. Por exemplo, uma mulher é instruída a sonhar que tem relação sexual com uma amiga. Em seu sonho, a amiga aparece com uma maleta, na qual há uma etiqueta que diz: "Apenas para mulheres". Ainda mais impressionantes são os experimentos de Betlheim e Hartmann (1924), que trabalharam com doentes que tinham o chamado "distúrbio de Korsakoff". Eles lhes contaram histórias de grosseiro conteúdo sexual e observaram as deformações que surgiam quando os pacientes eram solicitados a reproduzi--las. Novamente se evidenciaram os símbolos para os órgãos sexuais e o intercurso sexual que nos são familiares, entre eles o da escada, do qual os autores dizem, acertadamente, que jamais seria obtido num desejo consciente de deformação.

Numa série de experiências muito interessantes, Herbert Silberer mostrou que é possível surpreender o trabalho do sonho *in flagranti*, por assim dizer, no ato de transpor pensamentos abstratos em imagens. Quando ele, num estado de fadiga e sonolência, insistia em fazer trabalho intelectual, com frequência o pensamento lhe escapava e no seu lugar surgia uma visão, que claramente era um substituto dele.

Eis um exemplo simples. "Estou pensando", diz Silberer, "na minha intenção de melhorar um trecho irregular num ensaio." Visão: "Vejo-me aplainando um pedaço de madeira". Com frequência sucedia, nesses experimentos, que o conteúdo da visão não vinha a ser o pensamento à espera de elaboração, mas o sentimento subjetivo do experimentador durante o esforço — o estado, em vez do objeto, algo que Silberer chamou de "fenômeno funcional". Um exemplo lhes mostrará o que quero dizer. O autor se empenhou em comparar as opiniões de dois filósofos sobre determinado problema. Em sua sonolência, no entanto, uma delas sempre lhe fugia, e por fim lhe ocorreu a visão de que ele solicitava uma informação a um secretário rabugento, que, curvado sobre uma escrivaninha, a princípio não atentava para ele, e depois o olhava de má vontade. As condições mesmas do experimento devem explicar por que a visão assim obtida constituía frequentemente um resultado da auto-observação.

Continuemos com os símbolos. Havia alguns que acreditávamos reconhecer, mas nos incomodava não saber dizer de que modo *aquele* símbolo chegara a ter *aquela* significação. Nesses casos, confirmações vindas de outra parte, da linguística, folclore, mitologia, ritual, eram particularmente bem-vindas. Um exemplo desse tipo era o símbolo do manto ou casaco [*Mantel*]. Dizíamos que no sonho de uma mulher o manto significava um

29. REVISÃO DA TEORIA DO SONHO

homem. Espero que fiquem impressionados ao ouvir o que Theodor Reik nos relatou em 1920: "Na antiga cerimônia nupcial dos beduínos, o noivo cobre a noiva com um manto especial, denominado 'aba', dizendo as seguintes palavras: 'De agora em diante, ninguém te cobrirá exceto eu'" (conforme Robert Eisler, *Weltenmantel und Himmelszelt* [Coberta do mundo e tenda do céu, Munique, 2 vols., 1910]). Encontramos também vários outros símbolos novos, dos quais quero lhes dar pelo menos dois exemplos. Segundo Abraham (1922), a aranha, no sonho, é um símbolo da mãe; mas da mãe fálica, da qual se tem medo, de forma que o temor da aranha exprime o pavor do incesto com a mãe e o horror dos genitais femininos. Talvez vocês saibam que uma criação mitológica, a cabeça da Medusa, refere-se ao mesmo tema do pavor da castração. O outro símbolo de que gostaria de falar é aquele da ponte. Ferenczi o esclareceu em 1921-22. Ele significa originalmente o membro masculino, que liga o pai e a mãe no intercurso sexual, mas depois desenvolve outros significados, oriundos daquele. Na medida em que se deve ao membro masculino o fato de se ter vindo ao mundo a partir do líquido amniótico, a ponte se torna a passagem do Além (o não-haver-ainda-nascido, o útero materno) para o Aquém (a vida), e, como o ser humano também imagina a morte como retorno ao útero (ao líquido), a ponte adquire também o significado de transposição para a morte, e enfim, afastando-se mais ainda do sentido inicial, vem a designar passagem, mudança de estado. Harmoniza-se com isso o fato de uma mulher, que

NOVAS CONFERÊNCIAS INTRODUTÓRIAS À PSICANÁLISE

não superou o desejo de ser homem, sonhar frequentemente com pontes que são muito curtas para alcançar a outra margem.

No conteúdo manifesto dos sonhos aparecem, com frequência, imagens e situações que lembram conhecidos temas de contos de fadas, lendas e mitos. A interpretação desses sonhos lança alguma luz sobre os interesses originais que geraram esses temas, mas não podemos esquecer, naturalmente, a mudança de sentido que esse material sofreu ao longo dos tempos. Nosso trabalho de interpretação desvela, por assim dizer, a matéria-prima que muitas vezes pode ser chamada de sexual no mais amplo sentido, mas que encontra o mais variado emprego em elaborações posteriores. Tais derivações costumam nos render a ira dos pesquisadores de orientação não psicanalítica, como se quiséssemos negar ou menosprezar tudo o que, em desenvolvimentos posteriores, foi edificado sobre aquilo. No entanto, tais percepções[*] são instrutivas e interessantes. O mesmo vale para a derivação de certos temas das artes plásticas, quando, por exemplo, M. J. Eisler (em 1919), seguindo indicações nos sonhos de seus pacientes, interpreta psicanaliticamente o jovem que brinca com o menino, no Hermes de Praxíteles. Por fim, não posso deixar de mencionar a frequência com que temas mitológicos pre-

---

[*] "Percepções": tradução aqui dada a *Einsichten*; nas versões consultadas: *opiniones*, *intelecciones*, *scoperte*, *ways of looking at things*, *discoveries*, *insights*, *inzichten*. Cf. nota do tradutor sobre esse termo em Nietzsche, *Além do bem e do mal*. São Paulo: Companhia das Letras, 1992, trad. Paulo César de Souza, nota 67.

29. REVISÃO DA TEORIA DO SONHO

cisamente acham explicação através da interpretação de sonhos. Assim, por exemplo, a lenda do labirinto pode ser vista como representação de um nascimento anal; os caminhos intrincados sendo os intestinos, e o fio de Ariadne, o cordão umbilical.

Os modos de representação usados no trabalho do sonho, um material fascinante e quase inesgotável, foram ficando cada vez mais conhecidos mediante o estudo aprofundado. Eu lhes darei algumas amostras deles. Por exemplo, o sonho representa a relação de frequência com a multiplicação do mesmo. Escutem o peculiar sonho de uma menina. Ela entra numa sala grande e acha ali, sentada numa cadeira, uma pessoa, o que é repetido seis, sete, oito vezes, mas é sempre o seu pai a pessoa. Isto é fácil de compreender quando descobrimos, por determinadas circunstâncias da interpretação, que aquele espaço é útero materno. Então o sonho passa a equivaler à fantasia, bem nossa conhecida, da garota que já na vida intrauterina teria se encontrado com o pai, quando ele, durante a gravidez da mãe, visitava-lhe o útero. O fato de algo no sonho estar invertido, de a entrada do pai ser deslocada para ela, não deve confundir vocês; isso tem, aliás, uma significação particular. A multiplicação da pessoa do pai só pode expressar que o evento em questão ocorreu várias vezes. Na realidade, devemos admitir que o sonho não ousa muito quando exprime *frequência* mediante *acumulação*. Ele apenas retomou a significação primordial da palavra, que hoje designa para nós uma repetição no tempo, mas que procede do ajuntamento no espaço.* Sempre que possível, o trabalho do sonho converte relações temporais em espaciais e as apresenta assim. Veja-se, num sonho, uma cena entre pessoas que aparecem bem pequenas e distantes, como se as víssemos pelo lado errado de um binóculo.** Tanto a pequenez como a distância espacial significam aqui o mesmo, a distância no tempo, deve-se entender que a cena é de um passado distante. Talvez se recordem, além disso, que em palestras anteriores já lhes disse — e mostrei com exemplos — que havíamos aprendido a usar traços formais na interpretação também, ou seja, a transformá-los em conteúdo dos pensamentos oníricos latentes. Ora, vocês sabem que todos os sonhos de uma noite fazem parte do mesmo contexto. Mas faz diferença se os sonhos aparecem ao sonhador como um *continuum* ou se ele os divide em várias partes, e quantas são estas. O número dessas partes corresponde, muitas vezes, a igual número de pontos centrais distintos da formação de pensamentos, nos pensamentos oníricos latentes, ou de correntes que lutam entre si na psique do sonhador, das quais cada uma tem expressão dominante, mas nunca exclusiva, em determinada parte do sonho. Um breve sonho preliminar e um longo sonho principal frequentemente têm entre si a relação que há

---

* Em alemão, as palavras *Häufigkeit* ("frequência") e *Häufung* ("acumulação") relacionam-se etimologicamente a *Haufen* ("monte").

** "Binóculo" é a tradução aqui dada a *Opernglas*, literalmente "óculos para a ópera"; perde-se uma pequena referência cultural, já que Freud vivia em Viena, a capital da ópera.

29. REVISÃO DA TEORIA DO SONHO

entre premissa e realização,* de que vocês encontram um exemplo nítido nas primeiras conferências. Um sonho designado pelo sonhador como "de alguma forma interpolado" corresponde realmente a uma cláusula secundária nos pensamentos oníricos. Num estudo sobre pares de sonhos (de 1925), Franz Alexander mostrou que não é raro dois sonhos de uma mesma noite partilharem de tal modo o cumprimento da tarefa do sonho que, tomados em conjunto, eles constituem a realização do desejo em duas etapas, algo que nenhum deles consegue por si. Digamos que o desejo do sonho tenha por conteúdo um ato ilícito em relação a determinada pessoa. Nesse caso, a pessoa surge claramente no primeiro sonho, mas o ato é apenas insinuado. No segundo sonho é diferente: o ato é claramente mencionado, mas a pessoa é tornada irreconhecível ou trocada por uma outra qualquer. Isso realmente dá uma impressão de astúcia. Outra relação semelhante entre as duas partes de

---

* "Premissa e realização": no original, *Bedingung und Ausführung* — nas versões estrangeiras consultadas: *condición y ejecución, como la condición a su ejecución* (versão de Etcheverry, que acrescenta, entre colchetes *"como la prótasis a su apodósis"*), *premessa e seguito con conclusione, condition and consequence, protasis and apodosis* (entre colchetes: *conditional and consequential clauses*), *condition and execution, vorwaarde et uitvoering*. Como se vê, duas dessas versões explicitam o possível significado técnico dos dois termos alemães, dando-lhes seus equivalentes gregos. No entanto, é de supor que Freud mesmo utilizaria os termos gregos (que são usados e dicionarizados em alemão), se quisesse enfatizar a conotação técnica. Nos estudos da linguagem, "apódose" e "prótase" designam respectivamente a oração principal e a subordinada, numa frase condicional.

um par de sonhos é aquela em que um deles apresenta o castigo, e o outro, a realização pecaminosa do desejo. Seria como dizer: quando você assume o castigo, pode se permitir o proibido.

Não posso detê-los por mais tempo nessas pequenas descobertas, nem nas discussões que dizem respeito ao uso da interpretação dos sonhos no trabalho psicanalítico. Imagino que estejam impacientes para saber das mudanças havidas nas concepções fundamentais sobre a natureza e o significado dos sonhos. Já os avisei que justamente quanto a isso não há muito a relatar. O ponto mais controverso de toda a teoria era talvez a afirmação de que todos os sonhos são realizações de desejos. A inevitável, sempre recorrente objeção levantada pelos leigos, de que existem tantos sonhos angustiados, já foi respondida de forma cabal — como acredito poder dizer — nas conferências anteriores. Com a divisão em sonhos de desejo, de angústia e de castigo, mantivemos intacta a nossa teoria.

Também os sonhos de castigo são realizações de desejos, mas não os desejos dos impulsos instintuais, e sim os da instância crítica, censora e punitiva na psique. Se nos achamos diante de um puro sonho de castigo, uma simples operação mental nos permite restaurar o sonho de desejo do qual o sonho de castigo é a resposta e que, mediante esse repúdio, foi substituído como sonho manifesto. Vocês sabem que o estudo do sonho foi o que primeiro nos levou à compreensão das neuroses. Também acharão natural que nosso conhecimento das neuroses tenha influí-

29. REVISÃO DA TEORIA DO SONHO

do em nossa concepção dos sonhos. Como verão, fomos obrigados a supor na psique uma instância especial, crítica e proibidora, que chamamos de Super-eu. Ao enxergar também a censura onírica como obra dessa instância, fomos levados a considerar mais atentamente o papel do Super-eu na formação do sonho.

Contra a teoria do sonho como realização de desejo apareceram apenas duas dificuldades sérias, cuja discussão pode levar longe, mas ainda não teve conclusão satisfatória. A primeira se dá pelo fato de pessoas que experimentaram um choque, um severo trauma psíquico, como sucedeu frequentemente na guerra e também se encontra na base da histeria traumática, serem regularmente reconduzidas à situação traumática pelo sonho. Isso não deveria ocorrer, segundo nossas hipóteses sobre a função do sonho. Que desejo seria satisfeito por esse retorno à experiência traumática tão dolorosa? Difícil dizer. O segundo fato encontramos quase diariamente no trabalho analítico; ele não implica uma objeção forte como o primeiro. Como sabem, uma das tarefas da psicanálise é levantar o véu de amnésia que esconde os primeiros anos da infância, e levar à recordação consciente as manifestações da vida sexual infantil que eles contêm. Ora, essas primeiras vivências sexuais da criança estão ligadas a penosas impressões de angústia, proibição, desapontamento e castigo. Compreende-se que tenham sido reprimidas, mas não que tenham tão amplo acesso à vida onírica, que proporcionem o modelo para tantas fantasias oníricas, que os sonhos sejam plenos de reproduções dessas cenas infantis e de alusões a elas.

Sua natureza desprazerosa e a tendência de o trabalho do sonho realizar desejos parecem dificilmente conciliáveis. Mas talvez exageremos a dificuldade nesse caso. Pois às mesmas vivências infantis se acham ligados todos os desejos instintuais perenes, insatisfeitos, que por toda a vida fornecem a energia para a formação dos sonhos, dos quais bem podemos esperar que também empurrem para cima, em seu poderoso ímpeto, o material dos eventos sentidos como penosos. Por outro lado, na maneira como esse material é reproduzido se mostra inconfundivelmente o esforço do trabalho do sonho, que busca negar o desprazer mediante a deformação, transformar desapontamento em realização. Nas neuroses traumáticas é diferente; nelas os sonhos terminam, via de regra, com desenvolvimento de angústia. Acho que não devemos nos esquivar de admitir que nesse caso a função do sonho fracassa. Não invocarei o ditado de que a exceção confirma a regra; sua sabedoria me parece duvidosa. Mas a exceção pode não abolir a regra. Se isolamos do conjunto uma atividade psíquica como o sonho, para fins de estudo, possibilitamos encontrar as leis que lhe são próprias. Se novamente a inserimos no todo, devemos estar preparados para descobrir que esses resultados são obscurecidos ou prejudicados pela colisão com outras forças. Nós dizemos que o sonho é uma realização de desejo; se quiserem considerar essas últimas objeções, poderão dizer que o sonho é *tentativa* de realização de desejo. Ninguém que seja capaz de penetrar a dinâmica psíquica entenderá outra coisa. Em determinadas circunstâncias, o sonho leva a cabo sua intenção de modo bastante imperfeito, ou tem de abandoná-la inteiramente. A fixação inconsciente num trauma talvez seja o maior desses impedimentos à função do sonho. Enquanto o sonhador é obrigado a sonhar, pois o afrouxamento noturno da repressão faz com que a pressão para cima* da fixação traumática se torne ativa, fracassa a função do seu trabalho do sonho, que quer transformar os traços mnemônicos do evento traumático numa realização de desejo. Nessas circunstâncias ocorre de a pessoa ficar insone, renunciar ao sono por temer o malogro da função do sonho. A neurose traumática nos mostra aqui um caso extremo, mas é preciso reconhecer também o caráter traumático das vivências infantis, e não devemos estranhar que também surjam transtornos menores da operação do sonho em outras circunstâncias.

30. SONHOS E OCULTISMO

Senhoras e senhores: Hoje tomaremos um caminho estreito, mas que pode nos conduzir a um vasto panorama.

O anúncio de que falarei sobre a relação entre os sonhos e o ocultismo dificilmente os surpreenderá. Pois o

---

* "Pressão para cima": *Auftrieb*; nas outras versões: *impulso ascensional, pulsión aflorante, spinta emergente, upward thrust, upward pressure, driving force, opwaartse druk*. A mesma palavra foi traduzida simplesmente por "ímpeto" (numa frase que contém já "empurrar para cima") algumas linhas acima.

sonho já foi tido, frequentemente, como a porta para o mundo do misticismo, e ainda hoje é, para muita gente, um fenômeno oculto. Também nós, que dele fizemos um objeto de investigação científica, não contestamos que haja um ou vários fios que o ligam às coisas ocultas. Misticismo, ocultismo, o que se entende por essas palavras? Não esperem, de minha parte, nenhuma tentativa de circunscrever com definições esses domínios mal delineados. De maneira bem geral e indefinida, todos nós sabemos do que se trata. É uma espécie de "além" do mundo claro e governado por leis inexoráveis, para nós edificado pela ciência.

O ocultismo afirma a existência de "mais coisas, entre a terra e o céu, do que sonha a nossa filosofia escolar".*
Bem, não vamos nos apegar à estreiteza da escola; estamos dispostos a crer no que vem a ser digno de crédito para nós.

Vamos proceder assim como fazemos com qualquer outro material da ciência: primeiro, verificar se tais acontecimentos são efetivamente comprovados, e depois — mas só depois — que sua realidade não der margem a dúvidas, procurarmos a explicação para eles. Mas não se pode negar que já essa decisão nos é dificultada por fatores intelectuais, históricos e psicológicos. É diferente de quando nos aplicamos a outras investigações.

---

* Shakespeare, *Hamlet*, ato I, cena 5. A tradução foi feita da versão alemã citada por Freud, que diverge um pouco do original inglês — sobretudo no acréscimo do adjetivo "escolar" a "filosofia" (*Schulphilosophie*). Se ela não fosse mantida, não se compreenderia a referência a "escola" na frase seguinte.

30. SONHOS E OCULTISMO

Vejamos primeiro a dificuldade intelectual. Permitam-me dar alguns exemplos concretos e toscos. Digamos que o problema seja o da constituição do interior da Terra. Como é notório, não há conhecimentos seguros sobre isso. Supomos que consista de metais pesados em estado de incandescência. Então aparece alguém afirmando que o interior da Terra é água saturada de ácido carbônico, ou seja, uma espécie de soda. Diremos, sem dúvida, que isso é muito improvável, contraria todas as nossas expectativas, não considera pontos básicos de nosso conhecimento, que nos levaram à hipótese dos metais. No entanto, não é inconcebível; se alguém nos apontar um caminho para testar a hipótese da soda, nós o seguiremos sem resistência. Mas então surge outra pessoa que afirma, seriamente, que o âmago da Terra se compõe de marmelada! A isso reagiremos de outra forma. Diremos a nós mesmos que a marmelada não ocorre na natureza, é um produto da cozinha humana; além disso, a existência desse material implica a presença de árvores frutíferas e de seus frutos, e não vemos como levar plantas e culinária humana para o interior da Terra. O resultado dessas objeções intelectuais será uma mudança na direção do nosso interesse: em vez de nos pormos a investigar se realmente o âmago da Terra consiste de marmelada, iremos nos perguntar que indivíduo é esse que pode chegar a tal ideia, e no máximo lhe perguntaremos de onde tirou isso. O infeliz criador da teoria da marmelada se sentirá ofendido e nos acusará de lhe negarmos uma apreciação objetiva de sua afirmação, devido a um preconceito supostamente científico. Mas isso não o ajudará. Notamos que os juízos preconcebidos nem sempre são condenáveis,

NOVAS CONFERÊNCIAS INTRODUTÓRIAS À PSICANÁLISE

que às vezes são justificados, servindo para nos poupar trabalho inútil. São simplesmente conclusões por analogia com outros juízos, esses bem fundamentados.

Bom número de afirmações de natureza ocultista tem em nós um efeito semelhante ao da hipótese da marmelada, de maneira que nos cremos autorizados a rejeitá-las de antemão, sem maior exame. Mas isso não é tão simples. Uma comparação como a que fiz não prova nada, prova o que provam as comparações. É discutível que ela seja adequada, e vê-se que a atitude de rejeição depreciativa já influiu em sua escolha. Juízos preconcebidos são, algumas vezes, apropriados e justificados, mas outras vezes são errôneos e prejudiciais, e nunca se sabe quando são uma coisa ou outra. A história das ciências é pródiga em casos que advertem contra uma condenação precipitada. Por muito tempo considerou-se uma hipótese absurda que as pedras atualmente chamadas meteoritos tivessem alcançado a Terra a partir do espaço, ou que rochas das montanhas que contêm restos de moluscos tivessem um dia constituído o leito do mar. Aliás, também não foi muito diferente com a psicanálise, quando do ela apareceu com a inferência* do inconsciente. Por

---

* "Inferência": *Erschließung*, no original. O verbo *erschließen* pode significar tanto "abrir, tornar acessível" como "inferir"; por isso as versões estrangeiras consultadas variam: *afirmó la posibilidad de deducir lo inconsciente, salió a la palestra con el descubrimiento de lo inconscio, affacciò l'idea dell'esistenza dell'inconscio, brought forward the discovery of the unconscious, brought forward the inference of there being an unconscious, postulated the inconscious, met het postulaat van het onbewuste naar voren trad.*

160

30. SONHOS E OCULTISMO

isso nós, psicanalistas, temos razão especial para sermos cautelosos em recorrer a motivos intelectuais na rejeição de novas colocações, e devemos admitir que eles não nos fazem superar a aversão, a dúvida e a incerteza.

O segundo fator denominei psicológico. Refiro-me à tendência geral das pessoas à credulidade e à crença em milagres. Desde o começo, quando a vida nos toma em sua severa disciplina, há em nós uma resistência à inexorabilidade e monotonia das leis do pensamento e às exigências do exame de realidade.[*] A razão torna-se a inimiga que nos priva de tantas possibilidades de prazer. Descobrimos o prazer existente em nos furtarmos ainda que momentaneamente a ela e nos entregarmos às seduções do absurdo. O escolar se diverte com trocadilhos; após um congresso científico, o especialista faz troça de sua atividade, e mesmo o homem grave saboreia uma brincadeira. Uma hostilidade mais séria a "razão e ciência, a força maior que tem o homem"[**] aguarda sua oportunidade, apressa-se em dar ao curandeiro ou milagreiro a preferência, em lugar do médico "estudado"; acolhe as afirmações do ocultismo, na medida em que seus pretensos fatos são tomados como infrações de regras e leis; faz adormecer a crítica, falseia as percepções, obtém confirmações e anuências que não se justificam. Quem leva em

---

[*] "Exame de realidade" (ou "prova de realidade"): no original, *Realitätsprüfung*; ou seja, o processo de verificar se algo é real; cf. "Complemento metapsicológico à teoria dos sonhos" (1915) e *Conferências introdutórias à psicanálise*, cap. 23 (1917).

[**] No original: *Vernunft und Wissenschaft, des Menschen allerbeste Kraft*, citação de Goethe, *Fausto*, cena 4.

conta esse pendor humano tem todo motivo para negar valor a muitas comunicações da literatura ocultista.

O terceiro senão eu denominei histórico, querendo assim indicar que no mundo do ocultismo nada sucede de realmente novo, que nele ressurgem todos os sinais, prodígios, profecias e aparições de outros tempos, que nos são relatados em velhos livros e que acreditávamos ter liquidado há muito tempo, como rebentos de uma imaginação desenfreada ou de um engano deliberado, como produtos de uma época em que ainda era grande a insciência humana e o espírito científico ainda engatinhava. Se aceitamos como verdadeiro o que, segundo as informações dos ocultistas, ainda hoje ocorre, temos que admitir também a credibilidade dos relatos antigos. E nos damos conta de que os livros sagrados e as tradições dos povos estão plenos dessas histórias maravilhosas, e que as religiões baseiam sua pretensão de credibilidade justamente nesses acontecimentos extraordinários e maravilhosos, neles enxergando as provas da atuação de forças sobre-humanas. Então se torna difícil evitar a suspeita de que o interesse no ocultismo é, na verdade, religioso, de que um dos motivos ocultos do movimento ocultista é socorrer a religião, ameaçada pelo progresso do pensamento científico. E o reconhecimento de tal motivo faz aumentar nossa desconfiança e também a relutância em adentrar a investigação dos supostos fenômenos ocultos.

Mas, por fim, essa relutância deve ser superada. Trata-se de uma questão factual: de se o que os ocultistas relatam é verdadeiro ou não. Isso deve poder ser resolvido mediante a observação. No fundo, temos de ser gratos

30. SONHOS E OCULTISMO

aos ocultistas. Os relatos prodigiosos de épocas antigas escapam ao nosso exame. Se dizemos que não podem ser provados, temos que admitir que não podem ser rigorosamente refutados. Mas quanto ao que sucede no presente, a que podemos estar presentes, deve ser possível para nós obter um juízo mais seguro. Se chegamos à convicção de que tais prodígios não ocorrem hoje, não tememos a objeção de que poderiam ter sucedido em épocas passadas. Nesse caso, outras explicações são mais plausíveis. Então deixamos de lado nossos senões e estamos dispostos a participar da observação dos fenômenos ocultos.

Infelizmente, logo deparamos com circunstâncias muito desfavoráveis ao nosso honesto propósito. As observações de que nosso julgamento deve depender são feitas em condições que tornam incertas as percepções de nossos sentidos, que embotam nossa atenção, na escuridão ou em precária luz vermelha, após longos períodos de vã expectativa. Dizem-nos que já nossa postura incrédula, ou seja, crítica, pode impedir o surgimento dos fenômenos aguardados. A situação que assim se produz é uma verdadeira caricatura das circunstâncias em que costumamos fazer investigações científicas. As observações são realizadas nos chamados "médiuns", pessoas às quais se atribuem faculdades "sensitivas" especiais, mas que não se distinguem por eminentes qualidades do espírito* ou

---

* É sempre bom lembrar que o termo alemão *Geist*, normalmente traduzido por "espírito", tem mais conotações do que esse vocábulo português, podendo significar "intelecto", como seria o caso nesta passagem.

163

do caráter, nem são tomados por uma grande ideia ou um sério propósito, como os antigos milagreiros. Pelo contrário, mesmo os que acreditam em seus poderes secretos não os veem como particularmente confiáveis; a maioria deles já foi desmascarada como embusteira, e é de esperar que o restante tenha o mesmo destino. O que fazem dá a impressão de travessuras infantis ou truques de prestidigitação. Jamais, nas sessões com esses médiuns, revelou-se alguma coisa útil, como uma nova fonte de energia, por exemplo. É certo que tampouco esperamos da mágica do prestidigitador, que faz sair pombos da cartola vazia, alguma melhoria para a criação de pombos. Posso colocar-me facilmente no lugar de alguém que, desejando satisfazer os requisitos da objetividade, participa de sessões de ocultismo, mas após algum tempo se cansa e, aborrecido com o que dele esperam, retorna a seus preconceitos anteriores, insciente como antes. Pode-se objetar a essa pessoa que este não é o procedimento correto, não é lícito prescrever, aos fenômenos que se quer estudar, como devem ser e em que condições devem surgir. Caberia, isto sim, perseverar e valorizar as medidas de precaução e de fiscalização com que ultimamente se busca precaver-se da inconfiabilidade dos médiuns. Mas infelizmente essa técnica protetora moderna põe fim ao fácil acesso às observações ocultistas. O estudo do ocultismo torna-se uma profissão especial, difícil, uma atividade que a pessoa não pode exercer juntamente com seus outros interesses. E, enquanto os pesquisadores nela envolvidos não chegam a conclusões, ficamos entregues à dúvida e às nossas próprias suposições.

30. SONHOS E OCULTISMO

Entre essas suposições, a mais provável seria a de que no ocultismo há um núcleo real de fatos ainda não reconhecidos, em torno do qual o engano e a fantasia teceram um invólucro de difícil penetração. Mas como podemos simplesmente nos aproximar desse núcleo, em que lugar atacar o problema? Creio que neste ponto nos vem em auxílio o sonho, sugerindo que de toda essa confusão retiremos o tema da telepatia.

Como sabem, chamamos telepatia o fato suposto de um evento que ocorre num determinado instante chegar simultaneamente à consciência de uma pessoa distante, sem que as vias de comunicação familiares tenham algum papel nisso. Pressupõe-se, tacitamente, que esse evento diga respeito a uma pessoa na qual a outra, receptora da notícia, tem um forte interesse emocional. Por exemplo, a pessoa A sofre um acidente, ou morre, e a pessoa B, a ela intimamente ligada, mãe, filha ou amada, toma conhecimento disso no mesmo instante, enxergando um rosto ou escutando algo; nesse último caso, portanto, como se tivesse sido informada por telefone, embora não fosse o caso; foi como uma contrapartida psíquica da telegrafia sem fio. Não preciso lhes lembrar como são improváveis tais acontecimentos. E a maioria desses relatos pode ser rejeitada com bons motivos; há alguns em que isso não é tão fácil. Permitam-me agora, para os fins da minha comunicação, que deixe de lado a palavra "suposto" e prossiga como se acreditasse na realidade objetiva do fenômeno telepático. Mas tenham em mente que esse não é o caso, que não me ative a nenhuma convicção.

Na verdade, tenho pouco a lhes comunicar, apenas um fato bem modesto. E limitarei ainda mais sua expectativa, dizendo-lhes que o sonho, no fundo, tem pouco a ver com a telepatia. Nem a telepatia lança uma nova luz sobre a natureza do sonho, nem o sonho dá testemunho direto da realidade da telepatia. O fenômeno telepático também não se acha ligado ao sonho, pode ocorrer também durante a vigília. A única razão para discutir o vínculo entre sonho e telepatia está em que o estado onírico parece particularmente adequado para a recepção da mensagem telepática. Temos um sonho dito "telepático" e nos convencemos, na sua análise, de que a notícia telepática teve o mesmo papel que um outro resíduo diurno e, como este, foi mudada pelo trabalho do sonho e posta a serviço de sua tendência.

Na análise desse sonho telepático sucede, então, algo que me parece interessante o suficiente para, apesar de sua trivialidade, servir-me como ponto de partida para esta conferência. Em 1922, quando fiz a primeira comunicação sobre esse tema, dispunha de apenas uma observação. Desde então fiz várias semelhantes, mas conservarei o primeiro exemplo, pois é o de mais fácil apresentação, e com ele os levarei de imediato *in medias res* [ao assunto].

Um homem obviamente inteligente, "nada inclinado ao ocultismo", em suas próprias palavras, escreve-me a respeito de um sonho que lhe parece notável. Adianta que sua filha casada, que mora longe dele, espera o primeiro filho para meados de dezembro. Esta filha lhe é muito cara, e ele sabe que também ela lhe tem muito

30. SONHOS E OCULTISMO

apego. Na noite de 16 para 17 de novembro ele sonha que sua mulher teve gêmeos. Há outras particularidades que aqui posso omitir, que também não acharam todas elas explicação. A mulher que no sonho tornou--se mãe de gêmeos é sua segunda esposa, a madrasta da filha. Ele não deseja ter filhos com essa mulher, que ele não considera capaz de criar sensatamente uma criança, e na época do sonho, além disso, havia muito não tinha relações sexuais com ela. O que o faz escrever a mim não é uma dúvida na teoria do sonho, que seria justificada pelo conteúdo onírico manifesto; pois por que a mulher tem filhos no sonho, em total contradição com os desejos dele? Nem há razão para o temor de que esse evento indesejado se realize, como informa ele. O que o levou a me relatar o sonho foi a circunstância de que na manhã de 18 de novembro ele recebeu, por telegrama, a notícia de que a filha tivera gêmeos. O telegrama fora entregue no dia anterior e o nascimento se dera na noite de 16 para 17, aproximadamente na mesma hora em que ele sonhou com sua mulher parindo gêmeos. Esse homem me pergunta se acho puramente casual a correspondência entre sonho e fato. Ele não ousa chamar o sonho de telepático, pois a diferença entre o conteúdo onírico e o fato se acha justamente no que lhe parece essencial, a pessoa da parturiente. Mas um de seus comentários dá a entender que ele não se espantaria com um autêntico sonho telepático. A filha, diz ele, certamente "pensou muito nele" durante o parto.

Estou certo, senhoras e senhores, de que já podem explicar este sonho e também compreendem por que lhes relatei ele. Eis um homem insatisfeito com a segunda mulher, que gostaria de ter uma esposa como a filha do primeiro casamento. Para o inconsciente, claro, esse "como" desaparece. Chega-lhe, durante a noite, a mensagem telepática de que a filha teve gêmeos. O trabalho do sonho se apodera dessa notícia, faz sobre ela atuar o desejo inconsciente de que a filha tome o lugar da segunda mulher, e assim se produz o estranho sonho manifesto, que esconde o desejo e distorce a mensagem. Temos que admitir, então, que somente a interpretação nos mostrou que este é um sonho telepático, a psicanálise revelou um fato telepático que de outra forma não conheceríamos.

Mas não se deixem enganar! Apesar de tudo, a interpretação do sonho nada afirmou sobre a verdade objetiva do evento telepático. Ele pode ser algo aparente, explicável de outra maneira. É possível que os pensamentos latentes do sonho fossem estes: "Hoje é o dia em que haveria o parto, se minha filha se equivocou por um mês, como creio. E seu aspecto, quando a vi pela última vez, era de quem teria gêmeos. Minha falecida mulher gostava tanto de crianças, como não teria se alegrado com os gêmeos!". (Insiro esse último elemento com base em associações ainda não mencionadas do homem que sonhou). Nesse caso, o estímulo para o sonho teriam sido conjecturas bem fundamentadas do sonhador, não uma mensagem telepática; o resultado seria o mesmo. Vocês veem que também essa interpretação nada nos disse sobre a questão de podermos atribuir ou não realidade objetiva à telepatia. Isso se resolveria apenas mediante uma investigação aprofundada de to-

30. SONHOS E OCULTISMO

das as circunstâncias do evento, algo que infelizmente não foi possível nesse caso, nem nos outros casos de que tenho notícia. Claro que a hipótese da telepatia fornece a explicação mais simples, mas isso não adianta muito. A explicação mais simples nem sempre é a correta, frequentemente a verdade não é simples, e antes de nos decidirmos por uma hipótese de tamanho alcance devemos observar todas as precauções.

Podemos agora deixar o tema "sonho e telepatia", nada mais tenho a lhes dizer sobre ele. Mas reparem que não foi o sonho que pareceu nos ensinar algo sobre a telepatia, mas sim a interpretação do sonho, a elaboração psicanalítica. Assim, de agora em diante podemos não mais abordar o sonho e verificar nossa expectativa de que a aplicação da psicanálise lance alguma luz sobre outros fatos denominados ocultos. Há, por exemplo, o fenômeno da indução ou transmissão de pensamento, que é bastante próximo da telepatia, podendo mesmo, sem muito exagero, ser identificado com ela. Ele diz que eventos psíquicos de uma pessoa, ideias, estados emocionais, impulsos da vontade — podem transmitir-se para outra pessoa através do espaço, sem recorrer às notórias vias de comunicação por palavras e sinais. Vocês percebem como seria curioso, e que importância prática talvez tivesse, se algo assim realmente ocorresse. Aliás, causa estranheza que justamente esse fenômeno seja o menos falado nos antigos relatos de prodígios.

Durante o tratamento psicanalítico de pacientes, veio-me a impressão de que as atividades dos videntes

NOVAS CONFERÊNCIAS INTRODUTÓRIAS À PSICANÁLISE

profissionais escondem uma boa oportunidade para fazer observações inatacáveis sobre transmissão de pensamento. Eles são pessoas irrelevantes ou mesmo de menor valor, que se dedicam a práticas diversas como pôr as cartas, ler caligrafias e linhas das mãos, fazer cálculos astrológicos, e que nisso preveem o futuro de seus clientes, após terem se mostrado familiarizadas com algumas de suas vicissitudes presentes e passadas. Geralmente os seus visitantes se mostram satisfeitos com o trabalho, e não se aborrecem quando as profecias não se cumprem. Deparei com vários desses casos, pude estudá-los analiticamente e dentro em pouco lhes relatarei o mais curioso desses exemplos. É pena que a força comprobatória dessas comunicações seja prejudicada pelas várias omissões que me são impostas pelo dever da discrição médica. Mas evitei distorções a todo custo. Ouçam, então, a história de uma de minhas pacientes, que teve uma experiência desse tipo com um vidente.

Ela era a mais velha de uma série de irmãos, cresceu fortemente ligada ao pai, casou-se jovem, encontrou plena satisfação no casamento. Apenas uma coisa faltava para sua felicidade: permanecera sem filhos, não podendo situar inteiramente o seu amado esposo no lugar do pai. Quando, após anos de decepção, ela quis submeter-se a uma operação ginecológica, o marido lhe revelou que era ele o culpado, ele é que, devido a uma doença anterior ao casamento, tornara-se incapaz de procriar. Ela recebeu mal essa desilusão, tornou-se neurótica, angustiava-se visivelmente com a tentação

170

30. SONHOS E OCULTISMO

de traí-lo. A fim de animá-la, o marido a levou consigo numa viagem de negócios a Paris. Ali se achavam numa tarde, no vestíbulo do hotel, quando ela notou certo rebuliço entre os funcionários. Ao perguntar o que havia, soube que *Monsieur le professeur* [o senhor professor] tinha chegado e estava atendendo numa saleta próxima. Ela manifestou o desejo de também ver como era uma consulta. O marido se opôs, mas, num instante em que ele não olhava, ela penetrou na saleta e achou-se diante do vidente. Ela tinha 27 anos de idade, parecia mais jovem e havia tirado o anel de matrimônio. *Monsieur le professeur* fez com que ela colocasse a mão num vaso repleto de cinzas, estudou cuidadosamente a impressão deixada e, em seguida, falou-lhe coisas diversas sobre as lutas que ela tinha pela frente, finalizando com a consoladora garantia de que ela ainda se casaria e aos 32 anos teria dois filhos. Quando me contou essa história, ela tinha 42 anos, estava seriamente enferma e sem nenhuma perspectiva mais de ter filhos. Portanto, a profecia não se cumpriu, mas a mulher não falava dela com nenhum traço de amargura, e sim com inegável satisfação, como se lhe recordasse uma vivência feliz. Era fácil perceber que ela não tinha a menor ideia do que os dois números da profecia podiam significar, ou se significavam algo.

Vocês dirão que essa é uma história tola e incompreensível, e perguntarão por que a relatei. Eu teria a mesma opinião, se — este é o ponto capital — a análise não nos possibilitasse uma interpretação da profecia que convence justamente por explicar os pormenores. Pois os dois números têm lugar relevante na vida da mãe da paciente. A mãe casou-se tarde, após os trinta anos, e na família comentava-se que ela tivera êxito em recuperar o tempo perdido. Os dois primeiros filhos, nossa paciente em primeiro lugar, nasceram no mesmo ano, com o menor intervalo possível, e aos 32 anos ela já tinha dois filhos. O que *Monsieur le professeur* disse à minha paciente foi, portanto: "Console-se, você ainda é jovem. Ainda terá o mesmo destino de sua mãe, que também teve de esperar bastante; você terá dois filhos com 32 anos de idade". Mas ter o mesmo destino da mãe, colocar-se na posição dela, tomar o lugar da mãe junto ao pai, era o maior desejo de sua juventude, e a não realização desse desejo é que a fazia adoecer. A previsão lhe prometia que ele ainda se realizaria; como poderia ela não ter simpatia pelo profeta? Mas vocês acham possível que *Monsieur le professeur* tivesse informações íntimas da história familiar de uma cliente ocasional? Impossível. De onde vinha então o conhecimento que lhe permitiu expressar o mais forte e mais secreto desejo da mulher, ao incluir os dois números em sua profecia? Vejo apenas duas possibilidades de explicação. Ou a história, tal como me foi contada, não é verdadeira, ocorreu de outra forma, ou deve-se admitir que a transmissão de pensamento existe como fenômeno real. Podemos também supor, sem dúvida, que após um intervalo de quinze anos ela tenha introduzido os dois números naquela lembrança, a partir do inconsciente. Não há esteio para essa conjectura, mas não posso descartá-la, e imagino que vocês estarão dispostos a acreditar antes num tal expediente do

30. SONHOS E OCULTISMO

que na realidade da transmissão de pensamentos. Caso se decidam por essa última, não esqueçam que apenas a análise criou o fato oculto, descobriu-o, quando estava deformado a ponto de ser irreconhecível.

Se não houvesse outro caso como o de minha paciente, poderíamos dar de ombros e seguir adiante. Ninguém vai basear numa observação isolada uma crença que implica uma virada tão decisiva. Mas acreditem quando lhes asseguro que este não é o único caso de que tenho notícia. Juntei toda uma coleção dessas profecias, e em todas elas me veio a impressão de que o vidente apenas exprimira os pensamentos e, em especial, os desejos secretos dos clientes, de modo que era justificado analisar tais profecias como se fossem produções subjetivas, fantasias ou sonhos das pessoas em questão. Claro que os casos não são todos igualmente comprobatórios, nem é igualmente possível excluir explicações mais racionais em todos eles, mas resta, no conjunto, um bom saldo de probabilidade em favor da transmissão de pensamentos. A relevância do tema justificaria que eu lhes apresentasse todos os meus casos, mas não posso fazê-lo, pela amplitude que teria a exposição e a inevitável quebra da discrição devida. Tentarei apaziguar minha consciência na medida do possível, oferecendo-lhes alguns exemplos mais.

Um dia sou procurado por um homem jovem e muito inteligente, um estudante que tem pela frente os exames finais do doutorado, mas que não se acha em condição de prestá-los, pois se lamenta de haver perdido todo interesse, toda capacidade de concentração e mesmo a faculdade de memória organizada. A história pregressa desse estado de quase paralisia logo se revelou, ele adoeceu após um grande ato de autossuperação. Tem uma irmã, à qual se ligava por um amor intenso, mas sempre contido, tal como ela a ele. "Que pena que não podemos casar", diziam frequentemente um ao outro. Um homem respeitável apaixonou-se por essa irmã, ela respondeu à afeição, mas os pais não admitiram a união. Nesse apuro o casal dirigiu-se ao irmão, que não lhes negou ajuda. Ele intermediou a correspondência entre os dois, e com sua influência obteve enfim o consentimento dos pais. Mas na época do noivado sucedeu algo cuja significação é fácil adivinhar. Ele empreendeu uma difícil excursão às montanhas com o futuro cunhado; estavam sem guia, perderam o caminho e arriscaram não retornar sãos e salvos. Logo após o casamento da irmã, ele ficou naquele estado de exaustão mental.

Por influência da psicanálise ele recobrou a aptidão para o trabalho e me deixou para fazer seus exames, mas voltou por um breve período, no outono do mesmo ano, após realizá-los com sucesso. Então me contou uma experiência singular que tivera no verão. Na cidade onde ficava sua universidade havia uma vidente de numerosa clientela. Até os príncipes da casa governante a consultavam antes de uma iniciativa importante. O modo como ela trabalhava era simples. Pedia a data de nascimento de determinada pessoa, não solicitava nenhuma infor-

30. SONHOS E OCULTISMO

mação mais sobre ela, nem mesmo o nome, pesquisava em obras de astrologia, fazia demorados cálculos e, por fim, enunciava uma profecia sobre a pessoa em questão. Meu paciente decidiu valer-se de suas artes ocultas com relação ao cunhado. Ele a visitou e deu-lhe a data exigida. Após realizar os cálculos, ela previu: "Essa pessoa vai morrer de intoxicação por ostras ou caranguejo, em julho ou agosto desse ano". E meu paciente concluiu seu relato com estas palavras: "Foi formidável!".

Desde o início eu ouvira a contragosto. Após essa exclamação, ousei perguntar: "O que lhe parece tão formidável nessa previsão? Estamos no fim do outono, seu cunhado não morreu, ou você já teria me dado essa notícia. Portanto, a profecia não se realizou". "Isto certamente não", disse ele, "mas o curioso é o seguinte. Meu cunhado é um apaixonado apreciador de ostras e caranguejos, e no verão passado — *antes* da consulta na vidente — contraiu uma intoxicação por ostras que quase o matou". Que podia eu dizer? Pude apenas me irritar com o fato de aquele homem tão instruído, que vinha de uma análise bem-sucedida, não perceber claramente o nexo. De minha parte, em vez de acreditar que por meio da astrologia se pode calcular a incidência de uma intoxicação por ostras ou caranguejo, prefiro supor que meu paciente ainda não havia superado o ódio ao rival, cuja repressão o fizera adoecer, e que a astróloga simplesmente exprimiu a sua própria expectativa: "um gosto assim não se perde, e um dia ele vai perecer disso". Confesso não saber de outra explicação para esse caso, exceto, talvez, que o paciente tenha se permitido uma brincadeira comigo. Mas nem então nem depois ele deu motivo para essa suspeita, e parecia falar sério.

Outro caso. Um homem jovem, de elevada posição social, tem um relacionamento com uma mulher mundana, caracterizado por uma singular compulsão. De vez em quando ele a irrita com palavras de escárnio e menosprezo, até ela ficar desesperada. Tendo-a levado a esse ponto, ele fica aliviado, reconcilia-se com ela e lhe dá um presente. Mas agora ele quer livrar-se dela, a compulsão tornou-se algo inquietante, ele nota que sua própria reputação é afetada por esse relacionamento, quer ter uma esposa, fundar uma família. Como não se desliga dessa mulher por sua própria força, ele recorre à psicanálise. Após tal cena de xingamento, já durante a análise, ele obtém que ela escreva algo num cartão e o leva a um grafólogo. Este lhe faz o seguinte comentário: "Essa caligrafia é a de uma pessoa em desespero extremo, que certamente se matará nos próximos dias". Isso não ocorre, a mulher continua viva, mas a análise consegue afrouxar seu vínculo; ele a deixa e se volta para uma moça da qual tem a expectativa de que será uma boa esposa. Pouco depois há um sonho que pode ser interpretado apenas como expressão de dúvida incipiente no valor da moça. Também dela obtém uma amostra da caligrafia, que apresenta à mesma autoridade; a sentença que ouve sobre essa letra confirma suas apreensões. Então ele abandona o propósito de torná-la sua esposa.

Para julgar as afirmações do grafólogo, sobretudo a primeira, devemos saber algo da história íntima desse

30. SONHOS E OCULTISMO

homem. Quando mais jovem, ele havia, em conformidade com sua natureza passional, se enamorado loucamente de uma mulher jovem, mas mais velha do que ele. Rejeitado por ela, fez uma tentativa de suicídio, de cuja seriedade não podemos duvidar. Escapou à morte por um triz, e somente após demorados cuidados se recuperou. Mas esse ato insano causou profunda impressão na mulher que amava, e ela lhe concedeu seus favores; ele se tornou seu amante, ficaram ligados secretamente e ele se portava como um cavalheiro em relação a ela. Após mais de vinte anos, os dois tendo envelhecido — ela naturalmente mais que ele —, surgiu nele a necessidade de afastar-se dela, ficar livre, levar uma vida própria, e até estabelecer casa e família. E juntamente com esse fastio avivou-se nele a necessidade, há muito reprimida, de vingar-se da amada. Se antes ele quisera se matar, porque ela o havia desprezado, agora ele queria a satisfação de vê-la buscar a morte porque ele a deixava. Mas seu amor era ainda forte demais para que esse desejo se tornasse consciente; e tampouco era ele capaz de lhe fazer mal o bastante para impeli-la à morte. Nesse estado de espírito ele tomou a mundana como uma espécie de bode expiatório, a fim de satisfazer *in corpore vili* sua sede de vingança, permitindo-se fazer nela as torturas que, ele esperava, teriam nela o resultado que ele desejava para a amada. O fato de que a vingança dizia respeito a essa última revelava-se pela circunstância de que ele a tornou sua confidente e conselheira quanto à relação, em vez de dela esconder a deserção. A coitada, que há muito decaíra da posição de quem dá para a de quem recebe favores, provavelmente sofria mais com suas confidências do que a mundana com sua brutalidade. A compulsão de que ele se queixava em relação a essa pessoa substituta, e que o impeliu à análise, naturalmente fora transferida da antiga amada para ela; era dela que ele queria se livrar, mas não podia. Não sou um conhecedor da grafologia e não tenho em alta consideração a arte de adivinhar o caráter a partir da escrita; tampouco creio na possibilidade de predizer dessa maneira o futuro de alguém. Mas vocês podem ver que, não importando o valor que se dê à grafologia, é inegável que o especialista, ao dizer que o dono da caligrafia mostrada se mataria nos próximos dias, apenas trouxe novamente à luz um forte desejo oculto da pessoa que o consultava. Algo semelhante aconteceu depois, no caso da segunda opinião, mas aí não se tratava de um desejo inconsciente, e sim da dúvida e preocupação incipientes do consulente, que acharam clara expressão pelo grafólogo. De resto, meu paciente conseguiu, com a ajuda da análise, encontrar um objeto amoroso fora do círculo de encantamento em que estava preso.

Senhoras e senhores: Acabaram de ver o que a interpretação dos sonhos e a psicanálise podem esclarecer em relação ao ocultismo. Viram exemplos em que, mediante sua aplicação, são mostrados fatos ocultos que de outro modo permaneceriam desconhecidos. A questão que certamente lhes interessa mais — se podemos acreditar na realidade objetiva desses achados —, a

30. SONHOS E OCULTISMO

psicanálise não é capaz de responder diretamente, mas o material revelado com o seu auxílio faz, pelo menos, uma impressão favorável a uma resposta afirmativa. Mas seu interesse não vai ficar nisso. Vocês quererão saber que conclusões poderão ser tiradas do material bem mais rico de que a psicanálise não participa. E não poderei acompanhá-los nisso, já não é o meu âmbito. A única coisa que posso ainda fazer é relatar observações que têm com a psicanálise a relação única de terem sido feitas durante o tratamento analítico, e talvez tornadas possíveis pela influência deste. Vou lhes comunicar um exemplo desses, aquele que me deixou a mais forte impressão, e serei meticuloso, pedirei sua atenção para uma série de detalhes e ainda terei de suprimir várias coisas que aumentariam bastante o poder persuasivo da observação. É um exemplo no qual o fato vem claramente à luz e não necessita ser desenvolvido pela análise. Em sua discussão não poderemos dispensar a análise, porém. Mas já lhes adianto que também esse caso de aparente transmissão de pensamentos na situação analítica não se acha imune a toda objeção, não permite uma incondicional posição em favor da realidade dos fenômenos ocultos.

Então escutem. Um dia, no outono de 1919, pelas 10h45, o dr. David Forsyth,* recém-chegado de Londres, faz com que me entreguem seu cartão enquan-

---

* David Forsyth (1877-1941): médico do Charing Cross Hospital, um dos membros fundadores da Sociedade Psicanalítica de Londres.

to me ocupo de um paciente. (Meu distinto colega da London University certamente não verá como indiscrição o fato de eu revelar, com isso, que por alguns meses ele se iniciou comigo nas artes da técnica psicanalítica.) Eu só tenho tempo para saudá-lo e marcar um encontro para depois. O dr. Forsyth merece o meu particular interesse; é o primeiro estrangeiro que me procura, após o isolamento dos anos de guerra, e isso deve inaugurar uma época melhor. Logo em seguida, às 11 horas, chega um de meus pacientes, um homem espirituoso e agradável, de quarenta a cinquenta anos de idade, que começou a análise, algum tempo atrás, devido a dificuldades com as mulheres. Terapeuticamente, seu caso não prometia sucesso. Há muito lhe propus cessar o tratamento, mas ele desejou que continuasse, obviamente por sentir-se à vontade, numa suave transferência paterna para comigo. O dinheiro não importava então, pois havia muito pouco em circulação. As horas que eu passava com ele também eram estímulo e distração para mim, e desse modo, ignorando as estritas regras da atividade médica, o trabalho analítico foi sendo conduzido até um prazo estipulado.

Nesse dia P. voltou a suas tentativas de estabelecer laços amorosos com mulheres, referindo-se novamente à garota pobre, bonita e interessante com a qual ele poderia ter sucesso, se o fato de ela ser virgem não lhe desencorajasse qualquer empenho sério. Já falara dela em várias ocasiões, e pela primeira vez contou que ela, que naturalmente não faz ideia dos motivos reais do seu impedimento, costuma chamá-lo de sr. *Vorsicht*. Esta

30. SONHOS E OCULTISMO

informação me surpreende, o cartão do dr. Forsyth está em minha mão, eu o mostro a ele.*

Este o fato. Já sei que lhes parecerá irrelevante, mas escutem um pouco mais, há mais coisas por trás dele.

Quando jovem, P. viveu alguns anos na Inglaterra, e conservou um interesse permanente na literatura inglesa. Possui uma rica biblioteca de livros ingleses, e costuma trazer-me livros. A ele devo o conhecimento de autores como Bennett e Galsworthy,** dos quais havia lido muito pouco. Um dia me emprestou um romance de Galsworthy intitulado *The man of property*, que se desenvolve no seio de uma família Forsyte, inventada pelo escritor. O próprio Galsworthy foi evidentemente cativado por essa criação, pois em outros volumes retornou a membros dessa família e, afinal, reuniu sob o título *The Forsyte saga* todas as obras a ela relacionadas. Poucos dias antes do evento que relato, P. me trouxe um novo livro dessa série. O nome *Forsyte*, com as características que o autor quis nele personificar, também surgia nas minhas conversas com P., tornou-se parte da linguagem secreta que se forma entre duas pessoas que se veem regularmente. Ora, esse nome dos romances pouco difere daquele do meu visitante, *Forsyth*, para ouvidos alemães quase não se diferencia, e o vocábulo inglês que pronunciamos da

---

* A palavra *Vorsicht* significa "cautela"; e, como em alemão o "v" se pronuncia como "f", sua pronúncia é semelhante ao nome do médico que acabou de fazer chegar a Freud seu cartão de visita.

** Arnold Bennett (1867-1931); John Galsworthy (1867-1933).

mesma forma seria *foresight*, traduzido por *Voraussicht* [previsão] ou *Vorsicht* [precaução]. Portanto, P. havia realmente extraído, de suas relações pessoais, o mesmo nome de que eu então me ocupava, devido a um acontecimento por ele ignorado.

A coisa já fica melhor, não é verdade? Mas acho que obteremos uma impressão mais forte desse fenômeno singular, e até um vislumbre das condições do seu surgimento, se esclarecermos analiticamente duas outras associações que P. apresentou na mesma sessão.

Primeira: num dia da semana anterior, eu havia esperado o sr. P. em vão às 11 horas e depois havia saído, para visitar o dr. Anton von Freund em sua pensão. Fiquei surpreso ao descobrir que o sr. P. morava num outro andar da casa onde se achava a pensão. Referindo-me a isso, falei depois a P. que eu, por assim dizer, lhe fizera uma visita em sua casa; mas estou certo de que não lhe disse o nome da pessoa que visitei na pensão. E logo depois de mencionar o sr. Vorsicht ele me pergunta se a mulher de sobrenome *Freud-Ottorego*, que ensina inglês na Volksuniversität [Universidade Popular], seria por acaso minha filha. E, pela primeira vez em nossa longa relação, distorce meu nome da mesma forma que funcionários públicos, autoridades e tipógrafos costumam fazer: diz *Freund*, em vez de *Freud*.

Segunda: no final da mesma sessão ele relata um sonho do qual acordou angustiado, um verdadeiro pesadelo [*Alptraum*], diz. Acrescenta que há não muito tempo esqueceu a palavra inglesa para isso e, quando alguém lhe perguntou, respondeu que pesadelo se diz

30. SONHOS E OCULTISMO

"*a mare's nest*" em inglês. Claro que isso é absurdo, diz ele, *a mare's nest* significa algo inacreditável, uma lorota, a tradução de *Alptraum* é *night-mare*. O único elemento em comum nesta associação e na anterior parece ser "inglês"; mas a mim ela não deixa de lembrar um pequeno incidente ocorrido um mês antes. P. estava sentado em meu consultório, quando inesperadamente surgiu outro visitante querido de Londres, o dr. Ernest Jones, após uma demorada separação. Eu lhe fiz sinal para que se dirigisse a outro aposento, enquanto eu terminava com P. Mas este o reconheceu imediatamente, por uma foto na parede da sala de espera, e inclusive manifestou o desejo de lhe ser apresentado. Jones é autor de uma monografia sobre o pesadelo — *night-mare*. Eu não sabia se P. a conhecia; ele evitava ler livros de psicanálise.

Agora quero investigar com vocês que entendimento analítico podemos alcançar do conjunto das associações de P. e suas motivações. Ele tinha a mesma atitude que eu em relação ao nome Forsyte ou Forsyth, para ele significava a mesma coisa, e eu inclusive lhe devia o conhecimento desse nome. O fato curioso é que ele o trouxe para a análise repentinamente, tão logo o nome tornou-se significativo para mim através de um novo acontecimento, a chegada do médico de Londres. Talvez não menos interessante que o fato mesmo é o modo como o nome surgiu na sessão de análise. O paciente não disse, por exemplo, "Agora me vem o nome Forsyte, dos romances que o sr. conhece", mas sim, sem nenhuma relação consciente com essa fonte, entremeou-o com suas próprias vivências e o trouxe à luz a partir delas, o que

NOVAS CONFERÊNCIAS INTRODUTÓRIAS À PSICANÁLISE

poderia ter sucedido havia muito tempo e não sucedera até aquele momento. E então disse: "Eu também sou um Forsyth, a garota me chama assim". Não é difícil perceber a mescla de solicitação ciumenta e melancólica depreciação de si, que se exprime nesse comentário. Não haverá erro em completá-lo da seguinte forma: "Fico aborrecido de seus pensamentos se ocuparem tanto do recém-chegado. Volte a mim, eu também sou um *Forsyth* — embora apenas um homem de *Vorsicht* [prudência], como diz a garota". E o curso de seus pensamentos retrocede, pelo fio associativo do elemento "inglês", a duas oportunidades anteriores que puderam despertar o mesmo ciúme. "Há alguns dias o sr. fez uma visita a minha casa; infelizmente não a mim, mas a um sr. von *Freund*." Esse pensamento o faz alterar o nome *Freud* para *Freund* [amigo]. A mulher de nome *Freud-Ottorego*, do programa de cursos, serve aqui por fornecer a associação manifesta, como professora de inglês. Enfim vem a lembrança de uma outra visita, algumas semanas antes, um visitante do qual ele também não podia se sentir à altura, pois o dr. Jones foi capaz de escrever um ensaio sobre o pesadelo, enquanto ele apenas produziu sonhos desse tipo. Também a menção de seu erro quanto ao sentido de *"a mare's nest"* cabe nesse contexto, pois pode apenas querer dizer: "Não sou um verdadeiro inglês, assim como não sou um verdadeiro Forsyth".

Não posso descrever seus ciúmes nem como inadequados nem como incompreensíveis. Ele estava ciente de que sua análise e, portanto, nossa relação, terminaria quando pacientes e discípulos estrangeiros retor-

30. SONHOS E OCULTISMO

nassem a Viena, e assim aconteceu realmente pouco depois. Mas o que realizamos até então foi uma porção de trabalho analítico, o esclarecimento de três associações* que ele trouxe na mesma sessão, alimentadas do mesmo tema, e isso não tem muito a ver com a questão de se tais associações podem ou não se produzir sem transmissão de pensamento. Essa questão aparece em cada uma das três associações, decompondo-se assim em três questões diversas. Podia P. saber que o dr. Forsyth estava fazendo sua primeira visita? Podia saber qual era o nome da pessoa que visitei no seu prédio? Sabia que o dr. Jones escreveu uma monografia sobre o pesadelo? Ou foi apenas o meu conhecimento dessas coisas que se revelou em suas associações? A resposta a essas três perguntas determinará se minha observação permite uma conclusão favorável à transmissão de pensamentos. Deixemos a primeira de lado por um instante, as duas outras são mais fáceis de lidar. O caso da visita à pensão faz uma impressão muito confiável, à primeira vista. Estou certo de não haver falado nenhum nome, numa menção rápida e brincalhona à visita em seu prédio. Acho bastante improvável que P. tenha se informado na pensão sobre o nome da pessoa; acredito, isto sim, que a existência desta permaneceu desconhecida para ele. Mas o valor de evidência desse caso é comprometido por uma casualidade. O homem que eu visitei na pensão não apenas se chamava *Freund*, mas era

---

* "Associações": *Einfälle*, no original; a tradução por "pensamentos espontâneos" seria talvez mais apropriada.

para nós todos um verdadeiro *Freund* [amigo]. Era o dr. Anton von Freund,* cuja doação havia tornado possível a nossa editora. Sua morte prematura e a do nosso Karl Abraham, alguns anos depois, foram os maiores infortúnios a atingir o desenvolvimento da psicanálise. Então eu posso ter dito ao sr. P.: "Visitei no seu prédio *um Freund*", e com essa possibilidade desaparece o interesse ocultista em sua segunda associação.**

Também a impressão causada pela terceira associação se esvanece rapidamente. Podia P. saber que Jones publicou uma monografia sobre o pesadelo, uma vez que não lia jamais a literatura psicanalítica? Sim, podia saber. Ele possuía livros de nossa editora, podia ter visto, nas sobrecapas, os títulos das novas publicações anunciadas. Isso não pode ser provado, mas tampouco refutado. Por esse caminho não chegaremos a decisão nenhuma, portanto. Lamento que minha observação sofra do mesmo defeito de tantas outras. Foi registrada tarde demais, e discutida num momento em que eu já não via o sr. P. e não podia mais questioná-lo.

Voltemos então ao primeiro caso, que mesmo isolado torna sustentável, aparentemente, o fato da transmissão de pensamento. Podia P. saber que o dr. Forsyth estivera ali quinze minutos antes? Podia saber de sua existência ou de sua presença em Viena? Não se deve ceder à inclinação de negar redondamente as duas questões. Vejo

---

* Anton von Freund (1880-1920): empresário de Budapeste, mecenas da psicanálise.

** Freud usa aqui o termo *Assoziation*; já na primeira frase do parágrafo seguinte usa *Einfall* — como sinônimos, então.

30. SONHOS E OCULTISMO

um caminho que leva a uma resposta afirmativa parcial. Eu posso ter informado ao sr. P. que esperava um médico inglês para ser treinado na análise, a primeira pomba após o dilúvio.* Isso pode ter sido no verão de 1919; o dr. Forsyth havia se entendido comigo por carta, meses antes de sua vinda. Posso até haver mencionado o seu nome, embora isto seja improvável. Em vista da outra significação que o nome tinha para nós dois, sua menção traria uma conversa que teria ficado em minha memória. No entanto, pode ser que isso tenha acontecido e eu o tenha esquecido completamente depois, de modo que o "sr. *von Vorsicht*" [de cautela] na sessão de análise pôde me impressionar como algo prodigioso. Quando o indivíduo se considera um cético, é bom duvidar às vezes do seu próprio ceticismo. Talvez se ache também em mim a secreta inclinação pelos prodígios, que tanto favorece a criação de eventos ocultistas.

Tendo afastado uma das possibilidades de prodígio, deparamos com outra, a mais difícil delas. Supondo que o sr. P. soubesse que havia um dr. Forsyth e que este era esperado em Viena no outono, como explicar que se tornasse receptivo em relação a ele justamente no dia de sua chegada e após sua primeira visita? Pode-se dizer que isso foi acaso, isto é, deixá-lo sem explicação — mas eu discuti as duas outras associações de P. justamente para excluir o acaso, para lhes mostrar que

---

* O "dilúvio" a que Freud se refere nessa imagem bíblica é, como se sabe, a Primeira Guerra de 1914-18, que interrompeu o trânsito normal de pessoas entre os países.

ele realmente sentia ciúmes de pessoas que me visitam e que eu visito; ou, para não descuidar da possibilidade extrema, pode-se aventar a hipótese de que P. teria notado uma agitação especial em mim (da qual nada sei, de fato), e dela tirado sua conclusão. Ou o sr. P. — que, afinal, chegou apenas quinze minutos após o inglês — o teria encontrado no pequeno trecho do caminho que era comum aos dois, o teria reconhecido na sua aparência caracteristicamente inglesa e pensado: "Ah, este é o dr. Forsyth, que porá fim à minha análise com sua chegada. E provavelmente está vindo do professor agora". Não posso ir mais adiante com essas conjecturas racionais. Haverá novamente um *non liquet* [não está provado], mas devo confessar que minha sensação é de que também aí a balança se inclina a favor da transmissão de pensamentos. Aliás, não sou o único a vivenciar tais acontecimentos "ocultos" na situação analítica. Helene Deutsch deu a conhecer observações similares em 1926, estudando como seriam determinadas pelas relações de transferência entre pacientes e analistas.[*]

Estou convencido de que vocês não se acham muito satisfeitos com minha posição ante esse problema: a de não se convencer inteiramente e, no entanto, estar disposto a ser convencido. Talvez digam: "Eis novamente o caso de um homem que toda a sua vida trabalhou honestamente como cientista e na velhice tornou-se estú-

---

[*] Helene Deutsch, "Okkulte Vorgänge während der Psychoanalyse" [Eventos ocultos durante a psicanálise], *Imago*, v. 12, p. 418.

30. SONHOS E OCULTISMO

pido, religioso, ingênuo". Sei que alguns grandes nomes se incluem nessa categoria, mas não devem me colocar nela. Pelo menos religioso não me tornei, e tampouco ingênuo, espero. Apenas ocorre que, quando alguém passou a vida encurvado, a fim de evitar um choque doloroso com os fatos, conserva também na velhice o dorso arqueado, a curvar-se ante novas realidades. Certamente vocês prefeririam que eu me ativesse a um moderado teísmo e fosse implacável na rejeição a todo ocultismo. Mas sou incapaz de granjear benevolência, devo sugerir que pensem mais amigavelmente sobre a possibilidade objetiva da transmissão de pensamentos e, portanto, da telepatia.

Não esqueçam que somente abordo aqui esses problemas na medida em podemos nos avizinhar deles a partir da psicanálise. Quando eles surgiram primeiramente no meu horizonte, há mais de dez anos, também senti o medo de uma ameaça à nossa visão de mundo científica, que, caso parcelas do ocultismo se mostrassem verdadeiras, teria de ceder lugar ao espiritismo ou ao misticismo. Hoje penso diferente; acho que não damos testemunho de grande confiança na ciência, se não a cremos capaz de acolher e elaborar o que se revelar válido nas afirmações ocultistas. E particularmente quanto à transmissão de pensamentos, ela parece inclusive favorecer a extensão do modo de pensar científico — mecanicista, segundo os adversários — às coisas espirituais, de tão difícil apreensão. O processo telepático deve consistir em que um ato mental de uma pessoa provoca o mesmo ato mental em outra pessoa.

O que há entre os dois atos mentais pode facilmente ser um processo físico, no qual o psíquico se converte, numa ponta, e que na outra ponta se converte novamente no psíquico. Seria clara, então a analogia com outras conversões, como no falar e ouvir ao telefone. E imaginem se pudéssemos nos apoderar do equivalente físico do ato psíquico! Parece-me que, com a inserção do inconsciente entre o físico e o até então denominado "psíquico", a psicanálise nos preparou para a hipótese de eventos como a telepatia. Se nos habituamos à ideia da telepatia, podemos fazer muita coisa com ela — claro que só na imaginação, por enquanto. Como é notório, não sabemos como surge a vontade geral nas grandes sociedades de insetos. Possivelmente isso ocorre pela via de uma transferência psíquica direta desse tipo. Somos levados à conjectura de que esta seria a via de entendimento original, arcaica, entre os seres individuais, que no curso da evolução filogenética é sobrepujada pelo método superior da comunicação com ajuda de sinais captados pelos órgãos dos sentidos. Mas o método mais antigo poderia permanecer no fundo e ainda prevalecer em determinadas condições, por exemplo, em multidões apaixonadamente agitadas. Tudo isso é ainda incerto e pleno de enigmas não resolvidos, mas não é motivo para nos assustarmos.

Se houver telepatia como processo real, pode-se conjecturar, não obstante sua difícil demonstração, que seja um fenômeno bem frequente. Estaria de acordo com nossa expectativa se pudéssemos mostrá-la justamente na vida psíquica da criança. Com relação a isso

30. SONHOS E OCULTISMO

lembramos a frequente angústia que têm as crianças, de que os pais conhecem todos os seus pensamentos sem que elas os tenham comunicado — a plena contrapartida, e talvez a fonte, da crença dos adultos na onisciência divina. Uma pesquisadora digna de crédito, Dorothy Burlingham, comunicou recentemente, num ensaio intitulado "A análise infantil e a mãe", observações que, se confirmadas, porão fim às dúvidas restantes sobre a realidade da transmissão de pensamentos. Ela recorreu à situação, agora já não rara, em que mãe e filho se acham simultaneamente em análise, e relatou eventos curiosos como este que segue. Um dia, na sessão, a mãe falou de uma moeda de ouro que teve determinado papel numa das cenas de sua infância. Logo depois, ao chegar em casa, seu filho de dez anos de idade vai ao seu quarto e lhe dá uma moeda de ouro, que ela deve guardar para ele. A mãe lhe pergunta, surpresa, onde a arranjou. O menino a ganhou no aniversário, mas este aconteceu meses atrás, e não há por que ele lembrar-se da moeda justamente agora. A mãe informa a analista do garoto sobre a coincidência e lhe pede que investigue, junto a ele, o motivo daquele ato. Mas a análise do garoto nada esclarece, o ato penetrou em sua vida naquele dia como um corpo estranho. Algumas semanas depois, a mãe está sentada na escrivaninha, para registrar o acontecido, como lhe solicitaram; vem o garoto, pedindo de volta a moeda de ouro, para levar e mostrar na sessão de análise. Novamente, sua análise não consegue achar a motivação para esse desejo.

E com isso retornamos à psicanálise, da qual partimos.

NOVAS CONFERÊNCIAS INTRODUTÓRIAS À PSICANÁLISE

31. A DISSECÇÃO DA PERSONALIDADE PSÍQUICA*

Senhoras e senhores: Sei que conhecem a importância que tem o ponto de partida em suas próprias relações, sejam elas com pessoas ou com coisas. Foi assim também com a psicanálise: fez diferença, para o desenvolvimento que teve e a recepção que encontrou, que ela tivesse começado seu trabalho com o sintoma, aquilo que na psique é mais alheio ao Eu. O sintoma vem do reprimido, é como que o representante dele ante o Eu, mas o reprimido é, para o Eu, terra estrangeira, terra estrangeira interior, assim como a realidade — permitam-me a expressão insólita — é terra estrangeira exterior. Partindo do sintoma, o caminho nos levou ao inconsciente, à vida instintual, à sexualidade, foi a época em que a psicanálise teve de ouvir as engenhosas objeções de que o homem não é apenas um ser sexual, de que também conhece impulsos mais nobres, mais elevados. Poderiam ter acrescentado que, exaltado pela consciência desses sublimes impulsos, ele frequentemente se arroga o direito de pensar absurdos e negligenciar fatos.

---

* Preferiu-se "dissecção" para verter o substantivo *Zerlegung*, cujo verbo cognato, *zerlegen*, significa "decompor, desmontar, desintegrar, analisar". Essas várias nuances de sentido se refletem nas versões estrangeiras consultadas, que recorrem a: *disección, descomposición, scomposizione, anatomy, dissection, analysis, ontleding* ["dissecção" ou "análise"].

192

31. A DISSECÇÃO DA PERSONALIDADE PSÍQUICA

Vocês sabem mais coisas; desde o início sustentamos que o ser humano adoece graças ao conflito entre as exigências da vida instintual e a resistência que nele se estabelece contra elas, e em nenhum instante esquecemos essa instância que resiste, rechaça, reprime, que imaginamos dotada de suas forças particulares, os instintos do Eu, e que coincide justamente com o Eu da psicologia popular. No entanto, dado o laborioso progresso do trabalho científico, também a psicanálise não pôde estudar simultaneamente todos os campos e manifestar-se de uma só vez sobre todos os problemas. Por fim, avançamos de modo a poder afastar nossa atenção do reprimido e voltá-la para o repressor, e achamo-nos diante desse Eu, que parecia ser tão evidente, com a segura expectativa de também ali achar coisas para as quais não podíamos estar preparados; mas não foi fácil encontrar o acesso inicial a ele. É a respeito disso que hoje pretendo lhes falar.

Mas devo manifestar a suspeita de que esta minha exposição da psicologia do Eu lhes produzirá um efeito diverso daquele da introdução ao mundo psíquico subterrâneo, que a precedeu. Não sei dizer com segurança por que isso deve ser assim. Primeiramente pensei que achariam que antes lhes relatei sobretudo fatos, embora estranhos e peculiares, enquanto agora ouvirão principalmente concepções, ou seja, especulações. Mas não é isso; refletindo melhor, devo dizer que o montante de elaboração intelectual do material concreto, em nossa psicologia do Eu, não é maior que na psicologia da neurose. Tive de rejeitar outras motivações possíveis para minha ideia inicial; agora creio que isso está relacionado, de algum modo, à natureza do material mesmo e à nossa falta de costume em lidar com ele. De toda forma, não me surpreenderei se vocês se mostrarem ainda mais reservados e cautelosos do que antes.

A situação em que nos achamos no início de nossa pesquisa deve nos indicar ela mesma o caminho. Queremos fazer do Eu, o nosso próprio Eu, o objeto de nossa pesquisa. Mas pode-se fazer isso? Afinal, o Eu é o sujeito por excelência, como pode tornar-se objeto? Ora, não há dúvida de que isso é possível. O Eu pode tomar a si mesmo por objeto, tratar a si mesmo como a outros objetos, observar-se, criticar-se, e fazer sabe Deus mais o que consigo mesmo. Nisso, uma parte do Eu contrapõe-se ao resto. Portanto, o Eu é divisível, ele se divide durante várias de suas funções, ao menos provisoriamente. Suas partes podem unir-se novamente depois. Isso não é propriamente novidade, talvez seja uma ênfase pouco habitual em coisas geralmente conhecidas. Por outro lado, achamo-nos familiarizados com a noção de que a patologia, na medida em que aumenta e torna mais grosseiro, pode chamar a atenção para condições normais que de outra maneira não perceberíamos. Ali onde ela nos mostra uma ruptura ou uma fenda pode haver normalmente uma articulação. Se lançamos um cristal ao chão, ele se quebra, mas não arbitrariamente; ele se parte conforme suas linhas de separação, em fragmentos cuja delimitação, embora invisível, é predeterminada pela estrutura do cristal. Os doentes mentais

31. A DISSECÇÃO DA PERSONALIDADE PSÍQUICA

são estruturas assim, fendidas e despedaçadas. Também não podemos lhes negar um tanto do temor reverencial que os povos antigos demonstravam para com os loucos. Eles deram as costas à realidade externa, mas justamente por causa disso sabem mais da realidade interna, psíquica, e podem nos revelar coisas que de outro modo nos seriam inacessíveis. A respeito de um grupo desses doentes afirmamos que sofrem de delírio de ser observado. Queixam-se de ser importunados incessantemente, até nos atos mais íntimos, pela observação da parte de poderes desconhecidos, provavelmente pessoas, e têm alucinações em que ouvem tais pessoas enunciarem o resultado de sua observação: "Agora ele vai dizer isso, agora ele se veste para sair" etc. Tal observação não é o mesmo que uma perseguição, mas não está longe disso, pressupõe que as pessoas desconfiam deles, que esperam flagrá-los em ações proibidas, pelas quais devem ser castigados. Como seria se esses loucos tivessem razão, se em todos nós houvesse uma tal instância no Eu, observadora e punitiva, que neles apenas tivesse se separado agudamente do Eu e sido deslocada erradamente para a realidade externa?

Não sei se com vocês sucede o mesmo que comigo. Desde que, sob a forte impressão desse quadro clínico, tive a ideia de que a separação de uma instância observadora do resto do Eu poderia ser um traço regular da estrutura do Eu, essa ideia não me abandonou mais e fui impelido a investigar as demais características e relações dessa instância assim segregada. O passo seguinte logo foi dado. O teor do delírio de ser observado já leva

NOVAS CONFERÊNCIAS INTRODUTÓRIAS À PSICANÁLISE

a crer que a observação é apenas um preparativo para o julgamento e a punição, e assim nos apercebemos de que uma outra função dessa instância deve ser aquilo que chamamos de nossa consciência.* Não parece haver, em nós, algo mais que separamos regularmente do nosso Eu e a ele contrapomos tão facilmente como a nossa consciência. Sinto uma inclinação para fazer algo que promete me dar prazer, mas não o faço, argumentando que minha consciência não o permite. Ou deixo que a enorme expectativa de prazer me leve a fazer algo contra o qual a voz da consciência levanta objeção, e depois do ato minha consciência me pune com dolorosas recriminações, levando-me a sentir arrependimento pelo ato. Eu poderia simplesmente dizer que a instância especial que começo a distinguir no Eu é a consciência, mas é mais prudente conservar essa instância como algo independente e supor que a consciência seja uma de suas funções, e a auto-observação, indispensável como pressuposto para a atividade judicativa da consciência, seja outra. E, como é próprio do reconhecimento de uma existência distinta dar à coisa um nome próprio, passarei a designar essa instância do Eu como o "Super-eu".

Nesse momento estou preparado para ouvi-los perguntar, ironicamente, se nossa psicologia do Eu

---

* "Consciência": *Gewissen*, ou "consciência moral"; em alemão há uma outra palavra para designar o estado da consciência, *Bewußtsein*. Na mesma frase, usamos o verbo "aperceber-se" para traduzir *erraten*, para o qual não existe equivalente exato em português, e que os dicionários bilíngues costumam verter por "adivinhar, atinar, acertar, descobrir, decifrar".

31. A DISSECÇÃO DA PERSONALIDADE PSÍQUICA

resume-se apenas a tomar literalmente e tornar mais grosseiras as abstrações comuns, a transformá-las de conceitos em coisas, algo com que não se ganharia muito. E respondo que na psicologia do Eu é difícil evitar o que é geralmente conhecido; trata-se antes de concepções e arrumações novas que de novas descobertas. Logo, não lhes peço que abandonem sua atitude crítica, mas que aguardem os desenvolvimentos seguintes. Os fatos da patologia dão a nossos esforços um pano de fundo que vocês buscariam em vão na psicologia popular. Prossigo, então. Mal nos familiarizamos com a ideia de um tal Super-eu, que goza de certa autonomia, persegue seus próprios objetivos e possui energia independente do Eu, chama-nos a atenção um quadro patológico que ilustra muito bem a severidade, a crueldade mesmo dessa instância e as suas cambiantes relações com o Eu. Refiro-me ao estado de melancolia, mais precisamente ao surto de melancolia, do qual também vocês já ouviram falar, ainda que não sejam psiquiatras. Nesse transtorno, de cujas causas e mecanismo sabemos muito pouco, a característica mais saliente é a maneira como o Super-eu — a "consciência [moral]", vocês podem dizer — trata o Eu. Enquanto, em épocas sadias, o melancólico pode ser mais ou menos severo consigo mesmo, como qualquer pessoa, no surto melancólico o Super-eu torna-se rigoroso demais, xinga, humilha e maltrata o pobre Eu, ameaça-o com os mais duros castigos, recrimina-o por atos passados, que na época não foram levados a sério, como se durante todo o intervalo houvesse juntado

NOVAS CONFERÊNCIAS INTRODUTÓRIAS À PSICANÁLISE

acusações e esperasse apenas seu fortalecimento atual para apresentá-las e, com base nelas, fazer a condenação. O Super-eu aplica o mais rigoroso critério moral ao Eu abandonado à sua mercê, representa mesmo as exigências da moralidade, e logo notamos que o nosso sentimento de culpa é expressão da tensão entre Eu e Super-eu. É uma notável experiência ver, como um fenômeno periódico, a moralidade, supostamente dada por Deus e profundamente arraigada em nós. Pois sucede que após alguns meses todo aquele alvoroço moral desaparece, a crítica do Super-eu silencia, o Eu é reabilitado e goza novamente de todos os direitos até o próximo surto. E em certas formas da doença ocorre o oposto nos intervalos; o Eu se acha num estado de venturosa embriaguez, triunfante, como se o Super-eu tivesse perdido toda a força ou se fundido com o Eu, e este Eu liberado, maníaco permite-se realmente a franca satisfação de todos os seus apetites. Eventos pródigos em enigmas não resolvidos!

Sem dúvida vocês esperarão mais do que uma simples ilustração, se lhes digo que aprendemos muitas coisas sobre a formação do super-eu, isto é, sobre a gênese da consciência. Apoiando-se numa conhecida frase de Kant, que justapõe a consciência [moral] dentro de nós e o céu estrelado, um homem religioso poderia ser tentado a venerar essas duas coisas como as obras-primas da Criação. As estrelas são magníficas, sem dúvida, mas quanto à consciência [moral] Deus fez uma obra desigual e descuidada, pois a maioria dos homens a tem numa medida bastante modesta, ou até insuficiente para que seja mencionada. Não

31. A DISSECÇÃO DA PERSONALIDADE PSÍQUICA

desconhecemos o quê de verdade psicológica existente na afirmação de que a consciência [moral] é de origem divina, mas isso requer interpretação. Se a consciência é algo "dentro de nós", não o é desde o início. Nisso forma um verdadeiro contraste com a vida sexual, que desde o começo da vida está presente, não é acrescentada depois. Mas o bebê é notoriamente amoral, não tem inibições internas para seus impulsos que buscam o prazer. O papel que o Super-eu virá a assumir é desempenhado primeiramente por um poder externo, pela autoridade parental. A influência dos pais governa a criança concedendo-lhe provas de amor e ameaças de castigo, que atestam a perda do amor e são temidos por si mesmos. Essa angústia realista é precursora da posterior angústia moral; enquanto ela vigora, não precisamos falar de Super-eu e de consciência moral. Apenas mais tarde se cria a situação secundária que nos dispomos demasiado prontamente a ver como normal, em que o obstáculo externo é internalizado, em que o Super-eu toma o lugar da instância parental e então observa, dirige e ameaça o Eu, exatamente como os pais faziam com a criança.

Mas o Super-eu, que dessa forma assume o poder, a função e até os métodos da instância parental, é não apenas sucessor, mas também legítimo herdeiro desta. Ele se origina diretamente dela, logo veremos por qual processo. Primeiro devemos lidar com uma discrepância entre os dois. O Super-eu parece ter tomado, unilateralmente, apenas a dureza e severidade dos pais, sua função punitiva e proibidora, mas sua amorosa solici-

NOVAS CONFERÊNCIAS INTRODUTÓRIAS À PSICANÁLISE

tude não tem continuação. Se os pais exerceram de fato um regime severo, acreditamos ser compreensível que também na criança se desenvolva um Super-eu severo, mas a experiência mostra, contrariando nossa expectativa, que o Super-eu pode adquirir a mesma implacável dureza quando a educação foi branda e bondosa, evitando ao máximo os castigos e ameaças. Retornaremos a essa contradição, quando abordarmos as transformações do instinto durante a formação do Super-eu.

Sobre a mudança da instância parental em Super-eu não sei lhes dizer tanto quanto gostaria, em parte porque esse processo é tão complicado que sua exposição não cabe nos limites de uma introdução, tal como aqui lhes ofereço, e, por outro lado, porque não cremos nós mesmos havê-lo compreendido inteiramente. Queiram satisfazer-se, portanto, com o seguinte esboço. A base deste processo é o que se chama de "identificação", isto é, o assemelhamento de um Eu a outro, em que o primeiro Eu se comporta como o outro em determinados aspectos, imita-o, de certo modo o assimila. A identificação já foi comparada, não sem razão, à incorporação oral, canibalesca, da outra pessoa. É uma forma muito importante de ligação com outro alguém, provavelmente a mais primordial; não é a mesma que a escolha de objeto. Pode-se exprimir assim a diferença: quando o menino se identifica com o pai, ele quer *ser* como o pai; quando o faz objeto de sua escolha, ele quer *tê-lo*, possuí-lo; no primeiro caso seu Eu é modificado segundo o modelo do pai, no segundo isto não é necessário. Identificação e escolha de objeto são, em larga

31. A DISSECÇÃO DA PERSONALIDADE PSÍQUICA

medida, independentes uma da outra; mas é possível alguém se identificar com a mesma pessoa que tomou por objeto sexual, mudar seu Eu segundo ela. Diz-se que a influência exercida no Eu pelo objeto sexual é particularmente frequente nas mulheres e algo característico da feminilidade. Na primeira série de conferências devo ter lhes falado sobre aquela que é, de longe, a mais instrutiva relação entre identificação e escolha de objeto. É facilmente observada tanto em crianças como em adultos, em pessoas normais e pessoas doentes. Quando alguém perdeu ou teve de abandonar um objeto, com frequência compensa isso identificando-se com ele, instaurando-o novamente dentro de seu Eu, de modo que a escolha de objeto como que regride à identificação nesse caso.

Eu próprio não estou satisfeito com essas observações sobre a identificação, mas bastará que vocês me concedam que a instauração do Super-eu pode ser vista como um caso bem-sucedido de identificação com a instância parental. O fato decisivo para essa concepção é que essa nova criação de uma instância superior no Eu se acha intimamente ligada ao destino do complexo de Édipo, de modo que o Super-eu aparece como herdeiro dessa ligação afetiva tão importante na infância. Entendemos que com a cessação do complexo de Édipo a criança teve de renunciar aos intensos investimentos de objeto que fez nos pais, e como compensação por essa perda de objeto são bastante fortalecidas as identificações com os pais que provavelmente existiam há muito no seu Eu. Tais identificações, enquanto preci-

NOVAS CONFERÊNCIAS INTRODUTÓRIAS À PSICANÁLISE

pitados* de investimentos objetais abandonados, repetir-se-ão depois frequentemente na vida da criança, mas está inteiramente de acordo com o valor afetivo desse primeiro exemplo de tal transformação que o seu resultado venha a ter uma posição especial no Eu. O aprofundamento da investigação nos ensina também que o Super-eu é prejudicado na força e no desenvolvimento, quando a superação do complexo de Édipo não é inteiramente conseguida. No curso do desenvolvimento, o Super-eu acolhe também as influências das pessoas que tomaram o lugar dos pais, ou seja, de educadores, mestres, modelos ideais. Em geral ele distancia-se crescentemente dos pais originais, tornando-se mais impessoal, por assim dizer. Não esqueçamos também que a criança estima diferentemente os pais, conforme as diferentes épocas de sua vida. No tempo em que o complexo de Édipo dá lugar ao Super-eu eles são algo formidável, depois perdem muito. Então ocorrem também identificações, elas inclusive contribuem grandemente para a formação do caráter, mas então afetam apenas o Eu, já não influem no Super-eu, que foi determinado pelas primeiras imagos parentais.

Espero que já percebam que nossa postulação de um Super-eu descreve de fato uma relação estrutural,

---

* "Precipitados": *Niederschläge*. Nossa tradução é literal, mas cabe lembrar que, diferentemente do português, o termo alemão também é usado figuradamente, com o sentido de *"resultado, fructo, expresión"* (segundo o *Diccionario de las lenguas española y alemana*, de Slaby, Grossmann e Illig, Wiesbaden: Brandstetter, 4a ed., 1989). Nas versões estrangeiras consultadas achamos: *residuos, precipitados, sedimenti, precipitates*, idem, *remnants, neerslagen*.

31. A DISSECÇÃO DA PERSONALIDADE PSÍQUICA

não personifica simplesmente uma abstração como a da consciência moral. Temos ainda a mencionar uma importante função que atribuímos a este Super-eu. Ele é também o portador do ideal do Eu, pelo qual o Eu se mede, o qual busca igualar, e cuja demanda por uma perfeição cada vez maior ele se empenha em satisfazer. Sem dúvida, esse ideal do Eu é o precipitado da velha ideia que a criança tinha dos pais, a expressão da admiração de quem os considerava perfeitos.

Sei que ouviram falar muito do sentimento de inferioridade que caracterizaria justamente os neuróticos. Ele aparece principalmente nas chamadas "belas letras". Um autor que utiliza a expressão "complexo de inferioridade" acredita, desse modo, satisfazer todas as exigências da psicanálise e elevar sua exposição a um mais alto nível psicológico. Na realidade, tal expressão quase não se usa na psicanálise. Não significa, para nós, algo que seja simples, muito menos elementar. Relacioná-lo à autopercepção de eventuais atrofias de órgãos, como gosta de fazer a escola que chamam de "psicologia individual", parece-nos um equívoco estreito. O sentimento de inferioridade tem fortes raízes eróticas. A criança sente-se inferior ao notar que não é amada, e assim também o adulto. O único órgão realmente considerado inferior é o pênis atrofiado, o clitóris da garota. A parte principal do sentimento de inferioridade, no entanto, vem da relação do Eu com seu Super-eu, é, tal como o sentimento de culpa, expressão da tensão entre os dois. Sentimento de inferioridade e sentimento de culpa são dificilmen-

NOVAS CONFERÊNCIAS INTRODUTÓRIAS À PSICANÁLISE

te separáveis. Talvez seja pertinente ver no primeiro a complementação erótica do sentimento de inferioridade moral. Na psicanálise demos pouca atenção a esse problema da delimitação dos dois conceitos.

Justamente porque o complexo de inferioridade tornou-se tão popular, permito-me entretê-los com uma breve digressão neste ponto. Um personagem histórico de nosso tempo, que ainda vive, agora retirado, tem um defeito num dos seus membros, consequência de uma lesão sofrida no nascimento. Um conhecido autor contemporâneo, que se dedicou a biografias de pessoas eminentes, também abordou a vida desse homem a que me refiro.* Pode ser difícil, ao escrever uma biografia, suprimir a necessidade de aprofundamento psicológico. Por isso este nosso autor se aventurou a basear toda a evolução do caráter do herói no sentimento de inferioridade que o defeito físico despertava. Nisso ele ignorou um fato pequeno, mas não insignificante. Geralmente ocorre que uma mãe a quem o destino deu um filho doente, ou de algum modo deficiente, procure compensá-lo por essa injusta desvantagem com amor em abundância. No caso de que falamos, a orgulhosa mãe agiu de outra forma: ela subtraiu ao filho seu amor, por conta daquele defeito. Quando o filho se transformou num homem poderoso, seus atos demonstraram inequivocamente que não perdoava a mãe. Ao considerarem a importância do amor materno para a vida psíquica de

---

* Freud se refere à biografia do imperador alemão Guilherme II, publicada por Emil Ludwig em 1926.

31. A DISSECÇÃO DA PERSONALIDADE PSÍQUICA

uma criança, vocês deverão corrigir mentalmente a teoria de inferioridade do biógrafo.

Voltemos agora ao Super-eu. Atribuímos a ele a auto-observação, a consciência moral e a função de ideal. Do que dissemos sobre sua gênese resulta que ele tem, como pressupostos, um fato biológico importantíssimo e um fato psicológico pleno de consequências: a longa dependência que a criança tem dos pais e o complexo de Édipo, ambos intimamente relacionados. Para nós, o Super-eu é o representante de todo limite moral, o advogado do anseio por perfeição, em suma, aquilo que pudemos apreender psicologicamente do aspecto dito elevado da vida humana. Como ele próprio remonta à influência dos pais, educadores etc., sua importância ficará mais clara se nos voltarmos para essas fontes. Via de regra, os pais e autoridades análogas seguem, na educação da criança, os preceitos do seu próprio Super-eu. Não importando como o seu Eu tenha se arranjado com seu Super-eu, na educação da criança eles são rigorosos e exigentes. Esqueceram as dificuldades de sua própria infância, estão satisfeitos de poder identificar-se totalmente com os próprios pais, que a seu tempo lhes impuseram essas duras restrições. De modo que o Super-eu da criança é construído não segundo o modelo dos pais, mas do Super-eu dos pais; preenche-se com o mesmo conteúdo, torna-se veículo da tradição, de todos os constantes valores que assim se propagaram de geração a geração. Vocês já percebem que importante ajuda a consideração do Super-eu pode fornecer para o entendimento da conduta social humana — por exemplo, a questão da delinquência — e talvez também que sugestões práticas dela resultam para a educação. Provavelmente as concepções históricas chamadas de materialistas pecam por subestimar esse fator. Elas o põem de lado com a observação de que as "ideologias" dos homens nada mais são que produto e superestrutura de suas relações econômicas atuais. Isso é verdade, mas muito provavelmente não é toda a verdade. A humanidade nunca vive inteiramente no presente; o passado, a tradição da raça e do povo prossegue vivendo nas ideologias do Super-eu, apenas muito lentamente cede às influências do presente, às novas mudanças, e, na medida em que atua através do Super-eu, desempenha um grande papel na vida humana, independentemente das condições econômicas.

Em 1921 busquei aplicar a distinção entre Eu e Super-eu ao estudo da psicologia das massas. Cheguei a uma fórmula assim: uma massa psicológica é uma junção de indivíduos que introduziram a mesma pessoa em seu Super-eu e, com base nesse elemento em comum, identificaram-se uns com os outros em seu Eu. Naturalmente ela vale apenas para massas que têm um líder. Se tivéssemos mais aplicações desse tipo, a hipótese do Super-eu perderia o quê de estranheza que ainda tem para nós, e nos livraríamos totalmente do embaraço que nos sobrevém quando, acostumados à atmosfera do mundo subterrâneo, movemo-nos nas camadas mais superficiais, mais elevadas do aparelho psíquico. Obviamente não acreditamos que, ao diferenciar o Super-

31. A DISSECÇÃO DA PERSONALIDADE PSÍQUICA

-eu, falamos a última palavra sobre a psicologia do Eu. Trata-se, isto sim, de um primeiro passo, mas neste caso não apenas o começo é difícil.

Agora nos aguarda um outro problema, na extremidade oposta do Eu, por assim dizer. Ele nos é apresentado por uma observação feita no trabalho analítico, uma observação bem antiga, na verdade. Como não raro acontece, foi necessário muito tempo até nos resolvermos a apreciá-lo. Como sabem, toda a teoria psicanalítica se acha realmente construída sobre a percepção da resistência que o paciente oferece, em nossa tentativa de tornar-lhe consciente o seu inconsciente. O sinal objetivo da resistência é suas ideias espontâneas não aparecerem ou se afastarem muito do tema tratado. Ele também pode reconhecer subjetivamente a resistência no fato de ter sentimentos dolorosos ao se avizinhar do tema. Mas esse último sinal pode estar ausente. Então dizemos ao paciente que deduzimos, da sua conduta, que ele agora está em resistência, e ele responde que nada sabe, que nota apenas que as ideias espontâneas se tornam mais difíceis. Revela-se que estávamos certos, mas sua resistência também era inconsciente, tão inconsciente quanto o elemento reprimido em cuja remoção trabalhávamos. Há muito deveria ter sido lançada esta pergunta: de que parte da sua psique vem uma tal resistência inconsciente? O iniciante na psicanálise tem a resposta à mão: é justamente a resistência do inconsciente. Uma resposta ambígua e sem utilidade! Se com isso ele quer dizer que a resistência vem do reprimido, temos de replicar:

NOVAS CONFERÊNCIAS INTRODUTÓRIAS À PSICANÁLISE

certamente não! Ao reprimido devemos atribuir antes um forte impulso para cima, um ímpeto para chegar à consciência. A resistência pode apenas ser expressão do Eu, que a seu tempo efetuou a repressão e agora quer mantê-la. Esta sempre foi nossa concepção. Desde que supomos uma instância especial no Eu que representa as exigências limitadoras e afastadoras, o Super-eu, podemos dizer que a repressão é obra desse Super-eu, que a realiza ele próprio ou encarrega o Eu de fazê-la. Se então ocorre que a repressão não se torna consciente para o paciente na análise, isto significa que o Super-eu e o Eu trabalham inconscientemente em situações muito importantes ou, o que seria mais significativo ainda, que partes de ambos, do Eu e do Super-eu, são inconscientes. Nos dois casos temos de considerar a desagradável percepção de que (Super-) Eu e consciente, de um lado, e reprimido e inconsciente, do outro lado, de maneira nenhuma coincidem.

Senhoras e senhores: Necessito fazer uma pausa para respirar, que também para vocês será um alívio, e desculpar-me antes de prosseguir. Ofereço-lhes complementos a uma introdução à psicanálise que iniciei quinze anos atrás, e tenho de agir como se também vocês, nesse meio-tempo, tivessem se ocupado apenas de psicanálise. Sei que é uma pretensão indevida, mas não tenho escolha. Isto se relaciona ao fato de ser muito difícil dar uma visão da psicanálise para quem não é psicanalista. Acreditem: não gostamos de dar a impressão de ser uma sociedade secreta e praticar uma

31. A DISSECÇÃO DA PERSONALIDADE PSÍQUICA

ciência oculta. Mas tivemos de perceber, e proclamar como nossa convicção, que ninguém tem o direito de intervir numa discussão da psicanálise se não adquiriu determinadas experiências, que apenas mediante a própria análise podem ser adquiridas. Quando proferi minhas conferências, quinze anos atrás, busquei poupar-lhes certos trechos especulativos de nossa teoria, mas justamente a eles é que se ligam as novidades de que falarei hoje.

Retornando ao nosso tema. Ante a dúvida se o Eu e o Super-eu são eles próprios inconscientes ou se apenas produzem efeitos inconscientes, decidimo-nos, com boas razões, pela primeira possibilidade. Sim, grandes porções do Eu e do Super-eu podem permanecer inconscientes, são normalmente inconscientes. Ou seja, a pessoa nada sabe de seus conteúdos, e é preciso despender algum esforço para torná-la consciente deles. É fato que Eu e consciente, reprimido e inconsciente não coincidem. Sentimos necessidade de revisar profundamente nossa atitude ante o problema consciente-inconsciente. Primeiro nos inclinamos a diminuir o valor do critério de ser consciente, já que ele mostrou não ser confiável. Mas aí estaríamos sendo injustos. Ele é como a vida: não vale muito, mas é o que temos. Sem a luz da característica de ser consciente, estaríamos perdidos na escuridão da psicologia profunda; mas podemos tentar uma outra orientação.

Aquilo que deve ser chamado de consciente não precisamos discutir, está fora de qualquer dúvida. O

NOVAS CONFERÊNCIAS INTRODUTÓRIAS À PSICANÁLISE

mais antigo e melhor significado da palavra "inconsciente" é o descritivo; chamamos de inconsciente um processo psíquico cuja existência temos de supor, porque o inferimos, digamos, de seus efeitos, mas do qual nada sabemos. Então temos com ele a mesma relação que temos com um processo psíquico em outra pessoa, exceto que é justamente em nossa pessoa. Para sermos ainda mais precisos, modificaremos da seguinte forma o enunciado: chamamos um processo de inconsciente quando temos de supor que *no momento* ele está ativado, embora *no momento* nada saibamos dele. Essa limitação nos faz refletir que a maioria dos processos conscientes é consciente por não muito tempo; logo eles se tornam *latentes*, mas podem facilmente se tornar conscientes de novo. Poderíamos também dizer que se tornaram inconscientes, se for certo que no estado de latência eles ainda são algo psíquico. Até esse ponto nada teríamos verificado de novo, nem teríamos conquistado o direito de introduzir o conceito de inconsciente na psicologia. Mas então vem o que já pudemos observar nos atos falhos. Vemo-nos obrigados a supor, para explicar um lapso de fala, que havia se formado a intenção de dizer algo. Nós a percebemos com segurança* devido à perturbação ocorrida na fala, mas ela

---

* "Percebemos com segurança": *wir erraten mit Sicherheit*; novamente o problemático verbo *erraten*, aqui traduzido como "perceber" (no sentido de "captar com a inteligência, formar ideia a respeito"). As versões consultadas empregam: *adivinamos* [omissão do advérbio], *colegimos con certeza*, *indoviniamo con certezza*, *infer it with certainty, work out for certain, met sekerheid raden*; cf. nota à p. 196.

31. A DISSECÇÃO DA PERSONALIDADE PSÍQUICA

não se realizou, era inconsciente, portanto. Se depois a expomos à pessoa que fala, esta pode reconhecê-la como uma intenção familiar, então era apenas temporariamente inconsciente, ou negá-la como sendo desconhecida, então era duradouramente inconsciente. Dessa experiência tiramos, retrospectivamente, o direito de também proclamar como algo inconsciente o que foi designado como latente. A consideração dessas relações dinâmicas nos permite agora distinguir dois tipos de inconsciente: um que facilmente, em condições amiúde produzidas, transforma-se em consciente, e outro no qual esta mudança ocorre dificilmente, só com notável esforço, talvez nunca. Para evitar a ambiguidade, a dúvida de a qual dos dois inconscientes nos referimos, se utilizamos a palavra no sentido descritivo ou no dinâmico, utilizamos um expediente lícito e simples. Ao inconsciente que é tão só latente e, portanto, torna-se facilmente consciente chamamos "pré-consciente", mantendo a designação de "inconsciente" para o outro. Possuímos então três termos: consciente, pré-consciente e inconsciente, com os quais podemos nos haver na descrição dos fenômenos psíquicos. Repetindo, em termos apenas descritivos também o pré-consciente é inconsciente, mas não o designamos assim, exceto ao falar de maneira menos rigorosa, ou quando temos que defender a existência de processos inconscientes em geral na psique.

Vocês me concederão, espero, que até o momento as coisas vão indo e podemos lidar confortavelmente com elas. Mas, infelizmente, o trabalho psicanalítico viu-se obrigado a usar o termo "inconsciente" num terceiro sentido, e isso pode ter criado confusão. Sob a impressão nova e poderosa de que um âmbito vasto e importante da psique é normalmente subtraído ao conhecimento do Eu, de modo que os processos ali dentro devem ser tidos como inconscientes no exato sentido dinâmico, entendemos a palavra "inconsciente" também num sentido sistemático ou topográfico, falamos de um sistema do pré-consciente e do inconsciente, de um conflito do Eu com o sistema Ics, tomando a palavra cada vez mais para designar uma província psíquica, em vez de um atributo do psíquico. A descoberta — realmente incômoda — de que também parcelas do Eu e do Super-eu são inconscientes no sentido dinâmico, tem aqui um efeito facilitador, permite-nos afastar uma complicação. Vemos que não é lícito chamarmos o âmbito psíquico alheio ao Eu de sistema Ics, pois o estado de inconsciência não é característica exclusiva dele. Muito bem, não mais usaremos "inconsciente" no sentido sistemático, e daremos ao que até aqui foi designado assim um nome melhor, que não mais se preste a equívocos. Acompanhando o uso de Nietzsche, e seguindo sugestão de Georg Groddeck,* passaremos a chamá-lo de Id [*Es*]. Esse pronome impessoal parece particularmente adequado para exprimir a principal característica dessa província mental, o fato de ser alheia ao Eu. Super-eu,

---

* Cf. Nietzsche, op. cit., § 17 e nota 49 do tradutor; Groddeck, *Das Buch vom Es* (1921; ed. bras.: *O livro dIsso*. São Paulo: Perspectiva, 1987, trad. Teixeira Coelho).

31. A DISSECÇÃO DA PERSONALIDADE PSÍQUICA

Eu e Id* são os três reinos, âmbitos, províncias em que decompomos o aparelho psíquico da pessoa, e das relações entre eles nos ocuparemos em seguida.

---

* Adotamos Eu, Super-eu e Id para *Ich*, *Überich* e *Es* nesta tradução das obras de Freud. Há quem ainda prefira as formas latinas *ego* e *superego* para as duas primeiras instâncias da psique, tomadas da edição *Standard* inglesa — da qual foi traduzida a *Standard* brasileira, como se sabe — e desde então popularizadas entre nós. Mas este tradutor não consegue verter o simples e corriqueiro pronome alemão da primeira pessoa do singular por um termo latino. Outro é o caso do pronome *es*, cujo equivalente mais próximo em português — *isso* — não tem a mesma amplitude de significado e, a nosso ver, ainda ficaria artificial (o Isso, *O Eu e o Isso*...), embora tenha sido empregado na versão do livro de Georg Groddeck. A solução vislumbrada foi adotar o *id* latino, recordando que os italianos, em sua bela edição das obras completas (*Opere*. Turim: Boringhieri, 12 v., 1966-80, direção de C. L. Musatti, vários tradutores), mantiveram o termo alemão *es* ao lado de *io* e *super-io*. Para os franceses a dificuldade foi menor, pois seu pronome *ça* é bem mais empregado — ou seja, cobre uma maior gama de sentidos — que o nosso *isso*. Eles utilizam *moi*, *surmoi* e *ça*; e os falantes de espanhol dizem *yo*, *superyo* e *ello*. Nossa solução deixa a desejar, reconhecemos, mas dificilmente alguma outra não deixará. A nova tradução inglesa das *Novas conferências introdutórias*, incluída no volume *An outline of psychoanalysis* (Londres: Penguin, 2003, trad. Helena Ragg-Kirkby) simplesmente conserva os três termos alemães. O mais importante, no caso desse e de outros termos técnicos, é não se perder de vista o que se designa. Como disse Freud numa carta a Groddeck: "Quem reconhece que transferência e resistência são o eixo do tratamento, esse já pertence irremediavelmente ao 'bando selvagem' [referência jocosa aos psicanalistas de então]. Não faz diferença que chame o 'Ics' de 'Es'" (em G. Groddeck/ *S. Freud, Briefwechsel* [Correspondência]. Wiesbaden: Limes, 1970, p. 20, carta de 5 de junho de 1917).

Mas antes farei um parêntese. Suponho que estejam insatisfeitos com o fato de as três qualidades da consciência e as três províncias do aparelho psíquico não se terem combinado em três pacíficos pares, e que, na sua opinião, isso talvez obscureça nossos resultados. No entanto, acho que não devemos lamentar isso, admitindo para nós mesmos que não temos o direito de esperar uma arrumação tão clara. Deixem-me fazer uma analogia; analogias nada resolvem, é verdade, mas podem fazer com que nos sintamos mais "em casa". Eu imagino um país com paisagem variada, montanhas, planícies e lagos, e com população mista — alemães, magiares e eslovacos, que também exercem diferentes atividades. A distribuição poderia ser assim: nas montanhas habitam os alemães, que são criadores de gado, nas planícies os magiares, que cultivam cereais e vinhas, e junto aos lagos os eslovacos, que apanham peixes e tecem juncos. Se essa divisão fosse tão clara e simples, um Woodrow Wilson se rejubilaria com ela.* Seria ótima também para a aula de geografia. Mas provavelmente vocês acharão menos arrumação e maior mistura se percor-

---

* Freud era bastante crítico em relação a Thomas Woodrow Wilson, presidente dos Estados Unidos entre 1913 e 1921, e um ano antes de redigir estas *Novas conferências* havia colaborado com W. C. Bullit, embaixador americano em Berlim, num estudo psicológico sobre Wilson. Esse trabalho veio a ser publicado em 1967, numa versão em inglês, mas nele se acha bem pouco do criador da psicanálise — na melhor das hipóteses, apenas a introdução, incluída posteriormente no *Nachtragsband* [Volume suplementar] dos *Gesammelte Werke* (Frankfurt: Fischer, 1987, pp. 686-92).

31. A DISSECÇÃO DA PERSONALIDADE PSÍQUICA

rerem o país. Alemães, magiares e eslovacos vivem em toda parte, nas montanhas há também áreas cultivadas, nas planícies também se cria gado. Algumas coisas, naturalmente, são como vocês esperavam, pois nas montanhas não se acham peixes, e na água não crescem vinhas. Enfim, a imagem que têm do território pode ser correta em linhas gerais; nos particulares, deverão tolerar as divergências.

À parte o novo nome, não esperem que eu lhes diga muita coisa nova acerca do Id. Ele é a parte obscura e inacessível de nossa personalidade; o pouco que dele sabemos descobrimos no estudo do trabalho do sonho e da formação do sintoma neurótico, e a maior parte disso é de caráter negativo, pode ser descrita somente em contraposição ao Eu. Aproximamo-nos do Id com analogias, chamamo-lo um caos, um caldeirão cheio de excitações fervilhantes. Nós o representamos como sendo aberto em direção ao somático na extremidade, ali acolhendo as necessidades dos instintos, que nele acham expressão psíquica, mas não sabemos dizer em qual substrato. A partir dos instintos ele se enche de energia, mas não tem organização, não introduz uma vontade geral, apenas o esforço de satisfazer as necessidades do instinto observando o princípio do prazer. As leis do pensamento lógico não valem para os processos do Id, sobretudo o princípio da contradição não vale. Impulsos opostos existem um ao lado do outro, sem se cancelarem ou se diminuírem; no máximo convergem em formações de compromisso, sob a dominante coação econômica de descarregar energia. Nada existe no Id que possamos equiparar à negação, e também constatamos, surpresos, uma exceção à tese filosófica de que tempo e espaço são formas necessárias de nossos atos psíquicos. Nada se acha que corresponda à ideia de tempo, não há reconhecimento de um transcurso temporal e, o que é muito notável e aguarda consideração no pensamento filosófico, não há alteração do evento psíquico pelo transcurso do tempo. Desejos que nunca foram além do Id, mas também impressões que pela repressão afundaram no Id, são virtualmente imortais, comportam-se, após décadas, como se tivessem acabado de surgir. Podem ser reconhecidos como passado, desvalorizados e privados de seu investimento de energia somente quando se tornam conscientes mediante o trabalho analítico, e é nisso que se baseia, em medida nada pequena, o efeito terapêutico do tratamento analítico.

Sempre tive a impressão de que tiramos pouco proveito, para a nossa teoria, desse indubitável fato da imutabilidade do reprimido através do tempo. Isso parece permitir um acesso aos mais profundos vislumbres. Infelizmente, tampouco fiz maiores progressos nesse ponto.

Claro que o Id não conhece juízos de valor, não conhece bem e mal, não conhece moral. O fator econômico — ou quantitativo, se preferirem —, intimamente ligado ao princípio do prazer, governa todos os processos. Investimentos instintuais que exigem descarga, isso é tudo o que há no Id, acreditamos nós. Parece até que a energia desses impulsos instintuais

31. A DISSECÇÃO DA PERSONALIDADE PSÍQUICA

se encontra num estado diferente daquele de outras regiões psíquicas, que é bem mais móvel e passível de descarga, senão não ocorreriam os deslocamentos e condensações que caracterizam o Id e que não levam absolutamente em consideração a qualidade do que é investido — aquilo que no Eu chamaríamos de ideia. O quanto não daríamos para compreender mais dessas coisas! Vocês notam, aliás, que estamos em condição de indicar outros atributos para o Id, além do fato de ser inconsciente, e reconhecem a possibilidade de que partes do Eu e do Super-eu sejam inconscientes sem possuírem as mesmas características primitivas e irracionais. Chegamos mais rapidamente a uma caracterização do Eu, na medida em que pode ser diferenciado do Id e do Super-eu, examinando sua relação com a parte mais externa e superficial do aparelho psíquico, que designamos como sistema Pcp-Cs [perceptivo--consciente]. Esse sistema é voltado para o mundo externo, ele intermedia as percepções deste, e nele surge, durante seu funcionamento, o fenômeno da consciência. É o órgão sensorial de todo o aparelho, receptivo não apenas às excitações que vêm de fora, mas também àquelas do interior da psique. Quase não precisa ser justificada a concepção de que o Eu é aquela parte do Id que foi modificada pela vizinhança e a influência do mundo externo, organizada para o acolhimento dos estímulos e a proteção diante deles, de modo comparável ao estrato cortical que circunda um pequeno monte de substância viva. A relação com o mundo externo tornou-se decisiva para o Eu, ele assumiu a tarefa de representá-lo junto ao Id, para salvação do Id, que, sem considerar esse ingente poder exterior, não escaparia à destruição, no cego afã da satisfação instintual. Cumprindo essa função, o Eu tem de observar o mundo externo, registrar uma imagem fiel dele nos traços mnemônicos de suas percepções, conservando afastado, mediante o "exame da realidade", o que nesse quadro do mundo externo for acréscimo oriundo de fontes internas de excitação. Por ordem do Id, o Eu domina os acessos à motilidade, mas entre a necessidade e o ato ele interpõe a dilação que é o trabalho do pensamento, durante o qual utiliza os traços mnemônicos da experiência. Assim destrona o princípio do prazer, que governa irrestritamente o curso dos processos no Id, e o substitui pelo princípio da realidade, que promete mais segurança e maior sucesso.

Também a relação com o tempo, tão difícil de descrever, é proporcionada ao Eu pelo sistema perceptivo; está quase fora de dúvida que o modo de operar desse sistema dá origem à ideia de tempo. Mas o que diferencia muito especialmente o Eu do Id é uma tendência à síntese dos conteúdos, à combinação e unificação de seus processos psíquicos, que se acha inteiramente ausente no Id. Quando, mais adiante, tratarmos dos instintos na vida psíquica, espero que consigamos relacionar esta característica essencial do Eu à sua fonte. Somente ela produz o alto grau de organização que o Eu requer para suas maiores realizações. Ele se desenvolve da percepção dos instintos até o domínio sobre eles, mas este é alcançado apenas pelo fato de a representante do ins-

31. A DISSECÇÃO DA PERSONALIDADE PSÍQUICA

tinto* ser enquadrada numa unidade maior, ser incluída num contexto. Adotando formas de expressão populares, poderíamos dizer que o Eu representa, na vida psíquica, a razão e a prudência, e o Id, as paixões irrefreadas.

Até aqui nos deixamos impressionar pelos méritos e capacidades do Eu; é tempo de considerar o reverso da medalha. O Eu, afinal, é apenas uma parte do Id, uma parte modificada, adequadamente, pela vizinhança do ameaçador mundo exterior. Sob o aspecto dinâmico ele é fraco, tomou suas energias emprestadas ao Id, e não ignoramos inteiramente os métodos — pode-se dizer: os truques — com os quais ele retira mais energias do Id. Um desses meios é, por exemplo, a identificação com objetos mantidos ou abandonados. Os investimentos objetais vêm das exigências instintuais do Id. O Eu tem de registrá-las, em primeiro lugar. Mas, ao identificar-se com o objeto, ele se recomenda ao Id no lugar do objeto, procura guiar para si a libido do Id. Já observamos que o Eu, no decorrer da vida, acolhe dentro de si um grande número desses precipitados de antigos investimentos objetais. No geral, o

---

* "Representante do instinto": tradução que aqui se deu a *Triebrepräsentanz* — nas versões estrangeiras consultadas temos: *representación del instinto, agencia representante de pulsión, rappresentanza [psichica] delle pulsioni, mental representative of the instinct, [psychical] representative of the instinct, representamen* (sic) *of the drive, [psychische] driftrepresentant*; cf. as versões dadas ao mesmo termo em "O inconsciente", no vol. 12 destas *Obras completas*, p. 125; ver também a discussão sobre ele no capítulo "Vorstellung/idea/représentation", em *As palavras de Freud*, op. cit.

Eu tem de realizar as intenções do Id, ele cumpre sua tarefa quando descobre as circunstâncias em que tais intenções podem ser alcançadas da melhor maneira possível. Pode-se comparar a relação do Eu com o Id àquela do cavaleiro com o cavalo. O cavalo fornece a energia para a locomoção, o cavaleiro tem a prerrogativa de determinar a meta, de dirigir o movimento do forte animal. Mas entre Eu e Id ocorre, frequentemente, a situação nada ideal de o cavaleiro ter de levar o animal aonde este quer mesmo ir.

De uma parte do Id o Eu separou-se mediante resistências da repressão. Mas a repressão não prossegue no Id. O reprimido converge para o restante do Id.

De acordo com um provérbio, não se pode servir a dois senhores ao mesmo tempo. A coisa é ainda mais difícil para o pobre Eu: ele serve a três senhores severos, empenhando-se em harmonizar suas demandas e exigências. Essas demandas sempre divergem, parecem muitas vezes inconciliáveis; não surpreende que o Eu fracasse tanto em sua tarefa. Os três tirânicos senhores são o mundo externo, o Id e o Super-eu. Se acompanharmos os esforços do Eu em atendê-los simultaneamente — melhor dizendo: em obedecer-lhes simultaneamente —, não lamentaremos ter personificado esse Eu, tê-lo apresentado como um ente particular. Ele se sente constrangido de três lados, ameaçado por três tipos de perigos, aos quais, em caso de apuro, reage desenvolvendo angústia. Por sua origem a partir das experiências do sistema perceptivo, ele é destinado a representar as exigências do mundo exterior, mas

31. A DISSECÇÃO DA PERSONALIDADE PSÍQUICA

também quer ser o fiel servidor do Id, permanecer em sintonia com ele, recomendar-se a ele como objeto, atrair para si a sua libido. Nos esforços de mediação entre o Id e a realidade, muitas vezes é obrigado a revestir os mandamentos *ics* [inconscientes] do Id com suas racionalizações *pcs* [pré-conscientes], a disfarçar os conflitos do Id com a realidade, fazendo crer, com diplomática dissimulação, que leva em consideração a realidade, mesmo quando o Id permanece rígido e inexorável. Por outro lado, o rigoroso Super-eu observa cada um dos seus passos e lhe põe à frente determinadas normas de conduta, sem levar em conta as dificuldades por parte do Id e do mundo externo, punindo-o, em caso de infração, com os tensos sentimentos de inferioridade e de culpa. Desse modo, impelido pelo Id, constrangido pelo Super-eu, rechaçado pela realidade, o Eu luta para levar a cabo sua tarefa econômica de estabelecer a harmonia entre as forças e influências que atuam nele e sobre ele, e compreendemos por que tantas vezes não podemos suprimir a exclamação: "A vida não é fácil!". Se o Eu é obrigado a admitir sua fraqueza, ele irrompe em angústia: angústia realista ante o mundo externo, angústia de consciência ante o Super-eu, angústia neurótica ante a força das paixões do Id.

Gostaria de representar com um desenho as relações estruturais da personalidade psíquica que acabei de lhes expor, um desenho despretensioso, que aqui lhes ofereço:

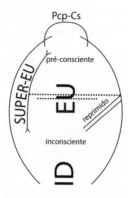

Como veem, o Super-eu submerge no Id; enquanto herdeiro do complexo de Édipo, tem íntimas relações com este; acha-se mais distante do sistema perceptivo do que o Eu. O Id lida com o mundo externo apenas através do Eu, ao menos desse esquema. Hoje é certamente difícil afirmar até que ponto o desenho é correto; numa coisa certamente não é. O espaço que toma o Id inconsciente deveria ser incomparavelmente maior que o do Eu ou do pré-consciente. Peço-lhes que corrijam isso mentalmente.

E agora, para finalizar esta exposição certamente cansativa e talvez não muito esclarecedora, mais uma advertência. Nessa distinção da personalidade em Eu, Id e Super-eu vocês não devem imaginar fronteiras definidas, como as traçadas artificialmente na geografia política. Não podemos fazer justiça à peculiaridade da psique mediante contornos nítidos, como no desenho ou na pintura primitiva, mas sim com áreas cromáticas

31. A DISSECÇÃO DA PERSONALIDADE PSÍQUICA

que se fundem umas nas outras, como nos pintores modernos. Depois de havermos separado, temos que fazer novamente juntar-se o que foi separado. Não julguem demasiado severamente uma primeira tentativa de dar representação gráfica ao psíquico, tão difícil de apreender. É muito provável que o desenvolvimento dessas divisões esteja sujeito a grandes variações em diferentes pessoas; é possível que durante a própria ocorrência elas se transformem e involuam temporariamente. Isto parece ser verdadeiro sobretudo no caso da última e mais delicada filogeneticamente, a diferenciação de Eu e Super-eu. Não há dúvida de que o mesmo pode ser provocado pela doença psíquica. E bem podemos imaginar que certas práticas místicas tenham êxito em alterar as relações normais entre os setores da psique, de modo que a percepção, por exemplo, seja capaz de apreender coisas nas profundezas do Eu e do Id que lhe são inacessíveis de outra forma. Pode-se tranquilamente duvidar, no entanto, que essa via conduza às verdades últimas das quais se espera a salvação. Mas admitimos que os esforços terapêuticos da psicanálise adotaram uma abordagem semelhante. Sua intenção é, realmente, fortalecer o Eu, torná-lo mais independente do Super-eu, ampliar seu âmbito de percepção e melhorar sua organização, de maneira que possa apropriar-se de novas parcelas do Id. Onde era Id, há de ser Eu.

É uma obra cultural como o aterro do Zuydersee, digamos.

32. ANGÚSTIA
E INSTINTOS

Senhoras e senhores: Não ficarão surpresos de saber que tenho novidades a lhes relatar sobre nossa concepção da angústia e dos instintos fundamentais da psique, e também que nenhuma delas pretende ser a solução definitiva para os problemas que abordamos. Deliberadamente uso aqui o termo "concepção". São questões muito difíceis as que nos são colocadas, mas a dificuldade não se acha na insuficiência das observações, são justamente os fenômenos mais comuns e familiares que nos apresentam esses enigmas; e tampouco no caráter remoto das especulações a que elas induzem; a elaboração especulativa não conta muito nesse terreno. Trata-se realmente de concepções, isto é, de introduzir as ideias abstratas corretas, cuja aplicação ao material bruto da observação faz surgir ordem e transparência nele.

Já dediquei à *angústia* uma conferência da série anterior, a 25ª. Repetirei sucintamente o seu conteúdo. Dissemos que a angústia* é um estado afetivo, ou seja, uma união de determinadas sensações da série prazer-desprazer com as inervações de descarga a elas correspondentes e a sua percepção, mas provavelmente também o precipitado de um certo evento significativo, incorporado por hereditariedade, algo comparável ao surto histérico

---

* Deve-se ter em mente que a palavra alemã *Angst* pode ser traduzida tanto por "medo" como por "angústia".

32. ANGÚSTIA E INSTINTOS

adquirido individualmente. Sugerimos que o evento que deixa um traço afetivo desses é o nascimento, no qual as alterações da atividade cardíaca e da respiração, próprias da angústia, são adequadas aos fins. A primeiríssima angústia seria tóxica, portanto. Nós partimos da diferenciação entre angústia realista e angústia neurótica, a primeira sendo uma reação, que nos parece compreensível, ao perigo, ou seja, a um dano que virá de fora, e a segunda, inteiramente enigmática, como que sem finalidade. Analisando a angústia realista, nós a reduzimos a um estado de elevada atenção sensorial e tensão motora, que chamamos de *disposição à angústia*. Desta se desenvolveria a reação de angústia. Nela seriam possíveis dois desfechos. Ou o *desenvolvimento da angústia*, a repetição da antiga vivência traumática, limita-se a um sinal, e a reação restante pode adequar-se à nova situação de perigo, procedendo à fuga ou à defesa, ou a situação antiga prevalece, toda a reação se esgota no desenvolvimento da angústia e o estado afetivo torna-se paralisante e inadequado ao presente.

Então nos voltamos para a angústia neurótica e dissemos que a observamos em três condições. Primeiro, enquanto angústia geral livremente flutuante, pronta para ligar-se provisoriamente a toda nova possibilidade que surge, como, por exemplo, na típica neurose de angústia. Segundo, firmemente unida a determinados conteúdos ideativos nas chamadas *fobias*, nas quais podemos reconhecer ainda uma relação com o perigo externo, mas devemos julgar inteiramente desproporcional a angústia diante dele. Terceiro, por fim, a angústia na histeria e em outras formas de neuroses severas, que acompanha sintomas ou surge de modo independente, como ataque ou como estado mais duradouro, sempre sem fundamentação visível num perigo externo. fizemonos então as perguntas seguintes. Do que as pessoas têm receio na angústia neurótica? E como relacioná-la com a angústia realista frente a perigos externos?

Nossas investigações não ficaram absolutamente sem frutos, chegamos a algumas conclusões significativas. No tocante à expectativa angustiada, a experiência clínica nos mostrou um vínculo regular com a economia libidinal na vida sexual. A causa mais comum da neurose de angústia é a excitação frustrada. Uma excitação libidinal é despertada, mas não satisfeita, não aplicada; no lugar dessa libido desviada de sua aplicação surge então a angústia. Até me pareceu justificado dizer que essa libido insatisfeita transforma-se diretamente em angústia. Tal concepção encontrou apoio em determinadas fobias bastante regulares das crianças pequenas. Muitas dessas fobias são inteiramente enigmáticas para nós, mas outras, como o medo de ficar só e o de pessoas estranhas, admitem uma explicação segura. Tanto a solidão como o rosto estranho despertam o anseio pela mãe familiar; a criança não pode dominar essa excitação libidinal, não pode mantê-la em suspenso, e a transforma em angústia. Portanto, essa angústia infantil não deve ser contada como angústia realista, mas sim angústia neurótica. As fobias infantis e a expectativa da angústia na neurose de angústia nos fornecem dois exemplos de uma forma como a angústia neurótica se

32. ANGÚSTIA E INSTINTOS

origina: pela direta transformação da libido. Logo veremos um segundo mecanismo; ele não se revelará muito diferente do primeiro.

De modo que responsabilizamos o processo da repressão pela angústia na histeria e em outras neuroses. Acreditamos ser possível descrevê-lo mais integralmente do que antes, se considerarmos separadamente o destino da ideia a ser reprimida e o do montante de libido que a ela corresponde. É a ideia que sofre a repressão, que eventualmente é distorcida até ficar irreconhecível; mas o seu montante de afeto, é normalmente transformado em angústia, e isso não importando de que espécie seja, agressão ou amor. Não faz diferença essencial, então, por qual motivo um montante de libido se tornou inutilizável, se por debilidade infantil do Eu, como nas fobias das crianças, devido a processos somáticos da vida sexual, como na neurose de angústia, ou pela repressão, como na histeria. Portanto, os dois mecanismos da gênese da angústia neurótica coincidem, na verdade.

Durante essas investigações, nossa atenção foi atraída por uma relação bastante significativa entre desenvolvimento da angústia e formação do sintoma, ou seja, o fato de que um pode representar e substituir o outro. A enfermidade de um agorafóbico, por exemplo, começa com um ataque de angústia em plena rua. Isto se repete a cada vez que ele sai novamente à rua. Ele então desenvolve o sintoma da agorafobia, que também se pode chamar de uma inibição, uma restrição no funcionamento do Eu, e desse modo poupa a si mesmo o ataque de angústia. Nota-se o oposto quando interfe-

NOVAS CONFERÊNCIAS INTRODUTÓRIAS À PSICANÁLISE

rimos na formação de sintoma, como é possível fazer nos atos obsessivos, por exemplo. Se impedimos que o doente realize seu cerimonial de lavagem, digamos, ele entra num estado de angústia difícil de suportar, do qual seu sintoma evidentemente o protegia. Parece que o desenvolvimento da angústia veio primeiro e a formação de sintoma depois, como se os sintomas fossem criados para evitar a irrupção do estado de angústia. Também se harmoniza com isso que as primeiras neuroses da infância sejam fobias, estados em que se percebe claramente como um desenvolvimento inicial de angústia é substituído pela formação de sintoma: tem-se a impressão de que é a partir dessas relações que se obterá o melhor acesso a um entendimento da angústia neurótica. Ao mesmo tempo, conseguimos responder também à questão de o que teme a pessoa na angústia neurótica, e assim estabelecemos o vínculo entre angústia neurótica e angústia realista. Aquilo que se teme é, evidentemente, a própria libido. A diferença para com a situação da angústia realista se acha em dois pontos: o perigo é interno, em vez de externo, e não é reconhecido de forma consciente.

Nas fobias pode-se perceber claramente como esse perigo interno é convertido em externo, ou seja, angústia neurótica é transformada em aparente angústia realista. Suponhamos, para simplificar algo frequentemente muito complicado, que o agorafóbico tema os sentimentos de tentação que nele são despertados pelos encontros na rua. Em sua fobia ele faz um deslocamento, e então se angustia com uma situação externa. O seu

32. ANGÚSTIA E INSTINTOS

ganho com isso está, evidentemente, em achar que assim pode proteger-se melhor. Ante um perigo externo podemos nos salvar mediante a fuga, fugir de um perigo interno é uma empresa mais difícil.

No final da minha conferência anterior sobre a angústia, manifestei eu próprio a opinião de que esses diferentes resultados de nossa pesquisa não chegam a contradizer um ao outro, mas de algum modo não se combinam. A angústia, como estado afetivo, é a reprodução de um velho acontecimento ameaçador; a angústia está a serviço da autoconservação e é o sinal de um novo perigo; ela surge da libido que de algum modo se tornou inutilizável, também no processo de repressão; ela é substituída pela formação de sintoma, é como que psiquicamente ligada por esta — sente-se que aqui está faltando algo que junte os pedaços num todo.

Senhoras e senhores: A dissecção da personalidade psíquica em Super-eu, Eu e Id, de que lhes falei na última conferência, obrigou-nos a uma nova orientação também no problema da angústia. Com a tese de que o Eu é a única sede da angústia, de que somente o Eu pode produzir e sentir angústia, assumimos uma nova, sólida posição, a partir da qual várias coisas tomam outro aspecto. E, de fato, não sabemos que sentido haveria em falar de uma "angústia do Id", ou em atribuir ao Super-eu a capacidade de angustiar-se. Mas saudamos como uma bem-vinda correspondência o fato de os três principais tipos de angústia, a realista, a neurótica e a de consciência, poderem ser facilmente relacionados às três dependências do Eu, a do mundo externo, do Id e do Super-eu. Com essa nova concepção também passa a primeiro plano a função da angústia como sinal anunciador de uma situação de perigo, que já não nos era desconhecida, perde interesse a questão de que material é feita a angústia e são esclarecidas e simplificadas, de forma surpreendente, as relações entre angústia realista e angústia neurótica. É digno de nota, por outro lado, que agora entendemos melhor os casos aparentemente complicados de geração da angústia do que aqueles considerados simples.

Recentemente investigamos como aparece a angústia em determinadas fobias que incluímos na histeria de angústia, e escolhemos casos em que lidamos com a típica repressão dos desejos oriundos do complexo de Édipo. Segundo nossa expectativa, o investimento libidinal do objeto materno é que, graças à repressão, se transformaria em angústia e então surgiria, em expressão sintomática, ligado ao sucedâneo do pai. Não é possível lhes expor detalhadamente essa investigação, basta dizer que o resultado surpreendente foi o oposto de nossa expectativa. Não é a repressão que cria a angústia, essa é anterior, a angústia faz a repressão! Mas que angústia pode ser? Não o medo de um perigo externo que ameaça, ou seja, um medo real.* É certo que o menino sente angústia ante uma exigência de sua libido, ante o amor à mãe, nesse caso; é realmente, portanto,

---

* No original, *Realangst*, que foi traduzido também por "angústia realista".

32. ANGÚSTIA E INSTINTOS

um caso de angústia neurótica. Mas esse amor lhe aparece como um perigo interno, ao qual ele tem de furtar--se pela renúncia a esse objeto, apenas porque provoca uma situação de perigo externa. E em todos os casos que investigamos obtemos o mesmo resultado. Temos de admitir que não contávamos que o perigo instintual interno se revelasse condição e preparação para uma situação de perigo real externa.

Mas ainda não dissemos qual é o perigo real que a criança teme, como consequência de estar enamorada da mãe. É o castigo da castração, a perda do seu membro. Naturalmente vocês objetarão que este não é um perigo real. Nossos meninos não são castrados porque se acham apaixonados pela mãe na fase do complexo de Édipo. Mas a coisa não pode ser resolvida tão facilmente. Antes de tudo, não se trata de a castração ser realmente levada a efeito; o decisivo é que o perigo seja uma ameaça de fora, e que o garoto acredite nela. Ele tem algum ensejo para isso, pois frequentemente ameaçam cortar seu membro durante a fase fálica, na época de seu primeiro onanismo, e alusões a esse castigo sempre devem encontrar um reforço filogenético nele. Supomos que na pré-história da família humana o pai cruel e ciumento praticava realmente a castração nos meninos em desenvolvimento, e a circuncisão, um dado tão frequente nos ritos de puberdade dos povos primitivos, seria um vestígio dela bastante reconhecível. Sabemos o quanto nos afastamos com isso da opinião geral, mas devemos insistir em que o medo da castração é um dos mais frequentes e poderosos móveis da repressão e, assim, da formação da neurose. Nossa convicção adquiriu um último grau de certeza com a análise de casos em que não a castração, é verdade, mas a circuncisão de garotos foi realizada como terapia ou castigo para a masturbação, o que não era raro na sociedade anglo-americana. É tentador examinarmos mais detidamente o complexo de castração neste ponto, mas vamos continuar em nosso tema. Naturalmente, a angústia de castração não é o único motivo da repressão; afinal, não existe nas mulheres, que têm um complexo de castração, mas não podem ter angústia de castração. Em seu lugar aparece, no outro sexo, a angústia da perda do amor, evidentemente uma continuação da angústia do lactente, ao sentir a falta da mãe. Vocês compreendem que situação de perigo real é indicada por essa angústia. Quando a mãe está ausente ou subtraiu ao filho seu amor, este já não está seguro da satisfação de suas necessidades, acha-se provavelmente exposto a dolorosos sentimentos de tensão. Não rejeitem a ideia de que esses determinantes da angústia repetem, no fundo, a situação da angústia de nascimento original, que também significou uma separação da mãe. E se acompanharem um raciocínio de Ferenczi, poderão incluir nessa série também a angústia de castração, já que a perda do membro masculino tem por consequência a impossibilidade de uma reunião com a mãe ou com o sucedâneo dela, no ato sexual. Menciono, de passagem, que a frequente fantasia do retorno ao útero materno é o sucedâneo desse desejo de copular. Ainda haveria, neste ponto, coisas interessantes e conclusões surpreendentes a relatar, mas não posso ultrapassar os limites de uma

32. ANGÚSTIA E INSTINTOS

introdução à psicanálise; quero apenas lhes chamar a atenção para como aqui a investigação psicológica adentra nos fatos biológicos.

Otto Rank, a quem a psicanálise deve muitas belas contribuições, possui também o mérito de haver enfatizado a importância do ato do nascimento e da separação da mãe. No entanto, todos nós achamos impossível aceitar as conclusões extremas que ele tirou desse fato para a teoria das neuroses e mesmo para a terapia analítica. O núcleo de sua doutrina, de que a vivência de angústia do nascimento constitui o modelo para todas as situações de perigo posteriores, ele já havia encontrado pronto. Se nos detivermos nelas, poderemos dizer que, de fato, a toda época do desenvolvimento cabe um certo determinante da angústia, isto é, situação de perigo, como sendo o que lhe é adequado. O perigo do desamparo psíquico se ajusta ao estágio de imaturidade inicial do Eu, o perigo da perda do objeto (do amor) à dependência dos primeiros anos da infância, o perigo da castração à fase fálica, e enfim a angústia ante o Super--eu, que ocupa um lugar especial, ao período de latência. No curso do desenvolvimento, os velhos determinantes da angústia devem ser abandonados, pois as situações de perigo que lhes correspondem vão perdendo o valor com o fortalecimento do Eu. Mas isso ocorre apenas de maneira bastante incompleta. Muitos indivíduos não conseguem superar a angústia ante a perda do amor, jamais se tornam independentes o bastante do amor dos outros, prosseguindo nesse ponto o seu comportamento infantil. Normalmente o medo ante o Super-eu não deve ter fim, pois é indispensável nas relações sociais, como angústia da consciência, e só em casos muito raros o indivíduo pode ser tornar independente da comunidade humana. Algumas das velhas situações de perigo chegam a subsistir em épocas posteriores, modificando a tempo seus determinantes de angústia. Assim, por exemplo, o perigo de castração se conserva sob a máscara da sifilofobia. Um adulto pode saber que a castração já não é usada como castigo para a indulgência dos apetites sexuais, mas aprendeu, por outro lado, que tal liberdade instintual é ameaçada por graves doenças. Não há dúvida de que as pessoas que chamamos neuróticas permanecem infantis na conduta ante o perigo, não tendo superado determinantes antiquados da angústia. Tomemos isso como uma contribuição efetiva à caracterização da angústia; por que é assim já não é tão simples dizer.

Espero que não tenham perdido a visão do conjunto, que ainda se lembrem que estamos discutindo as relações entre angústia e repressão. Nisso aprendemos duas coisas: primeiro, que a angústia faz a repressão, e não o contrário, como pensávamos, e [em segundo lugar] que uma situação instintual temida diz respeito, no fundo, a uma situação de perigo externa. A pergunta seguinte é: como imaginamos agora o processo de uma repressão sob influência da angústia? Eu penso da seguinte forma: o Eu nota que a satisfação de uma exigência instintual emergente vai conjurar uma das situações de perigo que são bem lembradas. Logo, esse investimento instintual tem de ser suprimido, cancelado, tornado impotente. Sa-

32. ANGÚSTIA E INSTINTOS

bemos que o Eu consegue realizar essa tarefa, quando é forte e incluiu o impulso instintual em sua organização. Mas o que sucede na repressão é que o impulso instintual ainda pertence ao Id, e o Eu se sente fraco. Então o Eu recorre a uma técnica que, no fundo, é idêntica à do pensamento normal. O pensar é um agir experimental com pequeninos montantes de energia, semelhante aos deslocamentos de pequenas figuras num mapa, antes que o general ponha em movimento as suas tropas. O Eu antecipa a satisfação do impulso instintual questionável, permitindo-lhe que reproduza as sensações de desprazer no começo da temida situação de perigo. Com isso entra em ação o automatismo do princípio do prazer-desprazer, que efetua a repressão do perigoso impulso instintual.

"Alto lá!", vocês dirão; "aí já não podemos acompanhá-lo!". Têm razão, devo acrescentar ainda algo, para que isso lhes pareça aceitável. Primeiro, a admissão de que tentei traduzir na linguagem de nosso pensamento normal o que, na realidade, deve ser um processo não consciente ou pré-consciente que se dá entre montantes de energias num substrato inimaginável. Mas essa não é uma objeção forte; não podemos fazer isso de outra forma. Mais importante é distinguirmos claramente, na repressão, o que sucede no Eu e o que sucede no Id. O que o Eu faz, acabamos de dizer. Ele usa um investimento experimental e desperta, mediante o sinal da angústia, o automatismo prazer-desprazer. Depois são possíveis várias reações, ou uma mistura delas em montantes variáveis. Ou o ataque de angústia se desenvolve inteiramente e o Eu se retira por completo da excitação inconveniente; ou opõe a esta, em vez do investimento experimental, um contrainvestimento, e este se combina à energia do impulso reprimido para formar o sintoma ou é acolhido no Eu como formação reativa, como fortalecimento de determinadas predisposições, como alteração permanente. Quanto mais o desenvolvimento da angústia puder ser limitado a um mero sinal, tanto mais o Eu despenderá em ações defensivas que equivalem a uma vinculação psíquica do reprimido, tanto mais o processo também se avizinhará de uma elaboração normal, certamente sem atingi-la. Vamos nos deter nisso um instante. Vocês já imaginam, sem dúvida, que essa coisa de difícil definição a que chamamos "caráter" deve ser atribuída ao Eu. Algo do que compõe esse caráter já apreendemos. Sobretudo a incorporação, como Super-eu, da inicial instância parental, talvez a parte mais decisiva e importante, depois as identificações com os dois genitores da época posterior e com outras influentes pessoas, e as mesmas identificações como precipitados de relações objetais abandonadas. E acrescentemos, como contribuições nunca ausentes na formação do caráter, as formações reativas, que o Eu adquire primeiramente em suas repressões e, depois, nas rejeições de impulsos instintuais indesejados, por meios mais normais.

Agora vamos retroceder e nos ocupar do Id. O que sucede na repressão ao combatido impulso instintual já não é tão fácil descobrir. A principal questão que nosso interesse levanta é o que acontece com a energia, a carga libidinal dessa excitação, como é ela empregada? Vocês se lembram, a hipótese anterior foi de que ela jus-

32. ANGÚSTIA E INSTINTOS

tamente é transformada em angústia pela repressão. Isso eu já não ouso afirmar; a resposta, modesta, será antes a seguinte: provavelmente o seu destino não é sempre o mesmo. Provavelmente há uma íntima correlação, que deveríamos poder conhecer, entre o processo que ocorre no Eu e aquele no Id, quanto ao impulso reprimido. Pois desde que resolvemos que o princípio do prazer-desprazer, que é despertado pelo sinal da angústia, intervém na repressão, nossas expectativas devem mudar. Esse princípio governa irrestritamente os processos do Id. Podemos confiar em que ele realiza profundas alterações no impulso instintual envolvido. Estamos preparados para ver que a repressão terá resultados muito diversos, de alcance maior ou menor. Em alguns casos o impulso instintual reprimido pode manter seu investimento libidinal e subsistir inalterado no Id, ainda que sob a constante pressão do Eu. Outras vezes parece que lhe sobrevém uma destruição completa, em que sua libido é permanentemente desviada para outras rotas. Eu falei que assim ocorre na resolução normal do complexo de Édipo, que nesse caso desejável, então, não é simplesmente reprimido, mas destruído no Id. A experiência clínica nos mostrou também que em muitos casos sucede, em vez do habitual resultado de repressão, uma degradação da libido, uma regressão da organização da libido a um estágio anterior. Naturalmente isso pode se dar apenas no Id, e, se ocorrer, sob influência do mesmo conflito que é introduzido pelo sinal de angústia. O exemplo mais notório desse tipo é o da neurose obsessiva, em que regressão da libido e repressão atuam conjuntamente.

Senhoras e senhores! Temo que esta exposição lhes pareça difícil, e devem imaginar que não é exaustiva. Lamento provocar seu descontentamento. Mas não posso me colocar outro objetivo senão fazer com que tenham ideia da natureza de nossos resultados e das dificuldades de sua obtenção. Quanto mais avançamos no estudo dos processos psíquicos, tanto mais reconhecemos sua profusão e complexidade. Várias fórmulas simples, que inicialmente nos pareciam apropriadas, revelaram-se depois insatisfatórias. Não nos cansaremos de mudá-las e corrigi-las. Na conferência sobre a teoria dos sonhos eu os levei por um terreno em que quase não houve descobertas nesses quinze anos; agora que tratamos da angústia, veem tudo em estado de fluxo e mudança. Essas coisas novas também não foram ainda muito elaboradas, talvez sua apresentação ofereça dificuldades também por conta disso. Tenham paciência, logo abandonaremos o tema da angústia; só não garanto que ele será resolvido a nosso contento. Mas oxalá teremos feito algum progresso. E nesse caminho adquirimos vários novos conhecimentos. Assim, o exame da angústia também nos permite acrescentar um novo traço à nossa descrição do Eu. Dissemos que o Eu é fraco em relação ao Id, que é seu servo fiel, empenhado em executar suas ordens e cumprir suas exigências. Não pensamos em retirar essa afirmação. Por outro lado, esse Eu é a parte mais bem organizada do Id, aquela orientada para a realidade. Não devemos exagerar na diferenciação das duas, nem nos surpreender se o Eu, por sua vez, tiver influência nos processos do Id. Pen-

32. ANGÚSTIA E INSTINTOS

so que ele exerce tal influência ao colocar em ação, por meio do sinal de angústia, o quase onipotente princípio de prazer-desprazer. Logo em seguida, porém, ele mostra novamente sua fraqueza, pois pelo ato da repressão renuncia a uma parcela da sua organização, tem de admitir que o impulso instintual reprimido fique permanentemente subtraído à sua influência.

E agora mais uma observação sobre o problema da angústia. A angústia neurótica se transformou em angústia realista em nossas mãos, em angústia ante determinadas situações de perigo externas. Mas não podemos ficar nisso, temos de dar mais um passo, que será um passo atrás, no entanto. Nós nos perguntamos o que é realmente perigoso e temível numa tal situação de perigo. Claramente não é o dano à pessoa, julgado objetivamente, que não precisa ter significado psicológico, mas o que ele provoca na psique. Por exemplo, o nascimento, nosso modelo para o estado de angústia, não pode ser visto como um dano em si, ainda que possa envolver o risco de danos. O essencial no nascimento, como em toda situação de perigo, é que ele produz na vivência psíquica um estado de tensa excitação, que é sentido como desprazer e que não pode ser subjugado mediante a descarga. Se chamamos esse estado, no qual fracassam os esforços do princípio do prazer, de momento* *traumático*, então chegamos, pela sequência angústia neurótica — angús-

---

* *Traumatischer Moment*, no original; quando é masculino (*der Moment*), esse substantivo significa "momento"; quando é neutro (*das Moment*), pode ser traduzido por "fator".

NOVAS CONFERÊNCIAS INTRODUTÓRIAS À PSICANÁLISE

tia realista — situação de perigo, à tese simples de que a coisa temida, o objeto da angústia, é sempre a aparição de um momento traumático que não pode ser liquidado segundo a norma do princípio do prazer. Compreendemos de imediato que sermos dotados do princípio do prazer não nos assegura contra danos objetivos, mas apenas contra um determinado dano a nossa economia psíquica. Do princípio do prazer ao instinto de autoconservação há uma boa distância, os propósitos dos dois estão longe de coincidir desde o início. Mas vemos outra coisa mais; talvez seja esta a solução que buscamos. A saber, que em tudo isso a questão é de quantidades relativas. Somente a grandeza da soma de excitação faz de uma impressão um momento traumático, paralisa a função do princípio do prazer, dá à situação de perigo sua importância. E se assim for, se esses enigmas se resolverem com um expediente tão simples, por que não seria possível que tais momentos traumáticos ocorram na psique sem relação com as supostas situações de perigo, que neles a angústia não seja despertada como sinal, mas surja de novo, com nova motivação? A experiência clínica afirma resolutamente que de fato é assim. Apenas as repressões posteriores mostram o mecanismo que descrevemos, no qual a angústia é ocasionada como sinal de uma situação de perigo anterior; as primeiras e originais nascem diretamente de momentos traumáticos, no encontro do Eu com uma exigência libidinal excessiva, elas criam novamente sua angústia, mas segundo o modelo do nascimento, é certo. O mesmo pode valer para a geração da angústia na neurose de angústia, por

32. ANGÚSTIA E INSTINTOS

dano somático da função sexual. Já não diremos que a própria libido é aí transformada em angústia. Mas não vejo objeção a uma dupla origem da angústia, como consequência direta do momento traumático e como sinal de que ele ameaça repetir-se.

Senhoras e senhores: Agora ficarão contentes por não precisar ouvir mais nada acerca da angústia. Mas nada ganharão com isso, não é melhor o que vem em seguida. Quero conduzi-los pelo terreno da teoria da libido ou dos instintos, onde muita coisa nova também surgiu. Não digo que tenhamos feito grandes progressos nele, de modo que lhes valesse a pena todo o esforço de conhecê-lo. Não, é um campo em que muito pelejamos por orientações e perspectivas; vocês apenas serão testemunhas do nosso esforço. Também aqui devo remontar a várias coisas que lhes disse antes.

A teoria dos instintos é, por assim dizer, nossa mitologia. Os instintos são seres míticos, formidáveis em sua indeterminação. Em nosso trabalho não podemos ignorá-los um só instante, mas nunca estamos certos de vê-los com precisão. Vocês sabem como o pensamento popular lida com eles. As pessoas imaginam a existência de muitos e variados instintos, tantos quanto necessitam: um instinto de imitação, um de autoafirmação, um instinto lúdico, um social, e assim por diante. Elas como que recorrem a eles, deixam cada qual fazer seu trabalho específico e os abandonam de novo. Sempre suspeitamos que por trás desses muitos pequenos instintos tomados de empréstimo se escondesse algo sério e forte, do qual deveríamos nos aproximar cautelosamente. Nosso primeiro passo foi bem modesto. Achamos que provavelmente não seria errado distinguir dois instintos principais, espécies ou grupos de instintos, de acordo com as duas grandes necessidades: fome e amor. Embora defendamos zelosamente a independência da psicologia em relação às demais ciências, aqui nos achamos à sombra do inabalável fato biológico de que o ser vivo individual serve a dois propósitos, a autopreservação e a conservação da espécie, que parecem ser independentes um do outro, pelo que sabemos até agora não têm origem comum, e cujos interesses frequentemente se contrariam na vida animal. Estamos fazendo, na realidade, psicologia biológica, estudando os acompanhamentos psíquicos dos processos biológicos. Como representantes dessa concepção foram introduzidos na psicanálise os "instintos do Eu" e os "instintos sexuais". Incluímos entre os primeiros tudo relacionado à conservação, afirmação, engrandecimento da pessoa. Aos últimos tivemos que atribuir a abundância que requerem a vida sexual infantil e a perversa. Como, ao investigar as neuroses, tomamos conhecimento do Eu como o poder limitador, repressor, e das tendências sexuais como o que é limitado, reprimido, acreditamos apreender com firmeza não só a diferença, mas também o conflito entre os dois grandes grupos de instintos. Inicialmente o objeto de nosso estudo foram apenas os instintos sexuais, cuja energia denominamos "libido". Com eles tentamos clarear nossas concepções do que seja um instinto e do que deve ser atribuído a ele. Nisso chegamos à teoria da libido.

32. ANGÚSTIA E INSTINTOS

Um instinto diferencia-se de um estímulo pelo fato de originar-se de fontes de estímulo no interior do corpo, de operar como uma força constante e de a pessoa não poder subtrair-se a ele mediante a fuga, como é possível fazer com o estímulo externo. Podemos diferenciar, no instinto, fonte, objeto e meta. A fonte é um estado de excitação no corpo, a meta é suspensão desta excitação, no trajeto da fonte à meta o instinto se torna psiquicamente operante. Nós o imaginamos como um certo montante de energia que impele para determinada direção. Desse impelir deriva o seu nome: *Trieb*.* Fala-se de instintos ativos e passivos; dever-se-ia falar, mais corretamente, de metas instintuais ativas e passivas, pois também para atingir uma meta passiva é necessário um dispêndio de atividade. A meta pode ser alcançada no próprio corpo, via de regra é interposto um objeto externo, no qual o instinto alcança sua meta externa; a interna é sempre a mesma, a mudança no corpo sentida como satisfação. Não está claro para nós se a relação com a fonte somática empresta ao instinto uma especificidade, e qual seria esta. Segundo a experiência analítica, é fato indubitável que impulsos de uma fonte se ligam àqueles de outras fontes e partilham seu destino, e que uma satisfação instintual pode ser substituída por

---

* No original: *Von diesem Drängen hat er den Namen: Trieb*. O verbo *drängen* (impelir, empurrar) é sinônimo de *treiben* em várias acepções deste; *treiben* é o verbo cognato de *Trieb*. Sobre a tradução de *Trieb*, ver Paulo César de Souza, *As palavras de Freud: o vocabulário freudiano e suas versões*. São Paulo: Companhia das Letras, nova ed. revista, 2010, capítulo sobre esse termo.

outra. Mas confessamos que não compreendemos isso muito bem. Também a relação do instinto com a meta e o objeto admite alterações, os dois podem ser trocados por outros, sendo que a relação com o objeto pode se afrouxar mais facilmente. Denominamos *sublimação* um certo tipo de modificação da meta e mudança de objeto, em que nossos valores sociais entram em consideração. Também temos razões para distinguir instintos *inibidos na meta* — impulsos de fontes conhecidas e com meta inequívoca, mas que se detêm no caminho para a satisfação, de modo que se produz um duradouro investimento objetal e uma persistente inclinação. É desse tipo, por exemplo, a relação de ternura, que seguramente procede das fontes da necessidade sexual e normalmente renuncia à satisfação desta. Já veem quantas características e vicissitudes dos instintos ainda escapam à nossa compreensão; cabe mencionar também uma distinção que se apresenta entre instintos sexuais e de autoconservação, que teria grande importância teórica se se aplicasse ao grupo inteiro.* Os instintos sexuais nos chamam a atenção por sua plasticidade, a capacidade de mudar suas metas, pela suscetibilidade à troca, na

---

* "Se se aplicasse ao grupo inteiro": *wenn er die ganze Gruppe beträfe* — a formulação original não é inteiramente clara; parece se referir ao grupo dos instintos de autoconservação, pelo que se afirma em seguida, mas algumas das versões consultadas entendem que diz respeito aos dois grupos (quando não mantêm a imprecisão original): *si correspondiera a todo el grupo, si valiera para los grupos íntegros, se riguardasse i due gruppi nelo loro insieme, if it applied to the whole group, indien het de gehele groep betrof.*

32. ANGÚSTIA E INSTINTOS

medida em que uma satisfação instintual pode ser substituída por outra, e pela possibilidade de serem suspensos ou adiados, de que os instintos inibidos na meta vêm de nos dar um bom exemplo. Tenderíamos a recusar essas características aos instintos de autoconservação, deles afirmando que são inflexíveis, inadiáveis, imperiosos de maneira muito diversa, e que têm uma relação inteiramente outra com a repressão e com a angústia. Mas logo a reflexão nos diz que esta exceção não se aplica a todos os instintos do Eu, apenas à fome e à sede, e evidentemente se baseia numa peculiaridade das fontes instintuais. Boa parte da impressão confusa disso vem ainda do fato de não havermos apreciado separadamente que mudanças sofrem, por influência do Eu organizado, os impulsos originalmente pertencentes ao Id.

Movemo-nos em solo mais firme quando investigamos de que forma a vida instintual serve à função sexual. Nisto alcançamos conhecimentos decisivos, que também já não são novos para vocês. Não notamos a existência de um instinto sexual, que desde o início traz uma tendência para a meta da função sexual, a união das duas células sexuais. Vemos, isto sim, um grande número de instintos parciais, vindos de diferentes locais e regiões do corpo, que, de modo independente uns dos outros, buscam todos eles satisfação, e encontram essa satisfação em algo que chamamos *prazer de órgão*. Os genitais são as últimas dessas *zonas erógenas*, e já não podemos negar o nome de prazer *sexual* ao seu prazer de órgão. Nem todos esses impulsos que tendem ao prazer são acolhidos na organização derradeira da função sexual. Vários deles são eliminados como inúteis, pela repressão ou de outro modo, alguns são desviados de sua meta, da maneira notável que já mencionamos, e outros são mantidos em papéis secundários, servem para a realização de atos introdutórios, para a produção de prazer preliminar. Vocês souberam que nesse prolongado desenvolvimento podem se notar várias fases de organização temporária, e também que as aberrações e atrofias da função sexual se explicam por esta sua história. A primeira dessas fases *pré-genitais* nós chamamos *oral*, pois, correspondendo ao modo como o lactente é alimentado, a zona erógena da boca domina o que podemos chamar de atividade sexual desse período da vida. Num segundo estágio vêm à frente os impulsos *sádicos* e *anais*, certamente em conjunção com o nascimento dos dentes, o fortalecimento da musculatura e o controle das funções esfincterianas. Justamente sobre essa peculiar fase de desenvolvimento acabamos de descobrir vários pormenores interessantes. Em terceiro lugar vem a fase *fálica*, em que nos dois sexos o membro viril — e o que a ele corresponde na garota — adquire uma importância que não mais poderá ser ignorada. Reservamos a expressão fase *genital* para a organização sexual definitiva, que se estabelece após a puberdade e na qual, somente então, o genital feminino tem o reconhecimento que o masculino adquiriu muito tempo antes.

Até agora tudo foi uma corriqueira repetição. E não pensem que as coisas que não mencionei já não tenham validez. Esta repetição foi necessária como ponto de partida para o relato sobre o progresso de nossos conhe-

32. ANGÚSTIA E INSTINTOS

cimentos. Podemos nos gabar de haver descoberto muitas coisas novas justamente sobre as primeiras organizações da libido, e de haver apreendido mais claramente a importância do já sabido, algo de que lhes darei alguns exemplos. Karl Abraham demonstrou, em 1924, que se podem distinguir dois estágios na fase sádico-anal. No mais antigo deles prevalecem as tendências destrutivas de aniquilação e perda, no posterior, aquelas de manutenção e posse, amigáveis ao objeto. No meio dessa fase, portanto, surge primeiramente a consideração pelo objeto, como precursor de um futuro investimento amoroso. É igualmente justificado supor essa divisão também na primeira fase, a oral. No primeiro subestágio a questão é apenas a incorporação oral, não há qualquer ambivalência na relação com o objeto, o seio materno. O segundo estágio, caracterizado pelo surgimento da ação de morder, pode ser designado como *sádico-oral*; ele exibe pela primeira vez os fenômenos da ambivalência, que vêm a se tornar bem mais nítidos na fase seguinte, a sádico-anal. O valor dessas novas distinções se mostra particularmente quando buscamos, em determinadas neuroses — neurose obsessiva, melancolia —, os pontos de predisposição no desenvolvimento da libido. Queiram recordar, a propósito, o que aprendemos sobre o vínculo entre fixação da libido, predisposição e regressão.*

Nossa atitude para com as fases da organização da libido sofreu alguma mudança. Se antes enfatizamos

---

* Cf. *Conferências introdutórias à psicanálise*, cap. 22.

principalmente como uma delas desaparecia antes da seguinte, agora nossa atenção se dirige aos fatos que mostram o quanto de uma fase anterior permanece ao lado e por trás das configurações posteriores e adquire uma permanente representação na economia libidinal e no caráter da pessoa. Ainda mais significativos tornaram-se os estudos que nos ensinam como são frequentes, em condições patológicas, regressões a fases anteriores, e que determinadas regressões são típicas de certas formas de doenças. Mas não posso tratar disso neste lugar; é parte de uma psicologia especial das neuroses.

Pudemos estudar as transformações dos instintos e processos similares no erotismo anal particularmente, nas excitações vindas das fontes da zona erógena anal, e ficamos surpresos com a variedade de utilizações dadas a esses impulsos. Provavelmente não é fácil livrar-se do menosprezo que, no curso da evolução, atingiu precisamente esta zona. Por isso, deixemos que Abraham nos recorde que o ânus corresponde embriologicamente à boca primitiva, que migrou para o final do intestino. Então aprendemos que, com a desvalorização das próprias fezes, do excremento, esse interesse instintual de fonte anal passa para objetos que podem ser dados como *presente*. E com razão, pois as fezes foram o primeiro presente que o bebê pôde dar, do qual se desprendeu por amor a quem dele cuidava. Depois, de modo inteiramente análogo à mudança de significado durante a evolução da linguagem, esse antigo interesse em fezes se converte na apreciação de *ouro* e *dinheiro* [*Gold und Geld*], mas também contribui para o investimento afetivo de *criança*

32. ANGÚSTIA E INSTINTOS

e *pênis*. As crianças, que por muito tempo se apegam à teoria da cloaca, estão convencidas de que o bebê nasce do intestino, como um excremento; a defecação é o modelo para o ato do nascimento. Mas o pênis também tem como precursor a coluna de fezes que preenche e estimula a membrana mucosa do intestino. Quando a criança, muito a contragosto, toma conhecimento de que há seres humanos que não possuem este membro, passa a ver o pênis como algo destacável do corpo, em clara analogia com o excremento, que foi o primeiro pedaço de matéria corpórea a que teve de renunciar. Um bocado de erotismo anal é, assim, carreado para investimento no pênis; mas o interesse nessa parte do corpo tem, além da raiz erótico-anal, uma raiz oral talvez mais forte ainda, pois o pênis torna-se também o herdeiro do bico do seio materno, após o fim do aleitamento.

Desconhecendo essas profundas relações, é impossível nos orientarmos nas fantasias, nas associações influenciadas pelo inconsciente e na linguagem sintomática dos seres humanos. Fezes-dinheiro-criança-pênis são aí tratados como equivalentes, e também representados por símbolos comuns. Também não esqueçam que só pude lhes dar informações incompletas. Apenas acrescentarei, de passagem, que também o interesse na vagina, que desperta mais tarde, é de origem erótico--anal principalmente. Isso não surpreende, pois a vagina mesma é, na feliz expressão de Lou Andreas-Salomé, "arrendada" do reto; na vida dos homossexuais, que não perfizeram determinado trecho do desenvolvimento sexual, ela é novamente representada por ele. Nos sonhos

NOVAS CONFERÊNCIAS INTRODUTÓRIAS À PSICANÁLISE

há frequentemente um local que antes era um único espaço e que agora é dividido em dois por uma parede, ou o contrário. Isto sempre se refere à relação da vagina com o intestino. Também podemos acompanhar muito bem como, nas meninas, o desejo inteiramente não feminino de possuir um pênis transforma-se normalmente no desejo de um filho e, depois, de um homem, como portador de um pênis e doador de um filho; de modo que também aí se vê como uma porção de interesse originalmente erótico-anal obtém acolhida na posterior organização genital.

Durante esses estudos das fases pré-genitais da libido pudemos descobrir algumas coisas novas sobre a formação do caráter. Notamos um trio de características que aparecem juntas com alguma regularidade: senso de ordem, parcimônia e obstinação; e concluímos, da análise de pessoas assim, que tais características vêm de o seu erotismo anal ser despendido e empregado de forma diversa. Falamos de um *caráter anal* quando encontramos essa notável união, e fazemos um certo contraste entre o caráter anal e o erotismo anal não modificado. Descobrimos uma relação semelhante, talvez ainda mais firme, entre a ambição e o erotismo uretral. Enxergamos uma curiosa alusão a esse nexo na lenda segundo a qual Alexandre, o Grande, nasceu na mesma noite em que um certo Erostrato incendiou, por puro anseio de fama, o decantado templo de Artemis em Éfeso. Ao que parece, os antigos não desconheciam esse nexo! Vocês já sabem como o ato de urinar tem a ver com o fogo e o apagar do fogo. Naturalmente espe-

32. ANGÚSTIA E INSTINTOS

ramos que outros traços de caráter se revelem, de forma semelhante, precipitados ou construções reativas de certas formações libidinais pré-genitais, mas ainda não pudemos demonstrar isso.

Agora chegou o momento de eu retroceder tanto na história como no tema, e retomar os problemas mais amplos da vida instintual. Nossa teoria da libido teve por base, inicialmente, a oposição de instintos do Eu e instintos sexuais. Quando, mais tarde, começamos a estudar mais detidamente o próprio Eu e chegamos à perspectiva do narcisismo, mesmo essa distinção perdeu seu fundamento. Em casos raros pode-se perceber que o Eu toma a si próprio por objeto, comporta-se como se estivesse apaixonado por si mesmo. Daí o termo "narcisismo", tirado da lenda grega. Mas isso é apenas a exacerbação de um fato normal. Viemos a compreender que o Eu é sempre o reservatório principal de libido, de onde partem os investimentos libidinais dos objetos e para o qual eles retornam, enquanto a maior parte dessa libido permanece constantemente no Eu. Portanto, libido do Eu é incessantemente transformada em libido de objeto, e esta em libido do Eu. Mas então elas não podem ser diferenciadas conforme sua natureza, não faz sentido separar a energia de um daquela da outra, podemos deixar de lado a designação "libido", ou empregá-la como equivalente a energia psíquica.

Não mantivemos por muito tempo essa posição. A ideia de uma oposição no interior da vida instintual logo achou uma outra, mais aguda expressão. Mas não lhes exporei como surgiu essa novidade da teoria dos instintos; também ela se baseia essencialmente em considerações biológicas; eu a apresentarei aqui como um produto acabado. Nós supomos que haja dois tipos de instintos essencialmente diversos, os sexuais no sentido mais amplo, o *Eros*, se preferirem o termo, e os *agressivos*, cuja meta é a destruição. Ouvindo isso posto desta forma, dificilmente vocês o aceitarão como algo novo; parece uma tentativa de transfiguração teórica da banal oposição entre amor e ódio, que talvez coincida com aquela outra polaridade de atração e repulsa, que a física supõe no mundo inorgânico. Mas é curioso que essa colocação seja mesmo percebida como novidade por muitos — como uma novidade indesejável, que deveria ser afastada o mais rapidamente possível. Suponho que um forte elemento afetivo prevaleça nessa rejeição. Por que nós mesmos necessitamos de tanto tempo para nos decidirmos a reconhecer um instinto de agressão, por que hesitamos em incorporar à teoria fatos que saltam aos olhos e são conhecidos de todos? Provavelmente encontraríamos pouca resistência se quiséssemos atribuir aos animais um instinto com essa meta. Mas admiti-lo na constituição humana parece uma blasfêmia; contraria muitos pressupostos religiosos e convenções sociais. Não, o ser humano tem de ser bom por natureza, ou bonachão, pelo menos. Se ocasionalmente ele se mostra violento, brutal, cruel, são apenas transtornos passageiros de sua vida emocional, na maioria das vezes provocados, talvez consequência dos regimes sociais inadequados que ele criou até agora.

32. ANGÚSTIA E INSTINTOS

Infelizmente, o que a história ensina e que nós mesmos vivenciamos não depõe neste sentido, justificando antes o veredicto de que a crença na "bondade" da natureza humana é uma dessas ilusões ruins das quais os homens esperam que facilite e embeleze a vida, quando apenas acarreta danos, na realidade. Não precisamos continuar essa polêmica, pois não favorecemos a hipótese de um instinto especial de agressão e destruição devido aos ensinamentos da história e da vida, isto sucede com base em reflexões gerais, a que somos levados pela consideração dos fenômenos do *sadismo* e do *masoquismo*. Como sabem, denominamos sadismo quando a satisfação sexual é ligada à condição de que o objeto sexual experimente dores, maus-tratos e humilhações, e masoquismo, quando a pessoa tem a necessidade de ser ela mesma o objeto maltratado. Como também sabem, um tanto dessas duas tendências está incluído na relação sexual normal, e elas são qualificadas de perversões quando empurram para segundo plano as outras metas sexuais e colocam seus próprios objetivos no lugar. E também não lhes terá escapado que o sadismo mantém íntima relação com a masculinidade, e o masoquismo com a feminilidade, como se aí houvesse um oculto parentesco, mas devo logo lhes dizer que por esse caminho não chegamos a avançar. Ambos, sadismo e masoquismo, são fenômenos enigmáticos para a teoria da libido, particularmente o masoquismo, e é natural que o que foi a pedra de escândalo de uma teoria seja a pedra angular daquela que a sucede.

NOVAS CONFERÊNCIAS INTRODUTÓRIAS À PSICANÁLISE

Acreditamos, então, que no sadismo e no masoquismo temos dois ótimos exemplos da mistura das duas espécies de instintos, de Eros com a agressividade, e levantamos a hipótese de que essa relação é modelar, de que todos os impulsos que estudamos consistem de tais misturas e fusões das duas espécies de instintos. Isso nas mais diversas proporções, naturalmente. Os instintos eróticos introduziriam a variedade de suas metas sexuais na mistura, enquanto os outros admitiriam apenas atenuações e gradações de sua monocórdica tendência. Essa hipótese nos abre a perspectiva de investigações que podem vir a ter grande importância para o entendimento dos processos patológicos. Pois as misturas podem também se decompor, e de tais separações dos instintos podemos esperar graves consequências para a função. Mas essas concepções ainda são muito novas; até agora ninguém procurou utilizá-las no trabalho.

Vamos retornar ao problema especial que o masoquismo nos coloca. Se abstraímos por um instante os seus componentes eróticos, ele testemunha que existe uma tendência que tem por objetivo a própria destruição. Se também para o instinto de destruição* é verdadeiro que o Eu — mas aqui nos referimos mais ao Id, à pessoa inteira — inclui originalmente todos os impulsos instintuais, disso resulta que o masoquismo é mais velho que o sadismo, mas o sadismo é instinto de destruição voltado

---

* Nesse ponto foram acrescentadas na edição *Standard* inglesa — e depois também na *Studienausgabe* alemã —, entre colchetes, as palavras "como para a libido" [*wie für die Libido*].

32. ANGÚSTIA E INSTINTOS

para fora, que desse modo adquire o caráter de agressividade. Certo montante do instinto de destruição original pode ainda permanecer no interior; parece que a nossa percepção se dá conta dele apenas nessas duas condições: quando ele se liga a instintos eróticos, no masoquismo, ou quando — com maior ou menor ingrediente erótico — se volta contra o mundo exterior, como agressividade. E damos com a importância da possibilidade de que a agressividade talvez não ache satisfação no mundo exterior, porque depara com obstáculos reais. Então ela poderá retroceder, elevando a medida de autodestruição vigente no interior. Veremos que isso acontece realmente assim, e como é importante este processo. Agressividade impedida parece envolver graves danos; realmente é como se tivéssemos que destruir outras coisas, outras pessoas, para não destruirmos a nós mesmos, para nos guardar da tendência à autodestruição. Sem dúvida, uma triste revelação para um moralista!

Mas o moralista se consolará, por muito tempo ainda, com a natureza improvável de nossas especulações. Estranho instinto esse, que se dedica à destruição do seu próprio lar orgânico! É verdade que os escritores falam de tais coisas, mas eles são irresponsáveis, têm a prerrogativa da licença poética. No entanto, ideias similares também não são desconhecidas na fisiologia, por exemplo, a de que a mucosa do estômago digere a si mesma. Mas deve-se admitir que o nosso instinto de autodestruição requer uma base de apoio mais ampla. Não podemos ousar uma hipótese dessa envergadura somente porque alguns pobres malucos vinculam a satisfação sexual a uma condição peculiar. Um estudo aprofundado dos instintos nos dará o que necessitamos, creio. Os instintos não governam apenas a vida psíquica, mas também a vegetativa, e esses instintos orgânicos mostram uma característica que merece o nosso vivo interesse. Somente mais tarde poderemos julgar se é uma característica geral dos instintos. Eles se revelam como empenho de restaurar um estado anterior. Podemos supor que a partir do momento em que tal estado, uma vez atingido, é perturbado, surge um impulso [*Trieb*] para recriá-lo, produzindo fenômenos que podemos designar de *compulsão de repetição*. Assim, a embriologia seria toda ela compulsão de repetição; uma capacidade de formar novamente órgãos perdidos se estende bastante pelo reino animal, e o instinto de cura — ao qual, juntamente com o auxílio terapêutico, devemos nossas recuperações — poderia ser vestígio dessa faculdade tão bem desenvolvida nos animais inferiores. As migrações de peixes na época da desova, talvez os voos migratórios das aves, possivelmente tudo o que denominamos manifestação instintiva* nos animais, ocorre sob o mandamento da compulsão de repetição, que exprime a *natureza conservadora* dos instintos. Também no âmbito psíquico não precisamos buscar suas manifestações por muito tempo. Chamou-nos a atenção o fato de as vivências esquecidas e reprimidas da primeira infância se reproduzirem, durante o trabalho analítico, em sonhos e reações, sobretudo naquelas da transferência, embora

---

* "Manifestação instintiva": no original, *Instinktäußerung*.

32. ANGÚSTIA E INSTINTOS

seu redespertar vá de encontro ao interesse do princípio do prazer, e a explicação achada foi que nesses casos uma compulsão de repetição se impõe até mesmo ao princípio do prazer. Também fora da análise podemos observar algo assim. Há pessoas que sempre repetem na vida, sem correção, as mesmas reações em detrimento próprio, ou que parecem perseguidas por um destino implacável, quando uma investigação mais precisa revela que elas mesmas preparam para si, inscientemente, esse destino. Então atribuímos à compulsão de repetição um caráter *demoníaco*.*

Mas em que pode esse traço conservador dos instintos contribuir para o entendimento de nossa autodestruição? Qual estado anterior um instinto desses quer restaurar? Bem, a resposta não está longe e abre amplas perspectivas. Se é verdadeiro que — em tempos imemoriais e de modo inconcebível — a vida se originou de matéria inanimada, então, segundo nossa premissa, deve ter surgido naquele momento um instinto que procura abolir a vida, restaurar o estado inorgânico. Se reconhecemos nesse instinto a autodestruição da nossa hipótese, podemos vê-la como expressão de um *instinto de morte* que não pode estar ausente em nenhum processo vital. Agora os instintos em que acreditamos se dividem nos dois grupos que são: o dos eróticos, que buscam aglomerar substância viva em unidades cada vez maio-

---

* No sentido pré-cristão da palavra "demônio", isto é, gênio do bem ou do mal, que governa o destino e o temperamento do indivíduo.

res, e dos instintos de morte, que contrariam esse esforço e reconduzem o elemento vivo ao estado inorgânico. Da atividade conjunta e oposta dos dois procedem os fenômenos vitais a que a morte põe fim.

Vocês dirão talvez, encolhendo os ombros: "Isto não é ciência natural, é filosofia schopenhaueriana". Mas por que, senhoras e senhores, um pensador ousado não teria adivinhado o que depois é confirmado pela sóbria e laboriosa pesquisa de detalhes? Além do mais, tudo já foi dito alguma vez, e antes de Schopenhauer houve muitos que disseram coisas semelhantes. E o que dizemos não é exatamente Schopenhauer. Não afirmamos que a morte é o único objetivo da vida; não deixamos de ver, junto à morte, a vida. Reconhecemos dois instintos fundamentais e admitimos para cada um sua própria meta. Como os dois se mesclam no processo da vida, como o instinto de morte é levado a servir aos propósitos de Eros, sobretudo no seu voltar-se para fora como agressão, são tarefas deixadas para a pesquisa futura. Chegamos apenas até o ponto em que tal panorama se abre à nossa frente. Se o caráter conservador é próprio de todos os instintos sem exceção, se também os instintos eróticos querem restabelecer um estado anterior, quando tendem à síntese do que é vivo em unidades sempre maiores — também essa questão teremos que deixar sem resposta.

Afastamo-nos um pouco de nossa base. Vou lhes dizer, retrospectivamente, qual foi o ponto de partida dessas reflexões sobre a teoria dos instintos. Foi o mesmo que nos levou a revisar a relação entre o Eu e

32. ANGÚSTIA E INSTINTOS

o inconsciente, a impressão, oriunda do trabalho analítico, de que o paciente que oferece resistência muitas vezes não é cônscio dessa resistência. Não só o fato da resistência lhe é inconsciente, mas também os motivos dela. Tivemos de procurar por esse ou esses motivos e o encontramos, surpreendentemente, numa forte necessidade de castigo, que só pudemos incluir entre os desejos masoquistas. A importância prática desse achado não fica atrás da teórica, pois esta necessidade de punição é o maior inimigo de nosso esforço terapêutico. Ela é satisfeita pelo sofrimento ligado à neurose, e por isso se apega à doença. Parece que esse fator, a inconsciente necessidade de castigo, tem participação em todo adoecimento neurótico. São muito convincentes, quanto a isso, os casos em que o sofrimento neurótico é substituído por um outro, de outra espécie. Vou lhes relatar uma experiência desse tipo. Certa vez consegui livrar uma mulher solteira, mas já de alguma idade, do complexo de sintomas que há quinze anos a condenava a uma existência dolorosa e a impedia de participar da vida. Ela então se sentiu saudável e mergulhou numa atividade sôfrega, para desenvolver seus consideráveis talentos e ainda obter algum reconhecimento, sucesso e fruição. Mas cada uma de suas tentativas findava com as pessoas lhe dando a entender, ou ela mesma percebendo, que estava muito velha para alcançar algo naquele terreno. Após cada desenlace desses, seria de esperar uma recaída na doença, mas isso ela não podia mais realizar. Em vez disso, sempre lhe ocorriam acidentes que a punham fora de atividade e a faziam sofrer por algum tempo. Ela caía e torcia um pé ou feria um joelho, ou machucava a mão fazendo algo. Advertida de como podia ser grande a sua participação desses aparentes acasos, ela mudou sua técnica, por assim dizer. Em vez de acidentes, começaram a surgir ligeiras enfermidades nas mesmas ocasiões: catarros, anginas, inchações reumáticas, até que ela se decidiu pela resignação e toda a fantasmagoria desapareceu.

Acreditamos que não há dúvida quanto à origem desta necessidade inconsciente de castigo. Ela se comporta como parte da consciência moral, como o prosseguimento de nossa consciência moral no inconsciente, terá a mesma origem que a consciência moral, ou seja, corresponderá a uma porção de agressividade que foi interiorizada e assumida pelo Super-eu. Se os termos da expressão fossem menos incoerentes, seria justificado chamá-la, para todo efeito prático, de "sentimento de culpa inconsciente". Quanto à teoria, estamos em dúvida se devemos supor que toda agressividade retornada do mundo exterior é ligada ao Super-eu e, assim, dirigida contra o Eu, ou que uma parte dela realiza sua muda e inquietante atividade no Eu e no Id, como livre instinto de destruição. O mais provável é uma divisão desse último tipo, mas nada mais sabemos acerca disso. Na instauração inicial do Super-eu certamente foi empregada, no aparelhamento dessa instância, a porção de agressividade contra os pais que a criança não podia descarregar para fora, tanto devido à sua fixação amorosa como às dificuldades externas, e por isso o rigor do Super-eu não corresponde simplesmente à severidade da educação. É

32. ANGÚSTIA E INSTINTOS

bem possível que, em ocasiões posteriores de repressão da agressividade, o instinto tome o mesmo caminho que lhe foi aberto naquele momento decisivo.

As pessoas nas quais esse inconsciente sentimento de culpa é muito forte se denunciam, no tratamento analítico, pela reação terapêutica negativa, tão desagradável em termos de prognóstico. Quando são informadas da solução de um sintoma, à qual normalmente se seguiria o desaparecimento ao menos temporário do sintoma, o que delas obtemos é, pelo contrário, uma intensificação momentânea dele e da doença. Com frequência, basta elogiá-las por sua conduta na terapia, dizer algumas palavras esperançosas sobre o andamento da análise, para ocasionar uma inconfundível piora no seu estado. Um não analista diria que falta a "vontade de cura"; seguindo o modo de pensar analítico, vocês verão nessa atitude uma expressão do sentimento de culpa inconsciente, para o qual a doença, com seus sofrimentos e entraves, é justamente apropriada. Os problemas levantados pelo sentimento de culpa inconsciente, suas relações com moral, pedagogia, criminalidade e delinquência, são atualmente o campo de trabalho preferido dos psicanalistas.

Nesse ponto inesperado, saímos do submundo psíquico para a praça pública. Não posso conduzi-los adiante, mas quero detê-los com um último pensamento, antes de nos despedirmos por esta vez. Habituamo-nos a dizer que nossa civilização foi edificada à custa de impulsos sexuais inibidos pela sociedade, que em parte são reprimidos, é verdade, mas, por outro lado, são utilizados para outros objetivos. Também admitimos, apesar de todo o orgulho por nossas conquistas culturais, que para nós não é fácil cumprir as exigências dessa civilização, sentirmo-nos bem nela, pois as restrições instintuais que nos são impostas constituem um pesado fardo psíquico. Ora, o que percebemos quanto aos instintos sexuais vale em medida igual, ou talvez maior, para os outros instintos, os de agressão. São sobretudo esses que tornam mais difícil a vida em comum dos seres humanos e ameaçam a sua continuidade; a limitação da agressividade é o primeiro, talvez mais duro sacrifício que a sociedade requer do indivíduo. Vimos de que maneira engenhosa é obtida essa domesticação do recalcitrante. A instauração do Super-eu, que toma para si os perigosos impulsos agressivos, como que estabelece uma guarnição numa área inclinada à revolta. Por outro lado, numa consideração apenas psicológica, é preciso reconhecer que o Eu não se sente bem quando é sacrificado desse modo às necessidades da sociedade, quando tem de sujeitar-se às tendências destrutivas da agressividade, que de bom grado ele dirigiria contra os outros. Isso é como um prosseguimento, no âmbito psíquico, do dilema "devorar ou ser devorado", que prevalece no mundo orgânico. Felizmente os instintos agressivos nunca estão sós, mas sempre amalgamados com os eróticos. Nas condições da cultura criada pelos homens, esses últimos têm muito a mitigar e prevenir.

33. A FEMINILIDADE

Senhoras e senhores: Durante o tempo em que me preparo para lhes falar, ando às voltas com uma dificuldade interior. Não me sinto seguro de minha licença para fazê-lo, digamos. É certo que a psicanálise mudou e se enriqueceu em quinze anos de trabalho, mas ainda assim uma introdução à psicanálise poderia ficar sem alteração ou complemento. Sempre quer me parecer que estas conferências não têm razão de ser. Para os analistas estou dizendo muito pouco, e nada de novo; mas para vocês, coisas demais, que não estão equipados para compreender e que não lhes tocam diretamente. Procurei por escusas, e cada conferência tentei justificar com um motivo diferente. A primeira, sobre a teoria dos sonhos, devia recolocá-los de imediato na atmosfera psicanalítica e mostrar-lhes como as nossas concepções provaram ser duradouras. Na segunda, que segue a trilha que vai dos sonhos até o assim chamado ocultismo, atraiu-me a oportunidade de falar-lhes livremente sobre uma área de trabalho em que expectativas plenas de preconceitos lutam hoje com apaixonadas resistências, e o fiz esperando que o seu julgamento, treinado na tolerância com o exemplo da psicanálise, não se recusaria a acompanhar-me nessa excursão. A terceira conferência, sobre a dissecção da personalidade, foi certamente a que mais exigiu de vocês, pela singularidade do conteúdo, mas eu não podia lhes ocultar esse primeiro esboço de uma psicologia do Eu e, se já o tivéssemos quinze anos atrás, teria tido que mencioná-lo então. A última con-

NOVAS CONFERÊNCIAS INTRODUTÓRIAS À PSICANÁLISE

ferência, por fim, que provavelmente puderam seguir apenas com grande esforço, trouxe retificações necessárias, novas tentativas de solução dos mais importantes problemas, e minha introdução resultaria em incorreção, se eu as omitisse. Como veem, quando alguém começa a se desculpar, chega enfim à conclusão de que era tudo inevitável, tudo obra do destino. Eu me conformo a isto, e sugiro que façam o mesmo.

Também a palestra de hoje não teria propriamente lugar numa introdução, mas pode lhes dar uma amostra do trabalho psicanalítico em detalhe, e eu posso afirmar duas coisas a seu favor. Ela apresenta somente fatos observados, quase sem acréscimos especulativos, e se ocupa de um tema que reivindica seu interesse como nenhum outro quase. Em todas as épocas os homens meditaram sobre o enigma da feminilidade:

> *Cabeças em gorros com hieróglifos,*
> *Cabeças de turbantes e de negros barretes,*
> *Cabeças com perucas e mil outras*
> *Pobres, suadas cabeças humanas* [...]*
> (Heine, *Die Nordsee*)

---

* No original: *Häupter in Hieroglyphenmützen/ Häupter in Turban und schwarzem Barett/ Peruckenhäupterund tausend andere/ Andere, schwitzende Menschenhäupter.* Citação de "VII Fragen" [VII Perguntas] poema de *Die Nordsee* [O mar do Norte], Segundo Ciclo, conjunto de poemas de Heinrich Heine (1797-1856); no contexto original, as perguntas dizem respeito ao ser humano, não especificamente às mulheres.

33. A FEMINILIDADE

Também vocês não deixarão de cismar a respeito disso, na medida em que são homens; o que não se espera das mulheres que nos ouvem — elas mesmas são o enigma. Ao deparar com um outro ser humano, a primeira distinção que fazem é "macho ou fêmea", e estão habituados a fazer essa distinção com tranquila certeza. A ciência da anatomia partilha a sua certeza até determinado ponto e não muito além dele. Macho é o produto sexual masculino, o espermatozoide, e seu portador; fêmea é o óvulo e o organismo que o abriga. Nos dois sexos formaram-se órgãos que servem exclusivamente às funções sexuais, que provavelmente se desenvolveram em duas configurações diversas a partir da mesma disposição inata. Além disso, em ambos os sexos os demais órgãos, as formas do corpo e os tecidos, mostram influência pelo sexo, mas esta é inconstante e de medida variável, os chamados caracteres sexuais secundários. E a ciência também lhes diz algo que vai de encontro a suas expectativas, e que talvez se preste a confundir seus sentimentos. Ela lhes chama a atenção para o fato de que algumas partes do aparelho sexual masculino se acham igualmente no corpo da fêmea, ainda que em estado atrofiado, e o mesmo acontece no macho. Nisso ela vê sinais de *bissexualidade*, como se o indivíduo não fosse homem ou mulher, mas sempre as duas coisas, apenas um tanto mais de uma que da outra. Vocês são convidados a familiarizar-se com a ideia de que a proporção em que masculino e feminino se misturam, no ser individual, está sujeita a consideráveis variações. Mas como, excetuando casos raríssimos, apenas um tipo de produto sexual — óvulos ou sêmen — se acha presente numa pessoa, vocês devem ter dúvidas quanto ao significado decisivo desses elementos e concluir que o que constitui a masculinidade ou feminilidade é uma característica desconhecida, que a anatomia não pode apreender.

Será que a psicologia pode? Estamos habituados a empregar "masculino" e "feminino" também como atributos psíquicos, e, da mesma forma, transpusemos a noção de bissexualidade para a vida psíquica. Dizemos, então, que uma pessoa, seja homem ou mulher, comporta-se de maneira masculina num ponto, e feminina em outro. Mas logo vocês verão que isso apenas significa ceder à anatomia e à convenção. Não podem dar *nenhum* conteúdo novo aos conceitos "masculino" e "feminino". A distinção não é psicológica; quando falam em "masculino", normalmente querem dizer "ativo", e quando falam em "feminino", "passivo". É certo que existe essa relação. A célula sexual masculina move-se ativamente, procura aquela feminina, e esta, o óvulo, é imóvel, aguarda passivamente. Essa conduta dos organismos sexuais elementares é, inclusive, um modelo para o comportamento dos indivíduos no intercurso sexual. O macho persegue a fêmea para fins de união sexual, agarra-a, e a penetra. Mas com isso vocês reduzem, quanto à psicologia, o caráter do masculino ao fator da agressividade. Terão dúvidas de haverem dado com algo essencial, se levarem em consideração que em algumas classes de animais as fêmeas são mais fortes e agressivas, e os ma-

33. A FEMINILIDADE

chos são ativos apenas no único ato de união sexual. Assim é com as aranhas, por exemplo. Também as funções de incubar e criar a prole, que nos parecem femininas por excelência, não são ligadas invariavelmente às fêmeas entre os animais. Em espécies nada inferiores constatamos que os sexos partilham os cuidados com os filhos, ou até mesmo que o macho se dedica exclusivamente a eles. Mesmo no âmbito da vida sexual humana vocês logo percebem como é insatisfatório identificar a conduta masculina com a atividade e a feminina com a passividade. Em todo sentido a mãe é ativa em relação ao filho, mesmo do ato de mamar podemos dizer tanto que ela dá de mamar à criança como que deixa a criança mamar. Quanto mais nos afastarmos do estrito âmbito sexual, mais nítido ficará esse "erro de superposição".[*] As mulheres podem despender grande atividade em diferentes áreas, e os homens não podem conviver com seus iguais se não desenvolverem um alto grau de passiva docilidade. Se vocês agora disserem que esses fatos demonstrariam justamente que tanto os homens como as mulheres são bissexuais no sentido psicológico, concluirei apenas que decidiram fazer "ativo" coincidir com "masculino" e "passivo" com "feminino". Mas aconselho que não o façam. Parece-me inapropriado e nada acrescenta ao que sabemos.

---

[*] "Erro de superposição": no original, *Überdeckungsfehler*; seria o erro de pensar que se está vendo uma só coisa, quando, na verdade, trata-se de duas coisas superpostas; cf. *Conferências introdutórias à psicanálise*, cap. 20.

Poderíamos pensar na feminilidade como caracterizada psicologicamente pela preferência por metas passivas. Isso não é o mesmo que passividade, naturalmente. Pode ser necessária uma boa dose de atividade para alcançar uma meta passiva. Talvez ocorra que na mulher, derivando de seu papel na função sexual, uma preferência pela conduta passiva e metas passivas se estenda em maior ou menor grau na sua vida, conforme se restrinja ou se amplie esse caráter modelar da vida sexual. Mas nisso temos que atentar para não subestimar a influência da organização social, que igualmente empurra a mulher para situações passivas. Tudo isso ainda está pouco esclarecido. Há um nexo particularmente constante entre feminilidade e instintos, que não pretendemos ignorar. A supressão da agressividade, prescrita constitucionalmente e imposta socialmente à mulher, favorece o desenvolvimento de fortes impulsos masoquistas, que, como sabemos, têm êxito em ligar-se eroticamente a inclinações destrutivas voltadas para dentro. De modo que o masoquismo é, como se diz, realmente feminino. No entanto, se vocês encontrarem o masoquismo em homens, como é frequente, não lhes resta senão dizer que esses homens mostram nítidos traços femininos.

Agora já estão preparados para o fato de que também a psicologia não soluciona o enigma da feminilidade. Esse esclarecimento terá que vir de outra parte, e não poderá vir até que saibamos como ocorreu a diferenciação dos seres vivos em dois sexos. Nada sabemos quanto a isso, e, no entanto, a existência de dois sexos é uma característica notável da vida orgânica, que

33. A FEMINILIDADE

a distingue tão claramente da natureza inanimada. Nesse ínterim, achamos algo para estudar nos indivíduos que, possuindo genitais femininos, são caracterizados como evidentemente ou predominantemente femininos. É próprio da peculiaridade da psicanálise, então, que ela não se ponha a descrever o que é a mulher — uma tarefa quase impossível para ela —, mas investigue como a mulher vem a ser, como se desenvolve a partir da criança inatamente bissexual. Descobrimos algumas coisas sobre isso nos últimos tempos, devido à circunstância de várias das nossas excelentes colegas terem começado a trabalhar em torno dessa questão na análise. A diferença entre os sexos deu à discussão um estímulo extra, pois, a cada vez que uma comparação parecia resultar desfavorável ao seu sexo, as damas podiam externar a suspeita de que nós, os analistas homens, não havíamos superado alguns preconceitos muito arraigados em relação à feminilidade, e estávamos pagando isso com a parcialidade da nossa pesquisa. De nosso lado, situando-nos no terreno da bissexualidade, não foi difícil evitar qualquer indelicadeza. Precisamos apenas dizer: "Isso não vale para vocês. Vocês são uma exceção, mais masculinas do que femininas nesse ponto".

É com duas expectativas que começamos a investigar o desenvolvimento sexual feminino. A primeira, de que também nele a constituição não se ajustará à função sem alguma relutância. A outra, de que as mudanças decisivas terão sido encaminhadas ou realizadas antes da puberdade. As duas logo se confirmam. Além disso, a comparação com o que sucede no garoto nos diz que a evolução da garota pequena para uma mulher normal é mais difícil e complicada, pois abrange duas tarefas mais, para as quais não há contrapartida na evolução do menino. Sigamos os paralelos desde o início. Sem dúvida, já o material é diferente no menino e na menina; não se requer a psicanálise para constatar isso. A diferença na formação dos genitais é acompanhada de outras distinções físicas, tão conhecidas que dispensam menção. Também na disposição dos instintos aparecem diferenças que permitem imaginar a posterior natureza da mulher. A garota é, via de regra, menos agressiva, teimosa e autossuficiente; parece ter mais necessidade de que lhe demonstrem carinho, daí ser mais dócil e dependente. É provável que o fato de ela aprender mais fácil e rapidamente o controle das excreções seja apenas uma consequência dessa docilidade; pois urina e fezes são os primeiros presentes que a criança dá às pessoas que dela cuidam, e o seu controle, a primeira concessão que se obtém da vida instintual infantil. Adquire-se também a impressão de que a garota é mais inteligente e vivaz do que o garoto de mesma idade, de que é mais receptiva para com o mundo exterior e, ao mesmo tempo, forma investimentos objetais mais fortes. Não sei se essa vantagem no desenvolvimento já foi confirmada por observações mais precisas; de todo modo, é certo que a menina não pode ser tida como intelectualmente atrasada. Mas essas diferenças entre os sexos não devem receber muita consideração, elas podem ser contrabalançadas por variações individuais. Para os nossos propósitos imediatos podemos deixá-las de lado.

33. A FEMINILIDADE

Os dois sexos parecem atravessar da mesma forma as primeiras fases de desenvolvimento da libido. Seria de esperar que na fase sádico-anal já houvesse um arrefecimento da agressividade na menina, mas isto não se verifica. A análise das brincadeiras infantis mostrou às nossas psicanalistas que os impulsos agressivos da garota não deixam a desejar quanto à abundância e veemência. Com o ingresso na fase fálica, as diferenças entre os sexos recuam completamente diante das semelhanças. Temos de reconhecer que então a garota pequena é um pequeno homem. Nos garotos, como se sabe, esta fase se caracteriza pelo fato de ele obter sensações prazerosas do seu pequeno membro e relacionar o estado de excitação deste com as ideias que tem do intercurso sexual. O mesmo faz a garota com seu pequenino clitóris. Parece que nela todos os atos masturbatórios se dão nesse equivalente do pênis, que a vagina, o órgão propriamente feminino, não foi descoberto ainda pelos dois sexos. É certo que um ou outro relato também menciona sensações vaginais em idade tenra, mas não seria fácil distingui-las de sensações anais ou no vestíbulo; de maneira nenhuma podem ter um papel relevante. Podemos insistir em que o clitóris é a principal zona erógena da fase fálica da menina. Mas naturalmente isto não continua assim; com a mudança rumo à feminilidade, o clitóris deve ceder à vagina sua sensibilidade e, com isso, sua importância, no todo ou em parte. Esta seria uma das duas tarefas a serem cumpridas no desenvolvimento da mulher, enquanto o homem, tendo mais sorte, na época da maturidade sexual precisa apenas dar continuidade ao que já praticou no período da primeira florescência sexual.

Ainda retornaremos ao papel do clitóris; voltemo-nos agora para a segunda tarefa que complica o desenvolvimento da menina. O primeiro objeto amoroso do menino é a mãe; ela continua a sê-lo na formação do complexo de Édipo e, no fundo, por toda a vida. Também para a garota a mãe — e as figuras da ama de leite e da babá, que com ela se confundem — tem de ser o primeiro objeto; pois os primeiros investimentos objetais ocorrem se apoiando na satisfação das grandes e pequenas necessidades vitais, e as circunstâncias que envolvem o cuidado da criança são as mesmas para os dois sexos. Mas na situação edípica o pai se torna o objeto amoroso para a menina, e esperamos que ela, no curso normal do desenvolvimento, ache o caminho para a escolha objetal definitiva a partir do objeto paterno. Portanto, no transcorrer do tempo a menina deve trocar de zona erógena e de objeto, ambos conservados pelo menino. Surge então a pergunta de como sucede isto, em especial, como ela passa da mãe à ligação com o pai, ou, em outras palavras: da sua fase masculina para a que lhe é biologicamente destinada, a feminina?

Teríamos uma solução de simplicidade ideal se pudéssemos supor que a partir de certa idade vigora a atração heterossexual e impele a pequena mulher para o homem, enquanto a mesma lei permite ao garoto continuar com sua mãe. E poderia ser acrescentado que os filhos seguem nisso a indicação que lhes é dada pela preferência sexual dos pais. Mas as coisas não devem ser tão fáceis para nós; mal sabemos se é possível acreditar seriamente naquele poder misterioso, recalcitrante

33. A FEMINILIDADE

à análise, que tanto entusiasma os poetas. Laboriosas investigações, em que pelo menos o material foi fácil de obter, trouxeram-nos uma informação de espécie bem diferente. Vocês devem saber que é grande o número de mulheres que durante muito tempo ainda permanecem na dependência afetiva do objeto paterno, e mesmo do pai real. Foi nessas mulheres de ligação intensa e duradoura com o pai que fizemos surpreendentes constatações. Naturalmente sabíamos que tinha havido um estágio de ligação com a mãe, mas não que podia ser tão rico em conteúdo, durar tanto e deixar tantos ensejos para fixações e predisposições. Durante esse tempo, o pai é um rival importuno; em vários casos a ligação com a mãe ultrapassa os quatro anos de idade. Quase tudo o que achamos na relação com o pai já estava presente naquela, e depois foi transferido para o pai. Em suma, adquirimos a convicção de que não podemos compreender a mulher se não consideramos esta fase de *ligação pré-edípica com a mãe*.

Agora perguntamos quais as relações libidinais da garota com a mãe. A resposta é que são de diversos tipos. Como passam por todas as três fases da sexualidade infantil, assumem também as características de cada fase, manifestando-se em desejos orais, sádico-anais e fálicos. Esses desejos representam tanto impulsos ativos como passivos; se forem relacionados à diferenciação entre os sexos que surge mais tarde — o que devemos evitar na medida do possível —, poderão ser chamados de masculinos e femininos. São, além disso, totalmente ambivalentes, de natureza tanto carinhosa como hostil-

NOVAS CONFERÊNCIAS INTRODUTÓRIAS À PSICANÁLISE

-agressiva. Com frequência, esses últimos vêm à tona somente após terem se transformado em ideias angustiantes. Nem sempre é fácil indicar como se formulam esses primeiros desejos sexuais; o que acha expressão mais nítida é o desejo de fazer um filho na mãe, e aquele correspondente de lhe dar um filho, ambos pertencentes ao período fálico, e certamente espantosos, mas estabelecidos fora de qualquer dúvida pela observação psicanalítica. O atrativo dessas investigações está nos surpreendentes achados que nos proporcionam. Por exemplo, o medo de ser assassinado ou envenenado, que mais tarde poderá ser o núcleo da enfermidade paranoica, descobrimos já nessa fase pré-edípica, relacionado à mãe. Ou um outro caso: vocês devem se lembrar de um interessante episódio da pesquisa psicanalítica, que me ocasionou muitas horas difíceis. Na época em que o nosso interesse voltava-se principalmente para a descoberta de traumas sexuais infantis, quase todas as minhas pacientes mulheres me contavam que haviam sido seduzidas pelo pai. Afinal percebi que esses relatos não eram verdadeiros, e vim a compreender que os sintomas histéricos derivam de fantasias, não de acontecimentos reais. Somente depois pude reconhecer, nessa fantasia da sedução pelo pai, a expressão do típico complexo de Édipo na mulher. E agora reencontramos essa fantasia na história pré-edípica da garota, mas a sedutora é invariavelmente a mãe. Mas nisso a fantasia toca no chão da realidade, pois foi realmente a mãe que, cuidando da higiene corporal do bebê, suscitou-lhe (ou talvez despertou mesmo) sensações prazerosas nos genitais.

33. A FEMINILIDADE

Imagino que estejam a ponto de suspeitar que esse quadro da riqueza e da intensidade dos vínculos sexuais da menina com a mãe é um tanto exagerado. Afinal, as pessoas têm oportunidade de ver meninas pequenas e não percebem nada disso nelas. Mas a objeção não se sustenta; é possível enxergar muita coisa nas crianças quando se sabe observar, e, além do mais, considerem quão pouco de seus desejos sexuais uma criança é capaz de levar à expressão pré-consciente ou mesmo comunicar. Então apenas recorremos a algo lícito, ao estudar os resíduos desse mundo afetivo a posteriori, em pessoas nas quais esses processos de desenvolvimento atingiram uma forma particularmente nítida ou mesmo excessiva. Pois a patologia sempre nos prestou o serviço de tornar reconhecíveis, isolando-as e exagerando-as, coisas que ficariam ocultas no estado de normalidade. E, como nossas pesquisas não se realizaram em pessoas gravemente anormais, acho que podemos considerar dignos de créditos os seus resultados.

Agora vamos dirigir o interesse para a questão de como desaparece essa forte ligação materna da garota. Sabemos que esta é sua sina habitual; ela está destinada a ceder o lugar à ligação com o pai. Aqui nós damos com um fato que nos mostra a direção a seguir. Este passo no desenvolvimento não envolve uma simples mudança de objeto. O afastamento em relação à mãe ocorre sob o signo da hostilidade, a ligação materna acaba em ódio. Um ódio assim pode se tornar conspícuo, e durar por toda a vida. Mais tarde pode ser cuidadosamente sobre-compensado; via de regra, uma parte dele é superada, enquanto outra parte persiste. Nisso os eventos posteriores da vida têm grande influência, naturalmente. Mas nós nos limitamos a estudá-lo no período em que a garota se volta para o pai, e perguntamos por suas motivações. Ouvimos então uma longa lista de acusações e queixas contra a mãe, tendentes a justificar os sentimentos hostis da filha; elas variam bastante em seu valor, e passaremos a examiná-las. Algumas são claras racionalizações, as verdadeiras fontes da hostilidade precisam ser encontradas. Vocês me acompanharão, espero, se eu agora conduzi-los pelos pormenores de uma investigação psicanalítica.

Das recriminações feitas à mãe, a que mais recua no tempo é a de haver dado muito pouco leite à filha, o que é visto como falta de amor. Essa objeção tem alguma justificativa em nossas famílias. Com frequência as mães não têm nutrição suficiente para os bebês e se contentam em amamentá-los por alguns meses, até seis ou nove meses. Nos povos primitivos os bebês se nutrem no seio materno até os dois ou três anos. A figura da ama de leite se funde, via de regra, com a da mãe; quando isso não acontece, a recriminação se transforma em outra, a de que ela dispensou muito cedo a ama que nutria tão solicitamente a criança. Qualquer que tenha sido a real situação, porém, é impossível que a recriminação da criança seja justificada tão frequentemente como é encontrada. Parece, isto sim, que a avidez da criança por seu primeiro alimento é insaciável, que ela nunca se refaz da perda do seio materno. Eu não ficaria surpreso se a análise de uma criança primitiva, que ainda pudesse mamar no

33. A FEMINILIDADE

seio da mãe quando já fosse capaz de andar e falar, evidenciasse a mesma recriminação. Também o medo de ser envenenado provavelmente se acha ligado à privação do seio. Veneno é alimento que causa doença. Talvez a criança também relacione suas primeiras enfermidades a essa frustração. Algum treino intelectual já é necessário para se crer no acaso; o homem primitivo, o inculto, e certamente também a criança, sabem achar uma razão para tudo o que ocorre. Originalmente talvez fosse um motivo no sentido animista. Em vários estratos de nossa sociedade, ainda hoje, a morte de um indivíduo só pode ter sido causada por outro, de preferência o médico. E a comum reação neurótica à morte de alguém próximo é culpar-se por tê-la ocasionado.

A queixa seguinte irrompe quando um outro bebê aparece na família. Se possível, ela mantém o nexo com a frustração oral. A mãe não pôde ou não quis mais amamentar a criança, porque necessitou do leite para o recém-chegado. No caso de os dois bebês serem tão próximos que a lactação é prejudicada pela segunda gravidez, essa objeção adquire um fundamento real, e é notável que mesmo com uma diferença de apenas onze meses a criança não seja nova demais para perceber o que ocorre. Não só a amamentação indispõe a garota com o intruso e rival, mas todos os outros sinais de cuidado materno. Ela se sente destronada, espoliada, lesada em seus direitos, acalenta ódio e ciúme pelo irmãozinho e desenvolve, em relação à mãe infiel, um rancor que frequentemente se exprime numa deplorável mudança de comportamento. Torna-se "má", irritadiça, desobediente, e abandona o progresso realizado no controle das fezes. Há muito tempo isso é conhecido e aceito como algo evidente, mas raramente formamos uma ideia precisa da força destes impulsos ciumentos, da tenacidade com que perduram, e também da magnitude da sua influência no desenvolvimento posterior. Sobretudo porque tal ciúme será sempre realimentado ao longo da infância e todo o choque se repetirá a cada novo irmãozinho. E não faz muita diferença que a menina continue como a favorita da mãe; as exigências de amor da criança são desmedidas, ela quer exclusividade, não admite a partilha.

Uma grande fonte de hostilidade da criança para com a mãe se acha em seus múltiplos desejos sexuais, que mudam conforme a fase da libido e que geralmente não podem ser satisfeitos. A mais forte dessas frustrações ocorre no período fálico, quando a mãe proíbe a ocupação prazerosa com os genitais — frequentemente com duras ameaças e todos os sinais de indignação —, em que ela mesma havia iniciado a criança, porém. Acreditaríamos que este seria motivo bastante para justificar o afastamento da garota em relação à mãe. Então julgaríamos que esse estranhamento decorre inevitavelmente da natureza da sexualidade infantil, da desmesura das exigências de amor e da impossibilidade de satisfazer os desejos sexuais. E talvez achemos que esta primeira relação amorosa da criança está condenada a acabar, justamente por ser a primeira, pois essas primeiras relações objetais são ambivalentes em alto grau; junto ao amor intenso há uma forte inclinação agressiva, e quanto mais apaixonadamente a criança ama seu objeto, mais sensível torna-se

33. A FEMINILIDADE

a decepções e frustrações da parte dele. Por fim, o amor tem de sucumbir à hostilidade acumulada. Ou podemos rejeitar essa ambivalência original dos investimentos de objeto e indicar que é a natureza especial da relação mãe-filho que, com a mesma inevitabilidade, leva à interrupção do amor infantil, pois mesmo a mais suave educação não pode deixar de exercer coação e introduzir restrições, e cada interferência em sua liberdade provocará na criança, como reação, a tendência à revolta e à agressividade. Quero dizer que a discussão dessas possibilidades poderia ser muito interessante, mas de repente surge uma objeção que conduz nosso interesse em outra direção. Todos esses fatores, as desatenções, os desapontamentos no amor, o ciúme, a sedução acompanhada de proibição, também aparecem na relação do garoto com a mãe e não são capazes de aliená-lo do objeto materno. Se não encontramos algo que seja específico da menina, que não ocorra no menino — ou não ocorra nele da mesma forma —, não teremos esclarecido o desfecho da ligação materna na garota.

Acho que encontramos esse fator específico, e num lugar não inesperado, embora numa forma surpreendente. Em lugar não inesperado, eu digo, porque está no complexo da castração. Afinal, a diferença anatômica tem de manifestar-se em consequências psíquicas. Mas foi uma surpresa descobrir, nas análises, que a garota responsabiliza a mãe por sua falta de pênis e não lhe perdoa essa desvantagem.

Como veem, nós também atribuímos à mulher um complexo da castração. Por boas razões, mas ele não

NOVAS CONFERÊNCIAS INTRODUTÓRIAS À PSICANÁLISE

pode ter o mesmo conteúdo que tem no menino. Neste, o complexo da castração surge depois que ele percebeu, à vista de um genital feminino, que o membro que tanto estima não é necessariamente parte do corpo. Recorda-se então das ameaças que ouviu por ocupar-se do seu membro, começa a lhes dar crédito, e fica sob a influência do *medo da castração*, que se torna o mais poderoso móvel de seu desenvolvimento posterior. Também o complexo da castração da garota é iniciado pela visão do outro genital. Ela logo percebe a diferença e — deve-se admitir — sua importância. Sente-se muito prejudicada, diz com frequência que gostaria de "ter algo assim também" e sucumbe à inveja do pênis, que deixa traços indeléveis em seu desenvolvimento e na formação do caráter, e mesmo em casos favoráveis não é superada sem grande dispêndio psíquico. O fato de a garota reconhecer sua ausência de pênis não quer dizer que se submete facilmente a ele. Ao contrário, ela se atém ainda por muito tempo ao desejo de adquirir algo assim, crê nessa possibilidade até uma época inverossimilmente tardia e, mesmo num período em que o conhecimento da realidade há muito descartou como inatingível a satisfação desse desejo, a análise pode demonstrar que ele permaneceu no inconsciente e manteve um considerável investimento de energia. O desejo de obter enfim o pênis ansiado pode contribuir para os motivos que levam a mulher adulta à análise, e o que ela pode razoavelmente esperar da análise — digamos, a capacidade de exercer uma profissão intelectual — muitas vezes se percebe como uma modificação sublimada desse desejo reprimido.

33. A FEMINILIDADE

Não se pode duvidar muito da importância da inveja do pênis. Tomem como um exemplo de injustiça masculina a afirmação de que a inveja e o ciúme desempenham, na vida psíquica das mulheres, um papel ainda maior que na dos homens. Não que essas características estejam ausentes nos homens ou que não tenham, nas mulheres, outra raiz senão a inveja do pênis, mas somos inclinados a atribuir a esta última influência o seu maior montante nas mulheres. Em vários analistas, porém, nota-se uma inclinação a diminuir a importância daquela primeira onda de inveja do pênis na fase fálica. Eles opinam que o que se acha dessa atitude na mulher seria, no principal, uma formação secundária que surgiu por ocasião de conflitos posteriores, mediante regressão àquele impulso da primeira infância. Este é um problema geral da psicologia das profundezas. Em muitas atitudes instintuais patológicas ou apenas insólitas — por exemplo, em todas as perversões sexuais — pergunta-se quanto de sua força deve ser imputado às fixações da primeira infância, e quanto à influência de experiências e evoluções posteriores. Nesses casos trata-se quase sempre de séries complementares, tal como supusemos na discussão da etiologia das neuroses. Os dois fatores participam da causação em graus variáveis; um tanto menos de um lado é compensado por um tanto mais do outro. O elemento infantil determina a direção em todos os casos; nem sempre, mas com frequência, determina o desfecho. Quanto à inveja do pênis, favoreço decididamente a preponderância do fator infantil.

A descoberta da própria castração é um ponto de virada no desenvolvimento da garota. Dela partem três direções de desenvolvimento: uma leva à inibição sexual ou à neurose; a segunda, à mudança de caráter no sentido de um complexo de masculinidade; a terceira, enfim, à feminilidade normal. Aprendemos muito, mas não tudo, acerca de todas as três. O teor essencial da primeira é que a menina, que até então viveu de modo masculino, soube obter prazer pela excitação do clitóris e relacionou essa atividade com seus desejos sexuais em relação à mãe, frequentemente ativos, permite que a influência da inveja do pênis estrague a fruição de sua sexualidade fálica. Magoada em seu amor-próprio pela comparação com o garoto mais bem aparelhado, ela renuncia à satisfação masturbatória com o clitóris, rejeita seu amor à mãe e, não raro, reprime assim uma boa parte de seus impulsos sexuais. O afastamento em relação à mãe não ocorre de uma vez, pois a menina vê sua castração inicialmente como uma desgraça pessoal, só aos poucos a estende a outros seres femininos, por fim também à mãe. Seu amor dizia respeito à mãe fálica; com a descoberta de que a mãe é castrada, torna-se possível abandoná-la como objeto amoroso, de modo que ganham proeminência os motivos para a hostilidade, longamente acumulados. Isto significa, portanto, que com a descoberta da ausência de pênis a mulher perde valor para a garota, tanto como para o garoto e depois o homem, talvez.

Vocês todos conhecem a imensa importância etiológica que os nossos neuróticos dão à sua masturbação. Eles a responsabilizam por todos os seus problemas, e despen-

33. A FEMINILIDADE

demos muito esforço para fazê-los acreditar que estão enganados. Na verdade, deveríamos admitir que estão certos, pois a masturbação é o agente executivo da sexualidade infantil, e eles sofrem do desenvolvimento falho desta. Os neuróticos culpam geralmente a masturbação do período da puberdade; a maioria deles esquece a da primeira infância, a que na realidade importa. Eu quisera ter a oportunidade de mostrar-lhes demoradamente como vêm a ser importantes, para a posterior neurose ou o caráter do indivíduo, todos os detalhes factuais da masturbação infantil: se ela foi descoberta ou não, como os pais a combateram ou permitiram, se ele mesmo conseguiu suprimi-la. Tudo isso deixa traços permanentes no indivíduo. Mas, por outro lado, estou contente de não precisar fazer isso. Seria uma tarefa difícil, trabalhosa, e vocês terminariam por me embaraçar, pois certamente me pediriam conselhos práticos de como pais ou educadores devem lidar com a masturbação das crianças pequenas. O desenvolvimento das meninas, o assunto desta nossa palestra, lhes dá um exemplo da criança mesma se empenhando em libertar--se da masturbação. Mas não é sempre que ela tem êxito nisso. Quando a inveja do pênis suscita um forte impulso contra a masturbação clitoridiana e esta não quer ceder, segue-se uma violenta luta de libertação, em que a menina como que assume o papel da mãe deposta e exprime toda a sua insatisfação com seu clitóris de valor inferior, no empenho contra a satisfação proporcionada por ele. Muitos anos depois, quando a atividade masturbatória foi há muito tempo suprimida, persiste um inte-

NOVAS CONFERÊNCIAS INTRODUTÓRIAS À PSICANÁLISE

resse que devemos interpretar como defesa contra uma tentação ainda temida. Manifesta-se na simpatia por pessoas a que são atribuídas dificuldades semelhantes, inscreve-se entre os motivos para contrair casamento, podendo mesmo determinar a escolha do parceiro de vida ou de amor. A resolução do onanismo da infância não é, verdadeiramente, algo simples ou indiferente.

Ao abandonar a masturbação clitoridiana, a garota renuncia a alguma atividade. A passividade predomina, a virada para o pai é realizada principalmente com a ajuda de impulsos instintuais passivos. Vocês percebem que uma onda de desenvolvimento assim, que remove a atividade fálica, aplaina o terreno para a feminilidade. Se nisso não se perder muita coisa mediante a repressão, essa feminilidade poderá ser normal. O desejo com que a menina se volta para o pai é provavelmente, na origem, o desejo pelo pênis que a mãe não lhe deu e que ela espera receber do pai. Mas a situação feminina se estabelece apenas quando o desejo pela criança substitui o desejo pelo pênis, ou seja, quando a criança, conforme uma velha equivalência simbólica, toma o lugar do pênis. Não ignoramos que mais cedo, na fase fálica não perturbada, a menina já tinha desejado um bebê; este era, claro, o sentido de sua brincadeira com bonecas. Mas essa brincadeira não era de fato expressão de sua feminilidade; servia à identificação com a mãe, na intenção de substituir a atividade pela passividade. Ela brincava de mãe, e a boneca era ela mesma; podia fazer com o bebê tudo o que a mãe costumava fazer com ela. Só com a emergência do desejo do pênis o bebê-boneca torna-se um bebê do pai,

33. A FEMINILIDADE

e, a partir de então, o alvo do mais forte desejo feminino. É grande a felicidade, quando esse desejo infantil vem a ser concretizado um dia; especialmente quando o bebê é um menino, que traz consigo o pênis ansiado. Na ideia de ter "um bebê do pai", frequentemente a ênfase é no bebê, não no pai. Assim, o velho desejo masculino de possuir o pênis ainda transparece na feminilidade consumada. Mas deveríamos talvez reconhecer tal desejo de pênis como um desejo apuradamente feminino.

Com a transferência do desejo de bebê-pênis para o pai, a menina entrou na situação do complexo de Édipo. A hostilidade em relação à mãe, que não precisou ser criada como algo novo, experimenta agora um grande fortalecimento, pois ela se torna a rival, que recebe do pai tudo o que a menina cobiça dele. Por muito tempo o complexo de Édipo da menina nos impediu de ver essa ligação materna pré-edípica, tão importante, porém, e que deixa atrás de si fixações tão duradouras. Para a menina, a situação edípica é o resultado de um desenvolvimento longo e difícil, uma espécie de solução temporária, uma posição de descanso que não é logo abandonada, especialmente porque o início do período de latência não se acha distante. E no que toca à relação entre o complexo de Édipo e o complexo da castração, notamos uma diferença entre os sexos que provavelmente tem sérias consequências. O complexo de Édipo do menino, em que ele deseja a mãe e gostaria de eliminar o pai como rival, desenvolve-se naturalmente da sua fase de sexualidade fálica. Mas a ameaça de castração o obriga a deixar essa atitude. Sob a impressão do

NOVAS CONFERÊNCIAS INTRODUTÓRIAS À PSICANÁLISE

perigo de perder o pênis, o complexo de Édipo é abandonado, reprimido, no caso mais normal é radicalmente destruído, e um severo Super-eu é colocado como seu herdeiro. O que sucede na menina é quase o contrário. O complexo da castração prepara o complexo de Édipo, em vez de destruí-lo; através da influência da inveja do pênis, a menina é afastada da ligação materna e entra na situação edípica como num porto seguro. Com a ausência do medo da castração, falta o motivo principal que impeliu o garoto a superar o complexo de Édipo. A menina permanece nele por tempo indefinido; desmonta-o tarde apenas, e mesmo então incompletamente. A formação do Super-eu tem de sofrer nessas circunstâncias, ele não pode alcançar a fortaleza e a independência que lhe dão a sua importância cultural — e as feministas não gostam quando apontamos os efeitos desse fator para o caráter feminino mediano.

Retrocedamos um pouco. Como a segunda reação possível após a descoberta da castração feminina, mencionamos o desenvolvimento de um forte complexo de masculinidade. Queremos dizer que a menina como que se recusa a admitir o fato desagradável, exagera mesmo a sua masculinidade até então, em obstinada recalcitrância, continua a se ocupar do clitóris e se refugia numa identificação com a mãe fálica ou o pai. O que pode determinar esse desenlace? Não podemos imaginar senão um fator constitucional, um maior montante de atividade, tal como é típico do menino. O essencial no processo, porém, é que nesse ponto do desenvolvimento se evita a onda de passividade que inaugura a virada para a femini-

33. A FEMINILIDADE

lidade. A realização extrema desse complexo de masculinidade nos parece ser a influência na escolha do objeto, no sentido de uma homossexualidade manifesta. A experiência analítica nos ensina, é verdade, que a homossexualidade feminina raramente, ou nunca, dá prosseguimento linear à masculinidade infantil. Parece ser próprio dela que mesmo essas garotas tomam o pai como objeto por algum tempo e se entregam à situação edípica. Mas depois são impelidas à regressão a seu anterior complexo de masculinidade, devido às inevitáveis decepções com o pai. Não devemos superestimar a importância de tais decepções; elas também não são poupadas à garota destinada a ser feminina, não tendo a mesma consequência. A preponderância do fator constitucional parece indiscutível, mas as duas fases do desenvolvimento da homossexualidade feminina se refletem muito bem nas práticas das homossexuais, que desempenham uma com a outra os papéis de mãe e filha tão frequentemente e tão nitidamente como os de homem e mulher.

O que lhes venho contando é, por assim dizer, a pré-história da mulher. É uma conquista desses últimos anos, e pode lhes ser interessante como amostra do trabalho psicanalítico miúdo. Sendo a mulher o tema, tomo a liberdade de mencionar o nome de algumas mulheres a quem esta investigação deve contribuições de relevo. A dra. Ruth Mack Brunswick foi a primeira a relatar um caso de neurose que remontava a uma fixação no estágio pré-edípico, não tendo chegado à situação de Édipo. Tinha a forma de uma paranoia de ciúmes e revelou-se

NOVAS CONFERÊNCIAS INTRODUTÓRIAS À PSICANÁLISE

acessível à terapia. A dra. Jeanne Lampl-de Groot constatou, em observações seguras, a tão inverossímil atividade fálica da garota em relação à mãe, e a dra. Helene Deutsch mostrou que os atos amorosos das mulheres homossexuais reproduzem as relações mãe-filha.

Não está em meu propósito acompanhar a ulterior conduta feminina, através da puberdade até a maturidade. Apenas delinearei alguns poucos traços em seguida. Retomando a pré-história, quero enfatizar que o desenvolvimento da feminilidade fica exposto à perturbação pelos fenômenos residuais da primitiva época masculina. Frequentemente acontecem regressões às fixações daquela fase pré-edípica; ao longo da vida de algumas mulheres, alternam-se repetidamente períodos em que a masculinidade ou a feminilidade tem a predominância. Parte daquilo que nós, homens, chamamos "o enigma da mulher" talvez resulte dessa expressão da bissexualidade na vida feminina. Mas uma outra questão parece haver se resolvido no curso dessas investigações. À força motriz* da vida sexual nós chamamos "libido". A vida sexual é dominada pela polaridade masculino-feminino; cabe então examinar a relação da libido com essa polaridade. Não surpreenderia se a cada sexualidade correspondesse a sua libido especial, de modo que um tipo de libido perseguiria as metas da vida sexual masculina, e

---

* "Força motriz": *Triebkraft*. Optamos pela versão tradicional para o termo; assim também fizeram os tradutores consultados, com exceção do argentino: *fuerza motriz, fuerza pulsional, força motrice, motive force, motor force, driving force, drijvende kracht.*

33. A FEMINILIDADE

o outro, as da feminina. Mas isso não ocorre. Há apenas uma libido, que é posta a serviço tanto da função sexual masculina como da feminina. A ela mesma não podemos atribuir um sexo; se, seguindo a equiparação convencional de atividade e masculinidade, quisermos denominá-la "masculina", não podemos esquecer que ela também representa impulsos com metas passivas. De todo modo, a expressão "libido feminina" carece de qualquer justificativa. Além disso, temos a impressão de que maior coação é aplicada à libido, quando ela é pressionada para o serviço da função feminina, e que — falando teleologicamente — a natureza considera menos cuidadosamente as solicitações desta do que no caso da masculinidade. E a razão para isso — de novo teleologicamente — pode estar em que a realização da meta biológica foi confiada à agressividade do homem e tornada independente, em alguma medida, da aquiescência da mulher.

A frigidez sexual da mulher, cuja frequência parece confirmar esse relegamento a segundo plano, é um fenômeno ainda mal compreendido. Às vezes é psicogênica, e então influenciável, mas em outros casos somos levados a supor uma determinação constitucional e até mesmo a contribuição de um fator anatômico.

Prometi lhes apresentar mais algumas peculiaridades psíquicas da feminilidade madura, tais como nos aparecem na observação analítica. Não reivindicamos mais que uma validade mediana para estas afirmações, e nem sempre é fácil distinguir o que atribuir à influência da função sexual ou à disciplina social. Assim, imputamos à feminilidade um alto grau de narcisismo, que

NOVAS CONFERÊNCIAS INTRODUTÓRIAS À PSICANÁLISE

também afeta a escolha de objeto, de modo que ser amada constitui, para a mulher, uma necessidade mais forte do que amar. Na vaidade física da mulher também está implicada a inveja do pênis, pois ela deve apreciar mais ainda seus encantos, como tardia compensação pela inferioridade sexual original. No pudor, tido como atributo feminino por excelência, mas que é muito mais convencional do que se pensa, nós vemos a intenção original de cobrir o defeito dos genitais. Não ignoramos que depois ele assumiu outras funções. Acredita-se que as mulheres pouco contribuíram para as invenções e descobertas da civilização, mas talvez elas tenham inventado uma técnica, a de tecer e trançar. Se assim for, somos tentados a adivinhar o motivo inconsciente dessa realização. A própria natureza teria fornecido o modelo para essa imitação, fazendo crescer, na maturidade sexual, os pelos que cobrem os genitais. O passo que ainda restava era manter os fios ligados entre si, já que no corpo eles se prendiam à pele e apenas se emaranhavam. Se vocês rejeitarem isso como algo fantástico e acharem que a influência da falta do pênis na configuração da feminilidade não passa de uma minha ideia fixa, naturalmente não terei como me defender.

Os determinantes da escolha objetal da mulher são muitas vezes tornados irreconhecíveis pelas circunstâncias sociais. Quando essa escolha pode se mostrar livremente, com frequência se dá conforme o ideal narcísico do homem que a menina havia desejado se tornar. Se a menina permaneceu na ligação paterna, ou seja, no complexo de Édipo, ela escolhe conforme o tipo do

33. A FEMINILIDADE

pai. Como, ao passar da mãe para o pai, a hostilidade da relação emocional ambivalente permaneceu na mãe, tal escolha deveria assegurar um matrimônio feliz. Mas muitas vezes há um resultado que geralmente ameaça tal resolução do conflito de ambivalência. A hostilidade que foi deixada para trás alcança a ligação positiva e se estende ao novo objeto. O marido, que inicialmente foi herdeiro do pai, com o tempo assume também a herança materna. Assim, pode facilmente ocorrer que a segunda metade da vida de uma mulher seja tomada pela luta contra seu marido, como a primeira metade, mais breve, foi preenchida pela rebelião contra sua mãe. Depois que a reação foi inteiramente vivida, um segundo casamento pode se revelar muito mais satisfatório. Outra mudança na natureza da mulher, para a qual os cônjuges não estão preparados, pode surgir depois que nasce o primeiro filho. Sob a impressão da própria maternidade, pode se reavivar uma identificação com a mãe, identificação que a mulher rejeitava até o casamento, e arrebatar toda a libido disponível, de modo que a compulsão de repetição reproduz um casamento infeliz dos seus pais. O fato de que o velho fator da inveja do pênis ainda não perdeu sua força mostra-se nas diferentes reações de uma mãe ao nascimento de um filho ou de uma filha. Apenas a relação com o filho produz satisfação ilimitada na mãe; é a mais perfeita, mais livre de ambivalência de todas as relações humanas. A mãe pode transferir para o filho a ambição que teve de suprimir em si, pode esperar dele a satisfação de tudo o que lhe ficou do seu complexo de masculinidade. Mesmo o casamento não está assegurado, até que a mulher tenha conseguido fazer de seu marido também seu filho, agindo como mãe para com ele.

A identificação materna da mulher permite reconhecer duas camadas: a pré-edípica, que repousa na ligação afetuosa com a mãe e a toma por modelo, e a posterior, vinda do complexo de Édipo, que busca eliminar a mãe e substituí-la junto ao pai. Muita coisa das duas permanece na vida futura, é lícito dizer; nenhuma é adequadamente superada no curso do desenvolvimento. Mas a fase de terna ligação pré-edípica é aquela decisiva para o futuro da mulher; nela se prepara a aquisição dos atributos com que depois ela cumprirá seu papel na função sexual e desempenhará suas inestimáveis tarefas sociais. Nessa identificação ela também adquire a atração para o homem, que nele converte em paixão a ligação edípica com a mãe. No entanto, frequentemente ocorre que apenas o filho recebe aquilo que o homem pleiteava. Temos a impressão de que o amor do homem e o da mulher estão separados por uma diferença de fases psicológicas.

O fato de termos que admitir pouco senso de justiça nas mulheres provavelmente se liga à preponderância da inveja na sua vida psíquica, pois a reivindicação de justiça é uma elaboração da inveja, fornece a condição sob a qual podemos renunciar a ela. Também afirmamos que os interesses sociais das mulheres são mais fracos e sua capacidade de sublimação é menor que nos homens. Aqueles derivam provavelmente do caráter associal, que sem dúvida é próprio de todos os vínculos sexuais. Os enamorados bastam um ao outro, e mesmo a família re-

33. A FEMINILIDADE

siste à inclusão em associações mais abrangentes. O pendor à sublimação é sujeito às maiores variações individuais. Por outro lado, não posso deixar de mencionar uma impressão que é frequente na atividade analítica. Um homem de seus trinta anos aparece como um indivíduo juvenil, não inteiramente formado, do qual esperamos que venha a explorar vigorosamente as possibilidades de desenvolvimento que a psicanálise lhe oferece. Mas não é raro uma mulher da mesma idade nos assustar com a sua fixidez e imutabilidade psíquica. Sua libido tomou posições definitivas, e parece incapaz de abandoná-las por outras. Não há trilhas para mais desenvolvimento; é como se todo o processo já tivesse decorrido, permanecendo ininfluenciável a partir de então; de fato, é como se a difícil evolução até a feminilidade tivesse esgotado as possibilidades da pessoa. Como terapeutas, lamentamos esse estado de coisas, mesmo quando nos é dado pôr fim ao sofrimento, com a resolução do conflito neurótico.

Isso é tudo o que tinha a lhes dizer sobre a feminilidade. Certamente é incompleto e fragmentário, e nem sempre parece amigável. Mas não esqueçam que retratamos a mulher apenas na medida em que o seu ser é determinado por sua função sexual. Tal influência vai muito longe, é verdade, mas não perdemos de vista que uma mulher também há de ser um indivíduo humano em outros aspectos. Se quiserem saber mais sobre a feminilidade, interroguem suas próprias vivências, ou dirijam-se aos escritores, ou esperem até que a ciência possa lhes dar informação mais profunda e coerente.

34. ESCLARECIMENTOS, EXPLICAÇÕES, ORIENTAÇÕES

Senhoras e senhores: Permitam-me agora, cansado desse tom árido, digamos, falar-lhes de coisas que têm pouca importância teórica, mas que lhes concernem, na medida em que são amigavelmente dispostos em relação à psicanálise. Suponhamos, por exemplo, que em suas horas de lazer tomem um romance inglês, alemão ou americano, no qual esperam achar um quadro das pessoas e das circunstâncias atuais. Após algumas páginas, leem um comentário sobre a psicanálise, e logo outros, mesmo se o contexto não o requer. Não deverão pensar que sejam aplicações da psicologia profunda, para uma melhor compreensão dos personagens ou de seus atos; embora também existam obras sérias, em que se procura fazer isso. Não, geralmente são observações zombeteiras, com as quais o autor do romance quer expor sua ampla leitura ou superioridade intelectual. E nem sempre vocês terão a impressão de que ele conhece realmente aquilo de que fala. Ou pode acontecer de irem a uma reunião social para se distraírem, não necessariamente em Viena. Após algum tempo a conversa cai na psicanálise, vocês ouvem diferentes pessoas pronunciarem seu juízo, geralmente em tom de absoluta certeza. Habitualmente esse juízo é depreciativo, muitas vezes é uma calúnia; no mínimo uma zombaria, mais uma vez. Se vocês forem imprudentes o bastante para revelar que entendem algo do assunto, todos se precipitarão, pedindo-lhes informações e esclarecimentos, e vocês

34. ESCLARECIMENTOS, EXPLICAÇÕES, ORIENTAÇÕES

perceberão que aqueles severos juízos foram dados sem qualquer conhecimento, que dificilmente algum daqueles opositores teve em mãos um livro de psicanálise, ou, se o teve, que não superou a resistência inicial ante o novo material.

Talvez esperem vocês que uma introdução à psicanálise lhes dê instruções sobre quais argumentos usar para corrigir os evidentes equívocos acerca da análise, que livros recomendar para obter boas informações, ou mesmo que exemplos das suas leituras ou experiências vocês podem evocar, para mudar a atitude da sociedade. Peço-lhes que não façam nada disso. Seria inútil; o melhor é esconder que sabem mais. Se isto não for mais possível, então se limitem a dizer que, até onde percebem, a psicanálise é um ramo peculiar do saber, muito difícil de compreender e julgar, que ela se ocupa de coisas muito sérias, de modo que algumas pilhérias não ajudam a aproximar-se dela, e que melhor seria escolher outro brinquedo para a distração social. Naturalmente, vocês tampouco participam de tentativas de interpretação, quando pessoas imprudentes relatam seus sonhos, e resistem também à tentação de angariar boa vontade para com a psicanálise mediante relatos de curas.

Mas podem levantar a questão de por que essas pessoas, tanto as que escrevem livros como as que entretêm conversas, agem de forma tão incorreta, e se inclinarão a supor que isto se deve não só às pessoas, mas também à psicanálise. Também penso assim. O que se lhes depara como preconceito, na literatura e na sociedade, é o efeito residual de um juízo anterior — a saber, do juízo que os representantes da ciência oficial pronunciaram sobre a jovem psicanálise. Já lamentei isso uma vez, numa exposição histórica, e não o farei novamente — talvez aquela única vez já tenha sido muito —, mas realmente não houve insulto à lógica, nem à decência e ao bom gosto, que os adversários científicos da psicanálise não se tenham permitido na época. Foi uma situação similar à que se produziu na Idade Média, quando um malfeitor ou mesmo um rival político era amarrado ao pelourinho e entregue às sevícias do povo baixo. E talvez vocês não façam ideia de como vai longe a baixeza em nossa sociedade e de que coisas se permitem os homens, quando se sentem parte da massa e acima da responsabilidade pessoal. No início daquele período eu estava quase só, e logo vi que não adiantava polemizar, mas que também não havia sentido em queixar-me e solicitar o apoio de espíritos melhores, não existindo instâncias às quais apresentar a queixa. Então encetei um outro caminho; pela primeira vez fiz uso da psicanálise aplicada, explicando o comportamento da massa como uma manifestação da mesma resistência que eu tinha de combater nos pacientes individuais, abstive-me da polêmica e influenciei meus discípulos, que gradativamente apareciam, para que fizessem o mesmo. O procedimento foi bom, a proscrição em que colocaram a psicanálise foi desde então levantada, mas, assim como uma crença abandonada sobrevive como crendice, e uma teoria descartada pela ciência permanece como opinião popular, do mesmo modo o desprezo original dos círculos científicos pela psicanálise prossegue no irônico desdém dos

34. ESCLARECIMENTOS, EXPLICAÇÕES, ORIENTAÇÕES

leigos que escrevem livros ou mantêm conversas. Nada disso deve surpreendê-los mais, portanto.

Mas não esperem ouvir a boa nova de que a luta pela psicanálise chegou ao fim, de que terminou com o seu reconhecimento como ciência e sua adoção como matéria nas universidades. De maneira nenhuma; a batalha continua, apenas de formas mais civilizadas. Algo novo é que na comunidade científica formou-se uma espécie de camada amortecedora entre a psicanálise e seus adversários, pessoas que aceitam a validez de partes da psicanálise e até o admitem, com divertidas restrições, ao mesmo tempo em que rejeitam outras, proclamando--o aos quatro ventos. O que determina a sua seleção não é fácil imaginar. São simpatias pessoais, ao que parece. Uma se escandaliza com a sexualidade, a outra com o inconsciente; particularmente malvisto parece ser o simbolismo. O fato de que o edifício da psicanálise, embora incompleto, já constitui hoje uma unidade, da qual não se podem arrancar elementos a seu bel-prazer, é algo que parece não ocorrer a esses ecléticos. Nenhum desses meio-seguidores ou "quarto-seguidores" me deu a impressão de que baseava sua rejeição num exame detido. Alguns homens eminentes também se incluem nessa categoria. É certo que são desculpados pelo fato de seu tempo e seu interesse se voltarem para outras coisas — aquelas nas quais atingiram a mestria que os levou a se destacar. Mas não deveriam então sustar seu julgamento, em vez de tomar partido tão decididamente? Com um desses eminentes eu obtive, certa feita, uma rápida conversão. Era um crítico famoso mundialmente, que havia acompanhado as correntes intelectuais do nosso tempo com benévola compreensão e profética lucidez. Eu o conheci apenas quando ele já havia passado dos oitenta anos, mas sua conversa era ainda fascinante. Vocês adivinharão facilmente a quem me refiro.* Não fui eu quem tocou no assunto da psicanálise. Ele que o fez, comparando-se a mim de maneira notavelmente modesta. "Sou apenas um literato", disse, "enquanto o senhor é um cientista e um descobridor. Mas uma coisa devo lhe dizer: eu nunca tive sentimentos sexuais por minha mãe." "Mas não é preciso tê-los conscientemente", repliquei, "são processos inconscientes num adulto." "Ah, então é isso o que o senhor quer dizer", disse aliviado, e apertou minha mão. Conversamos ainda algumas horas, em perfeita harmonia. Depois eu soube que, no breve tempo de vida que ainda teve, ele se referia simpaticamente à psicanálise e gostava de usar o termo *Verdrängung* [repressão], para ele uma novidade.

Segundo um ditado conhecido, devemos aprender com nossos inimigos. Confesso que nunca pude fazer isso, mas achei que poderia ser instrutivo para vocês, se passássemos em revista todas as objeções e recriminações que os opositores da psicanálise lançaram contra

---

* Freud se refere ao crítico e historiador Georg Brandes (1842--1927), dinamarquês de origem judaica, que também foi um dos primeiros intelectuais europeus a reconhecer a importância de Friedrich Nietzsche (1844-1900); outras manifestações de Freud a respeito de Brandes se acham em cartas a Wilhelm Fliess (23 de março de 1900) e a uma sobrinha (4 de março de 1927).

34. ESCLARECIMENTOS, EXPLICAÇÕES, ORIENTAÇÕES

ela, apontando as injustiças e ofensas à lógica que contêm, nada difíceis de evidenciar. Mas, *on second thoughts* [pensando bem], disse a mim mesmo que isto não seria interessante, mas cansativo e penoso, que seria justamente o que tenho procurado evitar todos esses anos. Perdoem-me, então, se não sigo esse caminho e lhes poupo os juízos de nossos assim chamados adversários científicos. Afinal, são quase sempre pessoas cujo único atestado de qualificação é a imparcialidade que mantiveram por ficar à distância das experiências da psicanálise. Mas sei que em outros casos vocês não me deixarão escapar tão facilmente. Poderão me objetar o seguinte: "Há indivíduos que não se enquadram em última observação. Eles não se esquivaram à experiência analítica, analisaram pacientes, foram talvez analisados eles mesmos, inclusive foram seus colaboradores por algum tempo e, no entanto, chegaram a outras teorias e concepções, devido às quais se separaram do senhor e fundaram escolas independentes de psicanálise. O senhor deveria nos dar algum esclarecimento sobre a possibilidade e o significado desses movimentos de secessão, tão frequentes na história da psicanálise".

Sim, eu tentarei fazê-lo; de forma breve, pois isso traz menos para a compreensão da análise do que talvez esperem. Sei que pensam, em primeiro lugar, na psicologia individual de Alfred Adler, que na América, por exemplo, é tida como uma linha paralela, plenamente justificada, de nossa psicanálise, e é normalmente mencionada a seu lado. Tem muito pouco a ver com ela, na realidade; mas, graças a algumas circunstâncias históricas, leva uma espécie de existência parasitária às suas custas. Os determinantes que supusemos para esse tipo de adversário se aplicam ao seu fundador em grau muito limitado. O próprio nome é inadequado, parece produto de uma situação difícil; não podemos deixar que interfira com o seu legítimo uso como o oposto de psicologia das massas; além disso, o que fazemos é, em geral e sobretudo, psicologia do indivíduo humano. Não encetarei hoje uma crítica objetiva da psicologia individual adleriana, isso não está no plano desta introdução, e já fiz essa crítica uma vez, não tendo motivos para nela mudar alguma coisa.* Apenas ilustrarei a impressão que essa psicologia produz, mediante um pequeno episódio ocorrido numa época anterior à psicanálise.

Próximo à cidadezinha da Morávia onde nasci, e que deixei aos três anos de idade, há uma modesta estação termal, belamente situada em meio à vegetação. Na época do ginásio passei várias férias ali. Cerca de vinte anos depois, a doença de um parente me proporcionou a ocasião de rever esse lugar. Numa conversa com o médico que assistia meu parente, informei-me sobre sua relação com os camponeses — eslovacos, creio —, que no inverno constituíam toda a sua clientela. Ele me falou que a atividade médica transcorria da seguinte forma. No horário das consultas, os pacientes chegavam à sua sala e se punham em fila. Um após o outro, vinham à frente e relatavam seus sofrimentos. Tinham dores na coluna, convulsões no estômago, cansaço nas pernas

---

* Cf. "Contribuição à história do movimento psicanalítico" (1914).

34. ESCLARECIMENTOS, EXPLICAÇÕES, ORIENTAÇÕES

etc. Ele então os examinava e, depois de perceber o problema, fornecia o diagnóstico — que era sempre o mesmo. Traduziu para mim o termo que usava, cujo sentido era "enfeitiçado". Perguntei, assombrado, se os camponeses não achavam estranho ele ver a mesma coisa em todos os doentes. "Ah, não", disse ele, "ficam muito satisfeitos, é o que esperavam. Cada um, ao voltar para seu lugar, dava entender aos outros, por meio de gestos e expressões do rosto: 'Esse entende!'." Eu pouco imaginava, naquela ocasião, em que circunstâncias tornaria a encontrar uma situação análoga.

Pois não importa se alguém é um homossexual ou um necrófilo, um histérico angustiado, um neurótico obsessivo segregado ou um demente furioso, em qualquer caso a psicologia individual adleriana dará, como motivo propulsor de sua condição, o desejo de se impor, de sobrecompensar sua inferioridade, permanecer no topo, passar da linha feminina para a masculina. No tempo em que éramos jovens estudantes ouvimos algo parecido, quando um caso de histeria nos foi apresentado no hospital: os histéricos produzem seus sintomas para ficarem interessantes, para chamarem a atenção sobre si. Como sempre retornam as velhas sabedorias! Mas já então esse quê de psicologia não nos parecia corresponder ao enigma da histeria, não explicava, por exemplo, por que os doentes nunca se utilizavam de outro meio para alcançar seu propósito. Naturalmente, algo nessa teoria dos "psicólogos individuais" deve ser correto: uma pequenina parte do todo. O instinto de autoconservação tentará se aproveitar de cada situação,

NOVAS CONFERÊNCIAS INTRODUTÓRIAS À PSICANÁLISE

o Eu também procurará tirar vantagem da condição enferma. Na psicanálise isso é denominado "ganho secundário da doença". É certo que, se pensarmos nos fatos do masoquismo, da inconsciente necessidade de castigo e da tendência neurótica a prejudicar a si mesmo, que sugerem a hipótese de impulsos instintuais que contrariam a autoconservação, duvidaremos também da validez geral dessa banal verdade em que se ergue o edifício teórico da psicologia individual. Mas para a multidão deve ser muito bem-vinda uma teoria dessas, que não reconhece complicações, não introduz conceitos novos e de difícil apreensão, nada sabe de inconsciente, que elimina de um só golpe o problema da sexualidade, que pesa sobre todos nós, limitando-se à descoberta dos artifícios que procuram tornar a vida mais cômoda. Pois a multidão é comodista ela mesma, não exige mais que uma única razão como explicação, não é grata à ciência por seus vagares e minúcias, quer soluções simples e problemas resolvidos. Se considerarmos o quanto a psicologia individual vai ao encontro destas solicitações, não deixaremos de recordar uma frase do *Wallenstein*:*

Se a ideia não fosse tão danadamente esperta,
Seríamos tentados a dizer que é realmente estúpida.

A crítica dos círculos especializados, que é tão ine-

---

* No original: *"Wär' der Gedank' nicht so verwünscht gescheidt/ Man wär' versucht, ihn herzlich dumm zu nennen."* (Schiller, *Os Piccolomini*, ato II, cena 7).

34. ESCLARECIMENTOS, EXPLICAÇÕES, ORIENTAÇÕES

xorável com a psicanálise, geralmente tratou a psicologia individual com luvas de pelica. É verdade que, na América, um dos mais conceituados psiquiatras publicou um artigo contra Adler intitulado *Enough* [Basta], em que expressava energicamente seu fastio pela "compulsão de repetição" dos psicólogos adlerianos. Se outros foram mais gentis, isto se deveu em grande parte à aversão pela psicanálise.

Não preciso dizer muito sobre outras escolas que derivaram da nossa psicanálise. O fato de que isso ocorreu não pode ser usado contra nem a favor da validade desta. Pensem nos poderosos fatores afetivos que tornam difícil para muitas pessoas se enquadrar ou subordinar, e na dificuldade ainda maior que é justamente enfatizada pela frase que diz *quot capita tot sensus* [cada cabeça um juízo]. Quando as diferenças de opinião ultrapassaram certo limite, o mais adequado foi separar-se e tomar caminhos diversos, sobretudo quando a diferença teórica teve por consequência uma mudança na prática. Imaginem, por exemplo, que um analista menospreze a influência do passado individual e busque as causas da neurose apenas em motivos atuais e em expectativas quanto ao futuro. Então ele também negligenciará a análise da infância, terá que adotar uma outra técnica e compensar a ausência dos resultados vindos da análise da infância, aumentando sua própria influência didática e indicando abertamente certos objetivos de vida. Nós então diremos que isso pode ser uma escola de sabedoria, mas já não é análise. Ou um outro pode chegar à percepção de que a experiência da angústia

NOVAS CONFERÊNCIAS INTRODUTÓRIAS À PSICANÁLISE

do nascimento lança o gérmen para todos os distúrbios neuróticos posteriores. Então pode lhe parecer correto limitar a análise aos efeitos dessa única impressão, prometendo sucesso terapêutico num tratamento de três ou quatro meses. Vocês notam que escolhi dois exemplos que partem de premissas diametralmente opostas. Uma característica quase universal desses "movimentos separatistas" é que cada um deles se apodera de uma parte do patrimônio de temas da psicanálise e se torna independente com base nessa apropriação — tomando o impulso de poder, por exemplo, ou o conflito ético, a mãe, a genitalidade etc. Se lhes parece que tais separações são hoje mais frequentes na história da psicanálise do que em outros movimentos intelectuais, não sei se lhes devo dar razão. Se assim for, será preciso responsabilizar os estreitos vínculos entre pontos de vista teóricos e ação terapêutica, que existem na psicanálise. Meras diferenças de opinião seriam toleradas por muito mais tempo. As pessoas gostam de acusar a psicanálise de intolerância. A única manifestação desse feio atributo foi justamente a separação dos que pensavam de modo diferente. Nada mais sofreram; pelo contrário, saíram-se bem, estão agora melhor do que antes, pois com o afastamento livraram-se dos ônus que temos de suportar — do ódio da sexualidade infantil, digamos, ou do ridículo do simbolismo — e são tidos como meio respeitáveis pelo mundo em volta, algo que nós, os que ficaram para trás, ainda não somos. E também — salvo uma notável exceção — foram eles mesmos que se excluíram.

304

34. ESCLARECIMENTOS, EXPLICAÇÕES, ORIENTAÇÕES

Que mais reivindicam vocês em nome da tolerância? Que, quando alguém manifestar uma opinião que consideramos errada, nós lhe digamos: "Muito obrigado por se opor a nós. Você nos protege do perigo da autocomplacência e nos dá oportunidade de provar aos americanos que somos realmente *broadminded* [de mente aberta], como eles sempre desejam. É verdade que não acreditamos numa só palavra do que você diz, mas isso não importa. Provavelmente você está tão certo quanto nós. Quem pode mesmo saber quem tem razão? Permita-nos, apesar da oposição, defender seu ponto de vista nas publicações. Esperamos que você tenha a gentileza de, em troca, interceder pelo nosso ponto de vista, que você não aprova". Pelo visto, isso será costume nos círculos científicos do futuro, quando o abuso da Relatividade de Einstein tiver triunfado inteiramente. É certo que no momento não chegamos a tanto. Nós nos restringimos, à maneira antiga, a defender nossas próprias convicções, expomo-nos ao perigo do erro, já que não é possível guardar-se dele, e rejeitamos o que nos contradiz. Fizemos bastante uso, na psicanálise, do direito de mudar nossas opiniões, quando cremos haver encontrado algo melhor.

Uma das primeiras aplicações da psicanálise foi que ela nos ensinou a compreender a oposição que o mundo ao redor demonstrava, porque praticávamos a psicanálise. Outras aplicações, de natureza objetiva, podem reivindicar um interesse mais geral. Nossa primeira intenção foi, sem dúvida, compreender os distúrbios da psique humana, pois uma experiência notável* havia mostrado que nela a compreensão e a cura quase coincidem, que um caminho transitável leva de uma à outra. Por muito tempo, essa foi também nossa única intenção. Mas depois percebemos os laços estreitos, a íntima identidade até, entre os processos patológicos e aqueles chamados normais, a psicanálise tornou-se psicologia da profundeza, e, como nada do que o ser humano faz e produz é compreensível sem a ajuda da psicologia, aplicações da psicanálise a muitos âmbitos do saber, sobretudo nas ciências humanas, impuseram-se naturalmente e solicitaram elaboração. Infelizmente essas tarefas depararam com obstáculos que, por ter um fundamento objetivo, ainda hoje não foram superados. Uma aplicação desse tipo requer conhecimentos especializados que o analista não possui, enquanto aqueles que os possuem, os especialistas, nada sabem e talvez nada queiram saber de psicanálise. Ocorreu então que os analistas, como diletantes com um equipamento improvisado, muitas vezes arranjado às pressas, empreenderam incursões em áreas do saber como a mitologia, a história da civilização, a etnologia, a ciência da religião etc. Foram tratados como intrusos pelos pesquisadores estabelecidos nessas áreas, tanto seus métodos como seus resultados foram inicialmente rejeitados, na medida em que chegaram a receber atenção. Mas a situação melhora continuamente, em todos os âmbitos cresce o número de pessoas que estudam

---

* Referência ao caso de Anna O., paciente de Josef Breuer; cf. *Conferências introdutórias*, cap. 28.

34. ESCLARECIMENTOS, EXPLICAÇÕES, ORIENTAÇÕES

a psicanálise para empregá-la em suas especialidades, como colonizadores que substituem os pioneiros. É lícito esperarmos aí uma boa colheita de novos achados. Aplicações da psicanálise são também confirmações dela. E as inevitáveis disputas de opinião serão menos amargas ali onde o trabalho científico se acha mais distante de uma atividade prática.

Para mim é uma grande tentação apresentá-los às várias aplicações da psicanálise nas ciências humanas. São coisas dignas de serem conhecidas por todos os indivíduos intelectualmente interessados, e passar alguns momentos sem nada ouvir sobre doença e anormalidade seria um descanso merecido. Mas devo renunciar a isto, pois novamente nos conduziria além dos limites destas conferências e, falando honestamente, não me acho à altura da tarefa. Em algumas dessas áreas eu dei o primeiro passo, é verdade, mas agora já não enxergo todo o panorama, e teria que estudar muito para dominar o que foi acrescentado desde o meu início. Aqueles dentre vocês que estiverem desapontados com minha recusa podem compensá-la por meio de nossa revista *Imago*, que é destinada às aplicações não médicas da psicanálise.

Apenas um tema eu não posso evitar assim facilmente, não porque entenda bastante ou tenha contribuído muito para ele. Pelo contrário, quase não me ocupei dele. Mas é tão importante, tão rico de esperanças para o futuro, que talvez seja o trabalho mais relevante da psicanálise. Falo de sua aplicação à pedagogia, à educação da próxima geração. Alegro-me de poder lhes dizer que minha filha, Anna Freud, fez disso a tarefa de sua vida, assim reparando a minha negligência. É fácil ver como a psicanálise chegou a ser aplicada à educação. Ao tratar um adulto neurótico, buscando o que havia determinado seus sintomas, normalmente éramos conduzidos de volta à sua infância. O conhecimento das etiologias posteriores não bastava nem para a compreensão do caso nem para a obtenção do efeito terapêutico. Então foi preciso nos familiarizarmos com as peculiaridades psíquicas da infância, e aprendemos uma série de coisas que não seriam descobertas senão por meio da análise, e também pudemos corrigir muitas crenças geralmente nutridas a respeito da infância. Percebemos que, por várias razões, os primeiros anos da infância (até os cinco, mais ou menos) têm particular importância. Primeiro, porque incluem a primeira florescência da sexualidade, que deixa estímulos decisivos para a vida sexual adulta. Segundo, porque as impressões dessa época encontram um Eu fraco e incompleto, sobre o qual atuam como traumas. Apenas mediante a repressão pode o Eu se defender das tempestades afetivas que provocam, e desse modo adquire, no período da infância, todas as predisposições para as enfermidades e distúrbios funcionais posteriores. Compreendemos que a dificuldade da infância se acha em que num breve lapso de tempo a criança deve se apropriar dos resultados de uma evolução cultural que se estendeu por milênios de anos: o controle dos instintos e a adaptação social, ou pelo menos, esboços de ambos. Somente uma parte dessa mudança ela pode alcançar por seu próprio

34. ESCLARECIMENTOS, EXPLICAÇÕES, ORIENTAÇÕES

desenvolvimento, muita coisa tem de lhe ser imposta pela educação. Não nos surpreende que tantas vezes a criança realize essa tarefa de modo imperfeito. Muitas crianças, nesses primeiros tempos, passam por estados que podemos equiparar a neuroses, e certamente todas as que depois adoecem de forma evidente. Em algumas a neurose não aguarda até a época adulta, irrompe já na infância e dá o que fazer a pais e médicos.

Não hesitamos em aplicar a terapia analítica às crianças que mostravam sintomas neuróticos inequívocos ou se achavam em vias de um indesejável desenvolvimento do caráter. Revelou-se infundada a preocupação, manifestada pelos opositores da psicanálise, de que a análise fosse nociva à criança. O proveito desses empreendimentos foi que pudemos confirmar, no objeto vivo, o que na pessoa adulta havíamos inferido de documentos históricos, por assim dizer. Mas também o proveito para as crianças foi muito gratificante. Evidenciou-se que a criança é um objeto bastante adequado para a terapia analítica; os resultados são profundos e duradouros. Naturalmente, é preciso modificar bastante a técnica elaborada para o tratamento de adultos. Em termos psicológicos a criança é um objeto diferente do adulto, ainda não tem Super-eu, o método da associação livre não vai muito longe, a transferência tem outro papel, já que os pais reais ainda se acham presentes. As resistências internas, que combatemos nos adultos, são geralmente substituídas por outras dificuldades nas crianças. Quando os pais se fazem veículos da resistência, frequentemente o objetivo da análise ou ela mesma é ameaçada;

por isso é necessário, com frequência, juntar à análise da criança alguma influência analítica sobre os pais. Por outro lado, as inevitáveis diferenças entre a análise de crianças e a de adultos são minimizadas pela circunstância de que muitos dos pacientes conservaram tantos traços infantis que o analista, mais uma vez adaptando-se ao objeto, não pode deixar de servir-se de determinadas técnicas da análise de crianças com eles. Aconteceu naturalmente que a análise de crianças tornou-se domínio de analistas mulheres, e assim provavelmente ficará.

A percepção de que a maioria das crianças passa por uma fase neurótica no seu desenvolvimento traz consigo o gérmen de uma questão higiênica. Pode-se perguntar se não seria adequado, como uma medida de prevenção para a saúde, auxiliar a criança com uma análise, mesmo quando não mostra sinais de transtorno — tal como hoje em dia vacinamos crianças saudáveis contra a difteria, sem esperar que adoeçam de difteria. Hoje essa discussão tem apenas interesse acadêmico, mas posso me permitir abordá-la diante de vocês. Para a grande maioria de nossos contemporâneos, o projeto mesmo já seria um enorme ultraje, e, ante a postura da maioria dos pais em relação à análise, atualmente devemos abandonar toda esperança de executá-lo. Uma tal profilaxia da doença nervosa, que provavelmente seria muito eficaz, também pressupõe uma constituição inteiramente outra da sociedade. A senha para que a psicanálise seja a aplicada à educação deve ser hoje buscada em outro lugar. Vejamos claramente qual a primeira tarefa da educação. A criança tem de aprender a dominar os instintos. É

34. ESCLARECIMENTOS, EXPLICAÇÕES, ORIENTAÇÕES

impossível lhe conceder liberdade irrestrita para seguir todos os seus impulsos. Seria um experimento bastante instrutivo para psicólogos da infância, mas a vida dos pais ficaria intolerável, e as crianças mesmas sofreriam graves danos, que se mostrariam imediatamente, em parte, e depois em sua vida futura. De modo que a educação tem de inibir, proibir, suprimir, o que sempre fez em todas épocas. Mas aprendemos com a análise que justamente essa supressão dos instintos acarreta o perigo do adoecimento neurótico. Vocês se recordam que examinamos detidamente como isto sucede.[*] Logo, a educação tem de escolher seu caminho entre a Cila da não interferência e o Caríbdis da frustração.[**] A menos que isto seja insolúvel, deve ser encontrado um *optimum* para a educação, em que ela possa realizar o máximo e prejudicar o mínimo. A questão será decidir o quanto proibir, em que momentos e com que meios. E também será preciso levar em conta que os objetos da influência educacional trazem disposições constitucionais muito diversas, de modo que o mesmo procedimento do educador não pode ser igualmente bom para todas as crianças. Uma breve reflexão ensina que até agora a educação cumpriu muito mal sua tarefa que infligiu graves danos às crianças. Se ela encontra o *optimum* e realiza idealmente a sua tarefa, pode esperar liquidar um dos fatores da etiologia da doença, a influência dos traumas infantis

[*] Cf. *Conferências introdutórias*, caps. 22 e 23.
[**] Cila e Caríbdis: na mitologia grega, monstros que ficavam dos dois lados do estreito de Messina, no sul da Itália.

NOVAS CONFERÊNCIAS INTRODUTÓRIAS À PSICANÁLISE

acidentais. O outro, o poder de uma constituição instintual insubmissa, ela não pode eliminar de forma alguma. Se refletirmos sobre as difíceis tarefas colocadas ao educador — reconhecer a peculiaridade constitucional da criança, através de pequenos indícios perceber o que sucede na sua mente inacabada, conceder-lhe a justa medida de amor e também conservar uma parcela eficaz de autoridade —, diremos que a única preparação adequada para a profissão de educador é um sólido treino em psicanálise. O melhor seria que ele mesmo fosse analisado, pois, afinal, não se pode assimilar a psicanálise sem experimentá-la na própria pessoa. A análise dos professores e pedagogos parece ser uma medida profilática mais eficaz do que a das crianças mesmas, e também há dificuldades menores para a sua realização.

Lembremos, de passagem, uma forma indireta de a análise promover a educação das crianças, que com o tempo pode chegar a ter grande influência. Pais que fizeram uma análise e que muito lhe devem, inclusive a percepção dos erros de sua própria educação, irão tratar os filhos com maior compreensão e lhes poupar muita coisa que a eles mesmos não foi poupada. Paralelamente aos esforços dos analistas em influir na educação, há outras pesquisas sobre a gênese e a prevenção da delinquência e da criminalidade. Também nesse caso estou apenas abrindo as portas e mostrando os aposentos para vocês, sem conduzi-los para o interior. Sei que, prosseguindo o interesse na psicanálise, poderão aprender muitas coisas novas e valiosas sobre esses temas. Mas não quero deixar o tema da educação sem lembrar um determinado

34. ESCLARECIMENTOS, EXPLICAÇÕES, ORIENTAÇÕES

aspecto. Já se disse — com razão, certamente — que toda educação é facciosa, que busca inserir a criança na ordem social vigente, sem considerar o quanto esta é valiosa ou sustentável em si mesma. Quando se está convencido dos defeitos de nossas instituições sociais, não é justificável pôr a serviço delas também a educação orientada psicanaliticamente. É preciso dar-lhe uma outra meta, mais elevada, que se tenha libertado das exigências sociais dominantes. Mas acho que esse argumento não cabe aqui. Essa exigência ultrapassa a função que a psicanálise pode justificadamente exercer. Assim também, o médico chamado para tratar uma pneumonia não tem de se perguntar se o doente é um homem decente, um suicida ou um criminoso, se merece continuar vivo e se devemos desejar que continue. Também esse outro objetivo que se quer dar à educação será parcial, e não é trabalho do analista decidir entre as partes. Nem estou considerando o fato de que as pessoas recusarão à psicanálise qualquer influência na educação, se ela defender propósitos inconciliáveis com a ordem social vigente. A educação psicanalítica toma a si uma responsabilidade que não lhe foi requerida, se se propõe transformar seus alunos em revolucionários. Ela terá feito a sua parte se os deixar o mais sadios e capazes possível. Nela já existem fatores suficientemente revolucionários para assegurar que o indivíduo por ela educado não se porá ao lado da reação e da repressão na sua vida futura. Acho, inclusive, que crianças revolucionárias não são desejáveis de nenhum ponto de vista.

Senhoras e senhores: Pretendo ainda lhes dizer algumas palavras sobre a psicanálise como terapia. O aspecto teórico disso já abordei quinze anos atrás, e não tenho como formulá-lo diferentemente agora; a experiência desses anos é que lhes será comunicada. Como sabem, a psicanálise surgiu como terapia e cresceu muito além disso, mas nunca abandonou seu solo natal e, para seu aprofundamento e desenvolvimento, continua ligada à prática com os enfermos. O acúmulo de impressões, a partir do qual se desenvolvem nossas teorias, não poderia ser obtido de outra maneira. Os fracassos que experimentamos como terapeutas nos colocam sempre novas tarefas, as exigências da vida real são uma proteção eficaz contra o excesso de especulação, da qual tampouco podemos prescindir em nosso trabalho. Tempos atrás discutimos os meios pelos quais a psicanálise ajuda os enfermos, quando os ajuda, e com que métodos; hoje vamos indagar o quanto ela consegue.

Talvez saibam que eu jamais fui um entusiasta da terapia; não há perigo de eu fazer um mau uso desta conferência, entoando louvores. Prefiro ser lacônico a me exceder. No tempo em que eu era o único analista, escutava pessoas supostamente simpáticas à minha causa dizerem: "Isso tudo é bonito e inteligente, mas mostre-me um caso que você tenha curado com a psicanálise". Essa era uma das várias fórmulas que se sucederam no curso do tempo, com a função de pôr de lado a inconveniente novidade. Hoje ela está envelhecida como muitas outras — na pasta do analista também se encontra um maço de cartas de agradecimento de pacientes curados.

34. ESCLARECIMENTOS, EXPLICAÇÕES, ORIENTAÇÕES

A analogia não para aí. A psicanálise é realmente uma terapia como outras. Tem seus triunfos e suas derrotas, suas dificuldades, restrições, indicações. Em certo tempo, a queixa contra a análise era que não podia ser levada a sério como terapia, pois não ousava dar a conhecer uma estatística dos seus êxitos. Desde então o Instituto Psicanalítico de Berlim, fundado pelo dr. Max Eitingon, publicou um relatório sobre a sua primeira década. Os sucessos terapêuticos não dão motivo nem para gabar--se, nem para envergonhar-se. Mas as estatísticas não são instrutivas, o material trabalhado é tão heterogêneo que apenas números muito grandes diriam algo. É melhor indagar as próprias experiências individuais. Gostaria de dizer, quanto a isso, que não creio que as nossas curas possam competir com as de Lourdes. Há muito mais pessoas que acreditam nos milagres da Virgem do que as que acreditam na existência do inconsciente. Voltando--nos para a concorrência terrena, precisamos comparar a terapia analítica aos outros métodos de psicoterapia. Os tratamentos físico-orgânicos atuais nem precisam ser mencionados. Como procedimento psicoterapêutico, a análise não se acha em oposição aos outros métodos dessa disciplina médica especial; ela não lhes tira o valor, não os exclui. Teoricamente não haveria problema em um médico, que se denomina terapeuta, aplicar a análise a seus pacientes ao lado de todos os outros métodos de cura, conforme a característica do caso e a natureza favorável ou desfavorável das circunstâncias externas. Na realidade, é a técnica que obriga à especialização da atividade médica. Do mesmo modo, a cirurgia e a ortopedia tiveram que se separar uma da outra. A atividade psicanalítica é difícil e exigente, não pode ser manejada como os óculos que pomos para ler e tiramos para passear. Via de regra, ou a psicanálise tem o médico por inteiro ou não o tem absolutamente. Os psicoterapeutas que se utilizam ocasionalmente da psicanálise não se acham, pelo que conheço, em terreno psicanalítico firme; não aceitaram a análise inteira, mas sim a diluíram, tiraram-lhe o "veneno" talvez. Não podemos contá-los entre os analistas. Isso me parece lamentável; mas a cooperação médica entre um analista e um psicoterapeuta que se limitasse aos outros métodos seria apropriada.

Comparada aos outros procedimentos da psicoterapia, sem dúvida a psicanálise é o mais poderoso. E é justo e natural que seja assim, pois é também o mais trabalhoso e demorado; não deve ser aplicado em casos leves. Com ela se pode, nos casos adequados, eliminar distúrbios e produzir mudanças com que não se sonhava em épocas pré-analíticas. Mas ela também tem seus consideráveis limites. A ambição terapêutica de vários de meus colegas empenhou-se bastante em superar esses obstáculos, de modo que todos os distúrbios neuróticos fossem curáveis mediante a psicanálise. Eles buscaram comprimir o trabalho analítico num tempo mais breve, intensificar a transferência de tal maneira que ela fique superior a todas as resistências, conjugá-la a outras formas de influência, para obter a cura. Tais esforços são dignos de louvor, certamente, mas creio que são em vão. Eles também trazem o perigo de o analista ser levado para fora da análise e cair numa experimentação

34. ESCLARECIMENTOS, EXPLICAÇÕES, ORIENTAÇÕES

sem limites. A expectativa de poder curar toda neurose talvez derive, suspeito, daquela crença leiga de que as neuroses são algo inteiramente supérfluo, que não tem direito a existir. Na verdade, são afecções graves, constitucionalmente fixadas, que raramente se limitam a algumas irrupções, geralmente persistindo por longos períodos ou pela vida inteira. A experiência analítica de que podemos influenciá-las em larga medida, ao dominar os ensejos históricos da doença e os fatores auxiliares acidentais, levou-nos a negligenciar o fator constitucional na prática terapêutica. De fato, não podemos fazer nada quanto a ele; mas na teoria sempre devemos tê-lo presente. Já o fato de as psicoses serem totalmente inacessíveis à psicanálise deveria, pelo seu íntimo parentesco com as neuroses, limitar nossas pretensões em relação a estas. A eficácia terapêutica da análise é restringida por uma série de fatores significativos e quase inexpugnáveis. No caso das crianças, em que seria lícito esperar os maiores êxitos, são as dificuldades externas ligadas à situação parental, que, no entanto, são próprias da condição de criança. Nos adultos são, em primeira linha, dois fatores: o grau de enrijecimento psíquico e a forma da doença, com todos os determinantes mais profundos que ela cobre. O primeiro fator é frequentemente ignorado, de modo injusto. Por maior que seja a plasticidade da vida psíquica e a possibilidade de vivificar antigos estados, nem tudo pode ser reanimado. Algumas mudanças parecem definitivas, correspondem a cicatrizes que se formam, depois de findados os processos. Outras vezes, tem-se a impressão de um enrijecimento geral da psique; os processos psíquicos aos quais gostaríamos de apontar outras vias parecem incapazes de deixar os velhos caminhos. Mas talvez isto seja o mesmo que dissemos antes, apenas visto de outra maneira. Com muita frequência acreditamos notar que à terapia falta apenas a força motriz* necessária para levar a cabo a mudança. Uma determinada dependência, um determinado componente instintual é forte demais em relação às forças contrárias que podemos mobilizar. Geralmente é o que acontece nas psicoses. Nós as compreendemos a ponto de saber onde deveríamos encaixar as alavancas, mas estas não poderiam mover a carga. A isso está relacionada, inclusive, a esperança de que no futuro, conhecendo os efeitos dos hormônios — vocês sabem o que são eles —, tenhamos os meios de lidar vitoriosamente com os fatores quantitativos das doenças, mas agora estamos bem longe disso. Compreendo que a insegurança em todas essas questões é um constante incentivo a aperfeiçoar a técnica da análise e, particularmente, da transferência. Sobretudo um iniciante na psicanálise ficará em dúvida, tendo um insucesso, se deve culpar as peculiaridades do caso ou seu canhestro manejo do procedimento terapêutico. Mas, como já disse, não acredito que possamos obter muito com os esforços nesta direção.

---

* *Triebkraft*, no original. Este é um termo comum alemão, que corresponde a "força motriz" em português; mas, como inclui a palavra *Trieb*, alguns tradutores o veem como um termo técnico, o que claramente não é.

34. ESCLARECIMENTOS, EXPLICAÇÕES, ORIENTAÇÕES

A outra limitação dos êxitos analíticos é dada pela forma da doença. Vocês sabem que o terreno de aplicação da terapia analítica são as neuroses de transferência, fobias, histerias, neuroses obsessivas, e também anormalidades do caráter desenvolvidas no lugar de tais doenças. Tudo que é diferente disso, estados narcísicos, psicóticos, é inapropriado em maior ou menor grau. Seria perfeitamente legítimo procurar evitar os insucessos, excluindo cuidadosamente esses casos. As estatísticas da análise experimentariam uma grande melhora com essa precaução. Sim, mas há um problema. Muitas vezes os nossos diagnósticos acontecem depois, são como o teste das bruxas do rei da Escócia, relatado por Victor Hugo. Esse rei dizia ter um método infalível para reconhecer uma bruxa. Deixava a mulher suspeita num caldeirão de água fervendo e então provava a sopa. Após isso, podia dizer: "Esta era uma bruxa", ou: "Esta não era". Algo assim sucede conosco, mas nós é que sofremos. Não podemos julgar o paciente que chega para o tratamento, ou o candidato que vem para a formação, antes de tê-lo estudado analiticamente durante algumas semanas ou meses. Nós realmente compramos nabos em saco. O paciente se queixa de males genéricos, indefinidos, que não permitem um diagnóstico seguro. Após esse período de prova, pode se revelar como um caso inapropriado. Então o dispensamos, se é um candidato, e tentamos ainda algum tempo, se é um paciente, esperando vê-lo sob uma luz mais favorável. O paciente se vinga aumentando a nossa lista de insucessos, e o candidato rejeitado, se for um paranoico, escrevendo livros de psicanálise, talvez. Como veem, nossa cautela em nada nos ajudou.

NOVAS CONFERÊNCIAS INTRODUTÓRIAS À PSICANÁLISE

Temo que estas considerações detalhadas extrapolem seu interesse. Mas sentiria mais ainda se vocês achassem que é minha intenção diminuir seu respeito pela psicanálise como terapia. Talvez eu tenha começado canhestramente, pois o que pretendia era justamente o contrário: desculpar as limitações terapêuticas da análise, lembrando que são inevitáveis. Com a mesma intenção me volto agora para um outro ponto, para a objeção de que o tratamento analítico toma um tempo desproporcionalmente longo. A isso devo responder que as mudanças psíquicas se efetuam mesmo apenas lentamente; quando aparecem rapidamente, repentinamente, isto é um mau sinal. É verdade que o tratamento de uma neurose grave pode se estender por vários anos, mas imaginem, em caso de êxito, quanto tempo a doença teria durado. Provavelmente uma década para cada ano de tratamento, ou seja, a condição enferma jamais teria acabado, como vemos frequentemente nos enfermos não tratados. Em alguns casos temos motivo para retomar a análise depois de muitos anos; a vida desenvolvera novas reações patológicas a ensejos novos, no intervalo o paciente estava sadio. A primeira análise não havia trazido à luz todas as predisposições patológicas, e era natural que acabasse quando foi alcançado o êxito. Também existem pessoas gravemente afetadas, que mantemos sob observação analítica por toda a vida e de tempos em tempos tomamos de novo em análise, mas de outra forma essas pessoas não seriam capazes de viver, e devemos ficar satisfeitos de poder sustentá-las com esse tratamento fracionado e recorrente. Também a análise de distúrbios do caráter pede longos períodos de tratamento, mas com frequência é bem-sucedida, e conhecem vocês uma outra terapia que nos permita sequer dar início a um trabalho desses? A ambição terapêutica pode se sentir descontente com essas informações, mas o exemplo da tuberculose e do lúpus nos ensinou que só podemos ter sucesso quando adaptamos a terapia às características da doença.

Disse-lhes que a psicanálise começou como terapia, mas não pretendi recomendá-la ao seu interesse como terapia, e sim pelas verdades que contém, pelos esclarecimentos que nos dá sobre o que mais importa ao ser humano, a sua própria natureza, e pelas conexões que revela entre as suas mais diferentes atividades. Como terapia, é uma entre muitas, embora, é verdade, *prima inter pares*. Se não tivesse o seu valor terapêutico, não teria sido descoberta no trato com doentes e desenvolvida por mais de trinta anos.

35. ACERCA DE UMA VISÃO DE MUNDO

Senhoras e senhores: Em nosso último encontro cuidamos de pequenas ocupações cotidianas, pusemos em ordem a nossa modesta casa, por assim dizer. Agora daremos um passo ousado, procuraremos responder uma questão que volta e meia nos é colocada: se a psicanálise leva a uma determinada visão de mundo, e qual seria ela.

NOVAS CONFERÊNCIAS INTRODUTÓRIAS À PSICANÁLISE

"Visão de mundo"* é, receio, um termo especificamente alemão, cuja tradução em outras línguas deve criar dificuldades. Tentarei uma definição para ele, embora ela certamente lhes parecerá canhestra. Entendo que uma visão de mundo é uma construção intelectual que, a partir de uma hipótese geral, soluciona de forma unitária todos os problemas de nossa existência, na qual, portanto, nenhuma questão fica aberta, e tudo que nos concerne tem seu lugar definido. É fácil compreender que a posse de uma visão de mundo se inclui entre os desejos ideais de um ser humano. Acreditando numa visão de mundo, podemos nos sentir seguros na vida, saber a que devemos aspirar e como alocar da maneira mais apropriada os nossos afetos e interesses.

Se esta é a natureza de uma visão de mundo, a resposta é fácil, no que toca à psicanálise. Enquanto ciência específica, um ramo da psicologia — uma psicologia da profundeza ou psicologia do inconsciente —, ela é totalmente inadequada para criar uma visão de mundo própria, deve aceitar aquela da ciência. Mas a visão de mundo científica já se distancia notavelmente da nossa definição. É verdade que ela também aceita o caráter

---

* *Weltanschauung*, que se compõe das palavras *Welt*, "mundo", e *Anschauung*, "contemplação, concepção" (do verbo *anschauen*, "olhar, contemplar"); tendo se tornado um termo filosófico difundido, às vezes nem é traduzido, como atestam as versões estrangeiras do título deste capítulo: *El problema de la concepción del universo*, *En torno de una cosmovisión*, *Una "Visione del mondo"*, *A philosophy of life*, *The question of a Weltanschauung*, *On the question of a Weltanschauung*, *Over een wereldbeschouwing*.

35. ACERCA DE UMA VISÃO DE MUNDO

uno da explicação do mundo, mas apenas como um programa cuja realização é adiada para o futuro. De resto caracteriza-se negativamente, pela limitação ao que é cognoscível no momento e pela nítida rejeição de determinados elementos que lhe são estranhos. Afirma que não há outra fonte de conhecimento do mundo senão a elaboração intelectual de observações cuidadosamente checadas, isto é, o que chamamos de pesquisa, não existindo, ao lado dela, nenhum conhecimento derivado de revelação, intuição ou adivinhação. Parece que tal concepção esteve muito próxima do reconhecimento universal nos últimos séculos. Foi dado ao nosso século encontrar a presunçosa objeção de que tal visão de mundo é insatisfatória e mesquinha, de que ignora as exigências do intelecto e as necessidades da psique humana.

Essa objeção deve ser vigorosamente repudiada. Ela é insustentável, pois o intelecto e a psique* são objetos da investigação científica, exatamente como qualquer outra coisa não humana. A psicanálise tem um direito especial de falar em nome da visão de mundo científica neste ponto, já que não pode ser acusada de haver negligenciado o psíquico no quadro que faz do mundo. Sua contribuição à ciência consiste exatamente em estender a investigação à esfera psíquica. Sem uma

---

* "O intelecto e a psique": *Geist und Seele*, que significam primariamente "espírito e alma"; com exceção da *Standard* inglesa, que usa *the intellect and the mind*, as versões estrangeiras tendem a adotar a tradução mais literal; para uma discussão da palavra *Seele*, ver *As palavras de Freud*, op. cit., capítulo sobre a gênese da nova edição francesa.

NOVAS CONFERÊNCIAS INTRODUTÓRIAS À PSICANÁLISE

psicologia desse tipo, a ciência ficaria muito incompleta. No entanto, se a pesquisa das funções intelectuais e emocionais do ser humano (e dos animais) é incluída na ciência, vê-se que nada se modifica na atitude geral da ciência, não surgem novas fontes de saber ou novos métodos de pesquisa. Intuição e adivinhação seriam essas novas fontes e métodos, caso existissem, mas podemos tranquilamente contá-las entre as ilusões, as satisfações de desejos. Também notamos, sem dificuldade, que as exigências relativas a uma visão de mundo têm apenas uma base afetiva. A ciência toma nota do fato de que a psique humana cria tais exigências e está pronta para examinar suas fontes, mas não tem o menor motivo para reconhecê-las como sendo justificadas. Pelo contrário, ela se vê exortada a distinguir cuidadosamente entre o saber e tudo que é ilusão, resultado dessa exigência afetiva.

Isso não significa, absolutamente, afastar esses desejos com desdém, ou subestimar o seu valor para a vida humana. Estamos dispostos a acompanhar as satisfações que eles obtiveram nas realizações da arte, nos sistemas religiosos e na filosofia, mas não podemos ignorar que seria incorreto e bastante inadequado admitir que essas reivindicações fossem transferidas para o âmbito do conhecimento. Pois desse modo seriam abertos os caminhos que conduzem ao domínio da psicose, seja ela individual ou de massa, e seriam subtraídas valiosas energias dos esforços que se voltam para a realidade, a fim de nela satisfazer, na medida do possível, desejos e necessidades.

35. ACERCA DE UMA VISÃO DE MUNDO

Do ponto de vista da ciência, é inevitável exercer a crítica quanto a isso, procedendo com refutações e rejeições. É inadmissível dizer que a ciência é uma área da atividade espiritual humana, que a religião e a filosofia são outras, de valor pelo menos igual, e que a ciência não deve interferir nelas; que todas podem igualmente reivindicar serem verdadeiras e cada pessoa é livre para escolher de onde tirar sua convicção e onde depositar sua crença. Uma visão assim é tida como particularmente nobre, tolerante, abrangente e livre de preconceitos tacanhos. Infelizmente ela não é defensável, compartilha todos os traços nocivos de uma visão de mundo não científica, praticamente equivalendo a esta. Ocorre que a verdade não pode ser tolerante, não permite compromissos e imitações, que a pesquisa tem de considerar todos os âmbitos da atividade humana como seus e deve se tornar implacavelmente crítica, quando um outro poder busca usurpar alguma parte dela.

Dos três poderes que podem disputar à ciência o território, apenas a religião é um inimigo sério. A arte é quase sempre inofensiva e benéfica, não quer ser outra coisa que não ilusão. Excetuando o caso de algumas pessoas, que, como se diz, são possuídas pela arte, ela não ousa invadir o reino da realidade. A filosofia não se opõe à ciência, comporta-se ela mesma como uma ciência, trabalhando em parte com os mesmos métodos, mas distancia-se dela ao se ater à ilusão de poder produzir um quadro coeso e sem lacunas do universo, que, no entanto, necessariamente se desfaz a cada novo avanço do saber. Em termos de método, engana-se ao superestimar o valor cognitivo de nossas operações lógicas, e ao talvez admitir outras fontes de saber, como a intuição. E muitas vezes não parece injustificada a zombaria do poeta (H. Heine), quando diz que o filósofo

Com seus gorros de dormir e os andrajos do pijama
*Tapa os buracos do edifício do universo**

Mas a filosofia não tem influência direta sobre a grande massa dos seres humanos, ela é de interesse para uma minoria, até mesmo no fino estrato superior dos intelectuais, e de difícil compreensão para todos os demais. Já a religião é um poder tremendo, que dispõe das mais fortes paixões dos seres humanos. Sabe-se que antigamente ela abrangia tudo o que na vida humana diz respeito ao espírito, que ocupava o lugar da ciência, quando ainda não havia ciência, e que forjou uma visão de mundo de coerência e unidade incomparáveis, que, embora abalada, ainda hoje sobrevive.

Querendo-se dar conta da natureza grandiosa da religião, deve-se ter presente o que ela oferece aos seres humanos. Ela lhes dá explicação sobre a origem e a procedência do mundo, ela lhes assegura proteção nas contingências da vida e, por fim, felicidade; e orienta suas atitudes e ações, mediante preceitos que sustenta com toda a sua autoridade.

---

* No original: *"Mit seinen Nachtmützen und Schlafrockfetzen/ Stopft er die Lücken des Weltenbaus"* (Heinrich Heine, "Die Heimkehr" ["O retorno"], LVIII).

35. ACERCA DE UMA VISÃO DE MUNDO

Ela preenche três funções, portanto. Na primeira, satisfaz a ânsia de saber humana, faz a mesma coisa que a ciência procura realizar com os seus meios, e nisso entra em rivalidade com ela. Mas é à segunda função que ela deve a maior parte de sua influência. Quando alivia a angústia das pessoas ante os perigos e as contingências da vida, assegura-lhes um final feliz, proporciona-lhes consolo no infortúnio, a ciência não pode se medir com ela. A ciência ensina, é verdade, como se podem evitar determinados perigos e lutar vitoriosamente contra muitas doenças. Seria injusto contestar que é uma poderosa auxiliar dos seres humanos, mas em muitas situações ela é obrigada a abandoná-los com sua dor, sabe apenas lhes recomendar a submissão. Na terceira função, em que instaura preceitos e formula proibições e restrições, ela se distancia ao máximo da ciência, pois esta se contenta em pesquisar e verificar. É certo, porém, que de suas aplicações resultam regras e conselhos para a conduta na vida. Em algumas circunstâncias são os mesmos oferecidos pela religião, mas, nesse caso, com outra fundamentação.

Não é inteiramente claro por que esses três conteúdos convergem na religião. Que relação pode haver entre a explicação sobre a origem do mundo e a imposição de determinados preceitos éticos? As garantias de proteção e felicidade são mais intimamente ligadas às exigências éticas. São o prêmio pelo respeito a esses mandamentos. Apenas quem a eles se submete pode contar com aqueles benefícios; os desobedientes receberão castigos. Aliás, algo semelhante existe na ciência. Quem desconsidera suas aplicações, diz ela, expõe-se a graves danos.

NOVAS CONFERÊNCIAS INTRODUTÓRIAS À PSICANÁLISE

Só compreendemos a notável coexistência de instrução, consolo e exigência, na religião, quando a submetemos a uma análise genética. Esta pode começar pelo ponto que mais chama a atenção no conjunto, pelo ensinamento sobre a origem do mundo, pois por que deveria uma cosmogonia ser um componente normal de um sistema religioso? O ensinamento é de que o mundo foi criado por um ser semelhante ao homem, mas engrandecido em todos os aspectos, em poder, sabedoria, força da paixão etc., um idealizado super-ser humano. Havendo animais criadores do universo, isso aponta para a influência do totemismo, que vamos abordar mais adiante, ainda que rapidamente. É interessante o fato de esse criador do mundo ser sempre um só, mesmo quando se acredita em muitos deuses. E também que geralmente seja um homem, embora não faltem referências a divindades femininas e algumas mitologias façam o mundo ter início justamente com um deus-homem liquidando uma divindade feminina, que é rebaixada à condição de monstro. Certos problemas muito interessantes guardam relação com isso, mas temos que seguir adiante. O restante do caminho torna-se facilmente reconhecível para nós, na medida em que esse deus-criador é chamado de "Pai". A psicanálise conclui que ele é realmente o pai, grandioso como havia parecido à criança pequena. O homem religioso imagina a criação do mundo como a sua própria origem.

Então se explica facilmente como os consolos, as garantias e as severas exigências éticas aparecem unidos à cosmogonia. Pois a mesma pessoa a quem a criança

35. ACERCA DE UMA VISÃO DE MUNDO

deve sua existência, o pai (ou melhor, a instância parental composta de pai e mãe) também protegeu e vigiou o filho fraco, desamparado, exposto aos perigos do mundo externo; sob a sua tutela ele se sentia seguro. Tendo se tornado adulto, o ser humano sabe que dispõe de maiores forças, mas cresce também sua percepção dos perigos da vida, e ele conclui, justamente, que no fundo permaneceu tão desamparado e desprotegido como na infância, que diante do mundo ainda é uma criança. E já muito antes ele também notou que o seu pai é um ser de poder limitado, e não alguém apercebido de todos os méritos. Por isso retorna à imagem do pai que guarda da infância, quando ele era tão superestimado, elevando-o a divindade e o situando no presente e na realidade. A força afetiva dessa imagem da lembrança e a persistência da necessidade de proteção sustentam a sua crença em Deus.

Também o terceiro ponto fundamental do plano religioso, a exigência ética, encaixa-se bem na situação infantil. Lembremos a famosa declaração de Kant, em que ele menciona conjuntamente o céu estrelado e a lei moral dentro de nós. Por mais que pareça estranha essa conjunção — pois o que têm os astros do céu com o fato de alguém amar ou matar seu semelhante? —, ela toca numa grande verdade psicológica. O mesmo pai (ou instância parental) que deu a vida ao filho e o protegeu dos perigos dessa vida mostrou-lhe também o que deve e o que não deve fazer, instruiu-lhe a aceitar determinadas restrições a seus desejos instintuais, fê-lo saber que considerações pelos pais e irmãos se esperam dele, para que se torne um membro tolerado e bem-visto do círculo familiar e, depois, de círculos mais amplos. Através de um sistema de prêmios e castigos amorosos, a criança é educada para conhecer suas obrigações sociais, é ensinada que sua segurança na vida depende de seus pais e também os outros a amarem e poderem acreditar em seu amor por eles. Todas essas relações o indivíduo leva depois, inalteradas, para a religião. As proibições e exigências dos pais subsistem dentro dele como consciência moral; com o mesmo sistema de castigo e recompensa Deus governa o mundo dos homens; o grau de proteção e de satisfação atribuído à pessoa depende do seu cumprimento das exigências éticas; o amor a Deus e a consciência de ser amada por ele fundamentam a segurança com que ela se arma contra os perigos do mundo externo. Por fim, com a oração é assegurada uma influência direta na vontade divina e, assim, alguma participação na divina onipotência.

Imagino que, enquanto vocês me ouviam, ocorreram-lhes muitas questões que gostariam de ver respondidas. Não posso fazê-lo aqui e agora, mas estou certo de que nenhuma dessas inquirições detalhadas abalaria nossa tese de que a visão de mundo religiosa é determinada pela situação típica de nossa infância. É tanto mais curioso, então, que ela tenha um precursor, apesar de seu caráter infantil. Não há dúvida de que houve um tempo sem religião, sem deuses. Ele é chamado de animismo. Também nessa época o mundo era cheio de espíritos semelhantes aos homens, chamados demônios; todos os objetos do mundo externo eram habitados por eles, ou talvez

35. ACERCA DE UMA VISÃO DE MUNDO

idênticos a eles, mas não havia um poder supremo, que os tivesse criado e os continuasse governando, e ao qual alguém podia solicitar ajuda e proteção. Os demônios do animismo eram geralmente hostis ao ser humano, mas parece que então este confiava mais em si do que depois. Certamente ele vivia com um grande medo desses maus espíritos, mas defendia-se deles através de determinadas ações, a que atribuía o poder de afastá-los. Também não se considerava impotente em outros aspectos. Quando desejava algo da natureza, que chovesse, por exemplo, não dirigia uma prece ao deus do tempo, e sim realizava uma mágica para influir diretamente na natureza, fazia ele mesmo algo semelhante à chuva. Na luta contra os poderes do mundo à sua volta, sua primeira arma era a *magia*, a primeira antecessora da nossa técnica atual. Supomos que a confiança na magia vem da superestimação das próprias operações intelectuais, da crença na "onipotência dos pensamentos", que encontramos também nos neuróticos obsessivos, aliás. Podemos imaginar que os homens daquele tempo eram particularmente orgulhosos de suas conquistas na linguagem, que implicaram uma enorme facilitação do pensamento. Eles atribuíram poder mágico às palavras. Depois esse traço foi incorporado pela religião: "E Deus disse: 'Faça-se a luz', e a luz se fez". E a existência de ações mágicas mostra que o homem animista não se fiava simplesmente na força de seus desejos. Ele esperava resultados da execução de um ato que levaria a natureza a imitá-lo. Quando queria chuva, ele derramava água; quando queria estimular a fecundidade do solo, fazia-o presenciar uma união sexual no campo.

NOVAS CONFERÊNCIAS INTRODUTÓRIAS À PSICANÁLISE

Sabem como é difícil algo desaparecer, uma vez tendo alcançado expressão psíquica. Logo, não ficarão surpresos de ouvir que muitas manifestações do animismo se conservaram até o dia de hoje, em geral como o que é chamado de superstição, ao lado e por trás da religião. Mais ainda, dificilmente poderão recusar o juízo de que nossa filosofia mantém traços essenciais do modo de pensar animista, a superestimação da magia da palavra, a crença de que os eventos reais do mundo tomam os caminhos que o nosso pensamento procura lhes apontar. Seria, claro, um animismo sem atos mágicos. Por outro lado, é lícito esperar que já naquele tempo houvesse algum tipo de ética, preceitos para as relações entre as pessoas, mas nada indica que estivessem intimamente ligados à crença animista. É provável que fossem expressão direta das relações de poder e das necessidades práticas.

Seria ótimo saber o que provocou a passagem do animismo para a religião, mas vocês podem imaginar a escuridão que ainda hoje envolve esses tempos primevos da história do espírito humano. Parece ser fato que a primeira forma da religião foi o curioso fenômeno do totemismo, a adoração de animais, em cuja esteira surgiram também os primeiros mandamentos éticos, os tabus. No livro *Totem e tabu* [1912-13] desenvolvi uma conjectura que explica essa mudança por uma reviravolta nas circunstâncias da família humana. A realização principal da religião, comparada ao animismo, está em vincular psiquicamente o medo ante os demônios. Mas, enquanto resíduo da época pré-histórica, o espírito mau conservou um lugar no sistema da religião.

332

35. ACERCA DE UMA VISÃO DE MUNDO

Sendo essa a pré-história da visão de mundo religiosa, voltemo-nos agora para o que ocorreu desde então e o que está sucedendo ante os nossos olhos. O espírito científico, fortalecido na observação dos processos naturais, começou, ao longo dos tempos, a tratar a religião como um assunto humano e submetê-la a um exame crítico. A isso ela não pôde fazer frente. Primeiro foram as histórias de milagres que suscitaram estranheza e descrença, pois contrariavam tudo o que a simples observação havia mostrado, e claramente traíam a influência da ativa imaginação humana. Depois foram suas teorias para explicar o mundo existente que encontraram rejeição, pois atestavam uma insciência que trazia a estampa de épocas antigas e que, graças à maior familiaridade com as leis da natureza, os homens entendiam haver superado. A ideia de que o mundo teria surgido através de atos de criação ou fecundação, de maneira análoga à gênese do indivíduo, já não parecia a hipótese mais próxima e aceitável, depois que a distinção entre seres vivos e animados e uma natureza inanimada se impôs ao pensamento, o que tornou impossível a manutenção do animismo original. Também não se deve ignorar a influência do estudo comparativo dos sistemas religiosos e a impressão deixada pela exclusão e intolerância entre eles.

Fortificado por esses exercícios preliminares, o espírito científico teve finalmente a coragem de pôr à prova os elementos mais relevantes e afetivamente mais preciosos da visão de mundo religiosa. Sempre fora possível perceber, mas apenas muito depois houve confiança para exprimir que também as afirmações religiosas que prometem felicidade e proteção ao homem, se ele cumprir determinadas exigências éticas, demonstraram não ser dignas de crédito. Ao que tudo indica, não procede que exista no mundo um poder que vela pelo bem do indivíduo com zelo paternal e conduz a um final feliz tudo o que a ele diz respeito. Ocorre, isto sim, que os destinos humanos não se harmonizam nem com a hipótese de uma bondade universal nem com a ideia — que contradiz parcialmente aquela — de uma justiça universal. Terremotos, inundações, incêndios não fazem distinção entre os bons e piedosos e os malvados e descrentes. Também onde a natureza inanimada não conta, e o destino da pessoa individual depende de suas relações com as outras pessoas, de maneira nenhuma é regra geral que a virtude seja compensada e o mal encontre punição; frequentemente, isto sim, o homem violento, astucioso e inescrupuloso arrebata as coisas desejadas do mundo e o virtuoso fica de mãos vazias. Poderes obscuros, insensíveis e inclementes decidem o destino dos homens; não parece haver o sistema de castigos e recompensas que governaria o mundo, segundo a religião. Eis mais um motivo para abandonar uma parte da teoria da animação, que havia escapado do animismo para a religião.

A última contribuição à crítica da visão de mundo religiosa foi feita pela psicanálise, ao indicar como a religião se originou do desamparo infantil e ao fazer seus conteúdos derivarem dos desejos e necessidades da infância, que prosseguem na vida adulta. Isto não significou exatamente uma refutação da religião, mas foi um

35. ACERCA DE UMA VISÃO DE MUNDO

necessário arremate do nosso conhecimento sobre ela, e ao menos num ponto a contradisse, pois ela mesma reivindica uma procedência divina. E nisso não estará errada, se a nossa interpretação de Deus for aceita.

Em resumo, o juízo da ciência sobre a visão de mundo religiosa é o seguinte. Enquanto as diferentes religiões disputam qual delas tem a posse da verdade, achamos que o conteúdo de verdade da religião pode ser desconsiderado. Religião é uma tentativa de lidar com o mundo sensorial, em que estamos colocados, através do mundo de desejos que desenvolvemos em nós, em razão de necessidades biológicas e psicológicas. Mas ela não consegue fazer isso. Suas doutrinas têm o cunho do tempo em que surgiram, da insciente infância da humanidade. Seus consolos não merecem confiança. A experiência nos ensina que o mundo não é um quarto de crianças. As exigências éticas que a religião procura enfatizar pedem um outro fundamento, pois são indispensáveis para a sociedade humana, e é perigoso vincular a obediência a elas com a devoção religiosa. Se buscamos inserir a religião no curso evolutivo da humanidade, ela não aparece como uma aquisição permanente, mas como uma contrapartida da neurose pela qual o indivíduo civilizado tem de passar, no seu caminho da infância à maturidade.

Naturalmente vocês estão livres para criticar esta minha exposição; eu próprio lhes ajudarei nessa tarefa. O que disse sobre o desmoronamento gradual da visão de mundo religiosa foi certamente incompleto, por ser muito abreviado. A sequência dos vários processos não foi apresentada muito corretamente; não foi examinada a cooperação de diferentes forças no despertar do espírito científico. Também não considerei as mudanças que ocorreram na própria visão de mundo religiosa durante a época de seu domínio inconteste e, depois, sob a influência da crítica florescente. Por fim, limitei minha discussão, a rigor, a uma única forma da religião, aquela dos povos ocidentais. Construí um modelo anatômico, por assim dizer, para a finalidade de uma demonstração acelerada, que produzisse o máximo de impressão. Deixemos de lado a questão de se meu conhecimento bastaria para fazê-lo de modo melhor e mais completo. Bem sei que tudo o que lhes disse pode ser encontrado em outro lugar, exposto com maior precisão; nada disso é novo. Mas deixem-me expressar a convicção de que a mais cuidadosa elaboração do material dos problemas da religião não abalaria nossas conclusões.

Vocês sabem que a luta do espírito científico contra a visão de mundo religiosa não chegou ao fim; ela ainda se desenrola na atualidade, à nossa frente. A psicanálise não costuma utilizar a arma da polêmica, mas não vamos nos furtar a olhar esse conflito. Assim talvez obtenhamos um maior esclarecimento de nossa atitude ante as visões de mundo. Vocês verão como não é difícil rejeitar alguns dos argumentos que os defensores da religião apresentam; outros, porém, podem se esquivar à refutação.

A primeira objeção que se ouve é que seria uma impertinência da ciência tomar a religião como objeto de pesquisa, pois ela seria algo soberano, superior a toda atividade de compreensão humana, algo de que não devemos nos avizinhar com sutilezas críticas. Em outras

35. ACERCA DE UMA VISÃO DE MUNDO

palavras, a ciência não tem competência para julgar a religião. Ela é útil e estimável normalmente, na medida em que se restringe a seu âmbito; mas a religião não é seu âmbito, ela não tem o que fazer aí. Se não nos deixamos desencorajar por essa áspera recusa, e perguntamos em que se baseia essa reivindicação de um lugar excepcional entre os assuntos humanos, temos como resposta, se nos julgarem dignos de uma resposta, que a religião não pode ser mensurada com metro humano, pois é de origem divina, foi nos dada em Revelação, por um Espírito que o espírito humano não consegue apreender. Diríamos que nada é de mais fácil refutação do que esse argumento, ele é uma óbvia *petitio principii* [petição de princípio], um *begging the question*, não sei de uma boa expressão para isso em alemão. A questão levantada é justamente se existe um espírito divino e sua revelação, e certamente nada resolve dizer que não se pode perguntar isso, já que a divindade não pode ser colocada em questão. Acontece aí o mesmo que ocasionalmente sucede no trabalho analítico. Quando um paciente, normalmente sensato, rejeita uma determinada conjectura com razões particularmente tolas, essa debilidade lógica esconde a existência de um motivo particularmente forte para se contrapor, que pode ser apenas de natureza afetiva, uma ligação emocional.

Podemos também receber uma outra resposta, na qual um motivo assim é abertamente admitido. A religião não pode ser examinada criticamente porque é a coisa mais elevada, valiosa e sublime que o espírito humano produziu, porque dá expressão aos mais pro-

NOVAS CONFERÊNCIAS INTRODUTÓRIAS À PSICANÁLISE

fundos sentimentos, e porque apenas ela torna o mundo suportável e a vida digna de ser vivida. A isso não precisamos responder contestando essa estima da religião, mas dirigindo a atenção para outro ponto. Enfatizamos que não se trata absolutamente de uma invasão da esfera da religião pelo espírito científico, mas, ao contrário, de uma invasão do âmbito do pensamento científico pela religião. Qualquer que seja o valor e significado da religião, ela não tem o direito de restringir o pensamento de nenhum modo, e, portanto, tampouco tem o direito de excluir a si mesma da aplicação do pensamento.

O pensamento científico não é diferente, em sua natureza, da atividade normal do pensamento que todos nós, crentes e não crentes, desempenhamos ao lidar com nossos assuntos da vida cotidiana. Ele apenas configurou-se de modo particular em alguns traços, interessa-se por coisas que não têm utilidade direta e palpável, empenha-se em manter cuidadosamente à distância fatores individuais e influências afetivas, verifica mais rigorosamente a confiabilidade das percepções sensoriais em que baseia suas conclusões, cria novas percepções, que não podem ser alcançadas com os meios cotidianos, e isola os determinantes dessas novas descobertas em experiências que são propositalmente variadas. Ele busca obter uma correspondência com a realidade, ou seja, com o que existe fora de nós, independente de nós e que, como nos ensina a experiência, é decisivo para o cumprimento ou fracasso de nossos desejos. Essa concordância com o mundo exterior real nós chamamos de "verdade". Ela é sempre o objetivo do trabalho cientí-

35. ACERCA DE UMA VISÃO DE MUNDO

fico, mesmo se deixamos de lado o valor prático deste. Portanto, quando a religião afirma que pode substituir a ciência, que, pelo fato de ser benéfica e edificante, também deve ser verdadeira, isso é, na realidade, uma invasão, que devemos rechaçar no interesse geral de todos. Da pessoa que aprendeu a conduzir seus negócios habituais seguindo as regras da experiência e levando em conta a realidade, é exigir demais que ela transfira justamente o cuidado de seus interesses mais íntimos para uma instância que reivindica como seu privilégio a isenção dos preceitos do pensamento racional. No que toca à proteção que a religião promete aos seus fiéis, creio que nenhum de nós entraria num automóvel cujo motorista proclamasse dirigir sem se deixar perturbar pelas normas do trânsito, apenas conforme os impulsos da sua exaltada imaginação.

A proibição de pensar, que a religião decreta no interesse de sua autopreservação, também está longe de ser inofensiva, tanto para o indivíduo como para a sociedade humana. A experiência analítica nos ensinou que tal proibição, ainda que originalmente limitada a um certo âmbito, tende a se ampliar, tornando-se causa de graves inibições na conduta da pessoa. Esse efeito pode ser observado também no sexo feminino, em consequência da proibição de ocupar-se da própria sexualidade até mesmo em pensamentos. Os estudos biográficos de quase todos os indivíduos ilustres do passado mostram o caráter nocivo da inibição religiosa do pensamento. Por outro lado, o intelecto — ou, utilizando o nome que nos é mais familiar: a razão —

NOVAS CONFERÊNCIAS INTRODUTÓRIAS À PSICANÁLISE

está entre os poderes de que mais podemos esperar uma influência unificadora sobre os seres humanos, tão difíceis de manter reunidos e, portanto, de governar. Imaginemos como seria impossível a sociedade humana se cada um tivesse a sua tabuada própria e sua unidade de peso e de medida. Nossa maior esperança para o futuro é que o intelecto — o espírito científico, a razão — venha a estabelecer, com o tempo, a ditadura [*Diktatur*] na vida psíquica humana. A natureza da razão garante que ela não deixará, então, de conceder o devido lugar aos afetos humanos e ao que é determinado por eles. Mas a coação comum exercida por esse domínio da razão se revelará o mais forte traço unificador entre os homens e abrirá o caminho para outras unificações. Tudo o que se opõe a esse desenvolvimento, como a proibição religiosa de pensar, é um perigo para o futuro da humanidade.

Pode-se então perguntar: por que a religião não coloca fim a essa disputa, sem perspectivas para ela, dizendo francamente: "É certo que não posso lhes dar o que comumente chamam de verdade. Mas o que tenho a dar é muito mais belo, mais consolador e mais elevado que tudo o que vocês podem obter da ciência. Por isso lhes digo que é verdadeiro num outro sentido, mais elevado". É fácil encontrar a resposta. A religião não pode admitir isso, porque desse modo perderia toda influência sobre a multidão. O homem comum conhece apenas a verdade no sentido comum da palavra. Não consegue imaginar o que seria uma verdade maior ou mais elevada. A verdade lhe parece tão pouco suscetível de gra-

35. ACERCA DE UMA VISÃO DE MUNDO

dação quanto a morte, e ele não consegue acompanhar o salto do belo para o verdadeiro. Talvez vocês achem, como eu, que nisso ele tem razão.

A luta não acabou, portanto. Os seguidores da visão de mundo religiosa agem conforme a velha máxima que diz: "A melhor defesa é o ataque". "O que é esta ciência", perguntam eles, "que ousa despojar de valor nossa religião, que proporcionou ajuda e salvação a milhões de pessoas durante milhares de anos? Que fez ela até agora? Que mais podemos esperar dela? É incapaz de trazer consolo e elevação, como ela própria admitiu. Então vamos deixá-la de lado, embora esta não seja uma renúncia fácil. E quanto às suas teorias? Pode ela nos dizer como surgiu o mundo e que destino terá? Pode nos traçar uma imagem coerente do universo e nos mostrar onde ficam os fenômenos não explicados da vida, como as forças do espírito conseguem agir sobre a matéria inerte? Se ela fosse capaz disso, não lhe recusaríamos nosso respeito. Mas não, nenhum desses problemas ela chegou a resolver. Ela nos dá fragmentos de um suposto conhecimento, que não consegue harmonizar uns com os outros, reúne observações de regularidades no curso dos eventos, que distingue com o nome de leis e submete a suas arriscadas interpretações. E o pequenino grau de certeza de que reveste suas conclusões! Tudo o que ensina é válido apenas provisoriamente; o que hoje é louvado como alta sabedoria é amanhã dispensado, e mais uma vez substituído experimentalmente por outra coisa. O último erro é chamado então de verdade. E a essa verdade nós devemos sacrificar nosso bem mais elevado!".

Senhoras e senhores: Penso que, na medida em que apoiam a visão de mundo científica assim atacada, não ficarão muito abalados com essa crítica. Na Áustria imperial foi dita uma frase que eu gostaria de lembrar neste momento. O velho soberano gritou certa vez à comissão de um partido que o incomodava: "Isso já não é oposição ordinária, isso é oposição facciosa!". De modo similar, vocês acharão que as recriminações feitas à ciência, de que ainda não solucionou os enigmas do universo, são exageradas de uma maneira injusta e maldosa; pois realmente ela teve muito pouco tempo para essas grandes realizações. A ciência é bastante nova, uma atividade humana que se desenvolveu tarde. Tenhamos em mente, selecionando apenas algumas datas, que se passaram apenas uns trezentos anos desde que Kepler descobriu as leis dos movimentos dos planetas, que a existência de Newton, que decompôs a luz em suas cores e estabeleceu a teoria da gravidade, chegou ao fim em 1727, ou seja, há pouco mais de duzentos anos, e que Lavoisier descobriu o oxigênio pouco antes da Revolução Francesa. Uma vida humana é muito breve, comparada à evolução da humanidade; hoje eu sou um homem velho, mas já havia nascido quando Charles Darwin publicou seu livro sobre a gênese das espécies. No mesmo ano de 1859 nasceu o descobridor do rádio, Pierre Curie. E recuando mais, ao início das ciências naturais entre os gregos, a Arquimedes, Aristarco de Samos (em torno de 250 a.C.), o precursor de Copérnico, ou mesmo aos alvores da astronomia, entre os

35. ACERCA DE UMA VISÃO DE MUNDO

babilônios, cobrimos apenas uma pequena fração do tempo que a antropologia reivindica para a evolução do homem desde a sua forma simiesca original, e que certamente abrange mais do que 100 mil anos. E não esqueçam que o último século trouxe tal profusão de novas descobertas, tamanha aceleração do progresso científico, que temos todo motivo para aguardar confiantemente o futuro da ciência.

Quanto às outras críticas, temos que lhes dar razão em alguma medida. O caminho da ciência é mesmo assim, lento, hesitante, laborioso. É algo que não se pode negar ou mudar. Não surpreende que os senhores do outro partido estejam insatisfeitos; eles estão mal-acostumados: com a Revelação tudo era mais fácil. O progresso, no trabalho científico, ocorre de maneira muito semelhante ao de uma análise. Levamos expectativas para o trabalho, mas temos de refreá-las. Através da observação aprendemos algo novo — ora aqui, ora ali — e inicialmente as peças não encaixam. Estabelecemos hipóteses, fazemos construções auxiliares, que retiramos quando não se confirmam; necessitamos de muita paciência, de prontidão para toda possibilidade; renunciamos a convicções prematuras, que nos obrigariam a não enxergar fatores novos e inesperados, e, por fim, todo o esforço é recompensado, os achados dispersos se combinam, obtemos uma visão de toda uma parcela do funcionamento mental, completamos nossa tarefa e estamos livres para a próxima. Na análise temos que prescindir apenas do auxílio que o experimento proporciona à pesquisa.

Mas naquela crítica à ciência há uma boa dose de exagero. Não é verdade que ela tateie cegamente de uma experiência a outra, que troque um erro por outro. Normalmente ela trabalha como um artista com seu modelo de argila, quando altera incansavelmente um esboço cru, acrescentando e tirando, até que este alcance um grau satisfatório de semelhança com o objeto visto ou imaginado. Além disso, já existe hoje, ao menos nas ciências mais antigas e maduras, uma sólida base, que é modificada e desenvolvida, mas não diminuída. As coisas não parecem tão ruins na oficina da ciência.

E, afinal, que pretendem essas apaixonadas difamações da ciência? Apesar de sua atual imperfeição e das suas dificuldades intrínsecas, ela nos é indispensável e nada mais pode substituí-la. Ela é capaz de aperfeiçoamentos insuspeitados, enquanto a visão de mundo religiosa não o é. Esta se acha pronta em todos os aspectos essenciais; se foi um erro, terá de o ser para sempre. Nenhuma diminuição da ciência pode mudar o fato de que ela procura levar em conta a nossa dependência do mundo real externo, enquanto a religião é ilusão e tira a sua força da solicitude ante nossos desejos instintuais.

Tenho a obrigação de considerar também outras visões de mundo que se opõem à científica; mas não o faço de bom grado, pois sei que me falta a precisa competência para julgá-las. Portanto, acolham as observações seguintes com esta admissão em mente, e, se tiverem o interesse despertado, peço que busquem melhor instrução com outros autores.

35. ACERCA DE UMA VISÃO DE MUNDO

Em primeiro lugar deveriam ser mencionados os vários sistemas filosóficos que ousaram traçar um quadro do universo, tal como ele se refletiu no espírito de pensadores que geralmente se afastaram do mundo. Mas já ensaiei uma caracterização geral da filosofia e de seus métodos, e poucas pessoas são tão ineptas como eu para avaliar os diferentes sistemas. Acompanhem-me, então, na abordagem de dois outros fenômenos que não podem ser ignorados, particularmente na época de hoje.

Uma dessas visões de mundo é como que uma contrapartida do anarquismo político, talvez uma emanação dele. Certamente já houve intelectuais niilistas no passado, mas atualmente a Teoria da Relatividade, da física moderna, parece ter lhes subido à cabeça. É verdade que eles partem da ciência, mas conseguem levá-la à abolição de si mesma, ao suicídio, encarregam-na de afastar a si mesma, pela refutação de suas próprias pretensões. Com frequência temos a impressão de que esse niilismo é apenas uma atitude temporária, mantida enquanto essa tarefa é cumprida. Uma vez eliminada a ciência, no espaço deixado livre pode se difundir algum misticismo, ou mesmo a velha visão de mundo religiosa novamente. Segundo a doutrina anarquista não há nenhuma verdade, nenhum conhecimento garantido do mundo exterior. O que temos por verdade científica é apenas o produto de nossas próprias necessidades, tais como inevitavelmente se manifestam em condições externas que variam — ou seja, novamente ilusão. No fundo, achamos apenas aquilo de que necessitamos, vemos tão só o que queremos ver. Não podemos fazer outra coisa. Como está ausente o critério da verdade, a concordância com o mundo externo, não importa quais opiniões defendemos. Todas são igualmente verdadeiras e igualmente falsas. E ninguém tem o direito de acusar os outros de erro.

Para um espírito de inclinação epistemológica, seria uma tentação verificar por quais caminhos, através de quais sofismas os anarquistas chegam a arrancar tais conclusões da ciência. Ele depararia com situações similares às que resultam do conhecido exemplo de um cretense que diz: "Todos os cretenses são mentirosos".* Mas me faltam gosto e capacidade para aprofundar isso. Posso apenas dizer que a teoria anarquista parece formidavelmente superior enquanto está relacionada a opiniões sobre coisas abstratas; ela fracassa tão logo entra na vida prática. Os atos dos homens são dirigidos por suas opiniões, seus conhecimentos, e o espírito científico que especula acerca da estrutura do átomo ou da origem do homem é o mesmo que planeja a construção de uma ponte sólida. Se realmente não importasse o que pensamos, se entre nossas opiniões não houvesse conhecimentos que se distinguissem por sua correspondência com a realidade, poderíamos construir pontes tanto de pedra como de papel, ministrar a um paciente um decigrama de morfina, em vez de um centigrama, ou usar

---

* Trata-se do que os lógicos chamam de paradoxo de Epimênides: se o cretense que diz isso estiver falando a verdade, está mentindo; se estiver mentindo, está falando a verdade.

35. ACERCA DE UMA VISÃO DE MUNDO

gás lacrimogêneo como anestésico, em vez de éter. Mas também os anarquistas intelectuais recusariam energicamente essas aplicações práticas de sua teoria.

A outra visão de mundo deve ser tomada mais a sério, e neste caso também deploro vivamente a insuficiência de minha informação. Imagino que saibam mais do que eu sobre o assunto, e que há muito tempo já tenham tomado posição a favor ou contra o marxismo. As pesquisas de Karl Marx sobre a estrutura econômica da sociedade e a influência das diversas formações econômicas sobre todas as esferas da vida humana conquistaram uma autoridade indiscutível em nossa época. Naturalmente não sei dizer até onde acertam ou erram em pontos específicos. Soube que isso também não é fácil para outros mais instruídos do que eu. Na teoria marxista me causaram espécie afirmações como a de que o desenvolvimento das formações sociais é um processo de história natural, ou de que as mudanças na estratificação social procedem umas das outras mediante um processo dialético. Não estou certo de compreender corretamente essas teses, e elas também não parecem "materialistas", mas antes um precipitado* da obscura filosofia de Hegel, cuja escola Marx também frequentou. Não sei como posso me livrar da minha leiga opinião, habituada a relacionar a origem das classes nas sociedades às lutas que, desde o início da história, se desenrolaram entre as hordas humanas que se diferenciavam minimamente

---

* "Precipitado": *Niederschlag*; cf. nota sobre o termo à p. 202.

entre si. Creio que originalmente as diferenças sociais eram diferenças tribais ou raciais. A vitória foi decidida por fatores psicológicos como a medida de prazer constitucional na agressão, mas também a firmeza da organização no interior da horda, e materiais, como a posse das melhores armas. Coexistindo no mesmo solo, os vencedores tornaram-se os senhores e os vencidos, os escravos. Nisso não percebemos lei natural ou mudança conceitual. Por outro lado, é inegável a influência que o domínio crescente da natureza exerce nas relações sociais entre os homens, uma vez que eles sempre põem os novos instrumentos de poder a serviço de sua agressividade e os utilizam uns contra os outros. A introdução dos metais, do bronze e do ferro, colocou fim a épocas inteiras de civilização e a suas instituições sociais. Acredito realmente que a pólvora, as armas de fogo eliminaram os cavaleiros e a nobreza e que o despotismo russo estava condenado antes da guerra perdida, pois cruzamento algum no interior das famílias europeias reinantes poderia produzir uma raça de czares que resistisse à força explosiva da dinamite.

A crise econômica atual, vinda logo após a Grande Guerra, talvez seja apenas o preço que pagamos pela última grande vitória sobre a natureza, a conquista do espaço aéreo. Isso não parece muito compreensível, mas ao menos os primeiros elos da corrente são facilmente reconhecíveis. A política da Inglaterra se baseava na segurança proporcionada pelo mar que rodeava suas costas. No momento em que Blériot sobrevoou o canal da Mancha num aeroplano, a proteção desse isolamento foi rompida, e na noite

35. ACERCA DE UMA VISÃO DE MUNDO

em que um zepelim alemão circulou no céu de Londres, em tempo de paz e para fins de exercício, a guerra contra a Alemanha tornou-se coisa decidida.[1] Também não devemos esquecer a ameaça dos submarinos.

Quase que me envergonho por tratar um tema de tal relevância e complexidade com essas poucas e insatisfatórias observações, e também sei que nada lhes disse que já não saibam. Apenas quero chamar sua atenção para o fato de que a relação do homem com o seu domínio da natureza, do qual retira as armas para a luta contra seus iguais, necessariamente influirá também nas suas instituições econômicas. Parecemos haver nos distanciado muito dos problemas da visão de mundo, mas logo voltaremos a eles. A força do marxismo não está, evidentemente, em sua concepção da história ou nas predições do futuro que nela se baseiam, mas na inteligente demonstração da influência avassaladora que as relações econômicas dos seres humanos têm sobre suas atitudes intelectuais, éticas e artísticas. Desse modo foram desveladas muitas conexões e interdependências, que até então haviam sido quase inteiramente ignoradas. Mas não se pode supor que os motivos econômicos sejam os únicos que determinam o comportamento dos homens na sociedade. Já o fato evidente de que pessoas, raças e povos diversos comportam-se diversamente nas mesmas condições econômicas exclui o domínio único dos fatores econômicos. Não se compreende como po-

1 Assim me foi dito, no primeiro ano da Guerra, por uma fonte digna de crédito.

NOVAS CONFERÊNCIAS INTRODUTÓRIAS À PSICANÁLISE

dem ser omitidos fatores psicológicos quando se trata de reações de seres humanos vivos, pois não apenas esses fatores já estavam envolvidos na criação de tais relações econômicas, mas também sob o domínio delas as pessoas não podem senão pôr os seus instintos originais em ação: seu instinto de autoconservação, sua agressividade, sua necessidade de amor, seu impulso a obter prazer e evitar o desprazer. Numa investigação anterior enfatizamos também as significativas exigências do Super-eu, que representa a tradição e os ideais do passado e que por algum tempo resistirá às pressões de uma nova situação econômica. Não devemos esquecer, enfim, que na massa humana submetida às necessidades econômicas também atua o processo de evolução da cultura — da civilização, dizem outros —, que certamente é influenciado por todos os demais fatores, mas sem dúvida é independente deles em sua origem, de modo comparável a um processo orgânico, e perfeitamente capaz de, por sua vez, influir nos outros fatores. Ele desloca as metas instintuais e faz com que as pessoas se revoltem contra o que antes toleravam; também o progressivo fortalecimento do espírito científico parece constituir uma parte essencial dele. Se alguém pudesse mostrar detalhadamente como esses diversos fatores, a compleição instintual humana, suas variações raciais e suas transformações culturais se comportam sob as condições da ordenação social, das atividades profissionais e dos meios de subsistência, como inibem e promovem uns aos outros; se alguém fosse capaz de fazê-lo, complementaria o marxismo de modo a torná-lo uma ver-

35. ACERCA DE UMA VISÃO DE MUNDO

dadeira ciência da sociedade. Pois também a sociologia, que trata da conduta dos seres humanos na sociedade, não pode ser outra coisa senão psicologia aplicada. Falando estritamente, há apenas duas ciências: psicologia, pura e aplicada, e ciência natural.

A recém-adquirida compreensão da vasta importância das relações econômicas trouxe consigo a tentação de não deixar sua mudança entregue à evolução histórica, mas impô-la por meio da intervenção revolucionária. Tal como foi concretizado no bolchevismo russo, o marxismo teórico ganhou a energia, a coesão e o caráter exclusivo de uma visão de mundo, mas também, ao mesmo tempo, uma inquietante semelhança com aquilo que combate. Embora sendo originalmente parte da ciência, e baseado, em sua implementação, na ciência e na técnica, ele instituiu uma proibição do pensamento que é tão implacável quanto a da religião. Qualquer investigação crítica da teoria marxista é proibida, dúvidas quanto à sua validade são punidas tal como antes a Igreja castigava a heresia. As obras de Marx tomaram o lugar da Bíblia e do Corão como fonte de revelação, embora não devam ser mais isentas de contradições e obscuridades do que esses dois livros sagrados mais antigos.

E, embora o marxismo prático tenha removido impiedosamente todos os sistemas e ilusões idealistas, ele próprio desenvolveu ilusões que não são menos discutíveis e indemonstráveis do que as anteriores. Ele espera, no curso de poucas gerações, mudar a natureza humana de tal forma que os homens convivam quase sem atritos na nova ordem social e que se dediquem ao trabalho sem nenhuma coerção. Enquanto isso, muda para outros lugares as restrições instintuais imprescindíveis na sociedade e desvia para fora as tendências destrutivas que ameaçam toda comunidade humana; e se apoia na hostilidade dos pobres contra os ricos, dos até agora impotentes contra os anteriormente poderosos. Mas tal transformação da natureza humana é muito pouco provável. O entusiasmo com que a multidão segue atualmente o estímulo bolchevista, enquanto a nova ordem não está completa e é ameaçada de fora, não é garantia de um futuro em que ela estaria terminada e fora de perigo. De modo muito semelhante à religião, o bolchevismo tem de compensar seus fiéis pelos sofrimentos e privações da vida presente com a promessa de um Além melhor, em que todas as necessidades serão satisfeitas. No entanto, esse paraíso deverá ser aqui, estabelecido na terra e inaugurado num tempo não muito distante. Mas recordemos que também os judeus, cuja religião nada fala sobre uma vida no Além, aguardaram a chegada do Messias na terra, e que a Idade Média cristã acreditou repetidamente que o reino de Deus era iminente.

Não há dúvida sobre qual será a resposta do bolchevismo a essas objeções. Ele dirá: "Enquanto os homens não forem transformados em sua natureza, será preciso utilizar os meios que hoje têm efeito sobre eles. Não é possível dispensar a coerção na sua educação, a proibição do pensamento, o emprego da violência até o derramamento de sangue, e sem despertar neles aquelas ilusões não se obteria que se sujeitassem a essa coerção". E poderia cortesmente pedir que lhe dissessem como fazer

35. ACERCA DE UMA VISÃO DE MUNDO

isso de outra forma. Com isso estaríamos derrotados. Eu não saberia o que dizer. Confessaria que as condições desse experimento não nos deixariam empreendê--lo, a mim e àqueles como eu, mas não somos os únicos em questão. Há também homens de ação, inabaláveis em suas convicções, impermeáveis à dúvida, insensíveis ao sofrimento dos outros, quando estes se acham no caminho de seus propósitos. Devemos a homens assim a grandiosa tentativa de implantar uma nova ordem desse tipo, realizada atualmente na Rússia. Num tempo em que grandes nações declaram esperar a salvação meramente do apego à religiosidade cristã, a subversão na Rússia aparece — não obstante todas as particularidades desagradáveis — como o anúncio de um futuro melhor. Infelizmente, nem nossas dúvidas nem a fanática crença dos outros fornecem qualquer indicação sobre o resultado do experimento. O futuro dirá; talvez ele venha a mostrar que a tentativa foi prematura, que uma profunda alteração da ordem social tem pouca perspectiva de sucesso enquanto novas descobertas não intensificarem nosso domínio da natureza, tornando assim mais fácil a satisfação das nossas necessidades. Somente então poderá ser possível que uma nova ordenação social não apenas acabe com a miséria material das massas, mas também acolha as exigências culturais do indivíduo. É certo que mesmo então teremos de lidar, por um período de tempo incalculável, com as dificuldades que o caráter indômito da natureza humana cria para todo tipo de comunidade social.

Senhoras e senhores: Para finalizar, deixem-me resumir o que tinha a dizer sobre a relação da psicanálise com uma visão de mundo. A psicanálise não é capaz, penso eu, de criar uma visão de mundo que lhe seja própria. Ela não necessita de uma, é parte da ciência e pode se filiar à visão de mundo científica. Mas dificilmente esta mereceria um nome assim grandioso, pois não contempla tudo, é demasiado incompleta, não reivindica ser totalmente coesa e constituir um sistema. O pensamento científico é ainda muito novo entre os homens, não pôde ainda resolver um número enorme de grandes problemas. Uma visão de mundo baseada na ciência tem, salvando a ênfase no mundo externo real, traços essencialmente negativos, como a resignação à verdade e a recusa das ilusões. Aqueles entre nós que não estiverem satisfeitos com esse estado de coisas, que exigirem mais para seu consolo momentâneo, podem obtê-lo onde quer que o encontrem. Não os levaremos a mal por isso; não podemos ajudá-los, mas tampouco pensar de outro modo por sua causa.

O PRÊMIO GOETHE (1930)

CARTA AO DR. ALFONS PAQUET
DISCURSO NA CASA
DE GOETHE EM FRANKFURT

TÍTULO ORIGINAL: "GOETHE-PREIS 1930.
BRIEF AN DR. ALFONS PAQUET. ANSPRACHE
IM FRANKFURTER GOETHE-HAUS".
PUBLICADO PRIMEIRAMENTE EM
DIE PSYCHOANALYTISCHE BEWEGUNG
[O MOVIMENTO PSICANALÍTICO], V. 2, N. 5,
PP. 419-26. TRADUZIDO DE *GESAMMELTE
WERKE* XIV, PP. 545-50; TAMBÉM SE
ACHA EM *STUDIENAUSGABE* X, PP. 291-6.
A CARTA AO DR. PAQUET FOI TAMBÉM
INCLUÍDA EM *BRIEFE* [CARTAS] *1873-1939*,
FRANKFURT: FISCHER, 1960, P. 394.

CARTA AO
DR. ALFONS PAQUET

Grundlsee, 3 de agosto de 1930[*]

Prezado dr. Paquet:

Como até agora não fui mimado por homenagens públicas, arranjei-me de modo a poder passar sem elas. Mas não vou negar que a atribuição do Prêmio Goethe da cidade de Frankfurt me causou enorme alegria. Nele há algo que cativa a imaginação, e uma de suas cláusulas afasta o sentimento de humilhação que essas distinções muitas vezes implicam.

Agradeço-lhe muito especialmente por sua carta, que me comoveu e assombrou. Sem falar no gentil aprofundamento na natureza do meu trabalho, jamais encontrei as veladas intenções pessoais deste percebidas com tal clareza, e sinto-me tentado a lhe perguntar de que modo o senhor veio a conhecê-las.

Pelo que depreendi de sua carta a minha filha, infelizmente não o verei no futuro próximo, e um adiamento, em minha idade, é sempre uma coisa arriscada. Claro que me disponho inteiramente a receber o cavalheiro que o senhor anuncia (o dr. Michel).

---

[*] Em *Briefe 1873-1939* consta a data de 26 de julho de 1930, provavelmente equivocada, pois teria sido a da carta de Paquet; e o nome do local de férias onde ela foi redigida aparece como Grundlsee-Rebenburg.

Infelizmente não posso ir à cerimônia em Frankfurt, estou muito frágil para empreender uma viagem assim. A plateia nada perderá com isso, minha filha Anna é certamente mais agradável de se ver e ouvir do que eu. Ela deverá ler algumas linhas que tratam da relação entre Goethe e a psicanálise e que defendem os psicanalistas da acusação de ter faltado com o respeito devido ao grande homem, nas tentativas de analisá-lo. Espero que seja aceitável dar esse molde ao tema que me foi proposto, "Os vínculos interiores do homem e do pesquisador com Goethe"; caso contrário, peço-lhe que tenha a gentileza também de me desaconselhar isso.

Muito cordialmente,
FREUD

DISCURSO NA CASA DE GOETHE EM FRANKFURT

O trabalho de minha vida teve uma única meta. Observei os distúrbios mais sutis das funções psíquicas de pessoas sãs e doentes e, partindo desses sinais, busquei inferir — ou, se acharem melhor, intuir[*] — como é construído o aparelho que serve a tais funções, e que

[*] "Inferir": no original, *erschließen*; "intuir": *erraten*; os dois verbos admitem mais de um sentido, como se nota pelas versões estrangeiras deste trabalho que consultamos: *determinar*, *descubrir*,

forças nele atuam conjuntamente ou em oposição mútua. Aquilo que nós — eu, meus amigos e colaboradores — pudemos aprender por esse caminho nos pareceu significativo para a edificação de uma ciência da alma que permita compreender os processos normais e os patológicos como partes do mesmo curso natural de eventos.

Dessa limitação a uma só tarefa sou arrancado pela surpreendente distinção que me concedem os senhores. Ao evocar a figura do grande homem universal que nasceu nesta casa, que passou a infância nestes aposentos, tal distinção nos convida a, por assim dizer, justificarmo-nos diante dele, suscita a questão de como teria *ele* se comportado, se o seu olhar, atento a toda inovação da ciência, tivesse pousado sobre a psicanálise.

No tocante à variedade de facetas Goethe se aproxima de Leonardo, o mestre renascentista, que foi artista e pesquisador como ele. Mas as figuras humanas jamais se repetem; também não faltam profundas diferenças entre esses dois grandes. Na natureza de Leonardo o pesquisador não se harmonizava com o artista, perturbava-o e, por fim, talvez o sufocasse. Na vida de Goethe as duas personalidades coexistiam bem, alternando-se no predomínio. É plausível, no caso de Leonardo, relacionar essa perturbação à inibição do desenvolvimento que afastou de seu interesse tudo que é erótico, e, portanto,

---

chiarire, *infer*, e *adivinar*, *colegir*, *indovinare*, *guess*. No mesmo parágrafo, "ciência da alma" é como preferimos verter *Seelenkunde*, nisso concordando com uma das versões consultadas: *psicologia*, *ciencia del alma*, *psicologia*, *mental science*.

DISCURSO NA CASA DE GOETHE EM FRANKFURT

a psicologia. Nesse aspecto a natureza de Goethe pôde se desenvolver mais livremente.

Acho que ele não rejeitaria inamistosamente a psicanálise, como fazem tantos de nossos contemporâneos. Achava-se próximo dela em vários pontos, discerniu muitas coisas que desde então pudemos confirmar, e várias concepções que atraíram sobre nós a crítica e o escárnio são por ele defendidas com naturalidade. Assim, por exemplo, conhecia muito bem a força incomparável dos primeiros vínculos afetivos humanos. Celebrou-os na dedicatória do *Fausto*, em palavras que poderíamos repetir a cada uma de nossas análises:

> *Novamente apareceis, formas hesitantes*
> *Que um dia se mostraram à minha visão nublada;*
> *Devo agora procurar vos reter?*
> *[...]*
> *Como antiga lenda quase extinta*
> *Retorna o primeiro amor, e com ele a amizade.**

E explicou para si mesmo a mais forte atração amorosa que experimentou quando adulto, dizendo à amada: "Ah, em tempos idos foste minha irmã ou esposa".**

---

* Primeiras linhas do *Fausto*; no original: *Ihr naht euch wieder, schwankende Gestalten,/ Die früh sich einst dem trüben Blick gezeigt/ Versuch' ich wohl, euch diesmal festzuhalten?/ [...]/ Gleich einer alten, halbverklungnen Sage/ Kommt erste Lieb' und Freundschaft mit herauf.*

** *Ach, Du warst in abgelebten Zeiten meine Schwester oder meine Frau* — de um poema enviado a Charlotte von Stein em 1776.

O PRÊMIO GOETHE

Assim, ele não nega que as imperecíveis primeiras inclinações tomam por objeto pessoas de nosso próprio círculo familiar.

O conteúdo da vida onírica é por ele designado com palavras de grande poder evocativo:

Aquilo que, não sabido
Ou não pensado pelos homens,
No labirinto do peito
*Vaga durante a noite.**

Por trás desse encanto percebemos a venerável, incontestavelmente correta afirmação de Aristóteles, segundo a qual o sonho é a continuação da atividade psíquica no estado do sono, unida ao reconhecimento do inconsciente, que só a psicanálise acrescentou. Apenas o enigma da deformação onírica não encontra ali solução.

Na *Ifigênia*, talvez sua criação mais sublime, Goethe nos oferece um comovedor exemplo de expiação, de liberação do fardo da culpa por uma alma sofredora, e faz com que essa catarse se realize mediante uma apaixonada irrupção de sentimentos, sob a benéfica influência de um afetuoso interesse. Ele próprio tentou várias vezes ministrar auxílio psicológico; por exemplo, àquele infeliz que nas cartas recebe o nome de Kraft, ao professor Plessing,

---

* Do poema "An den Mond" ("À lua"); no original: *Was von Menschen nicht gewußt/ Oder nicht bedacht, / Durch das Labyrinth der Brust/ Wandelt in der Nacht* (também citado por Nietzsche em *Genealogia da moral*, II, 18).

360

DISCURSO NA CASA DE GOETHE EM FRANKFURT

de que fala em "Campanha na França", e o procedimento
que aplicou vai além do utilizado na confissão católica,
aproximando-se da técnica da psicanálise em notáveis
pormenores. Há um exemplo de influência terapêutica,
descrito jocosamente por Goethe, que eu gostaria de citar
aqui por extenso, pois talvez não seja muito conhecido,
embora bastante característico. É de uma carta para a sra.
Von Stein (nº 1444, de 5 de setembro de 1785):

> "Ontem à noite fiz uma mágica* psicológica. A sra.
> Herder estava ainda consternada, de forma hipocon-
> dríaca, com tudo o que lhe sucedera de desagradável
> em Carlsbad. Sobretudo por parte de sua companheira
> de residência. Eu a fiz relatar e confessar tudo, delitos
> alheios e erros próprios, as menores circunstâncias e as
> consequências, e afinal a absolvi, dando-lhe a enten-
> der jocosamente que com essa fórmula [da absolvição]
> essas coisas estavam liquidadas e lançadas nas profun-
> dezas do mar. Ela própria divertiu-se com isso e está
> realmente curada."

Goethe sempre teve Eros em alta conta, jamais tentou menosprezar seu poder, acompanhou suas manifestações primitivas e até mesmo licenciosas com respeito
não menor que as altamente sublimadas e, segundo me
parece, defendeu sua unidade essencial através de todas
as suas formas de expressão, de maneira não menos de-

---

* "Mágica": *Kunststück* — nas versões consultadas: *prestidigitación*,
artificio, giuoco d'abilità, feat.

O PRÊMIO GOETHE

cidida do que Platão em tempos passados. Talvez seja mais que simples coincidência o fato de nas *Afinidades eletivas* ele aplicar à vida amorosa uma ideia do âmbito da química, um vínculo de que o próprio nome "psicanálise" dá testemunho.

Estou preparado para ouvir a objeção de que nós, psicanalistas, desperdiçamos o direito de nos colocar sob a patronagem de Goethe, por lhe ter faltado com o devido respeito ao tentar empregar a análise nele mesmo, ao rebaixar a objeto da pesquisa analítica o grande homem. Mas contesto, em primeiro lugar, que isso implique ou pretenda ser um rebaixamento.

Todos nós, que reverenciamos Goethe, admitimos sem maior problema o trabalho dos biógrafos, que buscam recriar sua vida a partir dos informes e registros existentes. Mas que podem nos fornecer essas biografias? Nem mesmo a melhor e mais completa seria capaz de responder as duas únicas questões que parecem dignas de interesse.

Não esclareceria o enigma do maravilhoso dom que constitui o artista, e não poderia nos ajudar a compreender melhor o valor e o efeito de suas obras. No entanto, não há dúvida de que tal biografia satisfaz uma forte necessidade que temos. Sentimos isso muito claramente quando lacunas no legado histórico impedem a satisfação de tal necessidade, como no caso de Shakespeare, por exemplo. É inegavelmente penoso, para todos nós, não saber ainda quem escreveu as comédias, tragédias e sonetos de Shakespeare, se foi realmente o inculto filho de um pequeno-burguês de Stratford que alcançou modesta posição de ator em Londres, ou, na verdade,

362

um aristocrata de alto nascimento e refinada cultura, desregrado nas paixões e um tanto rebaixado socialmente, Edward de Vere, o 17º conde de Oxford, grande lorde camareiro hereditário da Inglaterra. Mas como se justifica esta necessidade de conhecer as circunstâncias da vida de um homem, quando suas obras se tornaram importantes para nós? Muitas vezes se diz que isso representa o anseio de nos aproximarmos também humanamente desse homem. Digamos que seja; é, então, a necessidade de criar relações afetivas com tais homens, de acrescentá-los aos pais, professores, modelos que já conhecemos ou cuja influência experimentamos, na expectativa de que suas personalidades sejam grandes e admiráveis como as obras que deixaram.

Admitamos, porém, que outro motivo também está em jogo. A justificativa do biógrafo contém igualmente uma confissão. É certo que ele não quer rebaixar o herói, e sim aproximá-lo de nós. Mas isso é reduzir a distância que nos separa dele, atua no sentido de um rebaixamento, afinal. E é inevitável que, ao saber mais sobre a vida de um grande homem, também nos inteiremos de ocasiões em que ele não se saiu melhor do que nós, aproximou-se realmente de nós. Entretanto, acho que podemos declarar legítimos os esforços dos autores de biografias. Afinal, nossa atitude ante pais e professores é ambivalente, pois nossa reverência por eles esconde, via de regra, um componente de rebelião hostil. Isso é uma fatalidade psicológica, não pode ser mudado sem uma violenta supressão da verdade, e se estende a nossa relação com os grandes homens cuja vida queremos estudar.

O PRÊMIO GOETHE

Quando a psicanálise se põe a serviço da biografia, ela naturalmente tem o direito de não ser tratada com maior severidade do que essa mesma. A psicanálise pode trazer esclarecimentos que não são obtidos por outras vias e, dessa maneira, mostrar novas conexões na "obra-prima de tecelão"* que compreende as disposições instintuais, as vivências e as obras do artista. Como uma das principais funções de nosso pensamento é dominar psiquicamente o material do mundo exterior, creio que se deveria agradecer à psicanálise, quando, aplicada a um grande homem, ela contribui para o entendimento de suas grandes realizações. Mas confesso que no caso de Goethe ainda não avançamos muito. Isso porque ele, como poeta, não foi apenas um grande revelador, mas também, apesar da abundância de documentos autobiográficos, um grande ocultador. Nisso não podemos deixar de lembrar as palavras de Mefistófeles:

O melhor que chegares a saber
Não poderás contar aos meninos.**

---

* Alusão a uma passagem do *Fausto*, cena 4; Freud a cita mais extensamente na *Interpretação dos sonhos* (cap. VI, seção A), ao falar da complexa "fábrica de pensamentos" do sonho.

** *Das Beste, was du wissen kannst, / Darfst du den Buben doch nicht sagen* (também da cena 4).

TIPOS LIBIDINAIS (1931)

TÍTULO ORIGINAL: "ÜBER LIBIDINÖSE TYPEN". PUBLICADO PRIMEIRAMENTE EM *INTERNATIONALE ZEITSCHRIFT FÜR PSYCHOANALYSE*, V. 17, N. 3, PP. 313-6. TRADUZIDO DE *GESAMMELTE WERKE* XIV, PP. 509-13; TAMBÉM SE ACHA EM *STUDIENAUSGABE* V, PP. 267-72.

TIPOS LIBIDINAIS

A observação nos mostra que as pessoas realizam a ideia geral do ser humano de maneiras quase infinitamente diversas. Se cedermos à legítima necessidade de distinguir tipos particulares nesse conjunto, já de início teremos de escolher por quais características e segundo que pontos de vista se fará essa diferenciação. Para esse propósito, as qualidades físicas serão certamente tão úteis quanto as psíquicas; e as distinções mais valiosas serão aquelas que prometerem uma conjunção regular de traços físicos e psíquicos.

É duvidoso que já agora possamos descobrir tipos que preencham tais requisitos, como certamente conseguiremos depois, sobre uma base ainda não conhecida. Limitando-nos ao esforço de estabelecer tipos psicológicos, a situação vigente na libido é que terá direito a servir de fundamento para a divisão. É lícito pretender que essa divisão não apenas derive de nosso conhecimento ou nossas suposições sobre a libido, mas que também se encontre facilmente na prática e contribua para clarificar o conjunto de nossas observações, em benefício da nossa concepção. Admitimos, sem hesitar, que também no âmbito psíquico esses tipos libidinais não são necessariamente os únicos possíveis, e que talvez se possa estabelecer toda uma série de outros tipos psicológicos a partir de outras qualidades. Mas nenhum deles pode coincidir com quadros patológicos. Muito ao contrário, devem abranger todas as variações que, conforme uma avaliação prática, mantêm-se no leque do normal. Em suas formações extremas podem avizinhar-se de quadros patológi-

TIPOS LIBIDINAIS

cos, no entanto, ajudando assim a preencher o suposto abismo entre o normal e o patológico.

Segundo a alocação da libido que predominar nas províncias do aparelho psíquico, pode-se distinguir três tipos libidinais principais. Não é fácil lhes dar nomes; apoiando-me em nossa psicologia profunda, gostaria de chamá-los de *erótico*, *narcisista* e *obsessivo*.

O tipo *erótico* é fácil de caracterizar. Os eróticos são pessoas cujo principal interesse — a parte relativamente maior de sua libido — está voltado para a vida amorosa. Amar, e acima de tudo ser amado, é o mais importante para eles. São dominados pelo medo de perder o amor, e por isso têm particular dependência dos outros, dos que podem lhes negar o amor. Também na sua forma pura esse tipo é frequente. Ocorrem variantes dele, conforme a mistura com outro tipo e a quantidade de agressão existente. Social e culturalmente esse tipo representa as elementares exigências instintuais do Id, ao qual as outras instâncias psíquicas tornaram-se dóceis.

O segundo tipo, ao qual dei o nome, à primeira vista estranho, de *obsessivo*, caracteriza-se pela predominância do Super-eu, que sob elevada tensão se separa do Eu. Ele é dominado pelo medo da consciência moral, em lugar do medo ante a perda do amor; mostra uma dependência interna, digamos, em vez de externa; desenvolve um elevado grau de autonomia, e socialmente vem a ser o autêntico veículo da cultura, predominantemente conservador.

O terceiro tipo, com razão denominado *narcisista*, será caracterizado de modo essencialmente negativo. Nele não há tensão entre Eu e Super-eu — com base nesse tipo, di-

TIPOS LIBIDINAIS

ficilmente chegaríamos à noção de um Super-eu —, não há preponderância das necessidades eróticas, seu interesse maior se dirige à autopreservação; ele é independente e não se deixa intimidar. Seu Eu dispõe de uma larga medida de agressividade, que também se manifesta na disposição para a atividade; em sua vida amorosa, amar vem antes de ser amado. As pessoas desse tipo se impõem às outras como "personalidades", são especialmente aptas a servir de apoio às demais, a assumir o papel de líderes e a fornecer novos estímulos ao desenvolvimento cultural ou prejudicar as condições existentes.

Esses tipos puros não escaparão à suspeita de derivarem da teoria da libido. Mas nos sentiremos no solo firme da experiência se nos ocuparmos dos tipos mistos, que se oferecem mais prontamente à observação do que os puros. Esses novos tipos, o *erótico-obsessivo*, o *erótico-narcisista* e o *narcisista-obsessivo*, parecem mesmo abarcar satisfatoriamente as estruturas psíquicas individuais, tal como as conhecemos através da análise. São caracteres há muito familiares, os que encontramos no estudo desses tipos mistos. No tipo *erótico-obsessivo* a preponderância da vida instigual parece limitada pela influência do Super-eu; a dependência simultânea de objetos humanos recentes e de vestígios dos pais, educadores e modelos alcança nesse tipo o grau mais elevado. O *erótico-narcisista* é talvez aquele a que se deve atribuir a maior frequência. Reúne opostos que podem moderar-se mutuamente nele; comparando-o com os dois outros tipos eróticos, podemos aprender que agressão e atividade vão de par com a predominância do narcisismo. Por fim, o *narcisista-*

TIPOS LIBIDINAIS

-*obsessivo* resulta na variante mais valiosa culturalmente, na medida em que junta a capacidade de ação vigorosa à independência externa e consideração das exigências da consciência, fortalecendo o Eu contra o Super-eu.

Alguém poderia crer estar fazendo uma piada, se perguntasse por que não é mencionado aqui um outro tipo misto, teoricamente possível: o *erótico-obsessivo-*-*narcisista*. Mas a resposta ao gracejo seria: um tipo assim já não seria um tipo, ele significaria a norma absoluta, a harmonia ideal. Nisso percebemos que o fenômeno dos tipos nasce justamente de que, das três principais aplicações da libido na economia psíquica, uma ou duas foram privilegiadas às expensas das outras.

Pode-se também imaginar a pergunta de qual a relação desses tipos libidinais com a patologia, se alguns deles se dispõem particularmente para a neurose e, nesse caso, quais tipos conduzem a quais formas. A resposta será que a formulação desses tipos libidinais não lança luz nova sobre a gênese das neuroses. Pelo testemunho da experiência, todos esses tipos podem viver sem neurose. Os tipos puros, com primado indiscutível de uma única instância psíquica, parecem ter maior perspectiva de apresentar-se como formações caracterológicas puras, enquanto dos tipos mistos se pode esperar que ofereçam um solo mais favorável às precondições para a neurose. Mas acho que acerca disso não devemos formar juízo sem um exame cuidadoso e particularmente dirigido.

Parece fácil deduzir que em caso de doença os tipos eróticos desenvolvem histeria, e os obsessivos, neurose obsessiva; mas isso também partilha a incerteza há pou-

TIPOS LIBIDINAIS

co enfatizada. Os tipos narcisistas, que, não obstante sua independência geral, acham-se expostos à frustração a partir do mundo exterior, possuem predisposição especial para a psicose, apresentando igualmente precondições essenciais para a criminalidade.

Sabe-se que as precondições etiológicas da neurose ainda não são conhecidas com certeza. Os fatores que a ocasionam são frustrações e conflitos internos, conflitos entre as três grandes instâncias psíquicas, no interior da economia libidinal, consequentes à nossa constituição bissexual, e entre os componentes instintuais eróticos e agressivos. A psicologia das neuroses se empenha em averiguar o que torna patogênicos esses processos, pertencentes ao curso normal da vida psíquica.

SOBRE A SEXUALIDADE FEMININA (1931)

TÍTULO ORIGINAL: "ÜBER DIE WEIBLICHE SEXUALITÄT".
PUBLICADO PRIMEIRAMENTE EM *INTERNATIONALE
ZEITSCHRIFT FÜR PSYCHOANALYSE*, V. 17, N. 3, PP.
317-32. TRADUZIDO DE *GESAMMELTE WERKE* XIV, PP. 517-37;
TAMBÉM SE ACHA EM *STUDIENAUSGABE* V, PP. 273-92.

I

Na fase do complexo de Édipo normal vemos a criança ligada afetivamente ao genitor do sexo oposto, enquanto na relação com o de mesmo sexo predomina a hostilidade. Não nos é difícil chegar a esse resultado no caso do menino. A mãe foi seu primeiro objeto de amor; continua a sê-lo, e, com a intensificação dos impulsos amorosos do menino e sua maior compreensão dos laços entre o pai e a mãe, o pai tem de se tornar seu rival. É diferente com a menina. Seu primeiro objeto foi também a mãe, certamente. Mas como acha ela o caminho até o pai? Como, quando e por que ela se desprende da mãe? Há algum tempo vimos que o desenvolvimento da sexualidade feminina é complicado pela tarefa de abandonar a zona genital originalmente dominante, o clitóris, por uma nova, a vagina. Agora uma segunda transformação, a troca do original objeto mãe pelo pai, parece-nos igualmente característica e significativa para o desenvolvimento da mulher. Ainda não podemos perceber de que modo as duas tarefas se vinculam.

Sabe-se que muitas mulheres são fortemente ligadas ao pai; de maneira nenhuma precisam ser neuróticas. Em tais mulheres fiz as observações que aqui relatarei, que me levaram a determinada concepção da sexualidade feminina. Dois fatos me chamaram a atenção acima de tudo. O primeiro foi: quando a ligação com o pai era particularmente intensa, a análise mostrou que tinha havido antes uma fase de exclusiva ligação com a mãe, igualmente intensa e apaixonada. Excetuando a mudança de objeto, a segunda fase praticamente não acrescentou nenhum novo traço à vida amorosa. A relação primária com a mãe fora desenvolvida de maneira bastante rica e variada.

O segundo fato me ensinou que também a duração desse vínculo com a mãe fora bastante subestimado. Em muitos casos ele ia até os quatro, em um deles até os cinco anos de idade, ou seja, cobria a maior parte do primeiro florescimento sexual. Então foi necessário admitir a possibilidade de que um certo número de mulheres se detém na original ligação com a mãe e jamais se volta realmente para o homem.

Assim, a fase pré-edípica da mulher assume uma importância que até agora não lhe havíamos atribuído.

Como ela pode conter todas as fixações e repressões a que fazemos remontar o surgimento das neuroses, parece necessário abandonar a universalidade da tese de que o complexo de Édipo seria o núcleo da neurose. Mas quem reluta em fazer essa correção não é obrigado a fazê-la. Por um lado, pode-se dar ao complexo de Édipo um conteúdo mais amplo, de modo a abranger todas as relações da criança com os dois genitores; por outro lado, também se podem levar em conta as novas experiências afirmando que a mulher atinge a normal situação edípica positiva somente após haver superado uma época anterior, dominada pelo complexo negativo. De fato, durante essa fase o pai é pouco mais que um incômodo rival para a menina, embora a hostilidade para com ele jamais alcance a altura típica dos meninos. Há muito tempo renunciamos à expectativa de um perfeito paralelismo entre o desenvolvimento sexual masculino e o feminino.

SOBRE A SEXUALIDADE FEMININA

A percepção* da anterior fase pré-edípica da garota é para nós uma surpresa, semelhante à descoberta, em outro campo, da civilização minoico-micênica por trás da grega.

Tudo, no âmbito dessa primeira ligação com a mãe, pareceu-me bastante difícil de apreender analiticamente, bastante remoto, penumbroso, quase impossível de ser vivificado, como se tivesse sucumbido a uma repressão particularmente implacável. Mas talvez esta impressão me viesse do fato de que as mulheres podiam se apegar, na análise comigo, à mesma ligação ao pai em que se haviam refugiado após a fase anterior em questão. Parece, de fato, que analistas mulheres, como Jeanne Lampl-de Groot e Helene Deutsch, puderam perceber esses fatos com maior facilidade e nitidez, pois tiveram o auxílio da transferência para um substituto materno adequado, nas pacientes sob seu tratamento. Não consegui penetrar inteiramente nenhum caso, por isso me limitarei a expor os resultados mais gerais e a oferecer alguns exemplos de minhas novas percepções.** Uma delas é que a fase de ligação com a mãe pode ter uma relação particularmente íntima com a etiologia da histeria, o que não deve surpreender se consideramos que as

* "Percepção": tradução que no presente contexto se deu a *Einsicht*; as versões estrangeiras consultadas (a espanhola de Lopez-Balesteros, a argentina de Etcheverry, a italiana da Boringhieri, a *Standard* inglesa e a holandesa da Boom) oferecem: *reconocimiento, intelección, cognizione, insight, inzicht*; cf. nota à p. 150.

** "Percepções": *Einsichten* — em relação ao oferecido no parágrafo anterior, há duas variações nas versões consultadas, que apresentam *nociones, intelecciones, cognizioni, ideas, inzichten*.

374

SOBRE A SEXUALIDADE FEMININA II

duas, tanto a fase como a neurose, estão entre as características especiais da feminilidade, e, além disso, que nessa dependência da mãe se acha o gérmen da paranoia posterior da mulher.[1] Pois este parece ser o medo — surpreendente, mas regularmente encontrado — de ser morta (devorada?) pela mãe. É plausível supor que esse medo corresponda a uma hostilidade que na criança se desenvolve em relação à mãe, em consequência das muitas restrições envolvidas na educação e no cuidado corporal, e que o mecanismo da projeção seja favorecido pela pouca idade da organização psíquica.

II

Expus inicialmente os dois fatos que me chamaram a atenção pela novidade: que a forte dependência da mulher em relação ao pai é apenas herdeira de uma ligação à mãe igualmente forte e que essa fase anterior teve uma duração inesperadamente longa. Agora voltarei um pouco atrás, para inserir essas novas conclusões no quadro do desenvolvimento sexual feminino que já conhecemos. Ao fazê-lo, algumas repetições serão inevitáveis. E nossa exposição lucrará se continuamente fizermos uma comparação com o estado de coisas no homem.

1 No conhecido caso estudado por Ruth Mack Brunswick ("Die Analyse eines Eifersuchtswahnes" [Análise de um ciúme delirante], *Internationale Zeitschrift für Psychoanalyse*, v. 14, 1928), a afecção vem diretamente da fixação pré-edípica (na irmã).

SOBRE A SEXUALIDADE FEMININA

Em primeiro lugar, é indiscutível que a bissexualidade — que afirmamos ser parte da constituição humana — aparece bem mais nitidamente na mulher do que no homem. O homem tem apenas uma zona sexual diretora, um órgão sexual, enquanto a mulher tem dois: a vagina, que é propriamente feminina, e o clitóris, que é análogo ao membro masculino. Acreditamos poder supor que durante muitos anos é como se a vagina não existisse, talvez somente na época da puberdade ela produza sensações. Ultimamente, é verdade, cresceu o número de observadores que sustentam haver sensações vaginais também nos primeiros anos. O essencial do que sucede no âmbito da genitalidade, na infância da mulher, deve ocorrer no clitóris. A vida sexual da mulher se divide normalmente em duas fases, das quais a primeira tem caráter masculino; apenas a segunda é especificamente feminina. No desenvolvimento feminino há, então, um processo de transição de uma fase para a outra, que não tem análogo no homem. Uma outra complicação vem do fato de que a função do viril clitóris prossegue na vida sexual posterior da mulher, de maneira bastante variável e não compreendida satisfatoriamente. Ignoramos, naturalmente, a fundamentação biológica dessas peculiaridades da mulher; tampouco somos capazes de lhes atribuir algum propósito teleológico.

Paralelamente a essa primeira grande diferença corre uma outra, no terreno da busca de objeto. O primeiro objeto amoroso do homem é a mãe, em consequência dos cuidados de higiene e de alimentação que lhe dispensou, e como tal continua, até ser substituída

SOBRE A SEXUALIDADE FEMININA II

por alguém de natureza semelhante ou dela derivado. Também para a mulher a mãe tem de ser o primeiro objeto; as condições primordiais da escolha de objeto são as mesmas para todas as crianças. Mas no final do desenvolvimento, o homem — o pai — deve se tornar o novo objeto de amor, ou seja, à mudança no sexo da mulher tem de corresponder uma mudança no sexo do objeto. Neste ponto surgem, como novas tarefas para a pesquisa, as seguintes questões: de que modo ocorre essa transformação, se se realiza completamente ou imperfeitamente, e que diferentes possibilidades se abrem no curso desse desenvolvimento.

Também já vimos que uma outra diferença entre os sexos diz respeito ao complexo de Édipo. Nisso temos a impressão de que o que afirmamos sobre o complexo de Édipo se aplica, a rigor, apenas ao menino, e que estamos certos em rejeitar o nome de "complexo de Eletra",[*] que busca enfatizar a analogia no comportamento dos dois sexos. A fatal conjunção de amor a um genitor e ódio simultâneo ao outro, como rival, existe apenas no garoto. Nele, é a descoberta da possibilidade da castração, demonstrada pela visão dos genitais femininos, que impõe a transformação do complexo de Édipo e leva à criação do Super-eu, assim dando início aos processos que visam inscrever o indivíduo na comunidade civilizada. Após a interiorização da instância paterna como

---

[*] A expressão foi introduzida por Jung. Freud já a havia dispensado em "Sobre a psicogênese de um caso de homossexualidade feminina" (1920).

Super-eu, a tarefa a ser realizada é desligar esse último das pessoas que originalmente representou. Neste singular curso de desenvolvimento, justamente o interesse narcísico nos genitais, na preservação do pênis, é utilizado na limitação da sexualidade infantil.

No homem, a influência do complexo da castração deixa também certo grau de menosprezo pela mulher, percebida como castrada. Em casos extremos, isso dá origem a inibição na escolha do objeto e, se concorrem fatores orgânicos, homossexualidade exclusiva. Bem diferentes são os efeitos do complexo da castração na mulher. Ela admite o fato de sua castração e, com isso, a superioridade do homem e sua própria inferioridade, mas também se revolta contra esse desagradável estado de coisas. Dessa atitude dividida decorrem três orientações de desenvolvimento. A primeira leva ao afastamento da sexualidade em geral. Assustada pela comparação com os meninos, a garota fica insatisfeita com seu clitóris, renuncia a sua atividade fálica e, com isso, à sexualidade mesma, assim como a boa parte de sua masculinidade em outros campos. A segunda direção consiste em se apegar, com teimosa autoafirmação, à masculinidade ameaçada; a esperança de voltar a ter um pênis se mantém viva até uma época incrivelmente tardia, é transformada em objetivo de vida, e a fantasia de apesar de tudo ser um homem prossegue, com frequência, atuando formadoramente em longos períodos da vida. Também esse "complexo de masculinidade" da mulher pode resultar em manifesta escolha homossexual do objeto. Apenas um terceiro desenvolvimento, bastante sinuoso, vem

SOBRE A SEXUALIDADE FEMININA II

a dar na definitiva configuração feminina normal, que toma o pai por objeto e, assim, alcança a forma feminina do complexo de Édipo. Na mulher, portanto, o complexo de Édipo é o resultado final de um longo desenvolvimento; não é destruído, mas sim criado por influência da castração, escapa às fortes influências hostis que no homem atuam de forma destruidora sobre ele e, de fato, com muita frequência não é superado pela mulher. Por isso também são menores e menos relevantes as consequências culturais de sua desintegração. Provavelmente não será errado dizer que essa diferença na relação entre o complexo de Édipo e o da castração marca indelevelmente o caráter da mulher como ser social.[2]

Portanto, a fase de exclusiva ligação à mãe, que podemos chamar de *pré-edípica*, assume na mulher uma importância bem maior do que no homem. Muitos fenômenos da vida sexual feminina, que antes não compreendíamos realmente, acham explicação se os referimos a esta fase. Há muito notamos, por exemplo, que muitas mulheres escolhem o marido conforme o modelo do pai, ou

2 Pode-se prever que os analistas com opiniões feministas, assim como as mulheres analistas, não estarão de acordo com essas declarações. Dificilmente deixarão de objetar que tais teorias provêm do "complexo de masculinidade" do homem e servem para justificar teoricamente sua inata propensão a rebaixar e oprimir a mulher. Mas esse tipo de argumentação psicanalítica nos lembra, nesse caso, a famosa "faca de dois gumes" de Dostoiévski [cf. *Os irmãos Karamázov*, livro xii, cap. x]. Os oponentes dos que assim falam acharão compreensível, por sua vez, que o sexo feminino não queira admitir o que parece contrariar a tão ansiada igualdade com o homem.

o põem no lugar no pai, mas repetem com ele, no casamento, a má relação com a mãe. Ele deveria herdar a relação com o pai; mas, na realidade, herda aquela com a mãe. Não é difícil vermos aí um claro caso de regressão. A relação com a mãe foi a original, sobre ela construiu-se a ligação ao pai, e agora, no casamento, a relação original emerge da repressão. O traslado* das ligações afetivas do objeto materno para o paterno constituiu o teor principal do desenvolvimento que leva à feminilidade.

Se muitas mulheres nos dão a impressão de que passam a época adulta a lutar com o marido, assim como ocuparam a juventude a brigar com a mãe, à luz das observações precedentes concluímos que a sua atitude hostil diante da mãe não é consequência da rivalidade do complexo de Édipo, mas procede da fase anterior e apenas é reforçada e aplicada na situação edípica. Há confirmação disso na investigação psicanalítica direta. Nosso interesse precisa voltar-se para os mecanismos que atuam no afastamento em relação ao objeto materno amado de forma tão intensa e exclusiva. Estamos

---

* "Traslado": *Überschreibung* — nas versões estrangeiras consultadas: *transferencia, endoso, trapasso, carrying over, transfer.* O emprego de *transferencia* pelo tradutor espanhol pode levar a confusão com o notório conceito de transferência (*Übertragung*); o mesmo não ocorre na versão holandesa (*transfer*), pois *overdracht* é o termo reservado para o conceito. Na mesma frase, "do objeto materno para o paterno" traduz *vom Mutter- auf das Vaterobjekt*; o tradutor argentino preferiu *objeto-madre e objeto-padre*, o inglês, apenas *mother* e *father*, o espanhol e o italiano utilizaram adjetivos, como nós, e o holandês fez exatamente como o original, beneficiando-se da grande afinidade com o alemão.

preparados para encontrar não um fator único, mas toda uma série de fatores que operam conjuntamente para o mesmo fim.

Entre eles, destacam-se alguns que são condicionados pelas circunstâncias gerais da sexualidade infantil e que, portanto, valem igualmente para a vida amorosa dos garotos. Em primeira linha deve-se mencionar o ciúme de outras pessoas, de irmãos, rivais, entre os quais se encontra também o pai. O amor da criança é desmedido, requer exclusividade, não se satisfaz com frações. Uma segunda característica, porém, é o fato de esse amor ser propriamente sem meta, incapaz de alcançar plena satisfação, e essencialmente por isso está condenado a acabar em decepção e dar lugar a uma atitude hostil. Em épocas posteriores da vida, a ausência de uma satisfação final pode favorecer um outro resultado. Esse fator pode assegurar a continuação imperturbada do investimento libidinal, como nas relações amorosas inibidas na meta, mas no ímpeto[*] dos processos de desenvolvimento sucede regularmente que a libido abandone a posição insatisfatória para buscar uma nova.

---

[*] "Ímpeto": tradução aqui dada ao termo Drang, do qual o dicionário alemão-português de Udo Schau (Porto, 1989) apresenta os seguintes sentidos: "necessidade, pressão, aperto (literal e figurado); ímpeto, impulso (versão que lhe demos em "Os instintos e seus destinos", de 1915), ânsia" etc. As versões estrangeiras consultadas trazem: *império, esfuerzo, spinta, stress, druk*. cf. capítulo sobre o termo em Luiz Alberto Hanns, *Dicionário comentado do alemão de Freud*. Rio de Janeiro: Imago, 1997.

Outro motivo, bem mais específico, para o afastamento em relação à mãe, está no efeito do complexo da castração sobre a criatura sem pênis. Algum dia a garota pequena descobre a sua inferioridade orgânica; naturalmente, mais cedo e mais facilmente quando tem irmãos ou há garotos ao seu redor. Já vimos as três direções que então aparecem: a) a que leva à cessação da vida sexual; b) a da teimosa acentuação da masculinidade; c) os primeiros passos para a feminilidade definitiva. Não é fácil precisar aqui as durações e estabelecer os cursos típicos dos eventos. Já o momento da descoberta da castração é variável, e outros fatores parecem inconstantes e dependentes do acaso. O estado da atividade fálica da menina entra em consideração, e também se essa atividade é descoberta ou não, e o grau de impedimento sentido após a descoberta.

A atividade fálica, a masturbação do clitóris, geralmente é encontrada de forma espontânea pela menina, certamente não é acompanhada de fantasia no início. A influência da higiene corporal no seu despertar se reflete na fantasia frequente em que a mãe, ama-seca ou babá é a sedutora. Não consideramos se nas meninas a masturbação é mais rara e desde o início menos enérgica do que nos meninos; possivelmente sim. Também a sedução real é frequente, por parte de outras crianças ou de pessoas que dela cuidam, que buscam sossegá-la, fazê-la adormecer ou torná-la dependente de si. Quando há a sedução, ela normalmente perturba o curso natural de desenvolvimento; muitas vezes deixa consequências profundas e duradouras.

SOBRE A SEXUALIDADE FEMININA II

Como vimos, a proibição da masturbação torna-se um ensejo para abandoná-la, mas também um motivo para rebelar-se contra a pessoa que proíbe, ou seja, a mãe ou o sucedâneo da mãe, que depois se funde regularmente com ela. A teimosa persistência na masturbação parece abrir o caminho para a masculinidade. Mesmo quando a criança não consegue suprimir a masturbação, o efeito da proibição aparentemente ineficaz se mostra em seu posterior empenho de livrar-se a todo custo de uma satisfação que foi estragada para ela. Ainda a escolha objetal da menina madura pode ser influenciada por esse desejo a que ela se apegou. O rancor por ser impedida de exercer a atividade sexual desempenha um relevante papel no afastamento da mãe. O mesmo motivo atuará novamente após a puberdade, quando a mãe percebe seu dever de zelar pela virgindade da filha. Não esquecemos, naturalmente, que a mãe contraria do mesmo modo a masturbação do filho, e assim produz também nele um forte motivo para a rebelião.

Quando a garota pequena se dá conta do seu defeito, ao avistar um genital masculino, não é sem hesitação e relutância que ela aceita o indesejado conhecimento. Como vimos, a expectativa de algum dia também ter um genital assim é conservada obstinadamente, e o desejo disso sobrevive à esperança por bastante tempo. Em todos os casos a criança vê a castração, inicialmente, como um infortúnio individual; apenas depois a estende a algumas outras crianças e, por fim, a certos adultos. Com a percepção da natureza geral dessa característica negativa há uma grande desvalorização da feminilidade e, portanto, também da mãe.

SOBRE A SEXUALIDADE FEMININA

É bem possível que essa descrição de como a garota pequena se comporta ante a ideia da castração e a proibição do onanismo deixe no leitor uma impressão confusa e contraditória. Isso não é culpa inteiramente do autor. Na realidade, uma exposição universalmente válida é quase impossível. Em indivíduos diferentes encontram-se as mais diferentes reações, e no mesmo indivíduo coexistem atitudes opostas. Tão logo se manifesta a proibição, está presente o conflito, que passa a acompanhar o desenvolvimento da função sexual. Também dificulta especialmente a compreensão o fato de ser tão trabalhoso distinguir os processos psíquicos dessa primeira fase de outros posteriores, pelos quais aqueles são cobertos e distorcidos na memória. Assim, por exemplo, o fato da castração será apreendido como punição pela atividade masturbatória, mas sua execução será atribuída ao pai, e nenhuma das duas noções pode ser primária. Também o menino teme a castração por parte do pai, embora também no caso dele a ameaça proceda geralmente da mãe.

Seja como for, no final dessa primeira fase de ligação à mãe aparece, como o mais forte motivo para o afastamento da mãe, a recriminação de que ela não deu à menina um genital verdadeiro, isto é, de que a deu à luz como mulher. E com surpresa ouvimos outra recriminação, que remonta a algo menos distante: a mãe lhe deu muito pouco leite, não a amamentou por tempo suficiente. Isso bem pode ocorrer nas circunstâncias culturais de hoje, mas não tão frequentemente como é dito na análise. Esta queixa seria antes ex-

SOBRE A SEXUALIDADE FEMININA II

pressão de um descontentamento geral das crianças, que nas condições culturais da monogamia são desmamadas após seis a nove meses, enquanto as mães primitivas dedicam dois ou três anos exclusivamente aos filhos; é como se nossas crianças sempre ficassem insaciadas, como se nunca mamassem suficientemente o seio materno. Mas não estou certo de que não encontraríamos a mesma queixa na análise de crianças que foram amamentadas tão longamente como os filhos dos primitivos. Pois é grande a avidez da libido infantil! Se percorremos toda a série de motivos que a análise descobre para o afastamento em relação à mãe — que ela não dotou a menina do único genital verdadeiro, que a nutriu de maneira insuficiente, que a obrigou a dividir com outros o amor materno, que jamais satisfez as expectativas de amor e, por fim, que inicialmente estimulou e depois proibiu sua atividade sexual —, eles todos não parecem ainda bastantes para justificar a hostilidade final. Alguns são consequências inevitáveis da natureza da sexualidade infantil, outros semelham racionalizações, arranjadas posteriormente, para a não compreendida mudança nos sentimentos. Mas talvez a ligação à mãe tenha mesmo de acabar, justamente por ser primeira e de tão grande intensidade, de modo semelhante ao que frequentemente se observa nos primeiros casamentos de mulheres jovens, contraídos na mais acesa paixão. Nos dois casos, a atitude amorosa fracassaria pelas inevitáveis decepções e pelo acúmulo de ensejos para a agressão. Geralmente o segundo matrimônio é mais bem-sucedido.

SOBRE A SEXUALIDADE FEMININA

Não podemos chegar ao ponto de afirmar que a ambivalência dos investimentos emocionais é uma lei psicológica de validade universal, que é absolutamente impossível ter grande amor por alguém sem que um ódio talvez igualmente grande se apresente, ou vice-versa. Sem dúvida, a pessoa normal e adulta consegue manter separadas as duas atitudes, não tendo que odiar seu objeto amoroso nem que amar seu inimigo. Mas isto parece ser resultado de desenvolvimentos posteriores. Nas primeiras fases da vida amorosa, a ambivalência é claramente a regra. Em muitas pessoas esse traço arcaico é conservado pela vida inteira; é característico dos neuróticos obsessivos que amor e ódio se equilibrem nas relações objetais. Também com relação aos primitivos pode-se dizer que a ambivalência predomina. Portanto, a intensa ligação da menina com sua mãe tem de ser fortemente ambivalente, e, secundada por outros fatores, precisamente essa ambivalência a impele ao afastamento; ou seja, também devido a uma característica geral da sexualidade infantil.

Contra essa tentativa de explicação aparece logo uma pergunta: como é possível, para os garotos, manter incólume sua ligação à mãe, que certamente não é menos forte? A resposta também não se faz esperar: porque são capazes de resolver sua ambivalência com a mãe, alojando no pai todos os sentimentos hostis. Mas não se deve dar essa resposta, em primeiro lugar, antes de estudar detidamente a fase pré-edípica dos meninos, e depois é mais prudente admitir que ainda não compreendemos bem esses processos, de que acabamos de tomar conhecimento.

III

Uma outra pergunta é: que solicita da mãe a menina? De que tipo são suas metas sexuais no tempo da exclusiva ligação à mãe? A resposta que se obtém do material analítico corresponde inteiramente a nossas expectativas. As metas sexuais da menina diante da mãe são de natureza tanto ativa como passiva, e são determinadas pelas fases da libido que a criança atravessa. A relação entre atividade e passividade merece aqui o nosso particular interesse. É fácil observar que em todo âmbito da vida psíquica, não apenas no da sexualidade, uma impressão recebida passivamente pela criança suscita a tendência a uma reação ativa. Ela procura fazer o mesmo que antes foi feito nela ou com ela. Isso é parte do trabalho de domínio do mundo exterior que é chamada a fazer, e pode até mesmo levar a que se empenhe em repetir impressões que teria motivo para evitar, por seu conteúdo doloroso. Também a brincadeira infantil é posta a serviço desse propósito de complementar uma vivência passiva com uma ação ativa, como que anulando-a dessa maneira. Quando o médico abre a boca de uma criança para observar-lhe a garganta, apesar de sua resistência, depois que ele se vai a criança brinca de médico e repete o violento procedimento com um irmãozinho, que se acha tão indefeso perante ela como ela própria se achava perante o doutor. É inegável que temos aí uma rebelião contra a passividade e uma preferência pelo papel ativo. Essa transição de passividade para atividade não se verifica com a mesma regularidade e energia em todas as

SOBRE A SEXUALIDADE FEMININA

crianças; em algumas ela pode não ocorrer. Desse comportamento da criança pode-se tirar uma conclusão sobre a força relativa da masculinidade e da feminilidade que ela exibirá em sua sexualidade.

As primeiras vivências sexuais e de matiz sexual que a criança tem com a mãe são, naturalmente, de caráter passivo. Ela é amamentada, nutrida, limpada, vestida e ensinada a fazer tudo o que deve. Uma parte da libido da criança continua apegada a essas experiências e desfruta as satisfações a elas relacionadas, outra parte procura convertê-las em atividade. No peito materno, ser amamentado é substituído por mamar ativamente. Em outros aspectos a criança se contenta ou com a autonomia, isto é, com o êxito em realizar ela própria o que até então era feito com ela, ou com a repetição ativa de suas vivências passivas, ao brincar, ou realmente faz da mãe o objeto, ante o qual desempenha o papel de sujeito ativo. Esse último comportamento, que sucede no âmbito da atividade propriamente dita, pareceu-me inacreditável por muito tempo, até que a experiência refutou qualquer dúvida.

Raramente se ouve que uma menina queira lavar, vestir ou lembrar a mãe de satisfazer as necessidades fisiológicas. É certo que às vezes ela diz: "Agora vamos brincar que eu sou a mãe e você a filha" — mas geralmente realiza esses desejos ativos de forma indireta, na brincadeira com uma boneca, em que representa ela própria a mãe e a boneca, a filha. A predileção das meninas por brincar com bonecas, diferentemente dos meninos, costuma ser vista como sinal da feminilidade que desperta precocemente. Com razão, mas não se

SOBRE A SEXUALIDADE FEMININA III

deve ignorar que é o caráter ativo da feminilidade que aí se expressa, e que essa predileção da menina provavelmente demonstra a exclusividade da ligação à mãe, com total negligência do objeto-pai.

A surpreendente atividade sexual da menina em relação à mãe se manifesta, na sequência temporal, em tendências orais, sádicas e, por fim, até mesmo fálicas, dirigidas à mãe. É difícil fazer aqui um relato pormenorizado, pois frequentemente são obscuros impulsos instintuais, que a criança não podia apreender psiquicamente na época em que ocorreram, e que por isso receberam apenas uma interpretação posterior, surgindo na análise em formas de expressão que certamente não tinham originalmente. Às vezes damos com eles como transferências para o posterior objeto-pai, onde não cabem e dificultam sensivelmente a compreensão. Os desejos agressivos orais e sádicos são encontrados na forma que então lhes foi imposta pela repressão, como medo de ser morta pela mãe, o qual, por sua vez, justifica o desejo de morte contra a mãe, quando este se torna consciente. Não é possível dizer com que frequência esse medo da mãe se baseia numa inconsciente hostilidade por parte dela, que a criança percebe. (Até agora encontrei apenas em homens o medo de ser devorado; ele se refere ao pai, mas provavelmente é o produto de uma transformação da agressividade oral dirigida à mãe. A criança quer devorar a mãe da qual se nutriu; com relação ao pai, falta esse motivo para o desejo.)

As pacientes com forte ligação à mãe, nas quais pude estudar a fase pré-edípica, foram concordes em dizer que,

SOBRE A SEXUALIDADE FEMININA

quando a mãe lhes aplicava enemas e lavagens intestinais, elas costumavam opor grande resistência e reagir com angústia* e gritos de raiva. Isso pode ser uma conduta frequente ou mesmo regular nas crianças. Só vim a compreender a razão dessa veemente rebeldia graças a uma observação de Ruth Mack Brunswick, que se ocupava dos mesmos problemas. Ela se inclinava a comparar o acesso de raiva após um enema ao orgasmo após a excitação genital. E a angústia se entenderia como conversão do desejo de agressão despertado. Penso que é realmente assim, e que no estágio sádico-anal a intensa excitação passiva da zona intestinal é respondida com um acesso do desejo de agressão, que se manifesta diretamente como raiva ou, devido a sua supressão, como angústia. Essa reação parece extinguir-se em anos posteriores.

Considerando os impulsos passivos da fase fálica, sobressai o fato de a menina geralmente acusar a mãe de seduzi-la, por haver tido as primeiras ou, em todo caso, as mais fortes sensações genitais ao receber cuidados de higiene e de limpeza por parte da mãe (ou da pessoa que nisso a representava). A menina gosta dessas sensações e pede que a mãe as aumente com toques e fricções, como várias vezes algumas mães me comunicaram haver observado em suas filhas de dois e três anos de idade. Assim, a mãe inevitavelmente inicia a criança na fase fálica, e atribuo a isso o fato de nas fantasias de anos posteriores o pai aparecer tão regularmente como o sedutor sexual.

---

* Cabe lembrar que em alemão há uma só palavra — *Angst* — para "medo" e "angústia".

SOBRE A SEXUALIDADE FEMININA III

Com o afastamento em relação à mãe, também a introdução na vida sexual é transferida para o pai.

Por fim, na fase fálica também surgem intensos desejos* de natureza ativa em relação à mãe. A atividade sexual dessa época culmina na masturbação do clitóris, durante a qual provavelmente a menina pensa na mãe; mas em minhas observações não pude descobrir se ela chega a imaginar uma meta sexual e qual seria essa meta. Apenas quando todos os interesses da menina recebem um novo ímpeto com a chegada de um irmãozinho é que tal meta pode ser claramente reconhecida. A garota deseja ter feito essa nova criança na mãe, exatamente como o menino, e também sua reação a esse acontecimento e sua conduta ante o bebê são as mesmas. Isso parece absurdo, é verdade, mas talvez apenas por ser tão inusitado para nós.

O afastamento em relação à mãe é um passo altamente significativo no desenvolvimento da garota, é mais que uma simples mudança de objeto. Já descrevemos o que nele ocorre e os muitos motivos para ele aduzidos; acrescentemos que paralelamente a ele se observa uma forte diminuição dos impulsos sexuais ativos e um aumento daqueles passivos. Sem dúvida, as tendências ativas são mais afetadas pela frustração, elas se revelaram totalmente inexequíveis e, portanto, são mais facilmente abandonadas pela libido; mas também do lado das tendências passivas

* "Desejos": *Wunschregungen*; foi traduzida por um só termo a palavra composta — cunhada por Freud — que literalmente significaria "impulsos de desejo" (como também é vertida em outras passagens desta edição). As versões estrangeiras consultadas apresentam: *deseos, mociones de deseo, moti di desiderio, wishful impulses, wensimpulsen*.

SOBRE A SEXUALIDADE FEMININA

não faltaram decepções. Com o afastamento diante da mãe, frequentemente cessa também a masturbação clitoridiana, e com a repressão da masculinidade anterior da menina, não raro é prejudicada permanentemente uma boa parte de seu interesse sexual. A transição para o objeto-pai é efetuada com a ajuda das tendências passivas, na medida em que essas tenham escapado à grande mudança. O caminho para o desenvolvimento da feminilidade fica aberto para a menina, desde que não seja limitado pelos resíduos da superada ligação pré-edípica com a mãe.

Se agora reconsideramos a parte do desenvolvimento sexual feminino que aqui foi descrita, não podemos nos furtar a uma conclusão sobre a sexualidade feminina como um todo. Encontramos as mesmas forças libidinais que havíamos encontrado nos meninos, e pudemos nos convencer de que durante um certo tempo elas tomam os mesmos caminhos e chegam aos mesmos resultados.

Depois são fatores biológicos que as desviam de suas metas iniciais e conduzem pelas vias da feminilidade até mesmo tendências ativas, masculinas em todo sentido. Como não podemos rejeitar a ideia de que a excitação sexual se deve ao efeito de substâncias químicas determinadas, é razoável esperar que no futuro a bioquímica nos apresente uma substância que seja responsável pela excitação sexual masculina e outra, pela feminina. Mas tal esperança não parece menos ingênua do que aquela, hoje felizmente ultrapassada, de distinguir no microscópio os causadores da histeria, da neurose obsessiva, da melancolia etc.

SOBRE A SEXUALIDADE FEMININA IV

Também na química sexual as coisas devem ser um tanto mais complicadas. Mas para a psicologia não faz diferença que haja uma única substância, ou duas, ou inúmeras. A psicanálise nos diz que devemos contar com uma só libido, que, no entanto, dispõe de metas (isto é, formas de satisfação) ativas e passivas. Nessa oposição, sobretudo na existência de impulsos libidinais com metas passivas, está contido o restante do problema.

IV

Ao examinar a literatura psicanalítica sobre o assunto, chega-se à convicção de que tudo o que expus aqui já se encontra lá. Seria desnecessário publicar este trabalho, se não sucedesse que, num campo de tão difícil acesso, todo relato das observações pessoais e concepções próprias pode ter seu valor. Além disso, abordei várias coisas com maior precisão e delimitei-as com maior cuidado. Em alguns dos outros ensaios a exposição é um tanto confusa, porque os problemas do Super-eu e do sentimento de culpa são discutidos simultaneamente. Isso eu pude evitar, e ao relatar os diferentes desfechos dessa fase de desenvolvimento também não tratei das complicações que aparecem quando a menina, graças à decepção com o pai, volta para a mãe que havia abandonado, ou repetidamente muda de uma posição para a outra no curso da vida. Mas, justamente porque meu trabalho é apenas uma das contribuições sobre o tema, posso me furtar a uma apreciação minuciosa da literatura e me restringir a des-

SOBRE A SEXUALIDADE FEMININA

tacar as concordâncias mais significativas com uns e as divergências mais importantes com outros.*

A descrição feita por Abraham das "Formas como se manifesta o complexo da castração feminino" ("Äußerungsformen des weiblichen Kastrationskomplexes", *Internationale Zeitschrift für Psychoanalyse*, VII, 1921) ainda não foi superada, mas gostaríamos que tivesse incluído o fator da ligação inicial exclusiva com a mãe. Devo concordar com os pontos essenciais do importante trabalho de Jeanne Lampl-de Groot.[3] Nele há o reconhecimento da completa identidade entre as fases pré--edípicas do menino e da menina, e também a afirmação, demonstrada por observações, da atividade sexual (fálica) da menina em relação à mãe. O afastamento desta é ligado à influência da castração de que a menina toma consciência, que a obriga a abandonar o objeto sexual e, com isso, frequentemente também a masturbação. Todo o desenvolvimento é resumido na fórmula de que a menina passa por uma fase de complexo da Édipo "negativo", antes de entrar no positivo. Vejo uma insuficiência

---

* Cabe registrar, como fez Strachey numa nota, que os trabalhos discutidos em seguida foram publicados depois de "Algumas consequências psíquicas da diferença anatômica entre os sexos" (1925), em que Freud já expunha a maioria das concepções do presente ensaio, mas ao qual não faz referência aqui.

3 "Zur Entwicklungsgeschichte des Ödipuskomplexes der Frau" [A evolução do complexo de Édipo na mulher], *Internationale Zeitschrift für Psychoanalyse*, v. 13, 1927. Atendendo à solicitação da autora, corrijo aqui seu nome, que na *Zeitschrift* [Revista] apareceu como A. Lampl-de Groot.

SOBRE A SEXUALIDADE FEMININA IV

desse trabalho no fato de apresentar o afastamento da mãe como simples mudança de objeto e não considerar que ele se realiza acompanhado de evidentes sinais de hostilidade. Essa hostilidade é plenamente apreciada no último trabalho de Helene Deutsch ("Der feminine Masochismus und seine Beziehung zur Frigidität" [O masoquismo feminino e sua relação com a frigidez], *Internationale Zeitschrift für Psychoanalyse*, v. 16, 1930), onde também a atividade fálica da menina e a intensidade de sua ligação à mãe são reconhecidas. Deutsch também afirma que o voltar-se para o pai acontece pela via das tendências passivas (já despertadas na relação com a mãe). Num livro publicado anteriormente, *Psychoanalyse der weiblichen Sexualfunktionen* [Psicanálise das funções sexuais femininas, 1925], a autora ainda não havia dispensado a aplicação do esquema do Édipo à fase pré-edípica, e por isso interpretou a atividade fálica da menina como identificação com o pai.

Fenichel ("Zur prägenitalen Vorgeschichte des Ödipuskomplexes" [Pré-história pré-genital do complexo de Édipo], *Internationale Zeitschrift für Psychoanalyse*, v. 16, 1930) enfatiza corretamente a dificuldade em discernir, no material levantado na análise, o que é conteúdo inalterado da fase pré-edípica e o que é deformado regressivamente (ou de outra maneira). Ele não admite a atividade fálica da menina conforme Jeanne Lampl-de Groot, e também diverge da "antecipação" do complexo de Édipo empreendida por Melanie Klein ("Frühstadien des Ödipuskonfliktes" [Primeiros estágios do conflito de Édipo], *Internationale Zeitschrift für Psychoanalyse*,

v. 14, 1928.), cujo início ela já situa no começo do segundo ano de vida. Essa datação, que necessariamente modifica também a concepção de todo o restante do desenvolvimento, não condiz efetivamente com os resultados da análise de adultos e é, em especial, incompatível com meus achados acerca da longa duração do vínculo pré-edípico da garota com a mãe. Uma maneira de atenuar essa discrepância é proporcionada pela observação de que nessa área não somos ainda capazes de distinguir entre o que é rigidamente estabelecido por leis biológicas e o que é móvel e mutável por influxo de vivências casuais. Como há muito se sabe quanto ao efeito da sedução, também outros fatores — o momento em que nasceram os irmãos, a direta observação do ato sexual, a conduta atenciosa ou insensível dos pais etc. — podem contribuir para a aceleração e maturação do desenvolvimento sexual infantil.

Alguns autores tendem a reduzir a importância dos primeiros e primordiais impulsos libidinais da criança, em favor de processos de desenvolvimento posteriores, de modo que — numa formulação extrema — àqueles apenas restaria o papel de indicar certas direções, enquanto as intensidades* que tomam esses caminhos são providas por regressões e formações reativas posteriores. Assim, por exemplo, Karen

---

* Strachey observa que raramente Freud usa essa palavra sem um qualificativo — na *Interpretação dos sonhos* é frequente a expressão "intensidade psíquica", por exemplo — e que ela seria um equivalente de "quantidade", termo bastante empregado no *Esboço* (ou *Projeto*) *de uma psicologia*, de 1895.

SOBRE A SEXUALIDADE FEMININA IV

Horney ("Flucht aus der Weiblichkeit" [Fuga da feminilidade], *Internationale Zeitschrift für Psychoanalyse*, v. 12, 1926) acha que a inveja primária do pênis é muito superestimada por nós, enquanto atribui a intensidade do empenho por masculinidade depois exibido a uma inveja do pênis secundária, utilizada pela garota para defender-se dos impulsos femininos, em especial da ligação feminina ao pai. Isso não corresponde a nossas impressões. Por mais seguro que seja o fato dos reforços posteriores por regressão e formação reativa, por mais difícil que talvez seja estimar a força relativa dos componentes libidinais que ali confluem, acho que não devemos ignorar que os primeiros impulsos libidinais possuem uma intensidade superior à de todos que vêm depois, que bem pode ser qualificada de incomensurável. Sem dúvida, é correto que existe oposição entre a ligação ao pai e o complexo da masculinidade — trata-se da oposição geral entre atividade e passividade, masculinidade e feminilidade —, mas isso não nos dá direito a supor que um é primário e o outro deve sua força apenas à defesa. E se a defesa contra a feminilidade se mostra tão enérgica, de onde pode ela retirar sua força se não do empenho por masculinidade, que teve sua primeira expressão na inveja do pênis por parte da menina e, por isso, merece receber tal denominação?

Uma objeção similar se aplica à concepção de Jones ("Die erste Entwicklung der weiblichen Sexualität" [O primeiro desenvolvimento da sexualidade feminina], *Internationale Zeitschrift für Psychoanalyse*, v. 14, 1928), segundo a qual o estágio fálico da garota seria antes uma reação protetora secundária do que um verdadeiro estágio de desenvolvimento. Isso não corresponde nem às condições dinâmicas nem às cronológicas.

A CONQUISTA DO FOGO (1932)

TÍTULO ORIGINAL: "ZUR GEWINNUNG DES FEUERS". PUBLICADO PRIMEIRAMENTE EM *IMAGO*, V. 18, N. 1, PP. 8-13. TRADUZIDO DE *GESAMMELTE WERKE* XVI, PP. 3-9; TAMBÉM SE ACHA EM *STUDIENAUSGABE* IX, PP. 445-54.

A CONQUISTA DO FOGO

Numa nota a meu ensaio *O mal-estar na civilização*,* mencionei — apenas de passagem — a conjectura que era possível formar sobre a conquista do fogo pelo homem primitivo, com base no material psicanalítico. A objeção de Albrecht Schaeffer** e a notável referência de Erlenmeyer, na comunicação anterior,*** à proibição mongol de urinar sobre cinzas,[1] levam-me a retomar esse tema.[2]

Acho que minha hipótese de que a precondição para se apoderar do fogo foi a renúncia ao prazer — de matiz homossexual — de apagá-lo com o jato de urina pode ser confirmada pela interpretação do mito grego de Pro-

---

* Trata-se da longa nota da parte III.

** "Der Mensch und das Feuer" [O homem e o fogo], em *Die Psychoanalytische Bewegung* [O Movimento Psicanalítico], ano II, 1930, p. 201.

*** "Notiz zur Freudschen Hypothese über die Zähmung des Feuers" [Nota à hipótese freudiana sobre a domesticação do fogo], *Imago*, v. 18, p. 5. Esse breve texto de Erlenmeyer apareceu logo antes do presente artigo de Freud, no mesmo número da revista.

1 Provavelmente sobre cinzas quentes, de que ainda se pode obter fogo, não sobre cinzas frias.

2 A objeção de Lorenz, em "Chaos und Ritus" (*Imago*, v. 17, 1931, pp. 433 ss), parte da premissa de que a domesticação do fogo teria começado apenas quando o ser humano descobriu que era capaz de suscitá-lo quando quisesse, por meio de alguma manipulação. Mas o dr. J. Hárnik nos assinala uma observação do dr. Richard Lasch (na compilação de Georg Buschan, *Illustrierte Völkerkunde* [Etnologia ilustrada], Stuttgart, 1922, v. I, p. 24): "É de supor que a arte de conservar o fogo precedeu em muito aquela de produzi-lo; uma evidência disso está no fato de que os aborígines das Andamanes, semelhantes a pigmeus, possuem e conservam atualmente o fogo, embora não conheçam um método próprio de gerá-lo".

meteu, desde que levemos em conta as previsíveis distorções na passagem do fato para conteúdo do mito. Essas distorções são do mesmo tipo e não mais graves que as que reconhecemos diariamente, quando reconstruímos, a partir de sonhos dos pacientes, suas vivências infantis reprimidas, mas de enorme significado. Os mecanismos nelas utilizados são a representação por símbolos e a transformação no contrário. Não ouso explicar todos os traços do mito dessa forma; além dos fatos originais, eventos posteriores talvez tenham contribuído para o seu conteúdo. Mas os elementos que admitem uma interpretação psicanalítica são justamente os mais insólitos e mais importantes, a saber, o modo como Prometeu carrega o fogo, a natureza do ato (sacrilégio, crime, fraude contra os deuses) e o sentido de seu castigo.

O titã Prometeu, um herói cultural que ainda é divino,[3] talvez originalmente um demiurgo e criador de seres humanos, leva para os mortais o fogo que tirou dos deuses, escondido numa vara oca, num caniço de funcho. Numa interpretação de sonho, compreenderíamos esse objeto como símbolo do pênis, ainda que nos incomode a peculiar ênfase na sua cavidade. Mas como relacionar esse caniço-pênis com a preservação do fogo? Parece algo impossível, até que nos lembramos do processo, tão comum nos sonhos, de transformação no contrário, de inversão dos laços, que frequentemente esconde o sentido de um sonho. O que o homem abriga em seu caniço-pênis não é o fogo, mas, ao contrário, o

3 Pois Héracles é semidivino, e Teseu, inteiramente humano.

A CONQUISTA DO FOGO

meio para extinguir o fogo, a água do seu jato de urina. Essa relação entre fogo e água se vincula a um rico e bem conhecido material analítico.

Em segundo lugar, a aquisição do fogo é um sacrilégio, ele é obtido mediante roubo ou furto. Eis um traço constante das lendas sobre a conquista do fogo, ele se acha nos povos mais diversos e mais distantes, não apenas no mito grego de Prometeu. Nisso deve estar, portanto, o conteúdo essencial de uma distorcida reminiscência da humanidade. Mas por que a aquisição do fogo está inseparavelmente ligada à ideia de um crime? Quem é o fraudado, o prejudicado? Na lenda narrada por Hesíodo há uma resposta direta, pois numa outra história, não diretamente relacionada ao fogo, Prometeu engana Zeus e favorece os homens na preparação do sacrifício. Portanto, os deuses são fraudados! É notório que o mito concede aos deuses a satisfação de todos os desejos a que o ser humano tem de renunciar, como sabemos do incesto. Diríamos, em linguagem psicanalítica, que a vida instintual, o Id, é o deus enganado com a renúncia à extinção do fogo, um desejo humano é transformado em privilégio divino na lenda. Mas nela a divindade nada possui do caráter de um Super-eu, é ainda representante da poderosa vida instintual.

A transformação no contrário aparece de modo mais radical num terceiro traço da lenda, na punição do portador do fogo. Prometeu é acorrentado a uma rocha, e diariamente um abutre come do seu fígado. Nos mitos do fogo de outros povos há também um pássaro, ele deve ter algum papel de relevo; abstenho-me de uma interpretação no momento. Mas nos sentimos em terreno mais firme quando se trata de explicar por que o fígado é escolhido como o ponto do castigo. Para os antigos, esse órgão era a sede de todos os desejos e paixões; de modo que uma punição como a de Prometeu era a mais correta para um criminoso arrastado pelos impulsos,* que cometera uma ofensa impelido por maus apetites. Mas o exato oposto é verdadeiro para o Portador do Fogo; ele exerceu a renúncia instintual e mostrou quão benéfica e também indispensável ela é para os propósitos da cultura. E por que tal benefício cultural foi tratado, na lenda, como um crime merecedor de punição? Ora, se ela deixa transparecer, através de todas as distorções, que a conquista do fogo teve por premissa uma renúncia instintual, então exprime abertamente o rancor que a humanidade movida pelos impulsos inevitavelmente sentiu pelo herói cultural. E isso concorda com nossas percepções e expectativas. Sabemos que a solicitação à renúncia instintual, e a imposição desta, provocam hostilidade e agressividade, que somente numa fase posterior do desenvolvimento psíquico se transformam em sentimento de culpa.

A opacidade da lenda de Prometeu, como de outros mitos relativos ao fogo, é aumentada pela circunstância de que para o homem primitivo o fogo devia ser algo

---

* "Arrastado pelos impulsos": *triebhaft*, adjetivo de *Trieb*; nas versões estrangeiras consultadas: *instintivo, movido por sus pasiones, istigato dalle passioni, driven by instinct*. Na mesma frase, "impelido" é tradução de *unter dem Antrieb*, no trecho que o tradutor argentino verte, mais literalmente, por *bajo la impulsión de malas apetencias*, e o inglês, por *at the prompting of evil desires*.

A CONQUISTA DO FOGO

semelhante à paixão amorosa — um símbolo da libido, diríamos. O calor que o fogo irradia evoca a mesma sensação que acompanha o estado de excitação sexual, e a chama lembra, na forma e nos movimentos, o falo em ação. Não há dúvida de que para a sensibilidade mítica a chama parecia um falo, é inclusive testemunha disso a lenda sobre Sérvio Túlio, o rei romano.* Ao falar do devorador fogo da paixão e das chamas que "lambem", comparando as chamas a uma língua, nós mesmos não nos afastamos muito da maneira de pensar dos nossos ancestrais. E na explicação que oferecemos para a conquista do fogo já havia o pressuposto de que a tentativa de apagar o fogo com a própria urina significava, para o homem primitivo, uma prazerosa luta com outro falo.

Pela via desta aproximação simbólica, outros elementos, puramente fantásticos, podem haver penetrado no mito e se entrelaçado com os elementos históricos. Assim, é difícil furtar-se à ideia de que, se o fígado é a sede da paixão, simbolicamente significa o mesmo que o fogo, e sua cotidiana devoração e restauração constitui um pertinente retrato do comportamento dos desejos amorosos, que são diariamente satisfeitos e diariamente se renovam. E o pássaro que se sacia no fígado teria o significado do pênis, que tampouco lhe é estranho, como se pode ver em lendas, sonhos, expressões de linguagem e representações plásticas da Antiguidade. Indo

---

* Segundo uma versão da lenda, Ocrísia, escrava do rei Tarquínio, o Antigo, foi fecundada por uma chama em forma de falo enquanto fazia libações, e assim concebeu Sérvio Túlio.

A CONQUISTA DO FOGO

um pouco adiante temos o pássaro Fênix, que ressurge de cada morte no fogo, e que provavelmente significou antes o pênis revivescido após o adormecimento, mais que o sol declinando no crepúsculo e depois novamente nascendo na alvorada.

Podemos perguntar se é lícito atribuir à atividade mitopoética a tentativa — como que por brincadeira — de dar representação disfarçada a processos psíquicos com expressão corporal, universalmente conhecidos, mas também extremamente interessantes, sem outro motivo do que o simples prazer de representar. Certamente não é possível dar uma resposta segura a essa questão sem haver compreendido a natureza do mito, mas nesses dois casos é fácil reconhecer o mesmo conteúdo e, assim, uma tendência determinada. Os dois mostram a restauração dos desejos libidinais após sua extinção mediante a saciedade, ou seja, sua indestrutibilidade, e essa ênfase é inteiramente adequada enquanto consolo, se o núcleo histórico do mito trata de uma derrota da vida instintual, de uma renúncia instintual tornada necessária. É como a segunda parte da compreensível reação do homem primevo magoado em sua vida instintual; após a punição do criminoso, a garantia de que no fundo ele em nada prejudicou.

Deparamos com a inversão no oposto em local inesperado, num outro mito, que aparentemente tem pouca relação com o do fogo. A hidra de Lerna, com suas numerosas cabeças de serpente a se agitar — uma delas imortal — é um dragão da água, como atesta seu nome. Héracles, herói cultural, combate-a, cortando-lhe as cabeças; mas elas sempre tornam a nascer, e ele só domina o monstro depois de queimar com fogo a cabeça imortal. Um dragão da água vencido pelo fogo é algo que não tem sentido — este aparece, como em muitos sonhos, na inversão do conteúdo manifesto. Então a hidra é um fogo, as cabeças de serpente que se agitam são as chamas do fogo, e, provando sua natureza libidinal, elas exibem, como o fígado de Prometeu, o fenômeno do renascimento, da renovação após a tentativa de destruição. Héracles extingue esse fogo com... água. (A cabeça imortal é provavelmente o falo mesmo, e seu aniquilamento, a castração.) Mas Héracles é também o libertador de Prometeu, pois mata o pássaro que lhe devora o fígado. Não deveríamos imaginar um laço mais profundo entre os dois mitos? É como se o ato de um herói fosse compensado pelo outro. Prometeu havia proibido a extinção do fogo — como na lei dos mongóis —, e Héracles a permitiu, no caso do fogo ameaçador. O segundo mito parece corresponder à reação, de uma época posterior da cultura, ao evento da aquisição do fogo. Tem-se a impressão de que, a partir desse ponto, seria possível penetrar bastante nos mistérios do mito, mas a verdade é que a sensação de certeza nos acompanha somente por um breve trecho.

Quanto à oposição entre fogo e água, que governa todo o âmbito desses mitos, além do fator histórico e do simbólico-fantástico pode-se indicar um terceiro, um dado fisiológico, que o poeta Heinrich Heine descreveu nestas linhas:

Com o que lhe serve para urinar
*O homem gera seu igual**

O membro do homem tem duas funções, cuja coexistência é motivo de irritação para alguns. Permite o esvaziamento da bexiga e realiza o ato amoroso, que apazigua o anseio da libido genital. A criança ainda acredita que pode reunir as duas funções; conforme sua teoria, os bebês vêm ao mundo pelo fato de o homem urinar dentro da mulher. Mas o adulto sabe que os dois atos são inconciliáveis na realidade — tão inconciliáveis como fogo e água. Quando o membro se acha no estado de excitação que o fez ser comparado a um pássaro, e enquanto são experimentadas as sensações que lembram o calor do fogo, o ato de urinar é impossível; e, inversamente, quando ele é empregado para expelir a água do corpo, todos os seus laços com a função genital parecem extintos. A oposição entre as duas funções poderia nos levar a dizer que o homem apaga seu fogo com sua própria água. E o homem primevo, obrigado a entender o mundo externo com ajuda das sensações e condições de seu próprio corpo, não teria deixado de perceber e utilizar as analogias que o comportamento do fogo lhe indicava.

---

* No original: *Was dem Menschen dient zum Seichen / Damit schafft er Seinesgleichen.*

MEU CONTATO COM JOSEF POPPER-LYNKEUS (1932)

TÍTULO ORIGINAL: "MEINE BERÜHRUNG MIT JOSEF POPPER-LYNKEUS". PUBLICADO PRIMEIRAMENTE EM *ALLGEMEINE NÄHRPFLICHT* (VIENA), 15. TRADUZIDO DE *GESAMMELTE WERKE* XVI, PP. 261-6.

MEU CONTATO COM JOSEF POPPER-LYNKEUS

Foi no inverno de 1899 que apareceu finalmente meu livro *A interpretação dos sonhos*, pré-datado para o novo século. Ele era o resultado de um trabalho de quatro ou cinco anos e se originara de forma incomum. Tendo me capacitado para lecionar doenças nervosas na Universidade, eu procurava sustentar minha família, que rapidamente crescia, dando assistência médica aos chamados "neuróticos", bastante numerosos em nossa sociedade. Mas a tarefa se revelou mais difícil do que o esperado. Os métodos de tratamento habituais pouco ou nada adiantavam, era preciso buscar novos caminhos. E como era possível ajudar os doentes, se nada se compreendia de seus males, das causas de seus sofrimentos, do significado de suas queixas? Por isso busquei orientação e instrução com mestre Charcot, em Paris, com Bernheim, em Nancy; e uma observação de meu experiente amigo Josef Breuer, de Viena, pareceu enfim abrir novas perspectivas para a compreensão e a influência terapêutica.

Essas novas experiências trouxeram a certeza de que as pessoas que chamamos doentes neuróticos sofriam de distúrbios psíquicos, em determinado sentido, e, portanto, deviam ser tratadas com meios psíquicos. Nosso interesse teve de se voltar para a psicologia. Mas o que a ciência da psique então vigente nos cursos de filosofia tinha a oferecer era muito pouco, e inútil para os nossos propósitos; precisávamos inventar tanto os métodos como suas premissas teóricas. Trabalhei então nesse sentido, primeiro em colaboração com Breuer, depois independentemente dele. Por fim, tornou-se parte de minha técnica requerer que os pacientes me informassem, de modo acrítico, tudo o que lhes passasse pela cabeça, inclusive os pensamentos que não podiam explicar e que lhes era penoso comunicar.

Quando seguiam minhas instruções, eles me relatavam também seus sonhos, como se estes fossem da mesma espécie que seus outros pensamentos. Era uma clara indicação para que eu desse aos sonhos o mesmo valor que às demais produções compreensíveis. Eles não eram compreensíveis, porém, e sim estranhos, embaralhados, absurdos, como são mesmo os sonhos, e, por isso, foram condenados pela ciência como meros espasmos do órgão psíquico, carentes de sentido e de finalidade. Se meus pacientes estavam certos, e eles apenas pareciam repetir a milenária crença da humanidade não científica, eu me defrontava com a tarefa de uma "interpretação dos sonhos" que pudesse resistir à crítica da ciência.

Claro que inicialmente eu não compreendia, dos sonhos de meus pacientes, mais do que eles mesmos. Mas, na medida em que apliquei a esses sonhos, e especialmente aos meus próprios, o procedimento de que já me servira ao estudar outras formações psíquicas anormais, consegui responder à maioria das questões que uma interpretação dos sonhos podia lançar. Havia muitas delas: com o que sonhamos? Por que sonhamos, afinal? De onde vêm todas as singulares características que distinguem o sonho do pensamento desperto? E outras questões assim. Algumas das respostas eram fáceis de se obter, mostravam ser confirmação de pontos de vista já manifestados anteriormente, enquanto outras requeriam suposições realmente novas quanto à estrutura e ao

MEU CONTATO COM JOSEF POPPER-LYNKEUS

funcionamento de nosso aparelho psíquico. As pessoas sonham com o que mexeu com a psique durante o dia, quando se estava acordado; sonham para aquietar os impulsos que ameaçam perturbar o sono, para poder prosseguir com ele. Mas como é possível que o sonho pareça tão estranho, tão absurdamente confuso, tão contrário ao teor do pensamento desperto, quando se ocupa do mesmo material? Certamente ele seria apenas o sucedâneo de uma atividade mental racional e poderia ser interpretado, isto é, traduzido para essa atividade, mas o que pediria explicação seria o fato da *deformação* que o trabalho do sonho realiza no material racional e compreensível.

A deformação onírica era o problema mais profundo e mais difícil da vida dos sonhos. E para seu esclarecimento cheguei à consideração seguinte, que pôs os sonhos na mesma linha de outras formações psicopatológicas, revelou-os como a psicose normal do ser humano, por assim dizer. Nossa psique, este precioso instrumento mediante o qual nos afirmamos* na vida, não é uma unidade pacificamente fechada em si, sendo antes comparável a um Estado moderno, em que uma massa sequiosa de prazer e destruição tem de ser contida pela força de uma prudente camada superior. Tudo o que em nossa vida mental se agita e acha expressão em nossos pensamentos é derivado e representante dos vários instintos que nos são dados em nossa constitui-

---

* "Afirmamos": versão literal do original (*behaupten*), mas esse admite outros sentidos no contexto, como os de "impor-se" e "manter-se", adotados nas versões espanhola e inglesa, respectivamente.

ção física. Mas esses instintos não são todos igualmente passíveis de norteamento e educação, para se adequar às exigências do mundo externo e da sociedade humana. Alguns deles mantêm seu caráter indômito original; se os deixássemos à vontade, certamente nos levariam à ruína. Assim, escarmentados que somos, desenvolvemos organizações, em nossa psique, que se contrapõem à direta manifestação instintual, em forma de inibições. O que emerge das fontes das forças instintuais como desejo tem de submeter-se ao exame de nossas instâncias psíquicas supremas, e, caso elas não o aprovem, é rejeitado e impedido de influir sobre nossa motilidade, ou seja, de alcançar realização. Com frequência é negado a esses desejos até mesmo o acesso à consciência, que, em geral, ignora inclusive a existência das fontes instintuais perigosas. Dizemos, então, que para a consciência esses impulsos são reprimidos, e subsistem apenas no inconsciente. Se o reprimido consegue irromper em algum lugar, rumo à consciência ou à motilidade ou ambas, então já não somos normais. Então desenvolvemos toda a série de sintomas neuróticos e psicóticos. A manutenção das inibições e repressões que se tornaram necessárias impõe à nossa psique uma considerável aplicação de forças, da qual ela descansa de bom grado. O sono noturno parece oferecer uma boa oportunidade para isso, já que envolve a suspensão de nossas operações motoras. Como a situação não parece perigosa, atenuamos o rigor de nossa força policial interna. Não a retiramos completamente, pois não podemos saber, talvez o inconsciente não durma jamais. E o relaxamento

MEU CONTATO COM JOSEF POPPER-LYNKEUS

da pressão sobre ele tem seu efeito. Desde o inconsciente reprimido surgem desejos que, ao menos durante o sono, acham livre acesso à consciência. Se nos inteirássemos deles, ficaríamos horrorizados com seu teor, com sua desmesura, com a mera possibilidade de que existam. Mas isso raramente ocorre, e então despertamos com toda a rapidez, tomados de angústia. Via de regra, nossa consciência não toma conhecimento do sonho tal como ele realmente se deu. As forças inibidoras — a *censura onírica*, como gostamos de chamá-las — não ficam inteiramente despertas, é verdade, mas tampouco dormem inteiramente. Influenciam o sonho, quando ele luta por exprimir-se em palavras e imagens, eliminam as coisas mais chocantes e modificam outras até torná-las irreconhecíveis, dissolvem nexos autênticos e introduzem falsas relações, até que a honesta, mas brutal fantasia por trás do sonho se torne o sonho manifesto que recordamos, confuso em maior ou menor grau, quase sempre estranho e incompreensível. De modo que o sonho, a deformação onírica, é a expressão de um compromisso, a evidência do conflito entre os impulsos e os empenhos inconciliáveis de nossa vida psíquica. E, não esqueçamos, o mesmo processo, o mesmo jogo de forças que nos explica o sonho da pessoa normal também nos fornece a chave para a compreensão de todos os fenômenos neuróticos e psicóticos.

Peço desculpas por haver falado tanto, até agora, acerca de mim e do meu trabalho com os problemas do sonho; foi o pressuposto necessário para o que se segue. Minha explicação para a deformação onírica me

MEU CONTATO COM JOSEF POPPER-LYNKEUS

parecia nova, em nenhum lugar eu havia encontrado algo assim. Anos depois (já não sei dizer quantos) caíram-me nas mãos as *Fantasias de um realista*, de Josef Popper-Lynkeus. Uma das histórias desse livro chamava-se "Sonhar como estar acordado" ["Träumen wie Wachen"]; inevitavelmente ela despertou meu forte interesse. Mostrava um homem que podia se gabar de nunca haver sonhado uma coisa sem sentido. Seus sonhos podiam ser fantásticos como as fábulas, mas não se achavam em contradição tal com o mundo "desperto" que se pudesse afirmar, decididamente, que eram "impossíveis ou absurdos em si mesmos". Isto significava, traduzido para meu modo de expressão, que nesse homem não havia deformação onírica, e, descobrindo-se a razão de sua ausência, também se percebia a razão para o seu surgimento. Popper fez o homem ter plena compreensão das causas de sua peculiaridade: "Em meus pensamentos, como em meus sentimentos, reinam ordem e harmonia, e eles também não lutam entre si ... eu sou um, não dividido, os outros são divididos, e suas duas partes, sonhar e estar acordado, quase sempre estão em guerra uma com a outra. Ele também diz, sobre a interpretação dos sonhos: "Certamente é uma tarefa difícil, mas, com alguma atenção, o próprio indivíduo que sonha deveria conseguir realizá-la. Por que geralmente não o consegue? Parece existir, em vocês, algo oculto nos sonhos, algo pessoalmente impudico, um certo sigilo no seu ser, que dificilmente se pode exprimir; por isso é tão frequente os seus sonhos não terem sentido, serem até mesmo uns disparates. No

MEU CONTATO COM JOSEF POPPER-LYNKEUS

fundo, porém, a coisa não é assim; nem pode ser assim, porque se trata sempre da mesma pessoa, esteja ela acordada ou sonhando".

Deixando de lado uma terminologia psicológica, essa explicação para a deformação onírica era a mesma a que eu havia chegado em meus estudos sobre os sonhos. A deformação era um compromisso, algo insincero por natureza, o resultado de um conflito entre pensamento e sentimento, ou, como eu havia colocado, entre o que é consciente e o que é reprimido. Quando esse conflito não existia, não precisava ser reprimido, os sonhos podiam não ser estranhos e absurdos. No homem que não sonhava de forma diferente da que pensava estando acordado, Popper fez vigorar a harmonia interna que era seu objetivo, como reformador social, estabelecer no corpo político. E, se a ciência nos diz que tal homem, livre de falsidade e má-fé e sem quaisquer repressões, não existe e não seria viável, podemos imaginar que, até onde é possível uma aproximação a esse estado ideal, ela foi realizada na pessoa mesma de Popper.

Assombrado pelo encontro com sua sabedoria, comecei a ler todas as suas obras, aquelas sobre Voltaire, sobre a religião, a guerra, o dever de alimentar a todos etc., até que a imagem do grande homem simples, que foi um pensador e crítico, e simultaneamente um bondoso humanitário e um reformador, formou-se claramente diante de meus olhos. Pensei muito sobre os direitos do indivíduo, que ele defendia, e que de bom grado eu também advogaria, se não fosse tolhido pela consideração de que nem a conduta da natureza nem as metas da sociedade humana justificam plenamente essas reivindicações. Uma simpatia especial me atraía para ele, pois era evidente que também ele percebia dolorosamente a amargura da vida judaica e o vazio dos ideais da cultura atual. No entanto, nunca o encontrei pessoalmente. Ele sabia de mim através de conhecidos em comum, e certa vez respondi uma carta que me enviara, solicitando uma informação. Mas eu não o procurava. Minhas inovações em psicologia haviam afastado de mim os contemporâneos, sobretudo os mais velhos entre eles; com frequência, ao me aproximar de um homem que eu reverenciava à distância, vi-me como que repelido por sua falta de compreensão pelo que, para mim, era já o conteúdo de minha existência. E Josef Popper vinha da física, fora amigo de Ernst Mach; eu não queria que se estragasse a feliz impressão de nossa concordância no problema da deformação onírica. Assim ocorreu que fui adiando uma visita, até que foi tarde demais e pude apenas cumprimentar seu busto, no parque de nossa prefeitura.

POR QUE A GUERRA?
(CARTA A EINSTEIN, 1932)

TÍTULO ORIGINAL: *WARUM KRIEG?*
PUBLICADO PRIMEIRAMENTE EM
VOLUME AUTÔNOMO, JUNTAMENTE
COM UMA CARTA DE EINSTEIN:
PARIS: INTERNATIONALES INSTITUT
FÜR GEISTIGE ZUSAMMENARBEIT
(VÖLKERBUND) [INSTITUTO
INTERNACIONAL DE COOPERAÇÃO
INTELECTUAL (LIGA DAS NAÇÕES)],
1933, 62 PP. TRADUZIDO DE
GESAMMELTE WERKE XVI, PP.
13-27; TAMBÉM SE ACHA EM
STUDIENAUSGABE IX, PP. 271-86.

EM 1931, AS DUAS INSTITUIÇÕES
QUE PATROCINARAM A PUBLICAÇÃO
SOLICITARAM A INTELECTUAIS
DE RELEVO QUE TROCASSEM CARTAS
SOBRE TEMAS DO INTERESSE
GERAL DOS POVOS. ALBERT EINSTEIN,
UM DOS PRIMEIROS A SER
CONTATADO, ESCOLHEU O TEMA
E O INTERLOCUTOR DESSA
CORRESPONDÊNCIA. A CARTA DE
EINSTEIN, QUE ABRE O VOLUME,
TEM APENAS TRÊS PÁGINAS; SEUS
PRINCIPAIS PONTOS SÃO
REPRODUZIDOS NA CARTA DE FREUD.

Viena, setembro de 1932.

Caro senhor Einstein:

Quando soube que tinha a intenção de convidar-me para uma troca de ideias sobre um tema que lhe interessa e que também lhe parece digno do interesse de outros, concordei de imediato. Pensava que escolheria um problema situado nos limites do que hoje podemos conhecer, para o qual cada um de nós, tanto o físico como o psicólogo, criasse sua via particular de acesso, de modo que os dois chegassem ao mesmo terreno a partir de lados diversos. Mas o senhor me surpreendeu ao lançar a questão de o que é possível fazer para livrar os homens da fatalidade da guerra. Inicialmente fiquei assustado com a noção de minha — quase diria "nossa" — incompetência, pois isso me pareceu uma tarefa prática, que cabe aos estadistas. Depois compreendi que não levantou a questão como cientista, mas como indivíduo humanitário que responde ao estímulo da Liga das Nações, à maneira de Fridtjof Nansen, o explorador do Polo, quando assumiu a tarefa de socorrer os famintos e desabrigados da Grande Guerra. Também refleti que não se espera que eu dê sugestões práticas, que apenas devo indicar como se apresenta, numa abordagem psicológica, o problema da prevenção da guerra.

Mas a respeito disso o senhor já expressou quase tudo em sua carta. Como que tirou o vento de minhas velas;[*]

---

[*] "Tirou o vento de minhas velas": versão literal da expressão alemã utilizada, que significa "atrapalhar as intenções".

POR QUE A GUERRA?

mas é de bom grado que sigo em sua esteira e me atenho a confirmar o que diz, na medida em que o desenvolvo segundo meu melhor conhecimento (ou conjectura).

O senhor começa com a relação entre direito e poder. Este é, sem dúvida, o ponto de partida correto para a nossa investigação. Posso substituir a palavra "poder" por aquela mais dura e mais forte que é "violência"?* Direito e violência são atualmente opostos para nós. É fácil mostrar que aquele se desenvolveu a partir desta, e, se remontamos aos primórdios e averiguamos como sucedeu primeiramente isto, a solução do problema nos ocorre sem grande esforço. Queira me desculpar, no entanto, se agora relato coisas sabidas e reconhecidas como se fossem novas; o fio do argumento me leva a isso.

Em princípio, portanto, conflitos de interesse entre os homens se resolvem mediante o emprego da violência. Assim é em todo o reino animal, do qual o ser humano não tem como se excluir. Mas a isto se juntam, no caso dele, conflitos de opinião que atingem altos graus de abstração e parecem exigir outra técnica de decisão. Esta é uma complicação posterior, contudo. No início, numa pequena horda humana, a força muscular decidia quem era dono de algo ou qual vontade iria prevalecer. Logo a força muscular é reforçada ou substituída pelo uso de instrumentos; vence quem possui as melhores armas ou as emprega mais habilmente. Com a introdu-

---

* "Poder": *Macht*; "violência": *Gewalt*; mas a palavra *Gewalt* também pode significar "força" e "poder", segundo o contexto.

ção de armas, a superioridade intelectual começa a tomar o lugar da pura força física; o propósito da luta permanece o mesmo: uma das partes, graças aos danos que sofre ou à paralisação de suas forças, é obrigada a abandonar sua reivindicação ou oposição. Isso é alcançado de modo mais completo se a violência elimina duradouramente o adversário, ou seja, mata-o. Há duas vantagens nisso: o inimigo não pode retomar a hostilidade e o destino que sofreu desestimula outros de seguirem seu exemplo. Além disso, a morte do adversário satisfaz uma inclinação instintual de que falaremos adiante. À intenção de matar talvez se oponha a reflexão de que o inimigo pode ser empregado em serviços úteis, quando é deixado com vida e amedrontado. Então a violência se limita a subjugá-lo, em vez de matá-lo. É quando se começa a poupar o inimigo, mas doravante o vencedor tem de contar com a expectante sede de vingança do vencido, sacrifica uma parte de sua segurança.

Esse é o estado original, o domínio do poder maior, da violência crua ou apoiada na inteligência. Sabemos que esse regime foi alterado no curso do desenvolvimento,[*] que houve um caminho da violência para o direito; mas qual? Um único caminho, creio eu; que considerou o fato de que a maior força de um podia ser compensada pela união de vários fracos. *"L'union fait la force"*. A violência é derrotada pela união, o poder daqueles unidos passa a representar o direito, em oposição

---

[*] "Desenvolvimento": *Entwicklung*, que também pode significar "evolução".

POR QUE A GUERRA?

à violência de um indivíduo. Vemos que o direito é o poder de uma comunidade. É ainda violência, pronta a se voltar contra todo indivíduo que a ela se oponha; trabalha com idênticos meios, persegue os mesmo fins. A diferença está apenas em que não é mais a violência de um só indivíduo que se impõe, mas da comunidade. Para que se realize essa transição da violência para o direito, no entanto, é preciso que uma condição psicológica seja satisfeita. A união de muitos tem de ser constante, duradoura. Caso ela se produzisse apenas para combater um indivíduo poderoso e se desfizesse após tê-lo vencido, nada seria alcançado. Um outro que se considerasse mais forte ambicionaria de novo o domínio pela violência, e o jogo não teria fim. A comunidade precisa ser mantida de forma permanente, precisa se organizar, criar preceitos que previnam as temidas rebeliões, estabelecer órgãos que velem pela obediência aos preceitos — às leis — e cuidem da execução dos atos de violência legítimos. O reconhecimento de uma comunidade de interesses produz vínculos afetivos entre os membros de um grupo unido de pessoas, sentimentos comunitários que são a base de sua autêntica força.

Com isso, creio, todo o essencial está presente: a superação da violência mediante a transferência do poder para uma unidade maior, que é mantida por vínculos afetivos entre seus membros. Tudo o mais vem a ser expansão e repetição. Enquanto a comunidade consiste apenas em pequeno número de indivíduos igualmente fortes, a situação é simples. As leis desta associação determinam até que ponto o indivíduo deve renunciar à liberdade pessoal de aplicar violentamente a sua força, a fim de tornar possível uma coexistência segura. Mas semelhante estado de repouso é concebível apenas teoricamente, na realidade as coisas se complicam pelo fato de que desde o princípio a comunidade abrange elementos de poder desigual, homens e mulheres, pais e filhos e, em consequência de guerras e conquistas, vencedores e vencidos, que se transformam em senhores e escravos. Então o direito da comunidade se torna expressão das desiguais relações de poder em seu interior, as leis são feitas por e para os que dominam, reservando poucos direitos para os dominados. Daí em diante há duas fontes de inquietação relativamente ao direito na comunidade, mas também de aperfeiçoamento do direito. Primeiro, tentativas de alguns dos senhores se colocarem acima das restrições vigentes para todos, ou seja, retrocederem do domínio do direito para o domínio da violência; segundo, constantes esforços dos oprimidos para conquistar mais poder e ter essas mudanças reconhecidas em lei — para, bem ao contrário, ir do direito desigual ao direito igual para todos. Essa última corrente se torna particularmente significativa quando no interior da comunidade há verdadeiros deslocamentos nas relações de poder, como pode ocorrer devido a fatores históricos diversos. Então o direito pode gradualmente se adequar às novas relações de poder ou, o que é mais frequente, a classe dominante se recusa a levar em conta essa mudança, e chega-se à rebelião, à guerra civil, ou seja, à temporária suspensão do direito e a novos ensaios violentos, após os quais é instaurada uma nova ordem jurídica. Também há uma fonte de alteração do direito que aparece apenas de maneira pacífica, é a mudança cultural dos membros da comunidade; mas pertence a um contexto que somente depois poderá ser considerado.

Vemos, então, que também no interior de uma comunidade a solução violenta de conflitos de interesse não foi evitada. Mas as necessidades e as coisas em comum, que surgem naturalmente quando se convive no mesmo solo, favorecem uma rápida conclusão dessas lutas, e cresce a probabilidade de soluções pacíficas em tais condições. Mas um olhar sobre a história da humanidade nos mostra uma série infindável de conflitos entre uma comunidade e outra ou várias outras, entre unidades maiores e menores, cidades, províncias, tribos, povos, reinos, que quase sempre são resolvidos mediante a prova de força da guerra. Tais guerras resultam no saque ou na completa sujeição, na conquista de uma das partes. Não podemos julgar da mesma forma todas as guerras de conquista. Algumas, como as dos mongóis e dos turcos, causaram apenas infortúnio; outras, no entanto, contribuíram para a transformação da violência em direito, na medida em que estabeleceram unidades maiores, no interior das quais se tornava impossível o uso da violência e uma nova ordem jurídica aplainava os conflitos. As conquistas dos romanos deram aos países do Mediterrâneo a preciosa *pax romana*. O afã de expansão dos reis franceses criou uma França próspera, pacificamente unida. Ainda que pareça paradoxal, devemos admitir que a guerra não seria um meio inadequado para

POR QUE A GUERRA?

a geração da ansiada paz "eterna", pois é capaz de criar essas grandes unidades no interior das quais um forte poder central abole a possibilidade de outras guerras. Mas não se presta para isso, afinal, porque os resultados da conquista normalmente não são duradouros; as novas unidades tornam a se dissolver, em geral devido à falta de coesão das partes unidas violentamente. Além disso, até agora a conquista pôde criar apenas unificações parciais, embora também de grande extensão, cujos conflitos provocaram mais ainda a solução violenta. Assim, a consequência de todos esses esforços guerreiros foi apenas que a humanidade trocou numerosas, mesmo intermináveis pequenas guerras por raras, mas tanto mais devastadoras grandes guerras.

Aplicando isso ao nosso tempo, obtém-se o mesmo resultado que o senhor alcançou por via mais curta. Uma segura prevenção da guerra é possível apenas se os homens se unirem na instituição de um poder central, ao qual seja transferida a decisão em todos os conflitos de interesses. Claramente, isso envolve duas exigências diversas: que seja criada uma tal instância superior e que lhe seja dado o poderio necessário. De nada valeria apenas uma dessas coisas. Ora, a Liga das Nações foi pensada como uma instância desse tipo, mas a outra condição não foi preenchida; ela não tem poderio próprio, e pode tê-lo apenas se os membros da nova união, os Estados individuais, o cederem. Há pouca perspectiva disso no momento. O significado da instituição da Liga das Nações nos fugirá completamente se não levarmos em conta que essa é uma tentativa ousada,

424

POR QÜE A GUERRA?

que raramente — talvez nunca em tal escala — se fez na história da humanidade. É a tentativa de conquistar, mediante a invocação de certas atitudes ideais, a autoridade — isto é, a influência coerciva — que ordinariamente se baseia na posse da força. Vimos que duas coisas mantêm uma comunidade: a coação da violência e as ligações afetivas — identificações é o termo técnico — entre seus membros. Se falta um desses fatores, possivelmente o outro pode manter de pé a comunidade. Naturalmente, aquelas ideias têm significado apenas se dão expressão a importantes coisas em comum entre os membros. Pergunta-se, então, que força elas podem ter. A história ensina que, de fato, elas exerceram influência. A ideia pan-helênica, por exemplo, a consciência de que os gregos seriam melhores do que os bárbaros ao seu redor, que se expressou intensamente nas anfictionias, nos oráculos e nos jogos, era forte o bastante para mitigar os costumes de guerra entre os gregos, mas evidentemente não foi capaz de prevenir disputas guerreiras entre partículas do povo grego, nem sequer de impedir que uma cidade ou liga de cidades se juntasse ao inimigo persa em detrimento de um rival. O forte sentimento que unia os cristãos também não evitou que, durante o Renascimento, pequenos e grandes Estados cristãos solicitassem a ajuda do sultão nas guerras que travaram entre si. E não existe, em nosso tempo, uma ideia a que possamos atribuir uma autoridade unificadora desse tipo. É evidente que os ideais nacionais que hoje vigoram entre os povos têm efeito contrário. Há pessoas que vaticinam que apenas a difusão geral do pensamen-

425

POR QUE A GUERRA?

to bolchevista porá fim às guerras, mas, em todo caso, atualmente estamos muito longe dessa meta, e talvez ela fosse alcançada apenas após terríveis guerras civis. Assim, parece mesmo que a tentativa de substituir o poder real pelo poder das ideias ainda se acha condenado ao fracasso. É um erro de cálculo não considerar que originalmente o direito era força bruta e que ainda hoje não pode prescindir do amparo da força.

Agora posso comentar outra de suas afirmações. O senhor se admira de como é fácil mover os homens para a guerra, e supõe que haja alguma coisa neles, um instinto de ódio e destruição que favorece aquele incitamento. Mais uma vez concordo plenamente com o senhor. Nós acreditamos na existência de semelhante instinto, e nos últimos anos procuramos justamente estudar suas manifestações. O senhor me permite, neste ponto, apresentar-lhe parcialmente a teoria dos instintos, a que nós chegamos após muitos tenteios e oscilações? Nós supomos que os instintos humanos são de dois tipos apenas: os que tendem a conservar e unir — nós os chamamos eróticos, exatamente no sentido de Eros, no *Banquete* de Platão — e os que procuram destruir e matar, que reunimos sob o nome de instinto de agressão ou destruição. Como vê, isso é apenas uma transfiguração teórica da conhecida oposição entre amor e ódio, que talvez tenha um nexo primordial com a universalmente conhecida polaridade de atração e repulsa, que desempenha relevante papel em sua área de estudo. Mas não nos precipitemos em introduzir valorações de bem e mal. Cada

POR QUE A GUERRA?

um desses instintos é tão indispensável quanto o outro, é da atuação conjunta ou contrária de ambos que surgem os fenômenos da vida. Parece que quase nunca o instinto de uma espécie pode agir isoladamente, sempre se acha ligado — amalgamado, dizemos — a um certo montante de sua contrapartida, que modifica sua meta ou, ocasionalmente, permite-lhe alcançá-la. Assim, por exemplo, o instinto de autoconservação é certamente de natureza erótica, mas necessita dispor da agressividade para fazer valer sua intenção. Assim também o instinto do amor, voltado para objetos, requer um quê do instinto de dominação para se apoderar do seu objeto. A dificuldade de isolar em suas manifestações as duas espécies de instintos é que durante muito tempo nos impediu de conhecê-las.

Se o senhor me acompanhar ainda um pouco mais, eu lhe direi que os atos humanos também trazem uma complicação de outra espécie. Raramente uma ação é obra de um único impulso instintual, que em si já deve ser composto de Eros e destruição. Via de regra, vários motivos similarmente construídos precisam confluir para possibilitar a ação. Um de seus colegas já tinha ciência disso, o prof. G. Ch. Lichtenberg, que no tempo de nossos clássicos lecionava física em Göttingen; mas talvez ele fosse ainda mais importante como psicólogo do que como físico. Ele inventou uma "rosa dos motivos", quando afirmou: "Os móveis que levam alguém a fazer algo poderiam ser dispostos como os 32 ventos, e seus nomes, arranjados de forma semelhante; por exemplo, "pão-pão-glória", ou "glória-glória-pão". Ou seja,

POR QUE A GUERRA?

quando os homens são incitados à guerra, neles há toda uma série de motivos a responder afirmativamente, nobres e baixos, alguns abertamente declarados, outros silenciados. Não é o caso de enumerá-los todos. O prazer na agressão e na destruição é certamente um deles; as inúmeras crueldades que vemos na história e na vida cotidiana confirmam sua existência e sua força. A mescla desses impulsos* destrutivos com outros, eróticos e ideais, facilita naturalmente sua satisfação. Às vezes temos a impressão, ao saber de atos cruéis acontecidos na história, de que os motivos ideais só teriam servido como pretextos para os apetites destrutivos; outras vezes, no caso das atrocidades da Santa Inquisição, por exemplo, achamos que os motivos ideais se impuseram à consciência, enquanto os destrutivos lhes trouxeram um reforço inconsciente. As duas coisas são possíveis.

Receio estar abusando de seu interesse, que diz respeito à prevenção da guerra, não a nossas teorias. Mas gostaria de me deter ainda por um momento em nosso instinto de destruição, cuja popularidade está bem longe de se igualar à sua importância. Especulando livremente, chegamos à concepção de que esse instinto age no interior de cada ser vivo e se empenha em levá-lo à desintegração, em fazer a vida retroceder ao estado de matéria inanimada. Ele merece, com toda a seriedade,

---

* "Impulsos" é uma das versões possíveis para *Strebungen*, substantivo (atualmente não mais usado) do verbo *streben*, que significa "esforçar-se por, aspirar a, ambicionar"; os tradutores consultados recorreram a: *tendencias, aspiraciones, impulsi, impulses*.

POR QUE A GUERRA?

o nome de instinto de destruição, enquanto os instintos eróticos representam os esforços de vida. O instinto de morte se torna instinto de destruição ao ser dirigido, com a ajuda de órgãos especiais, para fora, para os objetos. O ser vivo como que conserva sua própria vida ao destruir vida alheia. Mas uma parte do instinto de morte permanece ativa dentro do ser vivo, e nós procuramos derivar toda uma série de fenômenos normais e patológicos dessa internalização do instinto de destruição. Cometemos até a heresia de explicar a gênese de nossa consciência moral mediante esse voltar-se para dentro da agressividade. O senhor deve notar que de modo nenhum é insignificante que este processo ocorra em medida muito grande, é positivamente malsão; enquanto o direcionamento dessas forças instintuais para a destruição no mundo externo desafoga o ser vivo, deve ter efeito benéfico. Isto serviria como desculpa biológica para todos os impulsos feios e perigosos que combatemos. É preciso conceder que estão mais próximos da natureza do que nossa resistência a eles, para a qual também precisamos achar uma explicação. Talvez o senhor tenha a impressão de que nossas teorias são uma espécie de mitologia, que nem mesmo é agradável nesse ponto. Mas toda ciência não termina numa espécie de mitologia? Parece-lhe diferente na física de hoje?

O que retiramos para nossos fins imediatos, das afirmações precedentes, é que não há perspectiva de poder abolir as tendências agressivas do ser humano. Diz-se que em certas regiões felizes da Terra, onde a natureza oferece prodigamente tudo o que os homens precisam, existem povos que têm uma vida de mansidão, em que são desconhecidas a coerção e a agressividade. Tenho dificuldade em crer nisso, gostaria de saber mais a respeito dessas criaturas felizes. Os bolchevistas também esperam fazer desaparecer a agressividade humana, garantindo a satisfação das necessidades materiais e, de resto, instaurando a igualdade entre os membros da comunidade. Considero isso uma ilusão. Por enquanto se acham cuidadosamente armados, e um importante recurso para manterem unidos os seus seguidores é o ódio a todos os demais. Mas, como o senhor mesmo observa, não se trata de eliminar completamente as tendências agressivas humanas; pode-se tentar desviá-las a ponto de não terem que se manifestar na guerra.

Partindo de nossa mitológica teoria dos instintos, é fácil chegar a uma fórmula para os meios indiretos de combater a guerra. Se a disposição para a guerra é uma decorrência do instinto de destruição, então será natural recorrer, contra ela, ao antagonista desse instinto, a Eros. Tudo que produz laços emocionais entre as pessoas tem efeito contrário à guerra. Essas ligações podem ser de dois tipos. Primeiro, relações como as que se tem com um objeto amoroso, embora sem objetivos sexuais. A psicanálise não precisa se envergonhar quando fala de amor, pois a religião também diz: "Ama o próximo como a ti mesmo". Sem dúvida, é uma coisa mais fácil de se pedir do que de realizar. O outro tipo de ligação emocional é o que se dá pela identificação.

POR QUE A GUERRA?

Tudo que estabelece importantes coisas em comum entre as pessoas produz esses sentimentos comuns, essas identificações. Nelas se baseia, em boa parte, o edifício da sociedade humana.

O lamento acerca do abuso da autoridade, que o senhor faz em sua carta, leva-me a outra sugestão para combater indiretamente a inclinação à guerra. Inscreve-se na inata e inerradicável desigualdade dos homens o fato de eles se repartirem em líderes e dependentes. Esses últimos são a grande maioria, necessitam de uma autoridade que tome decisões por eles, decisões que em geral eles acatam incondicionalmente. Aqui talvez se possa acrescentar que deveria haver mais cuidado do que antes em educar uma camada superior de indivíduos de pensamento autônomo, refratários à intimidação e buscadores da verdade, aos quais caberia a direção das massas subordinadas. Não é preciso enfatizar que a extrapolação dos poderes do Estado e a proibição do pensamento pela Igreja não são favoráveis à criação dessa camada. A condição ideal seria, naturalmente, uma comunidade de indivíduos que tivessem sujeitado a sua vida instintual à ditadura da razão. Nada mais poderia gerar uma união tão completa e resistente entre os indivíduos, mesmo com a renúncia às ligações emocionais entre eles. Os outros meios de uma prevenção indireta da guerra são certamente mais exequíveis, mas não prometem um rápido êxito. Ninguém se dispõe a pensar em moinhos que moem tão devagar que as pessoas morreriam de fome até receber a farinha.

POR QUE A GUERRA?

Como vê, não se obtém muita coisa ao solicitar, em matérias práticas e urgentes, a opinião de um teórico alheio ao mundo. Melhor seria, em cada caso específico, empenhar-se em arrostar o perigo com os meios que se acham à mão. Mas eu ainda gostaria de abordar uma questão que não foi levantada pelo senhor e que muito me interessa. Por que nos indignamos de tal forma com a guerra, o senhor, eu e tantos outros; por que não a aceitamos simplesmente, como mais uma das penosas desgraças da vida? Afinal, ela parece algo próprio da natureza, biologicamente fundamentado, dificilmente evitável na prática. Não se surpreenda com minha pergunta. Para os fins de uma investigação como esta, talvez seja permitido usar uma máscara de distanciamento que na realidade não se possui. A resposta seria: porque todo homem tem direito a sua própria vida, porque a guerra aniquila vidas humanas plenas de esperança, coloca o indivíduo em situações aviltantes, obriga-o a matar outros, algo que ele não quer, destrói preciosos bens materiais, resultantes do trabalho humano, e outras coisas mais. E, além disso, em sua forma atual a guerra já não oferece oportunidade de satisfazer o antigo ideal heroico, e no futuro, graças ao aperfeiçoamento dos meios de destruição, uma guerra significaria a eliminação de um ou até mesmo de ambos os adversários. Tudo isso é verdadeiro, e parece tão indiscutível que nos admiramos apenas de que as guerras ainda não tenham sido rejeitadas mediante um acordo humano universal. Alguns desses pontos podem ser discutidos, sem dúvida. É questionável que a comunidade não tenha nenhum direito sobre

POR QUE A GUERRA?

a vida do indivíduo; não se podem condenar igualmente todas as espécies de guerras; enquanto houver nações e reinos que estejam dispostos à destruição implacável de outros, esses outros têm que se armar para a guerra. Mas vamos passar rapidamente sobre isso, não foi para essa discussão que o senhor me convidou. Tenho outra coisa em mente; acho que o motivo principal de nos indignarmos com a guerra é que não podemos deixar de fazê-lo. Somos pacifistas porque temos razões orgânicas para sê-lo. Depois nos é fácil justificar nossa atitude com argumentos.

Talvez isso não seja compreendido sem uma explicação. Quero dizer o seguinte. Há tempos imemoriais ocorre na humanidade o processo de evolução da cultura. (Sei que outros preferem chamá-lo "civilização").* A ele devemos o melhor daquilo que nos tornamos e uma boa parte daquilo de que sofremos. Suas causas e seus começos são obscuros, seu desfecho é incerto, mas algumas de suas características são claras. Talvez leve à extinção da espécie humana, pois em mais de uma maneira prejudica a função sexual, e já agora as raças incultas e as camadas atrasadas da população se multiplicam mais rapidamente do que as bastante cultivadas. Talvez se possa comparar esse processo com a domesticação de determinadas espécies animais; certamente ele traz mudanças físicas;

---

* Cf. a afirmação de Freud na primeira parte de *O futuro de uma ilusão* (1927): "[...] recuso-me a distinguir entre cultura e civilização [*Kultur* e *Zivilisation*]" e a nota do tradutor à p. 48.

POR QUE A GUERRA?

ainda não há familiaridade com a ideia de que a evolução cultural seja tal processo orgânico. As mudanças psíquicas que acompanham o processo cultural são evidentes e inequívocas. Elas consistem no progressivo deslocamento dos objetivos instintuais e na restrição dos impulsos instintuais. Sensações que eram prazerosas para nossos antepassados se tornaram indiferentes e até mesmo desagradáveis para nós; existem razões orgânicas para que nossos ideais éticos e estéticos tenham mudado. Duas parecem ser as mais importantes características psicológicas da cultura: o fortalecimento do intelecto, que começa a dominar a vida instintual, e a internalização da tendência à agressividade, com todas as suas consequências vantajosas e perigosas. Ora, a guerra contraria de forma gritante as atitudes psíquicas que o processo cultural nos impõe, e por isso temos de nos revoltar contra ela, simplesmente não mais a suportamos, não se trata apenas de uma rejeição intelectual e afetiva; para nós, pacifistas, é uma intolerância constitucional, como que uma idiossincrasia ampliada ao extremo. Parece, inclusive, que as degradações estéticas inerentes à guerra não contribuem muito menos para nossa revolta do que suas crueldades.

E quanto tempo teremos de esperar até que os outros também se tornem pacifistas? Não há como dizer, mas pode não ser uma esperança utópica que a influência desses dois fatores, da atitude cultural e do justificado medo das consequências de uma guerra futura, venha a terminar com as guerras num tempo não muito distante.

434

POR QUE A GUERRA?

Por quais meios ou rodeios não chegamos a perceber. Enquanto isso, uma coisa podemos dizer: tudo o que promove a evolução cultural também trabalha contra a guerra.

Eu o saúdo cordialmente, e peço-lhe que me desculpe se estas minhas considerações o decepcionaram.

Seu
SIGM. FREUD

UM DISTÚRBIO DE MEMÓRIA NA ACRÓPOLE

(CARTA A ROMAIN ROLLAND, 1936)

TÍTULO ORIGINAL: "BRIEF AN ROMAIN ROLLAND (EINE ERINNERUNGSSTÖRUNG AUF DER AKROPOLIS)". PUBLICADO PRIMEIRAMENTE EM *ALMANACH 1937*, PP. 9-21. TRADUZIDO DE *GESAMMELTE WERKE* XVI, PP. 250-7; TAMBÉM SE ACHA EM *STUDIENAUSGABE* IV, PP. 283-93.

UM DISTÚRBIO DE MEMÓRIA NA ACRÓPOLE

Caro amigo:

Solicitado a contribuir com algum escrito para a comemoração dos seus setenta anos, esforcei-me bastante por encontrar algo que fosse digno do senhor[*] em alguma medida, que pudesse expressar minha admiração por seu amor à verdade, pela coragem em suas crenças, pela afeição e solicitude que tem pela humanidade; ou que testemunhasse a gratidão pelo escritor que me proporcionou tanto prazer e elevação. Mas foi em vão; sou dez anos mais velho que o senhor, minha capacidade de produzir se esgotou. O que afinal lhe posso oferecer é a dádiva de alguém empobrecido, que "já conheceu dias melhores".

Como o senhor sabe, meu trabalho científico teve por meta esclarecer fenômenos insólitos, anormais, patológicos da psique, isto é, fazê-los remontar às forças psíquicas que por trás deles atuam e mostrar os mecanismos ali em ação. Procurei fazer isso primeiramente em minha própria pessoa, depois em outros indivíduos, e enfim, numa ousada extrapolação, no gênero humano como um todo. Um fenômeno desse tipo, que vivenciei uma geração atrás, em 1904, e jamais pude compreender, tornou a aparecer em minha lembrança nos últimos anos. Inicialmente não soube por quê. Afinal me decidi a analisar essa pequena vivência, e agora lhe comunico

---

[*] Freud trata Romain Rolland por *Sie*, que é mais formal do que o *você* usado pela maioria dos brasileiros, correspondendo antes ao *vous* francês ou ao uso menos informal que tem o *você* em Portugal.

o resultado desse estudo. Nisso devo lhe pedir que dispense, a certos dados de minha vida pessoal, mais atenção do que eles normalmente mereceriam.

UM DISTÚRBIO DE MEMÓRIA NA ACRÓPOLE

Todos os anos, naquele tempo, eu costumava realizar uma viagem de férias com meu irmão mais jovem, no final de agosto ou início de setembro. Essa viagem durava algumas semanas e nos levava a Roma, a alguma outra região da Itália ou ao litoral do Mediterrâneo. Meu irmão é dez anos mais jovem do que eu, ou seja, tem a mesma idade que o senhor — uma coincidência que somente hoje me ocorre. Nesse ano ele me explicou que seus negócios não lhe permitiam uma ausência mais longa, poderia ficar fora no máximo uma semana, teríamos de encurtar nossa viagem. Então decidimos viajar por Trieste até a ilha de Corfu, onde passaríamos nossos poucos dias de férias. Em Trieste ele visitou um seu amigo de negócios que lá vivia, e eu o acompanhei. O homem perguntou amavelmente sobre nossos planos e, quando soube que pretendíamos ir a Corfu, desaconselhou-nos vivamente. "Que querem vocês lá por essa época do ano? É tão quente que não poderão fazer nada. É melhor irem a Atenas. O vapor da Lloyd parte hoje à tarde, terão três dias para ver a cidade e ele os pegará no trajeto de volta. Será mais agradável e valerá bem mais a pena."

UM DISTÚRBIO DE MEMÓRIA NA ACRÓPOLE

Ao deixarmos a casa do triestino, estávamos de péssimo humor. Discutimos a sua sugestão, achamos que era imprópria e enxergamos apenas obstáculos à sua realização; e imaginamos também que não poderíamos entrar na Grécia sem passaporte. Vagamos pela cidade, descontentes e indecisos, durante as horas que faltavam para a abertura do escritório da Lloyd. Quando chegou o momento, fomos para o guichê e compramos passagens para Atenas como se fosse algo natural, sem nos preocupar com as supostas dificuldades, sem nem mesmo comentar nossas razões para aquela decisão. Esse comportamento era muito singular. Depois reconhecemos que imediatamente e de bom grado havíamos aceitado a sugestão de ir para Atenas em vez de Corfu. Por que, então, havíamos passado o tempo até a abertura dos guichês de mau humor, simulando impedimentos e dificuldades?

Quando, na tarde após a nossa chegada, eu me achava na Acrópole e lançava o olhar sobre a paisagem ao redor, veio-me subitamente este singular pensamento: *Então tudo isso existiu realmente, tal como nós aprendemos na escola?!* Colocado de forma mais precisa, a pessoa que fez o comentário separava-se, de maneira bem mais aguda do que geralmente se notava, de uma outra que percebia esse comentário, e ambas estavam assombradas, ainda que não pela mesma coisa. Uma comportava-se como se fosse obrigada, sob o impacto de uma observação indubitável, a crer em algo cuja realidade até então lhe parecera incerta. Fazendo um leve exagero: como se alguém, passeando à margem do Loch Ness, na Escócia, subitamente deparasse com o corpo do célebre monstro

UM DISTÚRBIO DE MEMÓRIA NA ACRÓPOLE

lançado à terra e tivesse que admitir: então ela existe de fato, a serpente marinha em que não acreditávamos! Mas a outra pessoa estava justificadamente surpresa, pois não sabia que a existência real de Atenas, da Acrópole e daquela paisagem era objeto de dúvida. Esperava, isto sim, uma manifestação de enlevo e admiração.

Agora se poderia dizer que o pensamento estranho na Acrópole apenas enfatiza que ver algo com os próprios olhos é muito diferente de apenas ouvir ou ler sobre algo. Mas isto não deixaria de ser uma singular maneira de exprimir um lugar-comum sem interesse. Ou seria possível arriscar a afirmação de que, quando estudante ginasial, eu julguei estar convencido da realidade histórica da cidade de Atenas e seu passado, mas com o pensamento tido na Acrópole me dou conta de que no inconsciente não acreditei nisso na época; apenas agora adquiro uma convicção "que chega ao inconsciente". Tal explicação parece profunda; no entanto, é mais fácil oferecê-la do que prová-la, e será muito questionável teoricamente. Não, acho que os dois fenômenos, o mau humor em Trieste e o pensamento na Acrópole, estão intimamente relacionados. O primeiro é mais facilmente compreensível e pode nos ajudar na explicação do segundo.

A experiência em Trieste também é, percebo, apenas uma expressão de incredulidade. "Vamos ver Atenas? Está fora de questão; há muitas dificuldades". O mau humor daquele mesmo instante corresponde ao lamento de que isso esteja fora de questão. Seria tão bonito! Agora compreendemos do que se trata. É um desses casos de *too good to be true* [bom demais para ser verdade], que tão bem conhecemos. Um caso dessa incredulidade que frequentemente surge quando somos surpreendidos por uma boa nova, ao saber que ganhamos um prêmio, que acertamos na loteria, ou, para uma garota apaixonada, a notícia de que o amado apresentou-se aos seus pais como pretendente, e assim por diante.

Constatar um fenômeno leva naturalmente a perguntar sobre a sua causa. Uma incredulidade assim é evidentemente uma tentativa de rejeitar uma parcela da realidade, mas há algo de estranho nisso. Não nos surpreenderíamos em absoluto se essa tentativa fosse dirigida a uma parcela da realidade que ameaçasse com desprazer; nosso mecanismo psíquico está, digamos, regulado* para isso. Mas por que tal incredulidade em relação a algo que, pelo contrário, promete um enorme prazer? Uma conduta realmente paradoxal! Mas me recordo que já lidei antes com o caso de pessoas que, como formulei então, "fracassam no triunfo". Normalmente se fracassa com a frustração, a não realização de uma necessidade ou desejo; mas nessas pessoas dá-se o contrário, adoecem, até mesmo sucumbem, pelo fato de lhes ter sido realizado um desejo extremamente forte. Mas o contraste entre as duas situações não é tão grande como parece de início. No caso paradoxal, ocorre simplesmente que uma frustração interna toma o lugar da externa. O indivíduo

---

* O verbo original é *eingerichtet*, particípio passado de *einrichten*, que os dicionários traduzem por "arranjar, dispor, ordenar, estabelecer, regular etc."; as versões estrangeiras consultadas usam: *adaptado, montado, programmato, planned*.

UM DISTÚRBIO DE MEMÓRIA NA ACRÓPOLE

não se permite a felicidade, a frustração interna ordena que ele se apegue à externa. Mas por quê? Porque — esta é a resposta numa série de casos — ele não pode esperar algo tão bom do destino. Ou seja, novamente o *too good to be true*, a manifestação de um pessimismo do qual muitos de nós parecem abrigar uma boa porção. Em outros casos, assim como nas pessoas que fracassam ao triunfar, há um sentimento de culpa ou de inferioridade, que pode ser traduzido desta forma: "Não sou digno dessa felicidade, não a mereço". Mas esses dois motivos são no fundo o mesmo, um é apenas a projeção do outro. Pois, como há muito se sabe, o destino, do qual se espera um tratamento tão ruim, é uma materialização de nossa consciência, do rigoroso Super-eu dentro de nós, no qual sedimentou-se a instância punitiva de nossa infância.

Assim, creio, estaria explicado nosso comportamento em Trieste. Não podíamos acreditar que nos era destinada a alegria de ver Atenas. O fato de que a parcela de realidade que queríamos rejeitar era, no início, apenas uma possibilidade, determinou as peculiaridades de nossa reação imediata. Depois, quando estávamos na Acrópole, a possibilidade se tornou realidade, e a mesma descrença achou uma expressão modificada, mas bem mais nítida. Eis o que esta seria, sem distorção: "Eu jamais acreditaria que me fosse dado ver Atenas com meus próprios olhos algum dia, como sem dúvida sucede agora!". Quando me recordo o ardente anseio de viajar e ver o mundo, que me dominava no tempo do ginásio e depois, e como ele demorou em ser satisfeito, não me surpreende esse tardio efeito na Acrópole; eu tinha 48 anos então.

UM DISTÚRBIO DE MEMÓRIA NA ACRÓPOLE

Não perguntei a meu irmão se ele sentiu algo semelhante. Havia uma certa reserva em torno do episódio; já em Trieste ela impedira que trocássemos ideias.

Se decifrei corretamente o sentido de meu pensamento na Acrópole, de que ele expressaria minha feliz surpresa por me achar naquele local, então surge a questão seguinte, de por que esse sentido teve uma roupagem assim deformada e deformadora no pensamento.

O conteúdo essencial deste foi preservado também na deformação; é uma descrença. "Conforme o testemunho de meus sentidos eu me acho agora na Acrópole, mas não consigo acreditar." Essa descrença, essa dúvida quanto a uma parcela da realidade, é deslocada de dois modos na manifestação: primeiro é remetida ao passado e, em segundo lugar, é deslocada de minha relação com a Acrópole à existência mesma da Acrópole. Assim se produz algo que equivale a dizer que antes havia duvidado da existência real da Acrópole, algo que minha memória rejeita como sendo errado e mesmo impossível.

As duas distorções envolvem dois problemas independentes. Podemos tentar compreender mais a fundo o processo de transformação. Sem especificar no momento como cheguei a isso, tomarei como ponto de partida que o fator original devia ser uma sensação de que algo incrível e irreal se podia perceber naquela situação. Esta compreendia minha pessoa, a Acrópole e minha percepção dela. Eu não sabia o que fazer com essa dúvida; claro que não podia duvidar de minhas impressões sensoriais na Acrópole. Mas me lembrei de que no passado havia duvidado de algo que tinha relação com aquele lugar, e

UM DISTÚRBIO DE MEMÓRIA NA ACRÓPOLE

assim encontrei o expediente de situar a dúvida no passado. Mas com isso ela muda o seu teor. Não me lembrei simplesmente de que na juventude duvidara de algum dia chegar a ver a Acrópole; afirmei, isto sim, que naquele tempo não acreditara em absoluto na realidade da Acrópole. Precisamente esse resultado da deformação me leva a inferir que a situação na Acrópole continha um elemento de dúvida da realidade. É certo que até agora não consegui tornar claro o processo; por isso direi brevemente, em conclusão, que toda essa situação psíquica, aparentemente confusa e difícil de ser exposta, resolve-se prontamente com a suposição de que na Acrópole, por um momento, eu tive — ou posso ter tido — a seguinte sensação: "O que eu vejo não é real." Chama-se a isto "sensação de estranhamento".* Eu procurei rechaçá-la, e o consegui à custa de uma falsa afirmação sobre o passado.

Esses estranhamentos são fenômenos muito curiosos, ainda pouco compreendidos. Embora sejam descritos como "sensações", são evidentemente processos complicados, ligados a certos conteúdos e vinculados a decisões relativas a esses conteúdos. Bastante frequentes em determinadas doenças psíquicas, tampouco são

---

* "Sensação de estranhamento": *Entfremdungsgefühl* — nas versões estrangeiras consultadas: *sensación de extrañamiento, sentimiento de enajenación, sentimento di estranazione, feeling of derealization* (na nota); cf., sobre a tradução de *Gefühl* por "sensação", na nota do tradutor em Nietzsche, *Além do bem e do mal*. São Paulo: Companhia das Letras, 1992, tradução e notas de Paulo César de Souza, nota 51). No parágrafo seguinte, o termo *Empfindung* foi igualmente vertido por "sensação".

UM DISTÚRBIO DE MEMÓRIA NA ACRÓPOLE

desconhecidos na pessoa normal, como as eventuais alucinações dos indivíduos sadios. Mas certamente são atos falhos,* de estrutura anormal como os sonhos, que, não obstante seu regular aparecimento nas pessoas sãs, consideramos modelos de distúrbio psíquico. São observados em duas formas: ou uma fração da realidade nos parece estranha, ou uma fração do próprio Eu. Nesse último caso, fala-se de "despersonalização"; estranhamentos e despersonalizações são intimamente relacionados. Há outros fenômenos em que podemos enxergar a contrapartida positiva deles, por assim dizer: a chamada *fausse reconnaissance*, o *déjà vu*, *déjà raconté*,** ilusões em que buscamos aceitar algo como pertencente a nosso Eu, assim como nos estranhamentos nos esforçamos em excluir algo de nós. Uma tentativa de explicação místico-ingênua e pouco psicológica pretende utilizar os fenômenos do *déjà vu* como prova de existências passadas de nosso Eu psíquico. Da despersonalização chega-se à *double conscience*, que é mais corretamente chamada "cisão da personalidade". Mas tudo isso é ainda tão obscuro, tão pouco alcançado pela ciência, que não me permito abordá-lo mais demoradamente com o senhor.

---

* "Atos falhos": no original, *Fehlleistungen*; nas versões consultadas: *disfunciones*, *operaciones fallidas*, *atti mancati*, *failures in functioning*.

** "*Déjà raconté*": "já contado", assim como *déjà vu* significa "já visto"; cf. *Psicopatologia da vida cotidiana* (1901), cap. XII, seção D, e "Sobre a *fausse reconnaissance* ("*déjà raconté*") durante o trabalho psicanalítico" (1914).

UM DISTÚRBIO DE MEMÓRIA NA ACRÓPOLE

É suficiente, para meus propósitos, retomar duas características gerais dos fenômenos de estranhamento. A primeira é que todos servem à finalidade da defesa, buscam manter algo longe do Eu, negá-lo. Novos elementos que podem solicitar medidas de defesa aproximam-se do Eu a partir de dois lados: do mundo externo real e do mundo interno de pensamentos e impulsos que emergem no Eu. Essa alternativa talvez coincida com a distinção entre os estranhamentos propriamente ditos e as despersonalizações. Há um grande número de métodos — mecanismos, dizemos — de que o nosso Eu se vale no cumprimento de suas tarefas defensivas. Em minha vizinhança imediata se desenvolve, no momento, um estudo desses mecanismos de defesa: minha filha, a analista de crianças, está escrevendo um livro sobre esse tema. O mais primitivo e mais fundamental desses métodos, a "repressão", serviu de ponto de partida para o nosso aprofundamento na psicopatologia. Entre a repressão e o que chamamos defesa normal ante o que é penoso ou insuportável, através de reconhecimento, reflexão, julgamento e ação apropriada, há toda uma série de condutas do Eu, de caráter mais ou menos claramente patológico. Permita-me lembrar um caso-limite desse tipo de defesa. O senhor conhece o famoso lamento dos mouros espanhóis, *Ay de mi Alhama*, que conta como o rei Boadbil recebe a notícia da queda de sua cidade, Alhama. Ele sente que essa perda significa o fim de seu reinado. Mas, não querendo reconhecer a verdade disso, resolve tratar a notícia como "*non arrivé*(e)". A estrofe diz:

UM DISTÚRBIO DE MEMÓRIA NA ACRÓPOLE

Cartas le fueron venidas
de que Alhama era ganada.
Las cartas echó en el fuego
y al mensajero matara.

Nota-se facilmente que participa dessa conduta do rei a necessidade de contestar sua sensação de impotência. Ao queimar as cartas e ordenar que matem o mensageiro, ele busca mostrar que ainda tem o poder.

A outra característica geral dos estranhamentos, sua dependência do passado, do tesouro de lembranças do Eu e de anteriores vivências penosas talvez reprimidas desde então, não é admitida sem objeção. Mas justamente minha experiência na Acrópole, que culmina num distúrbio de memória, numa falsificação do passado, nos ajuda a demonstrar essa influência. Não é verdadeiro que eu tivesse duvidado da existência de Atenas nos anos do ginásio. Apenas duvidei que algum dia pudesse visitar Atenas. Fazer uma viagem tão longa, "ir tão longe", parecia-me além de toda possibilidade. Isto se relacionava à pobreza e estreiteza de nossas condições de vida quando eu era jovem. O anseio de viajar também era, sem dúvida, expressão do desejo de escapar àquela opressão, aparentado ao impulso que leva tantos filhos adolescentes a abandonar a casa. Havia muito eu percebera que boa parte do prazer de viajar consiste na realização desses velhos desejos, isto é, tem raiz na insatisfação com a casa e a família. Quando pela primeira vez vemos o mar, cruzamos o oceano, experimentamos como realidades países e cidades que foram, durante muito tempo, inatingíveis e distantes objetos de desejo, sentimo-nos como um herói que levou a cabo inacreditáveis façanhas. Naquele momento, na Acrópole, eu poderia ter perguntado a meu irmão: "Você se lembra que em nossa infância fazíamos diariamente o mesmo caminho, da rua... até a escola, e todo domingo íamos ao Prater ou a um dos lugares do campo que já conhecíamos bastante? E agora estamos em Atenas, bem na Acrópole! Realmente fomos longe!". E, se podemos comparar um evento assim pequeno com algo maior, não sucedeu que Napoleão, ao ser coroado imperador em Notre Dame, voltou-se para um de seus irmãos — terá sido o mais velho, José — e comentou: "Que diria *notre père* [nosso pai], se estivesse aqui hoje?".

Mas aqui deparamos com a solução para o pequeno problema de por que já em Trieste havíamos estragado o prazer da viagem a Atenas. Deve ser que um sentimento de culpa se acha ligado à satisfação de haver ido tão longe; há algo errado nisso, algo proibido desde sempre. Tem relação com a crítica da criança ao pai, com o menosprezo que toma o lugar da superestimação infantil inicial de sua pessoa. É como se o essencial no êxito fosse chegar mais longe que o pai, e querer superá-lo ainda fosse interditado.

A essa motivação geral se junta, em nosso caso, um fator particular: no próprio tema Atenas e Acrópole já se encontra uma referência à superioridade dos filhos. Nosso pai foi comerciante, não teve educação ginasial, Atenas não podia significar muito para ele. O que perturbou nossa fruição da viagem a Atenas, portanto, foi

UM DISTÚRBIO DE MEMÓRIA NA ACRÓPOLE

um impulso de *piedade*. Agora o senhor não mais se surpreenderá com o fato de a lembrança da experiência na Acrópole me visitar tão frequentemente, depois que eu próprio me tornei velho e necessitado de tolerância, não mais podendo viajar.

Muito cordialmente seu,

SIGM. FREUD

Janeiro de 1936

PREFÁCIOS E TEXTOS BREVES (1930-1936)

PREFÁCIOS E TEXTOS BREVES

APRESENTAÇÃO
DE *THE MEDICAL*
*REVIEW OF REVIEWS**

O dr. Feigenbaum me solicitou algumas palavras para o número da *Review* pelo qual será responsável, e aproveito a ocasião para lhe desejar pleno êxito nesse trabalho.

Ouço dizer frequentemente que a psicanálise é muito popular nos Estados Unidos e não encontra ali a mesma obstinada resistência que na Europa. Mas minha satisfação com isso é empanada por várias circunstâncias. Parece-me que a popularidade do nome da psicanálise na América não significa nem atitude amistosa para com a causa nem difusão ou aprofundamento de seu conhecimento. Como evidência da primeira afirmação vejo o fato de que, embora ajuda financeira possa ser obtida com facilidade e abundância para qualquer empreendimento científico ou pseudocientífico, nossas instituições psicanalíticas jamais tiveram apoio. Também não é difícil provar o segundo ponto. Embora a América possua vários analistas competentes e pelo menos uma autoridade, o dr. A. A. Brill, são escassas e pouco trazem de novo as contribuições desse vasto país para a nossa ciência. Psiquiatras e neurologistas utilizam frequentemente a psicanálise como método terapêutico, mas geralmente

---

* Título original: "Geleitwort zu *The Medical Review of Reviews*, v. 36, n. 3" [Nova York, março de 1930]; publicado primeiramente em inglês, em número especial sobre psicopatologia, aos cuidados do dr. Dorian Feigenbaum. Traduzido de *Gesammelte Werke* XIV, pp. 570-1.

APRESENTAÇÃO DE *THE MEDICAL REVIEW OF REVIEWS*

mostram pouco interesse por seus problemas científicos e seu significado cultural. Muitas vezes se encontra, em médicos e autores americanos, insuficiente familiaridade com a psicanálise, de modo a conhecerem apenas o nome e algumas de suas expressões — o que não prejudica a segurança com que emitem julgamentos. Eles também juntam a psicanálise com outros sistemas teóricos, que dela podem ter se originado, mas que hoje são incompatíveis com ela. Ou forjam uma mistura de psicanálise com outros elementos e apresentam isso como prova de sua *broadmindedness* [mente aberta], quando apenas demonstra sua *lack of judgement* [falta de discernimento].

Muitos desses males, que menciono com pesar, derivam certamente de uma tendência geral, que existe na América, de abreviar o estudo e a preparação e passar rapidamente à aplicação prática. Também se dá preferência a estudar um tema como a psicanálise em exposições secundárias, com frequência inferiores, e não das fontes originais. Nisso a seriedade fica inevitavelmente comprometida.

É de esperar que trabalhos como os que o dr. Feigenbaum pretende publicar em sua *Review* estimulem fortemente o interesse pela psicanálise na América.

PREFÁCIOS E TEXTOS BREVES

PRÓLOGO A *DEZ ANOS*
DO INSTITUTO
PSICANALÍTICO
DE BERLIM *

As páginas que se seguem descrevem a fundação e as realizações do Instituto Psicanalítico de Berlim, que teve três importantes funções no movimento psicanalítico: primeiro, tornar nossa terapia acessível ao grande número de pessoas que sofrem com suas neuroses tanto quanto os ricos, mas não têm como custear seu tratamento; segundo, fornecer um local em que a análise seja ensinada teoricamente e a experiência dos analistas mais velhos seja transmitida a discípulos desejosos de aprender; por fim, aperfeiçoar nosso conhecimento das enfermidades neuróticas e nossa técnica terapêutica, aplicando-os e testando-os em novas condições.

Um instituto assim era indispensável, mas em vão esperaríamos ajuda do Estado ou interesse da universidade em sua fundação. A energia e a abnegação de um indivíduo foram decisivas nesse caso. O dr. Max Eitingon, atual presidente da Associação Psicanalítica Internacional, criou tal instituto com seus próprios meios, dez anos atrás, e desde então o manteve e o dirigiu com seu esforço pessoal. Este relatório sobre os

---

* Título original: "Geleitwort zu *The Medical Review of Reviews*, v. 36, n. 3" [Nova York, março de 1930]; publicado primeiramente em inglês, em número especial sobre psicopatologia, aos cuidados do dr. Dorian Feigenbaum. Traduzido de *Gesammelte Werke* XIV, pp. 570-1.

PRÓLOGO A *DEZ ANOS DO INSTITUTO PSICANALÍTICO DE BERLIM*

primeiros dez anos do Instituto de Berlim é um tributo a seu criador e diretor, uma tentativa de agradecer-lhe publicamente. Quem de alguma forma se acha ligado à psicanálise participará desse agradecimento.

PREFÁCIOS E TEXTOS BREVES

O PARECER DA FACULDADE NO PROCESSO HALSMANN*

O complexo de Édipo, pelo que sabemos, está presente na infância de todos os indivíduos, sofre enormes alterações nos anos de desenvolvimento e em muitos indivíduos é encontrado também, com intensidade variável, na idade adulta. Suas características essenciais, sua universalidade, seu conteúdo, seu destino foram reconhecidos, muito antes da psicanálise, por um pensador agudo como Diderot, como demonstra uma passagem de seu famoso diálogo *Le neveu de Rameau* [O sobrinho de Rameau]. Na tradução de Goethe (volume 45 da Sophienausgabe), eis o que lemos à pág. 45 dessa obra:** "Se o pequeno selvagem fosse abandonado a si mesmo, conservasse toda a sua imbecilidade e reunisse a violência das paixões do

---

* Título original: "Das Fakultätsgutachten im Prozeß Halsmann"; publicado primeiramente em *Psychoanalytische Bewegung*, v. 3, n. 1, 1931. Traduzido de *Gesammelte Werke* xiv, pp. 541-2. O estudante Philipp Halsmann foi acusado de parricídio e condenado pela corte de Innsbruck em 1929. Um parecer da faculdade de medicina daquela cidade, solicitado pela corte, apoiava-se confusamente em algumas noções psicanalíticas. Posteriormente o estudante foi perdoado, mas não absolvido. Seu defensor — Josef Kupka, professor de direito na universidade de Viena — considerou que o veredicto ainda o prejudicava e iniciou uma campanha por sua plena reabilitação. O presente texto foi escrito por solicitação do dr. Kupka.

** A citação foi aqui traduzida do original francês, não da tradução utilizada por Freud. Na primeira vez em que ele citou essa frase, na 21ª das *Conferências introdutórias à psicanálise* (1916-17), recorreu ao original, não à versão de Goethe (embora mencionasse que este havia traduzido a obra).

O PARECER DA FACULDADE NO PROCESSO HALSMANN

homem de trinta anos à pouca razão da criança de berço, torceria o pescoço de seu pai e dormiria com a mãe".

Se fosse objetivamente provado que Philipp Halsmann matou o pai, haveria de fato justificativa para aduzir o complexo de Édipo como motivação para um ato incompreensível de outra forma. Como tal prova não foi apresentada, a menção do complexo de Édipo tem efeito enganador; é no mínimo supérflua. O que a investigação descobriu em matéria de divergências entre pai e filho não basta para fundamentar a suposição de que havia uma má relação do filho para com o pai. Ainda que fosse de outro modo, é preciso dizer que daí à causação de semelhante ato há uma enorme distância. Justamente devido a sua onipresença, o complexo de Édipo não é adequado para uma conclusão sobre a autoria de um crime. Facilmente se produziria a situação imaginada numa conhecida anedota: Uma casa foi roubada. Um homem que tinha consigo uma gazua foi condenado pelo crime. Ao lhe perguntarem, depois da sentença, se tem alguma coisa a dizer, ele exige ser penalizado também por adultério, pois também está de posse do instrumento para isso.

No formidável romance *Os irmãos Karamázov*, de Dostoiévski, a situação edípica ocupa o centro do interesse. O velho Karamázov é odiado pelos filhos, porque os oprime sem piedade. Além disso, para um deles é o poderoso rival na disputa da mulher desejada. Esse filho, Dmitri, não faz segredo da intenção de vingar-se violentamente do pai. É natural, então, que após o roubo e assassinato do pai ele seja acusado e, não obstante todos os seus protestos de inocência, seja condenado pelo ato. No entanto, Dmitri é inocente; outro irmão cometeu o crime. Na cena do julgamento desse romance é dita uma frase que se tornou célebre: "A psicologia é uma faca de dois gumes".

O parecer da faculdade de medicina de Innsbruck tende a atribuir um complexo de Édipo "efetivo" a Philipp Halsmann, mas se abstém de precisar o grau dessa efetividade, pois, sob a pressão da acusação, não se acham em Philipp Halsmann as precondições para um "esclarecimento sem reservas". E quando ela se recusa a "buscar a raiz do ato no complexo de Édipo no caso de autoria do crime pelo acusado" também, vai mais longe que o necessário em sua negação. No mesmo parecer há uma contradição nada insignificante. A possível influência do choque emocional sobre o distúrbio da memória, quanto a impressões sobrevindas antes e durante o tempo crítico, é minimizada ao extremo — injustamente, em minha opinião. As suposições de um estado excepcional e de uma enfermidade psíquica são terminantemente rechaçadas, mas admite-se de bom grado a explicação de que ocorreu em Philipp Halsmann uma "repressão" após o ato. Devo afirmar que seria uma raridade de primeira ordem uma súbita repressão num indivíduo adulto que não mostra indícios de neurose severa, a repressão de um feito que certamente seria mais importante do que todas as discutíveis particularidades de distanciamento e decurso do tempo, e que sucede num estado normal ou alterado apenas pelo cansaço físico.

APRESENTAÇÃO DE *ELEMENTI DI PSICOANALISI*, DE EDOARDO WEISS*

O autor dessas conferências, o dr. Edoardo Weiss, meu amigo e discípulo, desejou que eu fizesse acompanhar de algumas palavras de recomendação o seu trabalho. Eu o faço agora, com plena consciência de que tal recomendação é desnecessária. A obra fala por si mesma. Quem sabe apreciar a seriedade de um esforço científico, quem estima a probidade do pesquisador que não busca diminuir ou negar as dificuldades, quem encontra prazer na habilidade do professor que em sua exposição leva luz à obscuridade e ordem ao caos, não pode senão atribuir um alto valor a este livro e partilhar minha esperança de que nos círculos cultos e especializados da Itália ele venha a despertar um duradouro interesse pela jovem ciência da psicanálise.

---

* Título original: "Geleitwort zu *Elementi di psicoanalisi*, von Edoardo Weiss". Milão: Hoepli, 1931; publicado como fac-símile do manuscrito. Traduzido de *Gesammelte Werke* XIV, p. 573.

PREFÁCIOS E TEXTOS BREVES

EXCERTO DE
UMA CARTA
A GEORG FUCHS*

A onda de forte compaixão que senti, após a leitura de sua carta, logo deparou com duas considerações: uma dificuldade interior e um empecilho exterior. Uma frase de seu próprio prefácio me deu a formulação mais adequada para a primeira: "Há pessoas que têm uma opinião tão baixa da humanidade civilizada de hoje que negam a existência de uma consciência mundial". Creio que sou uma dessas pessoas. Eu não poderia, por exemplo, subscrever a afirmação de que o tratamento dado aos prisioneiros é uma vergonha para a nossa civilização. Pelo contrário, parece-me que ele condiz perfeitamente com a nossa civilização, que é a expressão necessária da brutalidade e da incompreensão que vigoram na humanidade civilizada de hoje. E se, por um milagre, houvesse a súbita convicção de que a reforma do sistema penal é a tarefa mais urgente de nossa civilização

---

* Título original: "Auszug eines Briefes an Georg Fuchs"; publicado primeiramente como parte da introdução ao livro de Fuchs, *Wir Zuchthäusler* [Nós, presos]. Munique: Albert Langen, 1931. Traduzido de *Gesammelte Werke, Nachtragsband* (Frankfurt: Fischer, 1987), pp. 759-60.

Georg Fuchs (1868-1949) foi crítico literário e tradutor de Shakespeare e Calderón de la Barca, entre outros. Na década de 1920 foi preso por razões políticas e escreveu um relato sobre a vida na prisão. Antes de publicar o livro, enviou o texto para várias personalidades, entre elas Freud, e depois incluiu, na introdução da obra, trechos das cartas recebidas.

EXCERTO DE UMA CARTA A GEORG FUCHS

— que outra coisa se verificaria, senão que a sociedade capitalista não tem agora os meios necessários para custear essa reforma? A segunda dificuldade, a externa, tem a ver com algumas passagens de sua carta em que o senhor me exalta como reconhecido líder intelectual e inovador cultural, atribuindo-me o privilégio de ser escutado pelo mundo civilizado. Eu bem gostaria que assim fosse, caro senhor; nesse caso, não me furtaria ao seu pedido. Mas algo me diz que sou *persona ingrata*, senão *ingratissima*, para o povo alemão — e tanto para os indivíduos cultos como para os incultos. Confio plenamente em que o senhor não pensará que eu me sinto magoado por tais demonstrações de desapreço. Há décadas não sou mais tão infantil; e, medido pelo seu exemplo, isso também seria ridículo. Menciono essas banalidades apenas para enfatizar que não seria um advogado conveniente para um livro que busca despertar a simpatia dos leitores para uma boa causa. Direi, além disso, que o seu livro é comovente, belo, sensato e bom!

PREFÁCIOS E TEXTOS BREVES

CARTA AO PREFEITO
DA CIDADE DE PŘÍBOR*

Agradeço ao senhor prefeito da cidade de Příbor-Freiberg, aos organizadores desta homenagem e a todos os presentes a honra que me fazem, ao assinalar minha casa natal com esta placa comemorativa lavrada por mãos de artista. E isso é feito já enquanto estou vivo e meus contemporâneos ainda não se acham concordes na avaliação de meu trabalho.

Deixei Freiberg com a idade de três anos, visitei-a quando tinha dezesseis, como estudante ginasial em férias, hospedando-me com a família Fluss, e nunca mais retornei. Desde então muita coisa me sucedeu: realizei muitos esforços, experimentei sofrimentos, e também felicidade e algum sucesso — tal como costumam se misturar numa vida humana. Não é fácil, aos 75 anos, voltar àquele tempo remoto, do qual, em seu rico conteúdo, apenas alguns vestígios me restam na memória; mas de uma coisa posso estar seguro: bem no fundo de mim ainda vive a criança feliz de Freiberg, o primeiro filho de uma jovem mãe, que deste ar e deste solo recebeu as primeiras impressões inextinguíveis. Seja-me permitido, então, encerrar este agradecimento com um caloroso voto de felicidade para este lugar e seus habitantes.

---

* Título original: "Brief an den Bürgermeister der Stadt Příbor"; lida por Anna Freud na cerimônia de descerramento da placa, em 25 de outubro de 1931. Traduzida de *Gesammelte Werke* XIV, p. 561. A pequena cidade de Příbor (nome tcheco) ou Freiberg (nome alemão) se localiza na região da Morávia, que então pertencia ao Império Austro-Húngaro e agora é parte da República Tcheca.

462

APRESENTAÇÃO DE *TEORIA GERAL DAS NEUROSES SOBRE BASE PSICANALÍTICA*, DE HERMANN NUNBERG*

Este livro de Hermann Nunberg contém a mais completa e conscienciosa exposição de uma teoria psicanalítica dos processos neuróticos que possuímos no momento. Quem busca a simplificação e a rápida solução dos problemas nela envolvidos dificilmente será satisfeito por este trabalho. Mas quem dá primazia ao pensamento científico e sabe ser um mérito que a especulação nunca abandone o fio condutor da experiência, quem é capaz de fruir a bela diversidade dos eventos psíquicos, valorizará e estudará diligentemente esta obra.

---

* Título original: "Geleitwort zu *Allgemeine Neurosenlehre auf psychoanalytischer Grundlage*, von Hermann Nunberg". Berna e Berlim: Hans Huber, 1932. Traduzido de *Gesammelte Werke* XVI, p. 273. Há uma frase truncada no texto original dos *GW*, com dois erros de impressão que foram apontados numa nota da *Standard* inglesa, a partir da edição correta encontrada em *Gesammelte Schriften* (Textos completos, v. XII, 1934).

PREFÁCIOS E TEXTOS BREVES

PRÓLOGO A *DICIONÁRIO DE PSICANÁLISE*, DE RICHARD STERBA*

3 de julho de 1932

Prezado doutor:

Seu *Dicionário* deu-me a impressão de ser um valioso auxílio para os que estudam psicanálise e um belo trabalho em si mesmo. A precisão e correção dos verbetes é realmente louvável. A tradução dos termos em inglês e francês, embora não seja indispensável, realçaria o valor da obra. Sei que o caminho da letra A até o final do alfabeto é bastante longo e envolverá um enorme esforço de sua parte. Não o faça, então, a menos que se sinta interiormente impelido a fazê-lo. Apenas sob *esta* pressão, de maneira nenhuma por incitação externa!

Cordialmente seu,

FREUD

* Título original: "Vorwort zu *Handwörterbuch der Psychoanalyse*, von Richard Sterba", Viena: Internationaler Psychoanalytischer Verlag, 1936. Traduzido de *Gesammelte Werke*, *Nachtragsband* (Frankfurt: Fischer, 1987), p. 761.

SÁNDOR FERENCZI (1873-1933)*

A experiência ensina que não custa desejar; por isso prodigalizamos uns aos outros os melhores e mais caros votos, sobretudo os de uma vida longa. Mas precisamente os dois lados desse desejo são revelados por uma conhecida anedota oriental. O sultão encomendou seu horóscopo a dois sábios. "Serás feliz, senhor", diz o primeiro, "está escrito nas estrelas que verás todos os teus parentes morrerem antes de ti." Esse vidente é então executado. "Serás feliz, senhor", diz também o outro, "pois leio nas estrelas que sobreviverás a todos os teus parentes." Esse é ricamente recompensado. Os dois exprimem a realização do mesmo desejo.

Em janeiro de 1926 tive de escrever o obituário de nosso inesquecível amigo Karl Abraham. Alguns anos antes, em 1923, eu havia congratulado Sándor Ferenczi por seus cinquenta anos de vida. Agora, mal se passaram dez anos, constato dolorosamente que sobrevivi a ele. No escrito por ocasião do seu aniversário, pude louvar publicamente sua versatilidade e originalidade, sua riqueza de dotes; mas a discrição adequada a um amigo me impediu de falar de sua personalidade afetuosa, amável, aberta para tudo significativo.

---

* Publicado primeiramente em *Internationale Zeitschrift für Psychoanalyse*, v. 19, n. 3, 1933. Traduzido de *Gesammelte Werke* XVI, pp. 267-9.

PREFÁCIOS E TEXTOS BREVES

Desde quando o interesse pela jovem psicanálise o trouxe até mim, nós compartilhamos muitas coisas. Eu o convidei para me acompanhar numa viagem a Worcester, Mass., quando fui chamado a fazer conferências ali durante uma semana, em 1909. De manhã, antes do horário da conferência, andávamos no terreno diante do prédio da universidade, eu lhe pedia sugestões sobre o que deveria falar naquele dia, e ele me fazia um esboço, que meia hora depois eu desenvolvia, numa exposição improvisada. Assim participou ele da gênese das "Cinco lições de psicanálise". Pouco depois, no Congresso de Nuremberg, em 1910, eu o incumbi de propor a organização dos analistas numa associação internacional, tal como a havíamos imaginado conjuntamente. Ela foi aceita, com pequenas modificações, e até hoje vigora. Por vários anos seguidos passamos juntos as férias de outono na Itália, e alguns dos ensaios que depois entraram na literatura psicanalítica sob o meu nome ou o dele tiveram ali, em nossas conversas, a sua forma inicial. Quando irrompeu a Grande Guerra, que pôs fim a nossa liberdade de movimentação e também paralisou nossa atividade analítica, ele aproveitou o intervalo para começar a análise comigo, que então foi interrompida por sua convocação para o serviço, mas pôde ser prosseguida mais tarde. O sentimento de tranquila comunhão, que em nós dois se formou após tantas vivências conjuntas, também não foi perturbado quando, já tarde na vida, é verdade, ele se ligou à excelente mulher que hoje o pranteia, sendo sua viúva.

SÁNDOR FERENCZI

Há dez anos, quando a *Revista Internacional de Psicanálise* dedicou a Ferenczi um número especial, nos seus cinquenta anos, ele já havia publicado a maioria dos trabalhos que converteram todos os analistas em seus discípulos. Mas ainda não aparecera sua realização mais brilhante, mais rica de ideias. Eu estava a par disso, e no final de minha contribuição o exortei a nos brindar com ela. Em 1924 surgiu então seu *Versuch einer Genitaltheorie* [Ensaio de uma teoria da genitalidade]. Esse pequeno livro é antes um estudo biológico do que psicanalítico, uma aplicação dos pontos de vista e percepções próprios da psicanálise à biologia dos processos sexuais e até mesmo à vida orgânica em geral, talvez a mais audaciosa aplicação da psicanálise que jamais se tenha feito. Seu fio condutor é a ênfase na natureza conservadora dos instintos, que buscam restabelecer todo estado que tenha sido abandonado devido a uma perturbação externa; os símbolos são vistos como testemunhos de nexos antigos; exemplos impressionantes mostram como as peculiaridades da psique conservam traços de antiquíssimas alterações da substância corporal. Após ler esse trabalho, acreditamos compreender numerosas particularidades da vida sexual que antes não podíamos enxergar de forma concatenada, e achamo-nos enriquecidos por ideias que prometem profundas percepções em amplas áreas da biologia. É em vão que já agora tentamos separar o que pode ser admitido como conhecimento digno de crédito e o que, à maneira de uma fantasia científica, procura adivinhar o conhecimento futuro. Pomos de lado o livrinho com este

PREFÁCIOS E TEXTOS BREVES

pensamento: "É muita coisa de uma vez só, vou reler após algum tempo". Mas não apenas comigo foi assim; provavelmente haverá mesmo uma "bioanálise" algum dia, tal como Ferenczi a anuncia, e ela terá de retomar o *Versuch einer Genitaltheorie*.

Após essa realização culminante, aconteceu que gradualmente nosso amigo se afastou. Tendo retornado de um período de trabalho na América, parecia recolher--se cada vez mais ao trabalho solitário, ele, que antes participara vivamente de tudo que sucedia nos meios analíticos. A necessidade de curar e ajudar tornou-se nele predominante. Provavelmente ele se impôs metas inalcançáveis com os meios terapêuticos de hoje. Veio--lhe a convicção, desde fontes afetivas inesgotáveis, de que seria possível alcançar muito mais com os pacientes se lhes déssemos, em medida suficiente, o amor pelo qual haviam ansiado quando crianças. Ele quis descobrir como isso era realizável no âmbito da situação analítica, e enquanto não obteve sucesso nisso manteve--se à parte, talvez não mais seguro da concordância de ideias com os amigos. Aonde quer que o tivesse levado o caminho que encetou, ele não pôde percorrê-lo até o fim. Pouco a pouco revelaram-se nele os sinais de um grave processo destrutivo orgânico, que há anos, provavelmente, já ensombrecia sua existência. Pouco antes de completar sessenta anos de idade sucumbiu a uma anemia perniciosa. É impossível imaginar que a história de nossa ciência o esqueça algum dia.

Maio de 1933

468

PRÓLOGO A *EDGAR POE: ESTUDO PSICANALÍTICO*, DE MARIE BONAPARTE*

Neste livro, minha amiga e discípula Marie Bonaparte fez a luz da psicanálise incidir sobre a vida e a obra de um grande escritor de constituição patológica. Graças a seu trabalho de interpretação, compreendemos agora o quanto as características da obra de Poe são determinadas pela natureza particular do autor; mas também notamos que essa, por sua vez, era o precipitado de fortes ligações afetivas e dolorosas vivências de sua primeira infância. Pesquisas como essa não pretendem explicar o gênio do escritor; mas mostram que motivações o despertaram e que material lhe foi dado pelo destino. Há uma atração especial em estudar as leis da psique humana em indivíduos extraordinários.

---

* Título original: "Vorwort zu *Edgar Poe. Etude psychanalytique, par Marie Bonaparte*". Paris: Benoël et Steele, 1933 (teve edição alemã no ano seguinte). Traduzido de *Gesammelte Werke* XVI, p. 276.

PREFÁCIOS E TEXTOS BREVES

A THOMAS MANN, EM SEU 60º ANIVERSÁRIO*

Caro Thomas Mann:

Receba meus afetuosos parabéns por seus sessenta anos! Sou um de seus mais "velhos" leitores e admiradores, e poderia lhe desejar uma vida longa e feliz, como se costuma fazer em tais circunstâncias. Mas não o farei; desejar é fácil, e me parece um retorno ao tempo em que os homens acreditavam na mágica onipotência dos pensamentos. E a experiência pessoal também me leva a pensar que é bom que um destino piedoso ponha um justo limite à duração de nossa vida.

Além disso, não acho digno de imitação o fato de nessas ocasiões festivas a afeição sobrepujar o respeito, de o homenageado ser constrangido a ouvir enquanto o cobrem de louvores como homem e o criticam e analisam como artista. Não incorrerei nessa presunção. Mas posso me permitir outra coisa: Em nome de incontáveis contemporâneos seus, posso manifestar nossa confiança em que você nunca fará ou dirá — as palavras de um escritor são ações, afinal — o que seja mesquinho ou covarde, que mesmo em tempos e situações que tornem confuso o juízo você tomará o caminho certo e o mostrará aos outros.

Muito cordialmente seu,

FREUD

Junho de 1935

---

* Publicada primeiramente em *Almanach 1936* (Frankfurt: Fischer, 1935), p. 18. Traduzida de *Gesammelte Werke* XVI, p. 249; também se acha em *Briefe 1873-1939* (Frankfurt: Fischer, 1960, pp. 418-9).

A SUTILEZA
DE UM ATO FALHO*

Estou arrumando o presente de aniversário de uma amiga, uma pequena gema gravada, que deve ser incrustada num anel. Ela vai fixada no meio de um cartão, no qual escrevo: "Vale para um anel de ouro do joalheiro L. ... para a pedra inclusa, que mostra um barco com vela e remos". Mas no lugar em que aqui deixei em branco, entre "joalheiro L." e "para", havia uma palavra que tive de cortar, pois era descabida, a palavrinha *"bis"* ["até", em alemão]. Por que a escrevi, então?

Ao reler o breve texto, vejo que contém a palavra *"für"* ["para"]. "Vale *para* um anel — *para* a pedra inclusa." Isso não soa bem, deve ser evitado. Ocorre-me que a inserção de *bis* no lugar de *für* seria uma tentativa de evitar o lapso estilístico. Deve ter sido isso; mas uma tentativa com meios bastante inadequados. A preposição *bis* não cabe nesse ponto, não pode substituir o indispensável *für*. Por que justamente *bis*?

Mas talvez a palavrinha *bis* não seja a preposição que exprime o limite de tempo, e sim algo totalmente diferente. É o *bis* latino ("pela segunda vez"), que passou para o francês, mantendo o sentido. *Ne bis in idem* [Não repetir o mesmo procedimento], diz-se no direito romano. *Bis, bis*, gritam os franceses, quando querem a repe-

---

* Título original: "Die Feinheit einer Fehlleistung". Publicado primeiramente em *Almanach 1936*, pp. 15-17. Traduzido de *Gesammelte Werke* XVI, pp. 37-9.

tição de algo num espetáculo. Eis, então, a explicação de meu disparatado engano ao escrever. Ante o segundo *für*, recebi o aviso para não repetir a mesma palavra. Outra coisa no lugar de *für*, então! A casual semelhança sonora da palavra estrangeira *bis*, na objeção ao fraseado original, com a preposição alemã* torna possível trocar o *für* por *bis*, como se fosse um erro. Mas esse ato falho não alcança seu propósito ao se realizar, e sim ao ser corrigido. Tenho de cortar o *bis*, e desse modo elimino, por assim dizer, a repetição que me incomodava. Uma variante do mecanismo de um ato falho, não desprovida de interesse!

Fiquei satisfeito com esta solução, mas nas autoanálises há sempre o perigo da interpretação incompleta. Contentamo-nos rapidamente com uma explicação parcial, por trás da qual a resistência mantém algo possivelmente mais importante. Minha filha, quando lhe falei dessa pequena análise, logo achou um prosseguimento para ela: "Você já presenteou uma pedra assim para um anel. Provavelmente é essa a repetição que você quer evitar. Não gostamos de dar sempre o mesmo presente". Isso me convenceu; era obviamente uma crítica à repetição do mesmo presente, não da mesma palavra. Esta é apenas um deslocamento para algo trivial, destinada a desviar a atenção de algo mais significativo; uma dificuldade estética, talvez, no lugar de um conflito instintual.

---

* A semelhança fonética ocorre porque o *ü* alemão é uma mistura de *u* com *i* (como o *u* francês).

A SUTILEZA DE UM ATO FALHO

É fácil prosseguir. Eu buscava um motivo para não presentear a gema. Ele estava na consideração de que eu já a havia dado de presente antes — uma muito semelhante. Por que essa objeção foi escondida e disfarçada? Tinha de haver algo que receava vir à luz. Logo vi claramente o que era. Eu não queria me desfazer daquela gema, ela me agradava muito.

Não apresentou grandes dificuldades o esclarecimento desse ato falho. E logo surgiu também a reflexão consoladora: "Um arrependimento desses apenas realça o valor do presente. Que presente seria, se não nos pesasse um pouco nos privarmos dele?". De todo modo, isso nos permite, uma vez mais, fazer uma ideia de como podem ser complicados os processos psíquicos mais despretensiosos e supostamente mais simples. O sujeito se equivocou ao escrever, pôs um *bis* onde se pedia um *für*, percebeu e corrigiu isso, e esse pequeno erro — na verdade, apenas um ensaio de erro — tinha muitos pressupostos e precondições dinâmicas. E, é claro, ele não ocorreria se o material não fosse particularmente favorável.

ÍNDICE REMISSIVO

AS INDICAÇÕES *NA* E *NT* DESIGNAM
AS NOTAS DO AUTOR E DO TRADUTOR,
RESPECTIVAMENTE

ÍNDICE REMISSIVO

"À lua" *ver* "An den Mond" (Goethe)

abandono, 101NA

aborígines, 400NA

Abraham, 149, 186, 247-8, 394, 465

Acrópole, 439-40, 442-3, 447-8

adaptação social, 308

adivinhação, 323-4

Adler, 299, 303

Adriano, 23

adulto(s), 17, 24, 68, 94, 191, 201, 203, 234, 298, 308-10, 317, 329, 359, 383, 396, 407, 458

afecção, afecções, 85, 107, 317, 375NA

afeto(s), afetivo(s), afetiva(s), 15, 17, 38, 41, 104, 140, 144, 201-2, 224-5, 227, 229, 248, 252, 273, 275, 303, 308, 322, 324, 329, 337-8, 340, 359, 363, 380, 421, 425, 434, 468-9

Afinidades eletivas (Goethe), 362

agressividade, agressão, agressões, 71NA, 76-8, 80-1, 83, 86-8, 90, 92, 98-101, 102NA, 104, 106NA, 110-2, 117-9, 122, 227, 252-5, 258, 260-2, 266, 268, 271, 279, 289, 348, 350, 367-8, 385, 389-90, 403, 426-30, 434

Agripa, 23

Aichhorn, 101NA

Além do bem e do mal (Nietzsche), 150NT, 444NT

Alemanha, 349

Alexander, F., 101NA, 112NA, 153

Alexandre, o Grande, 250

"Algumas consequências psíquicas da diferença anatômica entre os sexos" (Freud), 394NT

alimentação/nutrição, 276, 376

alma, 358

alucinações, 195, 445

ama de leite, 272, 276

ambição, 50NA

ambivalência, 104, 111, 247, 279, 291, 386

América, 83, 299, 303, 452-3, 468

amor universal, 65, 74, 81

amor, amoroso(s), amorosa(s), 39, 63-7, 69, 70NA, 71-6, 78, 80-1, 84, 87, 94, 97-8, 101NA, 102NA, 104-5, 110, 119, 174, 177, 180, 199, 204, 227, 230-3, 242, 247-8, 252, 260, 272, 276, 278-9, 282, 284, 288, 292, 312, 330, 350, 359, 362, 367-8, 372-3, 377, 381, 385-6, 404, 407, 426, 427, 430, 437, 468

"An den Mond" (Goethe), 360NT

anal, anais, 59, 63NA, 72NA, 80, 151, 246-50, 271, 273, 390

"Análise infantil e a mãe, A" (Burlingham), 191

"Analyse eines Eifersuchtswahnes, Die" (Brunswick), 375NA

Ananke, 63, 114

anatomia, 70NA, 265, 266

Andamanes, 400NA

angústia, 95, 108, 110, 117, 139, 154, 155, 191, 199, 220, 224-30, 232-5, 237-9, 241, 245, 303, 327, 390, 413; *ver também* medo

animal, animais, 20, 24, 29, 49, 51,

ÍNDICE REMISSIVO

53, 63NA, 70NA, 71NA, 73NA, 91, 220, 242, 252, 256, 266-7, 324, 328, 332, 419, 433
animismo, 330, 332-4
Anna O., 306NT
Anthroprophytea, 73NA
antissemitismo, 81
aparelho psíquico, 30, 34-5, 142-3, 206, 213-4, 217, 367, 411; *ver também* psique
aparelho sensorial, 34
"Apple-tree, The" (Galsworthy), 70NA
aranha, 149
Aristarco de Samos, 342
Aristóteles, 138, 360
Arquimedes, 342
arrependimento, 27, 103, 107, 109-10, 196, 473
arte(s), artista, 27, 29, 35, 37-8, 150, 178, 324-5, 400NA
Associação Psicanalítica Internacional, 454
astrologia, 175
astronomia, 125, 147, 342
Atenas, 438-40, 442, 447-8
atividade humana, 54-5, 79, 325, 342
ato(s) falho(s), 210, 445, 471-3
ato(s) psíquico(s), 129, 146, 190, 216
Aureliano, imperador, 21
autoconservação/autopreservação, 84, 229, 240, 242, 244,-5, 301, 302, 339, 350, 368, 427
auto-observação, 148, 196, 205
autopercepção, 203

autoridade externa, 97-8, 100, 110-1
autoridade interna, 98, 110
aversão, 36NA, 63NA, 161, 303
aves, 256

babilônios, 343
"Ballade vom vertriebenen und heimgekehrten Grafen, Die" (Goethe), 88NT
Banquete (Platão), 426
bebê(s), 18, 46, 63NA, 199, 248-9, 274, 276-7, 284-5, 391, 407
beleza, belo(s), 39-40, 53, 55, 119, 136, 340-1, 461, 464
bem, o, 93
bem-estar, 31, 44
Bennett, 181
Bernheim, 409
Betlheim, 147
Bíblia, 126NT, 351
bissexualidade, bissexual, bissexuais, 70NA, 71NA, 265-7, 269, 288, 370, 376
Blériot, 348
Bleuler, 72NA
Bloch, 73NA
Boadbil, 446
bolchevismo, 351-2, 426, 430
Bonaparte, Marie, 469
Brandes, 51NT, 298NT
Breuer, 306NT, 409
Brunswick, 287, 375NA, 390
Bullit, 214NT
burguesia, 82
Burlingham, 191

ÍNDICE REMISSIVO

Busch, 28NA

Buschan, 400NA

"Canções do harpista" (Goethe), 105NA

"Caráter e erotismo anal" (Freud), 59NA

casamento(s), 47, 168, 170, 174, 284, 291-2, 380, 385

castigo(s), 32, 41, 94, 97-8, 104, 107, 109-10, 113, 154-5, 197, 199-200, 231-2, 234, 259-60, 302, 327, 330, 334, 401, 403

castração, 149, 231, 233, 279, 282, 285-6, 377-8, 382-4, 394, 406

censura, 137, 141-3, 145, 155, 413

césares, 21-2

ceticismo, 187

"Chaos und Ritus" (Lorenz), 400NA

Charcot, 409

Christian Science, 88

ciência, científico(s), científica(s), 27, 29, 32-3, 39-40, 46, 51, 55-6, 60, 73NA, 87, 125-6, 128, 146, 158-9, 161-3, 189, 193, 258, 265, 293, 296-7, 299, 302, 305-7, 322-7, 333, 335-46, 350-1, 354, 358, 409-10, 415, 427, 429, 437, 445, 452-3, 459, 463, 467-8

Cila e Caríbdis, 311

circuncisão, 231

ciúme, 184, 277, 279, 281, 381

civilização, civilizado, civilizada(s), 40, 44-9, 53-60, 62, 65-9, 70NA, 71-3, 77-83, 90, 92, 116, 119, 121, 261-2, 290, 297, 306, 335, 348, 350, 374, 377, 400, 433, 460-1

Clínica Psiquiátrica de Viena, 124

clitóris, 203, 271-2, 282-3, 286, 372, 376, 378, 382, 391; *ver também* vagina

cloaca, 249

coação, 68, 215, 279, 289, 340, 425

Coberta do mundo e tenda do céu ver *Weltenmantel und Himmelszelt* (Eisler)

"Complemento metapsicológico à teoria dos sonhos" (Freud), 161NT

complexo de Édipo, 102, 104, 201, 205, 222, 230-1, 237, 272, 274, 285, 290, 292, 372-3, 377, 379-80, 456-8

complexo de Eletra, 377

complexo de inferioridade, 203-4

compulsão, 54, 62, 85, 176, 178, 256-7, 291, 303

comunidade humana, 32, 36NA, 57, 115, 234, 352

comunista(s), 79, 81

condensação, condensações, 144, 217

Conferências introdutórias à psicanálise (Freud), 37NA, 124, 161NT, 247NT, 267NT, 306NT, 311NT, 456NT

conflito(s), 58, 66, 104-5, 110-1, 115, 136-7, 193, 212, 221, 237, 242, 281, 291, 293, 304, 336, 370, 384, 413, 415, 419, 423-4, 472

ÍNDICE REMISSIVO

conquista do fogo, 399-404

consciência, 92, 94-9, 101-3, 107, 109, 111, 117, 128, 145, 165, 173, 192, 196-8, 203, 205, 208, 214, 217, 221, 229, 234, 260, 330, 367, 369, 394, 412, 425, 428-9, 442, 459-60

consciente, 137-8, 208-9, 211

conservação da espécie, 84, 242

"Considerações atuais sobre a guerra e a morte" (Freud), 94NA

consolação, consolo(s), 15, 25, 37, 42-3, 121, 327-8, 335, 341, 354, 405

constituição psíquica, 41, 44, 47, 118

"Contribuição à história do movimento psicanalítico" (Freud), 300NT

"Contribuições à psicologia da vida amorosa" (Freud), 81NT

Copérnico, 342

Corão, 351

corpo humano, 17-8, 24, 29, 31, 33, 36, 43, 53, 63NA, 243, 245, 249, 265, 280, 290, 407

cosmogonia, 328

"Criação", 30, 198, 328

criança(s), 24, 51, 59, 63, 88, 94, 100-2, 155, 167, 168, 190-1, 199-203, 205, 226-7, 231, 248-9, 260, 267, 269-70, 272, 275-9, 283-4, 308-13, 317, 328-30, 335, 372-3, 375, 377, 381-3, 385, 387-91, 396, 407, 446, 448, 457, 462, 468;

ver também infância, infantil, infantis

crime, 401-3, 457-8

cristianismo, cristãos, 44, 73, 81, 108, 425

Cristo *ver* Jesus Cristo

crocodilo, 20

culpa, 44, 92-5, 97-8, 102, 103, 105-7, 109-10, 112, 198, 203, 221, 260-1, 360, 384, 393, 403, 442, 448

cultura, cultural, culturais, 40, 45-7, 50, 52, 54, 56-8, 60, 62, 63NA, 64, 66-8, 70-2, 73NA, 76, 80, 82-3, 90-2, 105-6, 108-9, 113-21, 223, 262, 286, 308, 350, 353, 363, 367-8, 379, 384-5, 401, 403, 405-6, 416, 423, 433-5, 453, 461

cura, 256, 261, 306, 315-6

Curie, P., 342

Daly, 62NA

Darwin, 342

decepção, decepções, 28, 45, 64, 170, 279, 287, 381, 385, 393

defecação, 249

defesa, 19, 34, 62NA, 73NA, 119, 225, 284, 341, 397, 446

deformação onírica, 145, 360, 411, 413, 415-6

déjà vu, 445

delinquência, 206, 261, 312

delírio, 38, 42, 131, 137, 195

demônios, 62NA, 330, 332

desamparo, 25, 93, 233, 334

descobertas científicas, 343

ÍNDICE REMISSIVO

desejo(s), 14, 37, 38, 41, 51-2, 68, 71NA, 75NA, 89, 97-8, 100, 113, 121, 128, 141-2, 146-7, 150, 153-7, 167-8, 171-3, 177-8, 183, 191, 230, 232, 250, 259, 273-5, 278, 280, 282, 284-5, 301, 322, 324, 329, 331, 334-5, 338, 344, 383, 388-91, 402-5, 412-3, 441, 447-8, 465

deslocamento(s), 35, 72NA, 144, 145, 217, 228, 235, 422, 434, 472

desprazer, desprazerosos, desprazerosa(s), 18-9, 30, 32-3, 38, 40, 48, 156, 224, 235, 237, 239, 350, 441

destino, 25, 35, 38, 58, 60, 96, 117, 172, 201, 204, 227, 237, 243, 257, 264, 334, 341, 420, 442, 456, 469-70

Deus, 27, 52, 75NA, 88, 97, 194, 198, 329-31, 335, 352

deus(es), 52, 62NA, 328, 330-1, 401-2; *ver também* divindade(s)

Deutsch, H., 188, 288, 374, 395

Diabo, 88-9

Dicionário de psicanálise (Sterba), 464

Diderot, 456

"distúrbio de Korsakoff", 147

divindade(s), 117, 328-9, 337, 402; *ver também* deus(es)

docilidade, 267, 270

doença(s), doente(s), 23, 42, 55, 107-8, 147, 170, 194-5, 198, 201, 204, 223, 228, 234, 248, 259, 261, 277, 300-2, 307, 310, 311, 313,

317-21, 327, 357, 369, 409, 444; *ver também* patologia(s), patológico(s), patológica(s)

dominação, 84, 427

dor(es), doloroso(s), dolorosa(s), 18, 27-8, 30-1, 47-8, 74, 77, 108, 131, 138, 155, 189, 196, 207, 232, 253, 259, 300, 327, 387, 469; *ver também* sofrimento(s)

Dostoiévski, 379NA, 457

doutrina(s), 26, 44, 233, 335, 345

economia libidinal, 33, 36NA, 40, 226, 248, 370

economia psíquica, 68NT, 240, 369

Édipo *ver* complexo de Édipo

educação, 63NA, 101, 106NA, 114, 200, 205, 260, 279, 307, 310, 312, 352, 375, 412, 448

Einstein, 305, 417-8

Eisler, 149-50

Eitingon, 315, 454

Electra *ver* complexo de Eletra

embriaguez, 33, 198

enamoramento, 16

energia(s) psíquica(s), 54, 67-8, 138, 141, 251

Ensaio de uma teoria da genitalidade ver *Versuch einer Genitaltheorie* (Ferenczi)

entorpecentes, 29, 34

"Entwicklungsstufen des Wirklichkeitssinnes" (Ferenczi), 18NA

eremita, 37

Erlenmeyer, 400

Eros, 63, 71, 86NA, 89-90, 104, 113,

ÍNDICE REMISSIVO

116, 122, 252, 254, 258, 361, 426-7, 430

Erostrato, 250

erotismo, erótico(s), erótica(s), 36NA, 41, 50NA, 59, 63NA, 64, 71NA, 72NA, 87, 89, 105, 109, 112, 203-4, 248-50, 254-5, 257-8, 262, 358, 367-70, 426-9

"Erste Entwicklung der weiblichen Sexualität, Die" (Jones), 397

Escócia, 319, 439

escolha de objeto, 68, 200, 272, 287, 290, 377-8, 383

espécie humana, 91, 121, 433

especulações filosóficas, 55

espíritos, 331

Estado, 43, 56, 81, 411, 431, 454

Estados Unidos, 214NT, 452

Estágios no desenvolvimento do sentido da realidade, 18

estética(s), estéticos, 39-40, 434, 472

estímulo(s) externos(s), 139, 243

eternidade, 14

ética, 65, 76, 96, 117, 329, 332; *ver também* moral, moralidade

Etnologia ilustrada ver *Illustrierte Völkerkunde* (Buschan)

Eu, 16-9, 25, 35, 65, 84-5, 89-90, 92-3, 95-6, 100, 102NA, 109-10, 116, 118, 138, 142, 184, 192-203, 205-9, 212-3, 215, 217-23, 227, 229, 233-8, 240, 242, 245, 251, 254, 258, 260, 262-3, 301-2, 308, 367, 369, 377, 393, 435, 442, 445-7; *ver também* Id; Super-eu

Europa, 73NA, 452

"Eventos ocultos durante a psicanálise" *ver* "Okkulte Vorgänge während der Psychoanalyse" (Deutsch)

eventos psíquicos, 41, 169, 463

"Evolução do complexo de Édipo na mulher, A" *ver* "Zur Entwicklungsgeschichte des Ödipuskomplexes der Frau" (Lampl-de Groot)

excitação, excitações, 18-9, 50NA, 61NA, 215, 217-8, 226, 235-6, 239, 243, 248, 271, 282, 390, 392, 404, 407

excremento(s), 62NA, 63NA, 248-9

fadiga, 147

família(s), 20, 43, 56, 61-2, 65-7, 80, 82, 90, 104-5, 172, 176-7, 181, 231, 276-7, 292, 332, 348, 409, 447, 462

fantasia(s), 23, 29, 35, 37, 151, 155, 165, 173, 232, 249, 274, 378, 382, 390, 413, 467

Fantasias de um realista (Popper-Lynkeus), 414

fausse reconnaissance, 445

Fausto (Goethe), 89, 161NT, 359, 364NT

fé, 14, 415

Federn, 18NA

Feigenbaum, 452NT

felicidade, feliz(es), 29-34, 36NA, 37, 38-48, 52, 58, 64-5, 69, 71, 75NA, 82, 106, 107NA, 114-5, 118,

ÍNDICE REMISSIVO

121, 170-1, 249, 285, 291, 326-7, 334, 416, 429-30, 442-3, 462, 465, 470

fêmea(s), 61, 265, 266, 267

feminilidade, 71NA, 201, 253, 263-4, 266, 268, 271, 282, 284, 286, 288-9, 293, 375, 380, 382-3, 388, 392

"Feminine Masochismus und seine Beziehung zur Frigidität, Der" (Deutsch), 395

Fenichel, 395

Ferenczi, 18NA, 149, 232, 465, 467

fezes, 63NA, 73NA, 248, 270, 278

fezes *ver também* urina

fígado, 402, 404, 406

filho(s), filha(s), 46-7, 62, 66, 71, 74, 80, 100, 101NA, 104, 141, 165-8, 170-2, 182, 191, 204, 232, 250, 267, 272, 274, 276, 279, 287-8, 291-2, 308, 312, 329, 356-7, 362, 383, 385, 388, 390, 422, 446-8, 457, 462, 472

finalidade da vida, 29, 30

fio de Ariadne, 151

"first melon I ever stole, The" (Twain), 96NA

fisiologia, fisiológico(s), fisiológica(s), 15, 17, 26, 143, 255, 388, 406

fixação/fixações, 42, 157, 247, 260, 273, 281, 285, 287-8, 373, 375NA

Fliess, 298NT

"Flucht aus der Weiblichkeit" (Horney), 397

fobia(s), 225-8, 230, 319

fogo *ver* conquista do fogo

folclore, 148

fome, 84, 242, 245, 431

Fontane, 17NT, 28

fontes instintuais, 139, 245, 412

força bruta, 57, 426

forças naturais, 45, 50, 54

formações psíquicas, 78, 137, 410

"Formas como se manifesta o complexo da castração feminino" (Abraham), 394

"Formulações sobre os dois princípios do funcionamento psíquico" (Freud), 37NA

Forsyte saga, The (Galsworthy), 181

Forsyth, 179, 181, 183, 185-7

França, 361, 423

Freud, A., 308, 462NT

Freud: uma vida para o nosso tempo (Gay), 49NT

Freund, A. von, 182, 184, 186

Fromme Helene, Die (Busch), 28NA

"Frühstadien des Ödipuskonfliktes" (Klein), 395

frustração, frustrações, 27, 35, 60, 70, 96, 102NA, 112, 277-9, 311, 370, 391, 441-2

Fuchs, 460NT

fuga, 42, 225, 229, 243

"Fuga da feminilidade" *ver* "Flucht aus der Weiblichkeit" (Horney)

Futuro de uma ilusão, O (Freud), 14, 26, 48NA, 108NA, 433NT

Galsworthy, 70NA, 181

Gargântua, 50NA

ÍNDICE REMISSIVO

Gay, P., 49NT
Gedanken und Einfälle (Heine), 75NA
Genealogia da moral (Nietzsche), 360NT
Gêngis Khan, 77
genitalidade, genital, genitais, 40, 61, 62NA, 64-6, 69, 73NA, 149, 245-6, 250-1, 269-70, 274, 278, 280, 290, 304, 372, 376-8, 383-5, 390, 407
Goethe, 28NA, 31NA, 88NT, 105NA, 161NT, 355-8, 360-2, 364, 456
gozo, 32, 39
Grabbe, Christian Dietrich, 15NA
grafologia, 178
gratificação, gratificações, 28-9, 36NA, 57, 70, 80
Grécia, 439
Groddeck, 212
Groot, 288, 374, 394-5
Guerra dos Trinta Anos, 47
guerra(s), 94, 155, 180, 348-9, 414-5, 417-8, 422-6, 428, 430-5
Guilherme II, 204NT
Gulliver, 50NA

Halsmann, 457, 458
Hamlet (Shakespeare), 106NA, 158NT
Hannibal (Grabbe), 15NA
Hárnik, 400NA
Hartmann, 147
"Heimkehr, Die" (Heine), 326NT
Heine, 75NA, 91NT, 264, 326, 406
Héracles, 401NA, 405
Hermes de Praxíteles, 150

Hesíodo, 402
hidra de Lerna, 405
higiene, 47, 55, 274, 376, 382, 390; *ver também* limpeza; ordem, organização
"Hindumythologie und Kastrationskomplex" (Daly), 62NA
histeria, histérico(s), 137, 155, 224, 226-7, 230, 274, 301, 369, 374, 392
história da humanidade, 44, 121, 423, 425; *ver também* pré-história
"Homem e o fogo, O" *ver* "Mensch und das Feuer, Der" (Schaeffer)
homem primitivo, 50NA, 61, 82, 91, 277, 400, 403
homem, homens, 63, 65, 69, 80, 82, 150, 167-8, 173, 175, 180, 185, 204, 250, 265, 267-9, 272, 281, 287-90, 292, 376, 378, 389, 401, 407, 422
homossexualidade, homossexual, homossexuais, 50NA, 249, 287, 288, 301, 378, 400
horda primitiva, 347, 419
Horney, 397
hostilidade, 44, 58, 60, 74, 78, 90, 161, 275, 278, 282, 285, 291, 352, 372-3, 375, 385, 389, 395, 403, 420
Hugo, V., 319
humanidade, 38, 45, 55, 58, 73, 90, 102, 105, 108, 113, 115, 120, 206, 335, 340, 342, 402-3, 410, 424, 433, 437, 460

ÍNDICE REMISSIVO

Ics, ics, 212, 221

Id, 16, 118, 212, 215-20, 222, 229, 235-6, 238, 245, 254, 260, 367, 402; *ver também* Eu; Super-eu

Idade Média, 81, 296, 352

ideias, 14, 55, 141, 144, 169, 207, 224, 255, 271, 274, 418, 425, 443, 467-8

identificação, 83, 88NA, 100, 104, 200-1, 219, 284, 286, 291-2, 395, 430

ideologias, 206

Igreja(s), 15, 351, 431

Illustrierte Völkerkunde (Buschan), 400NA

ilusão, ilusões, 14-5, 26, 29, 37, 78, 80, 121, 253, 324-5, 344-5, 351-4, 430, 445

Imago, 62NA, 307, 399, 400

impulso(s), 20, 33-5, 36NA, 40, 57, 58, 62NA, 64, 70NA, 71NA, 87, 105, 111, 139, 141-3, 146, 154, 169, 192, 199, 208, 235, 236-7, 239, 243-6, 248, 254, 256, 261-2, 268, 271, 273, 278, 281-4, 289, 302, 304, 311, 339, 350, 372, 389-91, 393, 396-7, 403, 411-3, 427-9, 434, 446-7, 449

inconsciente, 66, 138, 140-1, 168, 172, 192, 207, 209, 211-2, 249, 259-60, 280, 315, 322, 360, 412, 440

inconscientes, atos e processos, 117, 138-9, 208-12, 217, 221, 298

infância, infantil, infantis, 24-5, 27, 47, 50NA, 66, 68, 80, 96, 101, 155-7, 164, 191, 201, 205, 226-8, 233-4, 242, 256, 270-1, 273-4, 278, 279, 281, 283-5, 287, 303, 304, 308-11, 329-30, 334-5, 358, 376, 378, 381, 385-7, 396, 401, 442, 448, 456, 461, 469; *ver também* criança(s)

infantilismo psíquico, 42

infelicidade, 31, 47, 96, 98, 122

inflamação, 23

infortúnio(s), 96-8, 186, 327, 383, 423

inibição, inibições, 110, 199, 227, 282, 339, 358, 378, 412

inimizade, 79

injustiça, 58, 65, 69, 281

instância parental, 96, 199-201, 236, 329

instinto(s), 34-5, 56-7, 59-60, 64, 71NA, 78, 80, 82-5, 86NA, 87, 88NA, 89-91, 96-7, 99, 102NA, 104, 109, 111-3, 116, 122, 138, 193, 200, 215, 218-9, 224, 240-5, 248, 251-8, 260-2, 268, 270, 301, 308, 310-1, 350, 411-2, 426-30, 467

Instituto Psicanalítico de Berlim, 315, 454

Internationale Zeitschrift für Psychoanalyse, 365, 371, 375, 394-5, 397, 465NT

interpretação dos sonhos, 12-8, 130-1, 134, 137, 151, 168-9; *ver também* sonho; trabalho onírico, trabalho do sonho

Interpretação dos sonhos, A (Freud), 128, 364NT, 396NT, 409

ÍNDICE REMISSIVO

intolerância religiosa, 81
intoxicação, 32, 42, 175
intuição, 323-4, 326
inveja do pênis, 280-3, 286, 290-1, 397; *ver também* pênis
investimento libidinal, 230, 237, 251, 381
investimento objetal/investimento de objeto, 202, 219, 244, 270, 272, 279
irmão(s), irmã, 62, 66, 102, 170, 174, 329, 359, 375NA, 381-2, 396, 438, 443, 448, 458
Irmãos Karamázov, Os (Dostoiévski), 379NA, 457
irrupção, 228, 360
Isaacs, S., 112NA
Israel, 97
Itália, 438, 459, 466

Jahrbuch für psychoanalytische und psychopathologische Forschungen, 72NA
Jesus Cristo, 117
Jones, 59NA, 112NA, 183-6, 397
judeu(s), 47, 81, 88, 352
Jung, 85, 377NT
justiça, 49, 57, 79NA, 97, 292, 334

Kepler, 342
Klein, M., 101NA, 112NA, 395
Krauss, 73NA
Kupka, 456NT

Lasch, 400NA
Last, H., 21NA

Lavoisier, 342
lembrança(s), 132, 172, 184, 329, 437, 447, 449
Leonardo da Vinci, 358
libido, libidinal, libidinais, 35, 36NA, 38, 41, 42NA, 59, 67, 71, 72NA, 84-5, 89, 91, 113, 116, 219, 221, 226-30, 236-7, 240, 241-2, 247, 250-1, 253, 271, 273, 278, 288-9, 291, 293, 365-9, 381, 385, 387-8, 391-3, 396-7, 404-7
Lichtenberg, 427
Liga das Nações, 417-8, 424
ligação materna, 275, 279, 285
limpeza, 53-4, 59, 62NA, 390; *ver também* higiene; ordem, organização
linguagem, 51, 65, 143, 181, 235, 248-9, 331, 402, 404
linguística, 148
literatura psicanalítica, 87, 112, 134, 186, 393, 466
Loch Ness, 439
Londres, 23, 183, 349, 362
Lorenz, 400NA
Ludwig, E., 204NT
Luís XIV, 54

Mach, 416
macho(s), 61, 265-7; *ver também* homem, homens; masculinidade
mãe, 80, 149, 151, 165, 167, 171, 204, 226, 230-1, 233, 267, 272-3, 275-9, 282-6, 288, 291-2, 298, 304, 329, 372-6, 379-80, 382-4,

ÍNDICE REMISSIVO

386-91, 393-4, 396, 457, 462; *ver também* pai

mal, o, 79, 88, 93-4, 334

malevolência, 78-9

mamíferos, 20

Man of property, The (Galsworthy), 181

mania, 33

Mann, T., 470

Mar do Norte, O ver *Nordsee, Die* (Heine)

Marx, marxismo, 347-51

masculinidade, 71NA, 253, 266, 282, 286, 288, 291, 378, 382-3, 388, 392, 397

"Masoquismo feminino e sua relação com a frigidez, O" *ver* "Feminine Masochismus und seine Beziehung zur Frigidität, Der" (Deutsch)

masoquismo, masoquista(s), 87, 109, 253-5, 259, 268, 302; *ver também* sadismo, sádico(s), sádicas

massas, 206, 300, 353, 431

masturbação, masturbatórios, masturbatória, 232, 271, 282-4, 382-4, 391-2, 394

maturidade sexual, 271, 290

medicina, 46, 146, 458

medo, 25, 31, 68, 93-5, 97-8, 108-9, 122, 149, 189, 226, 230-1, 233, 274, 277, 280, 286, 331-2, 367, 375, 389, 434; *ver também* angústia

Medusa, 149

melancolia, 197, 247, 392

memória, 51, 117, 124, 174, 187, 384, 436, 438, 443, 447, 458, 462

"Mensch und das Feuer, Der" (Schaeffer), 400NT

menstruação, 61NA

"Mergulhador, O" *ver* "Taucher, Der" (Schiller)

Messias, 352

meta(s), 30, 35, 39-40, 56, 60, 64-6, 72NA, 78, 84, 89, 114-5, 220, 243-6, 252-4, 258, 268, 288-9, 313, 350, 357, 381, 387, 391-3, 415, 426-7, 437, 468

misticismo, 126, 158, 189, 345

mitologia, 148-50, 241, 306, 311, 328, 429

monogamia, 69, 385

moral, moralidade, 88, 96, 109-10, 197-9, 203-5, 216, 260, 261, 329-30, 367, 429; *ver também* ética

morte, 47, 64, 75NA, 76, 86-90, 104, 108, 113, 117, 149, 177, 186, 257-8, 277, 341, 389, 405, 420, 429

motilidade, 138, 143, 218, 412

mulher(es), 46, 50NA, 61, 63, 65, 67, 69, 147-9, 167-8, 171-2, 176-7, 180, 182, 184, 201, 232, 259, 264NT, 265-74, 279-82, 287-93, 310, 319, 372-80, 384-5, 407, 422, 457, 466

mundo exterior/mundo externo, 15, 17-9, 25, 31-6, 38, 41, 63-4, 86, 95, 138, 142, 217, 219-220, 222, 230, 255, 260, 270, 329-30,

ÍNDICE REMISSIVO

338, 345-6, 354, 364, 370, 387, 407, 412, 429, 446

mundo real, 42, 132, 344

Nansen, 418

Napoleão, 54, 448

narcisismo, narcísico(s), narcísica, 25, 36NA, 42NA, 81, 85, 89, 119, 251, 289-90, 319, 368, 378

narcóticos, 33

natureza humana, 78, 80, 119, 253, 351, 353

necessidades, 16, 25, 27, 30, 32, 34, 45, 56, 65, 70NA, 79, 83, 90, 215, 232, 242, 262, 272, 323-4, 332, 334-5, 345, 350, 352-3, 368, 388, 423, 430

necrófilo, 301

Nero, 22

neurose(s), neurótico(s), neuró-tica(s), 42, 45, 70, 72NA, 84-5, 107-8, 111, 113, 118-20, 127, 137, 140, 154, 156-7, 170, 193, 203, 215, 221, 225-34, 237, 239-40, 242, 247-8, 259, 277, 281-3, 287, 293, 301-4, 308-11, 316-7, 319-20, 331, 335, 369-70, 372-3, 375, 386, 392, 409, 412-3, 454, 458, 463

Neveu de Rameau, Le (Diderot), 456

Newton, 342

Nietzsche, 150NT, 212, 298NT, 360NT, 444NT

Nordsee, Die (Heine), 264

"Notiz zur Freudschen Hypothese über die Zähmung des Feuers" (Erlenmeyer), 400NT

Nunberg, 463

nutrição *ver* alimentação/nutrição

objeto amoroso, 64, 71NA, 178, 272, 282, 376, 386, 430

objeto sexual, objetos sexuais, 40, 56, 61, 63, 74, 77, 201, 253, 394

obsessão, obsessivo(s), obsessiva(s), 107-8, 111, 137, 228, 237, 247, 301, 319, 331, 367-9, 386, 392

Ocrísia, 404NT

ocultismo, ocultista(s), 157-8, 160-6, 178, 186-7, 189, 263; *ver também* telepatia, telepático, telepática

ódio, 74, 104, 175, 252, 275, 277, 304, 377, 386, 426, 430

"Okkulte Vorgänge während der Psychoanalyse" (Deutsch), 188NT

olfato, olfativos, 61NA, 62NA, 63NA, 72NA, 73NA

onipotência, 52, 88-9, 330-1, 470

onisciência, 52, 110, 191

ordem, organização, 53-4, 59, 218, 223, 250, 414; *ver também* limpeza

paciente(s), 128, 130-3, 135, 147, 150, 169-70, 172-3, 175, 178, 180, 183, 184, 188, 207-8, 259, 274, 296, 299-300, 310, 314-5, 319-20, 337, 346, 374, 389, 401, 409-10, 468

pai, 25, 27, 53, 62, 67, 94, 100-3, 149,

ÍNDICE REMISSIVO

151, 170-2, 200, 230-1, 272-5, 284-6, 291-2, 328-9, 372-5, 377, 379, 381, 384, 386, 389-90, 393, 395, 397, 448, 457; *ver também* mãe

pai primevo, 117

pais, 63, 66, 94, 97, 103, 174, 191, 199, 201, 203, 205, 260, 272, 283, 291, 309-10, 329, 363, 368, 396, 422, 441; *ver também* mãe; pai

paixão, paixões, 78, 219, 221, 292, 326, 328, 363, 385, 403-4, 456

paliativos, 28

Paquet, 355, 356

paradoxo de Epimênides, 346NT

paranoia, paranoico, paranoica, 38, 274, 287, 319, 375

parricídio, 110

passividade, 71NA, 267-8, 284, 286, 387, 397

patologia(s), patológico(s), patológica(s), 16-7, 19, 33, 107, 120, 137, 138, 194, 197, 248, 254, 275, 281, 306, 320, 358, 366-7, 369, 429, 437, 446, 469; *ver também* doença(s), doente(s)

Paulo, apóstolo, 81

pax romana, 423

Pcp-Cs, 217

pecado, pecaminosidade, 95-7, 108

peixes, 214-5, 256

pênis, 203, 249, 271, 279-85, 290, 291, 378, 382, 397, 401, 404; *ver também* genitalidade, genital, genitais; inveja do pênis; vagina

pensamento(s), 16-7, 95, 99, 128, 130, 133, 137, 139-41, 143-8, 152-3, 161-2, 168, 173, 184-5, 191, 215-6, 218, 235, 241, 261, 331-3, 338-9, 351-2, 354, 364, 410-1, 414-5, 425, 431, 439-40, 443, 446, 463, 468, 470

pensamentos oníricos, 128, 130, 133, 139, 140, 143-5, 152

percepção, percepções, 15, 17, 62NA, 87, 92NT, 109, 111, 128, 131, 137, 143, 145, 150, 161, 163, 207-8, 217-8, 223-4, 255, 303, 310, 312, 329, 338, 374, 383, 403, 443, 467; *ver também* sentidos

perigo, 25, 34, 46, 83, 94, 139, 225, 228-31, 233-4, 239, 286, 305, 311, 314, 316, 340, 352, 432, 472

personalidade, 58, 101, 192, 215, 221-2, 229, 263, 445, 465

pessimismo, 442

Piccolomini, Os (Schiller), 302NT

Platão, 362, 426

Plessing, 360

poeta(s), 27-8, 84, 105, 273, 326, 364, 406

pogrom, 47

ponte, símbolo da, 149

Popper-Lynkeus, 408, 414

postura ereta, 62NA, 73NA

povos primitivos, 45, 231, 276

prazer, prazerosa(s), 18, 31, 33, 35, 37, 39-43, 46, 48, 50NA, 56, 59, 69, 75, 89, 92-3, 161, 196, 199, 218, 224, 235, 239-40, 245-6, 257, 271, 274, 278, 282, 297, 348, 350, 400, 404-5, 411, 428, 434,

ÍNDICE REMISSIVO

437, 441, 447-8, 459; *ver também* princípio do prazer

pré-consciente(s), 141, 211-2, 221-2, 235, 275

pré-história, 61, 102, 231, 287, 288, 333; *ver também* história da humanidade

"Pré-história pré-genital do complexo de Édipo" *ver* "Zur prägenitalen Vorgeschichte des Ödipuskomplexes" (Fenichel)

prestidigitação, 164

Píbor-Freiberg, 462

Primeira Guerra Mundial, 77, 187NT, 348, 418, 466

"Primeiro desenvolvimento da sexualidade feminina, O" *ver* "Erste Entwicklung der weiblichen Sexualität, Die" (Jones)

"Primeiro melão que roubei na vida, O" (Mann) *ver* "First melon I ever stole, The" (Twain)

"Primeiros estágios do conflito de Édipo" *ver* "Frühstadien des Ödipuskonfliktes" (Klein)

princípio da realidade, 19, 31, 34, 218; *ver também* realidade

princípio do prazer, 18, 30-1, 40, 65, 85, 114, 215-6, 235, 237, 239, 257; *ver também* prazer, prazerosa(s)

princípio impessoal, 27

"Problema econômico do masoquismo, O" (Freud), 68NT

processo(s) psíquico(s), 33, 38, 117, 127, 210, 218, 238, 318, 384, 405, 473

processos biológicos, 242

prodígios, 162-3, 169, 187

profecia(s), 162, 170-3, 175

projeção, 375, 442

Prometeu, 400-3, 406

propriedade privada, 79

proteção paterna, 25

Providência, 27

psicanálise, 40, 71NA, 99, 103, 111-2, 120, 125-7, 146, 155, 160, 168-9, 174, 176, 178, 183, 186, 189, 191-3, 203, 207, 208, 223, 233, 242, 263, 269-70, 293, 294-5, 297-8, 299, 302-3, 305, 307, 309-10, 312, 314, 316, 319-23, 328, 334, 336, 354, 357-62, 364, 393, 430, 452-3, 455-6, 459, 464, 466-7, 469

psicologia, 16, 71NA, 125-6, 193, 196, 203, 206, 209-10, 242, 248, 263, 266, 268, 281, 294, 299, 301, 303, 306, 322, 324, 351, 359, 367, 370, 393, 409, 416, 458

Psicologia das massas e análise do Eu (Freud), 83NA

Psicopatologia da vida cotidiana (Freud), 445NT

psicose, psicóticos, 42, 85, 138, 319, 324, 370, 411-3

psicoterapia, 315, 316

psique, 23, 24, 61NA, 130, 138, 152, 154, 192, 207, 211-2, 217, 222, 224, 239, 305, 318, 323, 409, 411,

ÍNDICE REMISSIVO

437, 467, 469; *ver também* aparelho psíquico

*Psychoanalyse der Gesamtpersönlich-
keit* (Alexander), 101NA

*Psychoanalyse der weiblichen Sexual-
funktionen* (Deutsch), 395

Psychoanalytische Bewegung, Die,
355, 400

puberdade, 24, 67, 231, 246, 269,
283, 288, 376, 383

pudor, 62NA

quietude, 32, 34

química *ver* substância(s) química(s)

Rabelais, 50NA

racionalizações, 221, 276, 385

realidade, 27, 29, 33, 36-8, 76, 138,
141, 161, 165-6, 168, 173, 178-9,
191-2, 195, 218, 221, 238, 274,
280, 324-5, 329, 338, 346, 384,
439-45; *ver também* princípio da
realidade

rebelião, 42, 118, 291, 363, 383, 387,
422

regressão, 141-3, 237, 247, 281, 287,
380, 397

Reik, 112NA, 149

relações sociais, 56, 234, 348; *ver
também* sociedade

Relatividade, 305

religião, religiões, religiosidade,
14-5, 25-9, 38, 42, 44, 65, 81, 97,
108, 119, 162, 306, 325-8, 330-
41, 344, 351-3, 415, 430

Renascimento, 425

renúncia, 50, 60, 84, 97-9, 231, 341,
400, 402-3, 405, 431

renúncia instintual, 50, 60, 98-9,
403, 405

repetição, 54, 85, 256-7, 303

repressão, repressões, 60-1, 63NA,
72NA, 73NA, 113, 137-9, 141-2,
157, 175, 208, 216, 220, 227, 229-
32, 234-40, 245-6, 261, 284, 298,
308, 313, 373-4, 380, 389, 392,
412, 415, 446, 458

"Resistência sexual, A" *ver* "Sexualwiderstand, Der" (Bleuler)

resistência(s), 87, 118, 135-8, 142,
159, 161, 193, 207-8, 220, 252,
259, 263, 295-6, 309, 316, 387,
390, 429, 472

respiração, 26, 225

"Retorno, O" *ver* "Heimkehr, Die"
(Heine)

Revolução Francesa, 342

ritos, 67, 231

Riviere, 17NT, 30NT, 49NT, 78NT

Rolland, 15NA, 436, 437NT

Roma, 21-3, 438

Rousseau, 94NA

Rússia, 81, 353

sacrilégio, 401, 402

sadismo, sádico(s), sádicas, 84,
86-7, 89, 109, 247, 253-4, 271,
273, 389-90; *ver também* masoquismo, masoquista(s)

Sagrada Inquisição, 47

satisfação, satisfações, 30, 32, 34-5,
36NA, 37-9, 41-2, 45-6, 59-61,

ÍNDICE REMISSIVO

64-5, 68, 70-1, 72NA, 81, 88-90, 96-7, 100, 103, 110, 112-4, 119, 138, 141-3, 170-1, 177, 198, 218, 232, 234-5, 243-5, 253, 255, 272, 280, 282-3, 291, 324, 330, 353, 362, 381, 383, 388, 393, 402, 428, 430, 448, 452

sáurios, 20

Schaeffer, 400

Schiller, 26, 84, 302NT

Schopenhauer, 258

Schrötter, 147

sedução, 274, 279, 382, 396

seio materno, 247, 249, 276-7, 385

sensação, sensações, 14, 18-9, 26, 32-4, 39-40, 46, 48, 69, 73NA, 83, 95, 108, 110, 131, 188, 224, 235, 271, 274, 376, 390, 404, 406-7, 443-4, 447

sensibilidade, 33, 47, 271, 404

sentidos, 16, 19, 39, 156, 163, 190; *ver também* percepção, percepções

sentimento(s), 14-7, 18NA, 19, 25-6, 49, 65-6, 73, 92NT, 93, 95, 97-8, 102-13, 148, 198, 203-4, 207, 221, 228, 232, 260-1, 265, 276, 298, 338, 356, 360, 385-6, 393, 403, 414-5, 421, 425, 431, 442, 448, 466

ser humano, 28-9, 42, 50, 52, 54, 58, 62NA, 63NA, 65, 76, 79, 88, 90, 93, 115, 118, 149, 193, 252, 264NT, 265, 306, 321-2, 324, 328-9, 331, 366, 400NA, 402, 411, 419, 429

seres vivos, 268, 333

Sérvio Túlio, 21, 404

Sétimo Severo, 22

sexualidade, sexual, sexuais, 39-40, 50NA, 61NA, 62NA, 63NA, 64-5, 67-9, 70NA, 71, 72NA, 73NA, 80, 82, 85-7, 89, 106NA, 113, 128, 147, 149-50, 155, 167, 192, 232, 234, 241-2, 24-6, 249, 251-4, 256, 261-2, 265, 266-9, 271-5, 278, 281-3, 285, 288-90, 292-3, 297-8, 302, 304, 308, 331, 339, 371-6, 378, 381, 383-96, 404, 430, 433, 467; *ver também* vida sexual

"Sexualwiderstand, Der" (Bleuler), 72NA

Shakespeare, 51NT, 53, 158NT, 362, 460NT

sifilofobia, 234

Silberer, 147, 148

simbolismo, símbolo(s), 134, 143, 146-9, 249, 297, 304, 401, 404, 467

sintoma(s), 70, 108, 113, 137, 140, 192, 215, 226-9, 236, 259, 261, 274, 301, 308-9, 412

sistema *Ics* ver *Ics*, *ics*

sistema *P-Cs* ver *P-Cs*

sistema(s) religioso(s), 29, 55-6, 324, 328, 333

"Sobre a *fausse reconnaissance* ("*déjà raconté*") durante o trabalho psicanalítico" (Freud), 445NT

"Sobre a psicogênese de um caso de homossexualidade feminina" (Freud), 377NT

"Sobre o sentido do olfato na *vita*

ÍNDICE REMISSIVO

sexualis" ver "Über den Geruchssinn in der vita sexualis" (Bloch)

Sobrinho de Rameau, O ver *Neveu de Rameau, Le* (Diderot)

sociedade, 36NA, 43, 45, 66, 68-70, 73, 78, 94, 116, 208, 232, 261, 277, 295, 310, 335, 339, 347, 349, 352, 409, 412, 416, 431, 461; *ver também* relações sociais

sofrimento(s), 31-2, 34-9, 42-4, 64, 70, 82, 84, 105, 259, 261, 293, 300, 352-3, 409, 462; *ver também* dor(es), doloroso(s), dolorosa(s)

"Sonhar como estar acordado" (Popper-Lynkeus), 414

sonho(s), 81, 126-42, 144-58, 165-9, 173, 176, 178, 182, 184, 238, 249, 256, 263, 295, 360, 364NT, 401, 404, 406, 410-1, 413-5, 445; *ver também* interpretação dos sonhos; trabalho onírico, trabalho do sonho

sono, 138-9, 141-3, 157, 360, 411-2

Sterba, 464

Strachey, 51NT, 78NT, 88NT, 116NT, 394NT, 396

Stratford, 53, 362

sublimação, 35, 41, 60, 244, 292

substância viva, 217, 257

substância(s) química(s), 28, 33, 63NA, 392

Super-eu, 92, 94-7, 99, 101, 102NA, 104, 108-10, 112, 116-7, 119, 155, 196-7, 199-203, 205-6, 208-9, 212, 217, 220, 222, 229, 233, 236, 260, 262, 286, 309, 350, 367-8, 378, 402, 442; *ver também* Eu; Id

"Tabu da virgindade, O" (Freud), 81NT

tabu(s), 61NA, 62, 67, 332

Tamerlão, 77

Tarquínio, o Antigo, 404NT

"Taucher, Der" (Schiller), 26NT

telepatia, telepático, telepática, 165-9, 189-90; *ver também* ocultismo, ocultista(s); transmissão de pensamentos

teoria psicanalítica, 83-4, 207, 463

terapia, 118, 120, 232, 233, 261, 288, 309, 314, 318-21, 454

ternura, 65, 84, 244

Terra, 51-2, 61, 74, 159-60, 429

Teseu, 401NA

Totem e tabu (Freud), 62, 109NA, 332

trabalho, 36NA, 54, 62, 72, 77, 432

trabalho analítico, trabalho psicanalítico, 70, 113, 135, 154-5, 180, 185, 207, 211, 216, 256, 259, 264, 287, 316, 337, 445

trabalho onírico, trabalho do sonho, 128, 130, 139-40, 142, 144-5, 147, 151-2, 156-7, 166, 168, 215, 411; *ver também* sonho(s)

traço mnemônico, 20

transferência, 85, 120, 143, 144, 180, 188, 190, 256, 285, 309, 316, 319, 374, 380NT, 421

transmissão de pensamentos, 169-

ÍNDICE REMISSIVO

73, 179, 185-6, 188, 189, 191; *ver também* telepatia, telepático, telepática

trauma(s), traumático(s), traumática(s), 23, 85, 155-7, 225, 239-41, 274, 308, 311

Twain, 96NA

"Über den Geruchssinn in der vita sexualis" (Bloch), 73NA

uretral, 50NA, 250

urina, 50NA, 73NA, 270, 400, 402, 404; *ver também* fezes

útero, 51, 149, 151, 232

vagina, 249, 271, 372, 376; *ver também* clitóris; pênis

Vere, 363

Versuch einer Genitaltheorie (Ferenczi), 467

vida dos animais, 29, 62NA

vida humana, 29, 56, 62, 205, 324, 326, 342, 347, 462

vida instintual, 82, 85, 192, 193, 245, 251, 270, 402, 405, 431, 434

vida orgânica, 113, 115, 268, 467

vida psíquica, 14, 17, 19-20, 23-4, 26, 33, 70NA, 111, 126, 137, 141, 190, 204, 218, 256, 266, 281, 292, 317, 340, 370, 387, 413

vida sexual, 47, 67, 69-70, 72NA, 73, 78, 80, 84, 121, 155, 199, 226-7, 242, 267-8, 288, 308, 376, 379, 382, 391, 467; *ver também* sexualidade, sexual, sexuais

videntes, 169

Vie de Ramakrishna, La (Rolland), 15NA

Vie de Vivekananda, La (Rolland), 15NA

violência, 50, 78, 110, 352, 419-21, 423, 425, 456

Voltaire, 28, 36NA, 415

Von Stein, sra., 361

vontade, 32, 57-8, 77, 97, 148, 169, 180, 190, 215, 261, 295, 330, 412, 419

Weiss, 459

Weltenmantel und Himmelszelt (Eisler), 149

Wilhelm Meister (Goethe), 105NA

Wilkins, 51NT

Wilson, W., 214

xingamentos, 63NA

"Zahmen Xenien" (Goethe), 28NA

Zeus, 402

zona(s) erógena(s), 245-6, 248, 271, 272

"Zur Entwicklungsgeschichte des Ödipuskomplexes der Frau" (Lampl-de Groot), 394NA

"Zur prägenitalen Vorgeschichte des Ödipuskomplexes" (Fenichel), 395

SIGMUND FREUD,
OBRAS COMPLETAS
EM 20 VOLUMES
COORDENAÇÃO DE PAULO CÉSAR DE SOUZA

1. TEXTOS PRÉ-PSICANALÍTICOS (1886-1899)
2. ESTUDOS SOBRE A HISTERIA (1893-1895)
3. PRIMEIROS ESCRITOS PSICANALÍTICOS (1893-1899)
4. A INTERPRETAÇÃO DOS SONHOS (1900)
5. PSICOPATOLOGIA DA VIDA COTIDIANA E SOBRE OS SONHOS (1901)
6. TRÊS ENSAIOS SOBRE A TEORIA DA SEXUALIDADE, ANÁLISE
   FRAGMENTÁRIA DE UMA HISTERIA ("O CASO DORA")
   E OUTROS TEXTOS (1901-1905)
7. O CHISTE E SUA RELAÇÃO COM O INCONSCIENTE (1905)
8. O DELÍRIO E OS SONHOS NA GRADIVA, ANÁLISE DA FOBIA
   DE UM GAROTO DE CINCO ANOS ("O PEQUENO HANS")
   E OUTROS TEXTOS (1906-1909)
9. OBSERVAÇÕES SOBRE UM CASO DE NEUROSE OBSESSIVA
   ("O HOMEM DOS RATOS"), UMA RECORDAÇÃO DE INFÂNCIA
   DE LEONARDO DA VINCI E OUTROS TEXTOS (1909-1910)
10. OBSERVAÇÕES PSICANALÍTICAS SOBRE UM CASO DE PARANÓIA
    RELATADO EM AUTOBIOGRAFIA ("O CASO SCHREBER"),
    ARTIGOS SOBRE TÉCNICA E OUTROS TEXTOS (1911-1913)
11. TOTEM E TABU, HISTÓRIA DO MOVIMENTO PSICANALÍTICO
    E OUTROS TEXTOS (1913-1914)
12. INTRODUÇÃO AO NARCISISMO, ENSAIOS DE METAPSICOLOGIA
    E OUTROS TEXTOS (1914-1916)
13. CONFERÊNCIAS INTRODUTÓRIAS À PSICANÁLISE (1915-1917)
14. HISTÓRIA DE UMA NEUROSE INFANTIL ("O HOMEM DOS LOBOS"),
    ALÉM DO PRINCÍPIO DO PRAZER E OUTROS TEXTOS (1917-1920)
15. PSICOLOGIA DAS MASSAS E ANÁLISE DO EU
    E OUTROS TEXTOS (1920-1923)
16. O EU E O ID, "AUTOBIOGRAFIA" E OUTROS TEXTOS (1923-1925)
17. INIBIÇÃO, SINTOMA E ANGÚSTIA, O FUTURO DE UMA ILUSÃO
    E OUTROS TEXTOS (1926-1929)
18. O MAL-ESTAR NA CIVILIZAÇÃO, NOVAS CONFERÊNCIAS INTRODUTÓRIAS
    E OUTROS TEXTOS (1930-1936)
19. MOISÉS E O MONOTEÍSMO, COMPÊNDIO DE PSICANÁLISE
    E OUTROS TEXTOS (1937-1939)
20. ÍNDICES E BIBLIOGRAFIA

PARA MAIS INFORMAÇÕES SOBRE OS VOLUMES PUBLICADOS, ACESSE:
www.companhiadasletras.com.br

ESTA OBRA FOI COMPOSTA
EM FOURNIER E CONDUIT
PELA SPRESS E IMPRESSA
EM OFSETE PELA GEOGRÁFICA
SOBRE PAPEL PÓLEN
DA SUZANO S.A. PARA
A EDITORA SCHWARCZ
EM JUNHO DE 2024

A marca FSC® é a garantia de que a madeira utilizada na fabricação do papel deste livro provém de florestas que foram gerenciadas de maneira ambientalmente correta, socialmente justa e economicamente viável, além de outras fontes de origem controlada.